Über dieses Buch Gerhart Hauptmann, 1862 als Sohn eines Gastwirts im schlesischen Bad Salzbrunn geboren, versucht sich zunächst als Bildhauer, ehe er sich dem Schreiben zuwendet. Mit der Uraufführung des Dramas ›Vor Sonnenaufgang‹ löst er eine Theaterrevolution aus und wird als Begründer des Naturalismus gefeiert, 1893 werden gleich drei Theaterstücke von ihm uraufgeführt: ›Die Weber‹, ›Der Biberpelz‹ und ›Hanneles Himmelfahrt‹. 1912 erhält der Fünfzigjährige den Nobelpreis, 1921 ist er einer der Wunschkandidaten für das Amt des Reichspräsidenten, die Nationalsozialisten benützen ihn als Aushängeschild und nach 1945 wird er von den neuen Machthabern in der damaligen sowjetischen Besatzungszone hofiert.
Wolfgang Leppmann, der sich in seiner Darstellung auf bisher nicht zugängliche Quellen stützt, zeichnet hier das facettenreiche Porträt einer der bedeutendsten und umstrittensten Persönlichkeiten der deutschen Literatur auf dem Hintergrund der Geschichte des Deutschen Reiches von seiner Gründung im Jahr 1871 bis zu seinem Zusammenbruch im Jahr 1945.

Der Autor Wolfgang Leppmann, geboren 1922, Studium der Germanistik, Promotion an der Princeton University, ist Professor für Neuere deutsche Literatur und Komparatistik. Im Fischer Taschenbuch Verlag ist außerdem lieferbar: ›Winkelmann. Ein Leben für Apoll‹ (Bd. 5602).

Wolfgang Leppmann

Gerhart Hauptmann

Leben, Werk und Zeit

Fischer Taschenbuch Verlag

Ungekürzte Ausgabe
Veröffentlicht im Fischer Taschenbuch Verlag GmbH,
Frankfurt am Main, Mai 1989

Lizenzausgabe mit freundlicher Genehmigung des
Scherz Verlags, Bern und München

Umschlaggestaltung: Buchholz/Hinsch/Hensinger
Umschlagabbildung: Gerhart Hauptmann (Ullstein Bilderdienst)
Druck und Bindung: Clausen & Bosse, Leck
Printed in Germany
ISBN 3-596-25683-6

INHALT

VORBEMERKUNG

Wer war Gerhart Hauptmann? War er, wie Carl Zuckmayer meinte, «der letzte Dichter, der in ungebrochener Naivität, nicht ohne Wissen und Weisheit, doch ohne das Medium der Reflexion, aus dem Weltganzen schöpfte und uns ein Bild der ganzen Welt, der ungeteilten Schöpfung hinterließ»? Oder, prosaischer, der letzte Dramatiker, der seine Werke einem ehrfürchtig aufblickenden Schreiber in die Feder diktierte, während er selber, die Hände auf dem Rücken verschränkt, vor einem Stehpult mit aufgeschlagenem Folianten auf und ab schritt wie einst Goethe? – Hauptmann war beides, so wie er auch der letzte große Dichter war, dem sein Deutschsein so selbstverständlich und unproblematisch vorkam wie etwa sein Wuchs oder seine Haarfarbe. Für die 1945 beendete, nur ein Menschenalter währende Epoche des geeinten Deutschland bleibt er vielleicht die repräsentativste aller Gestalten, deren Andenken noch lebt. Er sah sich bereits selber historisch, als er von sich sagte: «Meine Epoche beginnt mit 1870 und endigt mit dem Reichstagsbrand.»

Sie begann, genauer gesagt, mit dem Regierungsantritt Wilhelms II. im Jahre 1888. Der Kaiser (1859–1941) war ein Zeitgenosse des Dichters (1862–1946), und im Rückblick verbindet die beiden mehr, als sie jemals im Leben trennte. Sie waren nicht Verkörperungen entgegengesetzter Prinzipien wie Geist und Macht, Demokratie und Autokratie, Weimar und Potsdam und wie die Schlagworte alle heißen, sondern charakteristische und einander ergänzende Ausformungen des deutschen Menschen ihrer Zeit. «Mit Wilhelm II. fühlte die ganze Jugend sich sonntäglich», schreibt der alte Hauptmann, «nicht minder ich als die übrigen alle, ob ich auch die Last meiner neuen Lage trug und bald ein Stück wie *Die Weber* schrieb.»

Die «neue Lage» ist dadurch geschaffen, daß Hauptmann 1889 mit *Vor Sonnenaufgang* zum Wortführer der naturalistischen Literatur wird. Bei Hofe bleibt diese Literatur allerdings verpönt: Der Kaiser lehnt *Die Weber* ab, der Kronprinz zwanzig Jahre später das (nicht mehr naturalistische, dafür aber pazifistische) *Festspiel in deutschen Reimen*. – Hauptmann seinerseits bringt der aufstrebenden Sozialdemokratie viel Verständnis entgegen, ohne ihr (oder einer anderen politischen Partei) jemals anzugehören. Dennoch kann von einem tieferen Unbehagen am wilhelminischen Deutschland bei ihm keine Rede sein. Er opponiert nicht wie Frank Wedekind, er emigriert nicht wie Hermann Hesse, er räsoniert nicht wie Heinrich Mann. Statt dessen repräsentiert er und nimmt 1912 den Nobelpreis für Literatur entgegen.

Eine ähnliche Ambivalenz bezeichnet seine Stellung zur Weimarer Republik. 1921 erwägt man, ihn in den nächsten Präsidentschaftswahlen als Kandidaten der gemäßigten Linken aufzustellen. Er winkt ab und läßt sich im Jahr darauf um so demonstrativer als Bannerträger eines neuen Deutschland feiern. – Gerade dies ist er aber nicht. Das Weltbild des «ungekrönten Königs der Weimarer Republik» (wie der Hauptmann-Interpret Karl Guthke ihn nennt) hat weniger mit dem des ersten Präsidenten, Friedrich Ebert, als mit dem des letzten Präsidenten, des Generalfeldmarschalls Hindenburg, gemein. So gut ist Hauptmanns Einvernehmen mit den herrschenden Mächten der späten Republik, daß Klaus Mann ihn wegen seiner auch in künstlerischer Hinsicht konservativen Meinungen den «Hindenburg der deutschen Literatur» nennen kann.

Hauptmann war kein Nationalsozialist und erst recht kein Antisemit. Trotzdem wußte er sich mit dem Dritten Reich zu arrangieren, zu dem er sich, wenn es gar nicht anders ging, öffentlich bekannte, während er sich in privaten Aufzeichnungen immer entschiedener von ihm distanzierte. Und als der Spuk vorüber war, nahm er den Ehrenvorsitz des «Kulturbundes zur demokratischen Erneuerung Deutschlands» an und stellte sich abermals einem neuen Staat zur Verfügung, der nachmaligen DDR.

So hat Hauptmann sein Volk und Land weithin sichtbar repräsentiert, im großen bei der Entgegennahme von Preisen und anderen Ehren, im kleinen in so charakteristischen Zügen wie dem Stolz auf seine Goethe-Ähnlichkeit – sie wird ihm noch nach dem Tod, im letzten Krankenbericht, bescheinigt – oder der Lust am Feiern. Denn die Deutschen sind, ihre Kalender und Briefmarken zeigen es, das jubiläumsfreudigste Volk auf Erden, bei dem kaum ein Monat vergeht, ohne daß hier ein Todestag und dort ein Jahrestag begangen wird. Unter ihren Dichtern aber hat sich keiner, Goethe inbegriffen, so ausgiebig feiern lassen wie Hauptmann, dessen «runde» Geburtstage 1912, 1922 und 1932 mindestens so viel Aufmerksamkeit erregten wie die des Staatsoberhauptes, ja des Staates.

Doch Hauptmanns Rolle, wenn nicht als Kapitän auf der Brücke, so doch als Galionsfigur am Bug des deutschen Staatsschiffs, ist nicht der einzige Grund, weshalb er uns interessiert. Vielmehr tut er dies auch als ein Mann, dem im Laufe eines fast vierundachtzig Jahre währenden Lebens wenig Menschliches fremd geblieben ist und der die Gabe des Wortes besaß, um seine Erlebnisse und Erfahrungen in autobiographischen Schriften und durch seine Bühnengestalten auf exemplarische Weise darstellen zu können: den Niedergang der Familie und die Armut der Jugendjahre, den mühevollen Weg nach oben, die schmerzvolle Auflösung der ersten sowie die Schließung und Gefährdung der zweiten Ehe, sodann den Vollbesitz des Dichterruhms und den Einbruch der Politik in sein Leben, schließlich die Enttäuschungen des Alters und den Tod in der besetzten, besiegten Heimat.

Ohne die Einheit dieses Lebenslaufes aus den Augen zu verlieren, beschäftigen wir uns im folgenden etwas eingehender mit dem jungen Hauptmann als mit dem alten (dessen Stellung zum Zeitgeschehen uns wichtiger erscheint als manches Werk aus dieser Schaffensperiode). Das entspricht sowohl seinem Platz in der Literaturgeschichte als auch der Textüberlieferung. Das Frühwerk – d. h. die großen Dramen und die autobiographischen Aufzeichnungen bis etwa zur Jahrhundertwende – liegt einigermaßen komplett und in mehr oder minder definitiver Gestalt vor. Mit zunehmenden Jahren wurde Hauptmann, der seine Werke fast ausnahmslos diktierte und an mehreren zugleich arbeitete, jedoch immer nachlässiger im Korrekturlesen und sonstigen Überprüfen von Texten. Lieber diktierte er etwas Neues, als daß er das Alte auf letzte Feinheiten hin durchgesehen hätte. Im Menschlichen ist diese grandseigneurale Zuversicht ein ansprechender Zug; sie hat etwas vom Vertrauen in die eigene Zeugungskraft an sich, mit dem in vergangenen Zeiten die Könige ihre Bastarde anerkannten. Für die literarische Qualität des betreffenden Werkes wirkt sich diese Praxis natürlich negativ und, vom editorisch-textkritischen Standpunkt gesehen, sogar schlechtweg fatal aus.

Wo nicht anders vermerkt, liegt der hier zitierte Werktext Gerhart Hauptmanns der sogenannten Centenar-Ausgabe (Propyläen-Verlag 1962–74) zugrunde. Sie ist sorgfältig gearbeitet, enthält jedoch Fehler, die sich zum Teil aus unsicherer Überlieferung ergeben und bei einigen posthumen Werken aus der Schwierigkeit, Hauptmanns Handschrift zu entziffern. Auch ist sie weder komplett noch mit einem Apparat oder Register versehen. Neben den Werken, deren definitive Ausgabe noch in weiter Ferne liegt, und einer schier unermeßlichen Sekundärliteratur sind bisher nur einige Briefwechsel (etwa mit Otto Brahm, Ludwig von Hofmann und Ida Orloff, der Mutter des Verfassers) und Tagebücher (meist aus der Frühzeit) erschienen. Auf diese und andere einschlägige Veröffentlichungen wird an gegebener Stelle in den Anmerkungen hingewiesen.

Im Sommer 1986 W. L.

DAS GUTBÜRGERLICHE PROLETARIERKIND

I

«Es kam eine Nacht, eine Dunkelheit, in der ich eine recht schwere Stunde bestehen mußte», so schreibt der alte Gerhart Hauptmann im Rückblick auf den Januar 1884, auf die Stunde, da er als Bildhauer in Rom die Kolossalstatue eines germanischen Kriegers vollenden wollte.

> Inmitten der Arbeit, als ich wieder einmal mit der Kerze vor meinem Riesengebilde aus nasser Erde auf und ab kletterte, kam es mir vor, als ob es nicht mehr so genau wie nötig im Lote sei. Aber es ist eben dunkel, und man sieht nicht genau, dachte ich. Nach einer Weile aufs neue beunruhigt, umging ich mehrmals die Figur und faßte sie noch einmal ins Auge. Da war ich gezwungen, mir zu gestehen, daß sie sich wohl ein wenig nach vorn neige.
> Das Eisengerippe war schwer belastet, da aber Eisen Eisen ist, hatte das nichts weiter zu sagen. Immerhin: das Atelier zu verlassen, zögerte ich. Ich wollte mich vorher völlig beruhigen.
> Ich hatte unter den Füßen des Kolosses nach und nach die sogenannte Plinthe [Säulenplatte] entfernen müssen, die Beine wären mir sonst zu kurz geraten. Es mochte sein, daß die Basis dadurch geschwächt worden war, dann mußte man wohl den Schmied herbeischaffen.
> Aber Weizenberg [ein befreundeter Künstler, der nebenan arbeitete und in einem Wahnsinnsanfall später seine eigenen und Hauptmanns Werke zertrümmerte] war sicher nicht mehr im Atelier. Ich selber wollte mein Werk nicht allein lassen. Ich fand eine Stange und machte eine Stütze daraus, indem ich sie mei-

> nem Germanen unter die Brust bis gegen das eiserne Rückgrat stieß und ihren Schaft gegen den Boden stemmte.
> Es mochte dann zwischen acht und neun Uhr abends sein, als ich mich wusch, bürstete, vom Staube reinigte und den Paletot überzog, um heimzugehen.
> Plötzlich kam es mir vor, als erführen die Mienen meines Kriegers eine diabolische Veränderung. Sah ich richtig, so schwoll die Stirn, die Brauen senkten sich boshaft über die Augen, während der Mund sich zu schließen schien und sich zugleich wie grinsend verbreiterte.
> Eilig schob ich die Leiter heran, hatte mit der Gewandtheit eines Tapezierergesellen, die eine Folge täglicher Übung war, im Sprung die obersten Sprossen erreicht und starrte nun aus nächster Nähe mein grimassenschneidendes Unding an.

Entsetzt sieht der unerfahrene Künstler, wie sich die Tonmasse vor seinen Augen aus eigenem Antrieb zu bewegen beginnt:

> Ein unregelmäßiger, zunächst nur messerrückenbreiter Riß zeigte sich, der von Ohr zu Ohr über den Scheitel ging und sich weiter nach unten über Hals und athletische Schultern selbsttätig fortsetzte.
> Das war der Teufel, die Tücke des Objekts, die Auswirkung aller bösen Wünsche meiner geheimen Feinde: der böse Blick, den ein scheelsüchtiger Besucher auf das Werk geworfen hatte. Kurz: es war mein Ruin, der Zusammenbruch! Achtzig Tage schwere Mühe drohten in dieser Minute zunichte zu werden.
> Inwendig fluchend und jammernd, äußerlich keuchend, gab ich meiner Leiter einen anderen Stand. Im Handumdrehen war meine Schulter unter des plötzlich so hilflosen, den Barditus singenden Römerfeindes und Helden Kinn. Wie ein Verwundeter mit der bleiernen Schwere eines Sterbenden lehnte sich der Koloß nun mehr und mehr an mich an, bis ich, die Katastrophe als unvermeidlich fühlend, einsehen mußte, wie jeder Aufwand von Kräften nutzlos war.
> Trotzdem tat ich noch immer das Zwecklose. Ich kämpfte, ich rang mit dem blöden Koloß. Ich nannte ihn Luder, Kanaille, Hundsfott, schnautzte ihn immer wieder an, fragte ihn, ob er sich dies herausnehmen dürfe, ob er mich foppen, verhöhnen, um Zeit, Schweiß, Geld und Erfolg bringen wolle. Dabei stieß ich Rufe nach

Hilfe aus und brüllte Weizenberg herbei, von dem ich doch wußte, daß er um diese Zeit in seiner versteckten Trattoria die Mahlzeit verzehrte.

Unaufhaltsam erschien dann der Augenblick, wo es geschehen war. ‹Zur Rechten sieht man wie zur Linken einen halben Türken heruntersinken ...›, nur daß der Riß nicht von vorn, sondern von der Seite durch den Germanenkrieger ging.

Mit dem Gesicht voran klatschten zehn Zentner Ton auf die Steinfliesen.[1]*

Was hier zusammenbricht, ist mehr als ein unzureichend abgestütztes Standbild. Mit dem Krieger sinken auch die hohen Erwartungen dahin, mit denen der einundzwanzigjährige Hauptmann seine Laufbahn als Bildhauer begonnen hatte. Schlimmer noch: Sein Selbstvertrauen ist dahin, gerade jetzt, da seine Braut ihn besuchen kommt. Marie Thienemann hat ihm den Studienaufenthalt in Rom finanziell ermöglicht und will nun sein erstes größeres Werk, das Unterpfand von so viel Liebe und Vertrauen, in Augenschein nehmen. Wenn sie ihre Hand jetzt von ihm abzieht, dann muß er die Kunst an den Nagel hängen und einen Brotberuf ergreifen – vorausgesetzt, er würde als mittelloser und durch keinerlei Titel oder Studienabschluß ausgewiesener Mann überhaupt eine Stellung finden.

Um ein Haar hätte er sich ein weiteres Mal blamiert, als er für Marie und ihre Schwestern Zimmer in einer *casa pubblica* reserviert, in der Annahme, es handle sich um einen Gasthof. Kaum ist dies bereinigt und die Braut in einer Pension statt in einem «Wohnheim» untergebracht, als er sich unwohl fühlt und dem Übel durch einen Dauerlauf abzuhelfen sucht. Bald muß er mit hohem Fieber ins Evangelische Krankenhaus am Kapitol eingeliefert werden, wo man Typhus feststellt.

In den folgenden Monaten, in denen er mehr als einmal von den Ärzten aufgegeben wird, versetzt sich Hauptmann im Delirium in seine Anfänge zurück:

> Ich träumte vom Gasthof zur Preußischen Krone ... Ich wollte den Norden, ich gierte förmlich nach Frische, Kälte, Eis und Schnee. Und ich hatte Sehnsucht nach meinen Eltern.

* Die fortlaufend numerierten Hochziffern verweisen auf die Quellennachweise Seite 395–403.

II

Wer sind die Eltern? Was hat den Sohn aus dem Waldenburger Land im fernen Schlesien nach Rom verschlagen? Bei der Antwort bleiben wir im wesentlichen auf Hauptmann selber angewiesen, aus dem einfachen Grund, weil er seine Kindheit in einer geschichts- und gesichtslosen Kleinstadt verbrachte. Bad Salzbrunn konnte seinen Einwohnern keinen eigenen Stempel in dem Sinne aufdrücken, in dem Frankfurt einen Goethe, Lübeck die Brüder Mann, Prag einen Kafka prägen half; bei Hauptmann läßt sich zwar manches Schlesische nachweisen, nicht aber vom Geburtsort als solchem auf die Wesensart des «großen Sohnes» schließen. Zum Glück der Biographen aber schöpft er in seinen Theaterstücken und Romanen immer wieder aus eigenem Erleben, schöpft und verspürt zeitlebens den Drang, seine Autobiographie zu schreiben. Als er im Ernst damit anfängt, ist er allerdings schon Ende Sechzig. Manches von dem, was er in verstreuten Notizen so wort- und wahrheitsgetreu aufgezeichnet hatte, daß der Leser «erschrocken wäre», wird bei der Verarbeitung gestrichen oder abgeschwächt.[2] Diese Tendenz zur Glättung ist fast überall vorhanden, wo alte Menschen ihre Jugenderinnerungen zu Papier bringen.

Bei Hauptmann wird sie durch zwei Umstände verstärkt. Als er sich 1929 an die Arbeit macht, ist die Mode der kompromißlos-naturalistischen Wahrheitsfindung längst vorüber. Nicht nur der öffentliche, auch sein eigener Geschmack hat sich gründlich geändert seit den Tagen, von denen er sich zu berichten anschickt. Vor allem aber verändert sich im Verlauf der Niederschrift auch das politische Klima. Nach dem 30. Januar 1933 wäre der ursprünglich ins Auge gefaßte Titel, «Die Bahn des Blutes», mit einer Ideologie befrachtet worden, mit der der Dichter sich nicht identifizieren will. So erscheinen seine Jugenderinnerungen, nach einigen in Zeitungen veröffentlichten Kostproben, in Buchform 1937 als *Das Abenteuer meiner Jugend*.

Zur Zeit der Veröffentlichung ist Hauptmann fünfundsiebzig: in den Augen seiner Bewunderer Deutschlands größter Dramatiker seit Schiller, in anderen Augen Inhaber einer gutgehenden «Dichterfürstei», aus der es von Zeit zu Zeit orakelt. So oder so, er ist längst der Versuchung entwachsen, sein Leben rückblickend interessanter zu gestalten, als es tatsächlich verlaufen war. Überdies stützt er sich, in markantem Gegensatz zu Goethe als Autor von *Dichtung und Wahrheit*, auf keinerlei Dokumente, sondern ausschließlich auf «den natürlichen Fluß, die natürliche Kontinuität meiner Erinnerung». So genießt er, ohne sie zu mißbrauchen, die Vorrechte alter Männer, die gern über ihre Jugend sinnieren. Daher die onkelhafte Angewohnheit, in der Erinnerung nahezu jede Frau, die seinen Weg kreuzt, als hübsch zu bezeichnen, daher auch die Neigung zum sentenzenhaften Sprechen und zur Wiederholung: «Nach unten zu wächst nun einmal die Natürlichkeit», bemerkt er über den am eigenen Leibe erfahrenen Unterschied zwischen proletarischem und bürgerlichem Leben, «nach oben die Künstlichkeit. Nach unten wächst die Gemeinsamkeit, von unten nach oben die Einsamkeit. Die Freiheit nimmt zu von oben nach unten, von unten nach oben die Gebundenheit.» Weniger wäre hier mehr gewesen.

Trotz dieser Einschränkungen bleibt *Das Abenteuer meiner Jugend*, mitsamt seinen Vorstufen und Varianten, eine wichtige Quelle für Hauptmanns Frühzeit, aus der wir gelegentlich zitieren, selbst wenn es bei Namen und Daten manches zu berichtigen und vieles zu ergänzen gibt.

Gerhart Hauptmann wurde am 15. November 1862 im schlesischen Bad Salzbrunn geboren, gegen Ende des Jahres also, in dem Bismarck preußischer Ministerpräsident wurde, Fontane seine *Wanderungen durch die Mark Brandenburg* zu beschreiben begann und Anselm Feuerbach seine *Iphigenie* malte. Der am 1. Januar 1863 auf die Namen Gerhard (erst ab 1887, mit dem Beginn seiner literarischen Laufbahn, schreibt er sich Gerhar*t*) Johann Robert getaufte Junge ist das vierte und letzte Kind von Robert Hauptmann (1824–1898) und seiner Frau Marie, geb. Straehler (1827–1906). Der Vater, ein gelernter Küfer, hatte sich 1848 auf Wanderschaft in Paris von der Juli-Revolution begeistern lassen. Nach seiner Heirat und der Übernahme des Gasthofs «Zur Krone» – den *sein* Vater, ein ehemaliger Weber, erworben und im Lauf der Jahre ausgebaut hatte – dürften diese jugendlichen Anwandlungen verflogen sein. (Ein wenig haben sie wohl auch auf Gerhart abgefärbt, der *Die Weber* nicht von ungefähr seinem Vater widmete und in die Urfassung seiner Autobiographie die – 1937 bei der Drucklegung gestrichene – Bemerkung einflocht: «Wir waren Ideologen des Vormärz.»[3])

Auf jeden Fall führt Robert Hauptmann mit seiner Familie ein gutbürgerliches Leben als Hotelbesitzer und verdient zeitweise sehr

Der Gasthof «Zur Preußischen Krone» in Bad Salzbrunn, Gerhart Hauptmanns Geburtshaus.

Der Gastwirt Robert Hauptmann, Gerharts Vater.

Die Mutter, Marie Hauptmann, geb. Straehler.

gut. Obwohl unmartialisch von Gestalt und zeitlebens Brillenträger, legt er sich im Zuge der Zeit einen Bismarck-Schnauzbart zu und gibt dem von ihm geführten Haus einen neuen Namen: Gasthof «Zur Preußischen Krone». Eine der frühesten Kindheitserinnerungen des dreijährigen Gerhart bleibt denn auch der Durchzug österreichischer Soldaten nach der Schlacht von Königgrätz im Juli 1866: «Es waren Gefangene und Verwundete, hatte ich aufgefaßt. Der eine trug ein weißes, blutiges Tuch um den Hals. Ich nahm an, ihm sei der Kopf vom Rumpfe geschnitten und werde daran durch das Tuch festgehalten.» Das Bild machte auf ihn so großen Eindruck, daß er es ein halbes Jahrhundert später in dem Fragment bleibenden *Berliner Kriegs-Roman* noch einmal aufruft.

Damals widerfuhr ihm auch ein deutsches Urerlebnis oder zumindest ein Erlebnis, dem damals kein Deutscher und leider auch kaum ein deutsches Kind entging: das Brüllen bzw. Angebrüllt-Werden. Er wurde, obwohl noch fast ein Baby auf dem Arm seiner Wärterin, wegen seines verängstigten Schreiens «mit furchtbarer Stimme von einem Unteroffizier angedonnert».

Trotz seines seßhaft-braven Lebenswandels sollte es Robert Hauptmann nicht gelingen, sich den Respekt oder gar die Zuneigung seines Schwiegervaters zu erwerben. In der Tat hat Friedrich Ferdinand Straehler, der zu den Honoratioren von Bad Salzbrunn mit seinen 8500 Einwohnern zählte, nie den Widerwillen überwunden, mit dem er vor Jahren die Verbindung seiner Tochter mit dem Gastwirt aus einer Weber-, also Arbeiterfamilie zur Kenntnis genommen hatte. Als Fürstlich-Plessischer Brunneninspektor – heute hieße es Kurdirektor – leitet Straehler den gesamten Ablauf des Kurbetriebs, von dem das südöstlich von Breslau, nahe der böhmischen Grenze gelegene Städtchen lebt. Er trägt die Verantwortung für die Quellen, deren größte im sogenannten Oberbrunnen in der Elisenhalle eingefaßt ist. An einer langen Stange taucht der diensttuende Brunnenschöpfer das Glas in die Quelle und holt es voll «alkalischem Säuerling» wieder an die Oberfläche. Straehler leitet auch den Ausschank und Versand und führt die Aufsicht über den Kursaal, die Kurkapelle und den Park mitsamt seinen Promenaden, ja, ihm untersteht sogar das Kurtheater.

Der Großvater macht die Honneurs, wann immer es gilt, distinguierte Gäste in Bad Salzbrunn zu empfangen. Sie kommen aus vieler Herren Länder, um mit Hilfe der Heilquellen ihre Nieren- und

Blasenleiden auszukurieren. Auch Lungenkranke befinden sich darunter und Patienten mit Kreislaufbeschwerden. Mal sind es die Fürsten Pleß als regierende Landesherren, mal polnische, ungarische oder russische Adlige, mal berühmte Dichter und Schriftsteller wie Iwan Turgenjew oder Hoffmann von Fallersleben, der Verfasser von *Deutschland, Deutschland über alles*, aber auch von *Kuckuck, Kuckuck, ruft's aus dem Wald*. Einmal kommt die Zarin von Rußland zur Kur; beim Abschied läßt sie dem Inspektor, der auch ihr den Brunnen kredenzt hat, eine Brillantnadel überreichen. So scheint der furchtgebietende alte Herr zumindest kein teutonischer Zuchtmeister gewesen zu sein wie jener Kurdirektor, der in Bad Homburg noch zu Anfang unseres Jahrhunderts mit seinen gestrengen Verordnungen König Eduard VII. von England so vor den Kopf stieß, daß der hohe Gast ins gemütlichere Marienbad auswich.[4]

Wir können heute nicht mehr sagen, warum Straehler für Roberts Kinder kaum mehr übrig hatte als für diesen selbst, in dem er zeitlebens einen gefährlichen Demokraten und «roten Hauptmann» witterte, der sich nie in der Kirche blicken ließ. Dem jungen Gerhart hat sich die hochgewachsene Gestalt im schwarzen Gehrock mit Zylinder und spanischem Rohr auf jeden Fall unauslöschlich eingeprägt: Der Achtjährige wird in das Hintergemach geführt, in dem der Großvater zwischen Eisblöcken aufgebahrt liegt, und ahnt, daß auch er eines Tages sterben muß.

Die «Preußische Krone» ist das erste Haus am Platz, gegenüber der Elisenhalle gelegen, einem klassizistischen Gebäude mit Freitreppe und dorischen Säulen. Im Sommer herrscht dort Hochbetrieb. Der Vater kümmert sich um die Gäste, die Mutter um Küche und Personal. Die Kinder bleiben oft stundenlang sich selbst überlassen. Zwar machen sich die beiden ältesten, der 1853 geborene Georg und die drei Jahre jüngere Johanna Charlotte – Hauptmann nennt sie meist Charlotte oder Lotte – manchmal bereits im Haushalt nützlich. Der nächste, Carl, ist viereinhalb Jahre älter als Gerhart und lebt mit diesem von Anfang an in einem gespannten Verhältnis, so daß der Jüngste, allein gelassen, sich seine Spielkameraden unter den Nachbarskindern auswählen muß. Mit ihnen oder auch auf eigene Faust entdeckt er die unmittelbare Umgebung, angefangen mit dem Hotelgebäude, in dessen Erdgeschoß eine Bierkneipe mit Straßenbetrieb und ein Gemischtwarenladen liegen. Der Inhaber, der allezeit ein gesticktes Käppchen auf dem Schädel trägt und ein seltsames

Deutsch spricht, erfüllt den Jungen mit einem «Respekt, in dem sich Befremden und Neugier mischten». Es ist der Vorsteher der Salzbrunner jüdischen Gemeinde.

Weitaus lebhafter als im Gemischtwarengeschäft geht es in der gleichfalls im Erdgeschoß liegenden Wohnung des Fuhrwerkbesitzers Krause zu. Dieser holt die Gäste vom Bahnhof ab und leitet den Transport des in Fässern abgefüllten Brunnenwassers. Mit Krause, dem Urbild des «Fuhrmann Henschel», und seiner Familie darf das Herrschaftskind manchmal essen:

> In der Mitte stand eine große, braune, tiefe Schüssel aus Bunzlauer Ton, in die wir, jeder mit seiner Gabel, hineinlangten. Wir griffen zu den Zinnlöffeln, als nur noch Brühe darin vorhanden war. Messer und Teller gab es nicht. Es ging bei dieser schlichten Bauernmahlzeit schweigsam und manierlich zu ... Trotzdem wir mit ausgestrecktem Arm zulangen und den Bissen durch die Luft führen mußten, ehe wir ihn in den Mund steckten, wies die Tischplatte am Schluß keine Flecken auf. Was Frau Krause gekocht hatte, war ein Gemisch von Klößen und Sauerkraut in einer Brühe aus Schweinefleisch. Dieses Gericht war delikat. Niemals später genoß ich wiederum solches Sauerkraut. Es wurde von dem alten Knecht und von Krause, nachdem sie bedachtsam die Gabel darin gedreht und so die langen, dünnen Fäden wie auf einen Wocken gewickelt hatten, aus der Tunke herausgeholt. Daß sie dieselbe Gabel, die sie in den Mund gesteckt hatten, wieder in die gemeinsame Schüssel tauchten, fiel mir nicht auf. Die langsame Sorgfalt des Vorgangs ließ den Gedanken an etwas Unappetitliches gar nicht aufkommen.
>
> Tischgebete sprach man bei den Mahlzeiten des Fuhrherrn nicht. Aber die ganze Prozedur dieser gelassenen Nahrungsaufnahme, bei der niemand, auch nicht die Kinder, im geringsten Ungeduld, Hast oder Gier zeigte, war feierlich. Sie war beinahe selbst ein Gebet. Hier wußte man, was das tägliche Brot bedeutete, und der Instinkt entschied, welche Würde ihm zuzusprechen war.
>
> Übrigens war durch die schwere, sommersprossige Hand und den heraklischen Arm des Fuhrherrn der Rhythmus dieses Familienmahles angezeigt. Niemand hätte sich unterfangen und seine Gabel oder den Löffel, während er es einmal tat, zweimal in die Schüssel getaucht.[5]

Wenn der junge Hauptmann bisweilen darunter leidet, daß im Sommer der Kunde König ist und sich die um ihre Badegäste bemühten Eltern nur wenig um ihn kümmern, so hat das auch seine Vorteile. Er lernt sich früh in einem sozialen Gefüge auskennen, das vom großväterlichen Brunneninspektor und dem väterlichen Hotelbesitzer bis zu den Köchen, Küchenmädchen, Zimmermädchen, Kellnern, Hausdienern, Kutschern und Lieferanten reicht. So wird er mit der Bierstube und dem Hinterhof vertraut und mit dem Unterschied zwischen Krauses Wohnung und der der Eltern, die im Winter eine Reihe Zimmer im ersten Stock der «Preußischen Krone» beziehen. Dort richten sie sich mit Klavier und Mahagonimöbeln ein, mit Büchern und Nippes, mit goldgerahmten Porträts von König Wilhelm und Königin Augusta sowie Reproduktionen von Raffaels *Sixtinischer Madonna*, der *Kreuzabnahme* von Rembrandt und anderen berühmten Gemälden. Das Klavier ist für Charlotte angeschafft worden, aber auch ihr kleiner Bruder liebt es, darauf zu klimpern. Er lernt einige Choräle auswendig und phantasiert zuweilen darauf los, etwa indem er einen Schiffsuntergang lautmalend darstellt, wobei die Bässe den rasenden Sturm unterstreichen und der hohe Diskant die Hilferufe der Ertrinkenden wiedergibt.

«Unten im Hof erzog die Natur», schreibt er, «oben wurde man, wie man fühlte, nach einem bewußten menschlichen Plan für irgendeine kommende Aufgabe zugerichtet.» Dem Unten, der Natur, verdankt er ein besonderes Erlebnis. Eine Köchin namens Milo hat den dreijährigen Knirps auf den Arm genommen, als dieser bemerkt, daß irgend etwas an ihr hervorsteht: «Ich hatte den Begriff einer weiblichen Brust noch nicht, so klopfte ich mit der Hand auf den unbegreiflichen Gegenstand und stellte die Frage, was das wäre, worauf die ganze Küche vor Lachen fast außer sich geriet und Frau Milo dunkelrot im Gesicht wurde.»

Vielleicht war es wirklich so, wie er mit souveräner Kürze von seiner Kindheit berichtet, daß das Triebleben und seine Befriedigungen keine Erinnerungen zurückließen.[6]

Auch im Sprachlichen ist der zukünftige Dichter in beiden Welten zu Hause: Er erlernt gleichzeitig den schlesischen Dialekt seiner Spiel- und Schulkameraden und das von den Eltern gesprochene Hochdeutsch. In topographischer Hinsicht drücken sich die beiden Lebensformen im Kontrast zwischen Bad Salzbrunn oder Obersalzbrunn mitsamt seinem Kurbetrieb aus und dem halb so großen, auf der anderen Seite des Salzbaches gelegenen, von Arbeitern und Handwerkern bewohnten Unter- oder Niedersalzbrunn. Aber es ist nicht einmal nötig, den Gasthof zu verlassen. Auch dort erstreckt sich die Skala «von der Réunion im kleinen Blauen Saal, wo sich die Elite der Badegesellschaft, Adel, Schönheit, Reichtum, Jugend, zusammenfand, irgendein namhafter Pianist sich hören ließ, von Beethoven, Liszt, Chopin und anderen großen Künstlern gesprochen und dabei Champagner, Mandelmilch, Sorbet und anderes getrunken wurde, bis zu einer gewissen Treppe... wo arme Frauen, Töpfe im Arm, stundenlang anstanden bis zur Küchentür und auf Abfälle warteten». Eine ungewöhnliche soziale Bandbreite ist schließlich auch bei den Kindern festzustellen, mit denen er spielt. Da gibt es einerseits Alfred Linke, Sohn eines ältlichen Apothekers und seiner schönen jungen Frau, der daheim unterrichtet wird und so behütet aufwächst, daß die Dorfjungen von ihm sagen: «Der ist ja aus Glas!» Und da gibt es andererseits eben diese Dorfjugend, mit der der Gastwirtssohn glänzend auskommt; beim Räuber-und-Gendarm-Spiel schwingt er sich zum Anführer einer Bande von fünfundzwanzig Jungen auf und hat so manche Balgerei durchzustehen und einmal auch eine Steinschlacht, bei der er eine schwarzblaue, blutunterlaufene Zehe davonträgt. Meistens geht es aber so friedlich zu wie am Gründonnerstag, an dem die Kinder mit Bettelsäcken von Gehöft zu Gehöft ziehen, ein Liedchen zum besten geben und mit Eiern beschenkt werden, aus denen die Mutter etwas Süßes bäckt. Solche Beutezüge werden auch im Sommer unternommen, zu den Versen:

Ich bin a kleener Pummer,
ich kumme zum Summer,
lußt mich ni zu lange stiehn,
ich muß a Häusla weiter giehn.

Die glücklichste Zeit seiner Kindheit verbringt Gerhart bei seinem Vetter Georg Schubert auf dem Lande, wo die Buben mit den Hühnern, Schafen und Hunden auf dem Hof spielen und von den Bauern zur Ernte auf die Felder mitgenommen werden. Georgs Mutter, Hauptmanns Tante Julie, ist das begabteste der sieben Kinder des Brunneninspektors; von ihrer Mutter, der unehelichen Tochter einer Schauspielerin, hat sie die Theaterleidenschaft geerbt, die dann auch ihren Neffen auszeichnet. Nach dem Ende einer frühen Herzensaffäre verheiratete sie sich mit dem etwas dünnlippigen Oberamtmann Gustav Schubert, mit dem sie sich auf dem gepachteten Rittergut Lohnig einrichtet und bei häufigen Besuchen geistlicher Herren ein geselliges Leben mit viel gemeinsamem Essen und Musizieren führt: «Denn der Kreis von Schmarutzern in Jesu Christ ist gewaltig», wird es später in Hauptmanns Epos *Anna* heißen, «alte Herren, die gern gut essen, und junge Vikare, die nicht langen mit ihrem Gehalte.»[7]

Schuberts einzigem Kind, dem nach vielen Ehejahren geborenen Georg, öffnen sich alle Herzen. Wann immer er mit Tante Julchen zu Besuch nach Salzbrunn kommt, beschäftigt sich die ganze Familie mit dem hübschen, aufgeweckten Jungen. Carl, damals etwa zehn, holt aus der väterlichen Bibliothek ein paar Stahlstiche hervor und amüsiert sich über die fingerzeigend-krakeelende Bewunderung des kleinen Vetters. Großvater Straehler schenkt seinem Lieblingsenkel einen Esel aus der Herde, die die Kurverwaltung wegen der von einigen Patientinnen bevorzugten Eselsmilch hält. Gerhart, selbst noch klein, wird die Begünstigung dieses strahlenden Sonntagskindes mit gemischten Gefühlen zur Kenntnis genommen haben. Die Freigebigkeit des Großvaters, der sich um den jüngsten Enkel kaum kümmert, entlockt diesem noch nach Jahren eine der wenigen bitteren Bemerkungen, die wir aus seiner Feder haben: «Auf den Gedanken, daß auch ich mich über einen kleinen Esel gefreut hätte, kam er nicht.»

Zwei andere Tanten, Auguste und Elisabeth Straehler, verbreiten in ihrem Haus, dem Dachrödenshof, eine penetrante Atmosphäre von pietistischer Frömmigkeit um sich. Ihr weltentsagendes Wesen, die vielen Beschwörungen von Erbsünde und Fegefeuer und ihre bisweilen süffisanten Bemerkungen über Robert Hauptmann verängstigen den Neffen Gerhart, was die beiden alten Jungfern in dem Mißtrauen bekräftigt, mit dem sie ihn wegen seiner Wildheit und seines Umgangs mit den Kindern der Landarbeiter und Angestellten ohnehin betrachten. Als sie bei einem Ausflug einmal mit ihm und Vetter Georg auswärts übernachten müssen, bringen sie die beiden Jungen in einer zugigen Dachkammer unter. Gerhart ist gerade am Einschlafen, als er bemerkt, daß die bucklige Tante Auguste auf Zehenspitzen ins Zimmer gekommen ist, sich über ihn beugt und ihm eine wärmende Decke entzieht, um sie über den schlafenden Georg auszubreiten.

Woher nimmt Hauptmann die Gelassenheit, die ihn das alles ohne

Protest ertragen läßt? Man kann sie kaum als Erbteil bezeichnen, da sie den Brüdern, dem Choleriker Georg wie dem Melancholiker Carl, durchaus abgeht. Auch muß offenbleiben, inwiefern die Geburtsstunde oder andere Imponderabilien ihn vom Temperament her zu einer Art Glückskind prädestinieren. Ohne Zweifel befähigt ihn eine angeborene und ohne Selbstaufgabe praktizierte Versöhnlichkeit, die unterschiedlichsten schmerzlichen Erlebnisse und Erfahrungen zu verwinden. Vieles von dem, was in seiner Kindheit auf ihn zukam, war nämlich so beschaffen, daß es einen weniger sicher, um nicht zu sagen, phlegmatisch in sich selbst ruhenden jungen Menschen schwer getroffen und für sein ganzes Leben gezeichnet hätte.

Als Kleinkind wird er am Nachmittag von einem Kindermädchen spazierengeführt, zusammen mit dem Familienhund Waldmann. Eines Tages springt dieser unter heiserem Gebell unvermittelt aus dem Gebüsch hervor und umkreist die beiden, zähnefletschend und schäumend, mit schwindelerregender Schnelligkeit. Das Mädchen, über das ungewöhnliche Gebaren des Hundes erschrocken, nimmt den Kleinen auf den Arm und rennt mit ihm schreiend zurück ins Haus, in dessen Flur der tollwütige Spitz eingeschlossen wird, bis jemand ihn mit einem Schuß von seinen Qualen erlöst. Das Kind erlebt den Todeslauf und das Ende des Tieres aus nächster Nähe durch eine Glastür. Der Dichter wird das Motiv sechzig Jahre später in die Tragödie *Magnus Garbe* einblenden. Anstatt aber Hunden daraufhin mit einer gewissen Scheu zu begegnen, hält Hauptmann sich im Lauf der Jahre so viele, daß er von sich sagen kann, er habe «eine Reihe von Dackeln, persönlich verschiedener Art», bei sich alt werden lassen.[8]

Man mag einwenden, daß ein solches Kindheitserlebnis noch keine Rückschlüsse auf das Nervenkostüm des Menschen zuläßt, dem es widerfährt. Dagegen stellt der Schulbesuch eine Erfahrung dar, die jeder Jugendliche macht und die im deutschen Kulturraum bis heute den Stellenwert eines kollektiven Traumas hat. Schiller und Keller, Wedekind und Thomas Mann, Rilke und Hesse haben sich darüber mit einer Gefühlsdichte, mit einem Haß und einem Abscheu geäußert, die in anderen Literaturen bei diesem Thema nicht anzutreffen sind. Für Hauptmann beginnt die Schulerfahrung mit der Enttäuschung des Kindes, das von den Spielkameraden die haarsträubendsten Einzelheiten über die Schule gehört hat und nun die eigenen Eltern nicht mehr versteht. Wie können sie, die doch vorgeben, ihren

Sohn zu lieben, diesen einem «bösen alten Mann ausliefern, von dem man mir erzählt hatte, was ich später genugsam erlebte: daß er die Kinder mit der Hand ins Gesicht, mit dem Stock auf die Handteller oder, so daß rote Schwielen zurückblieben, auf den entblößten Hintern schlug»? Und wirklich, im Klassenzimmer – wir werden es uns mit einem Kanonenofen in der Ecke und einem Kaiserbild an der Wand vorzustellen haben und mit dem Volksschulmief aus Angst und Kreide und verschwitzten Kleidern – entpuppt sich der Lehrer Brendel sogleich als «fleischgewordener Zorn» und als ein unberechenbarer Tyrann, der mit seinem gelben Rohrstock wahllos dreinschlägt. Er hat Hornhaut auf den Fingerknöcheln, weil er sich beim Unterricht, angestrengt nach bösen Buben spähend, auf die erste Schulbank stützt, und pflegt die ihm anvertrauten Kinder morgens mit «Ihr Bösewichter! Ihr Taugenichtse!» zu begrüßen, «wobei ihm die Augen übergingen vor Wut». Dennoch meint der alte Hauptmann versöhnlich, daß es mit der Behandlung seine Richtigkeit hatte, die ihm in der Schule widerfuhr: «Diese Bezeichnung des Taugenichtses war bei mir in bezug auf die Schule gerechtfertigt. Ich konnte nicht leben ohne Licht, Luft und freie Natur und ohne das einsame, robinsonale Leben und Selbstbestimmungsrecht in alledem. Schularbeiten haßte ich.» Daß es sich hier nicht um eine grandseigneurale Geste des Memoirenschreibers handelt, der sich von der Höhe des weltberühmten Dichters herab um Gerechtigkeit gegenüber einem längstvergessenen Volksschulpauker bemüht, zeigt die Rolle des Lehrers in Hauptmanns Werk. Sie trägt, nicht nur in ihrer bekanntesten Verkörperung als Lehrer Gottwald in *Hanneles Himmelfahrt*, zumeist positive Züge.

Ein ähnlicher Schock wie die Einschulung ist für den Abc-Schützen die Entdeckung des «Bestialischen», das den Menschen offenbar innewohnt; sie wird von vielen jungen Leuten mit einem nachdenklichen Schauder registriert. Hauptmann macht sie im Alter von neun Jahren, als er eines Tages mit den Spielkameraden beim Herumstreichen durch die Felder auf eine große Kröte trifft. Unter dem Bann einer kollektiven Wahnvorstellung bewerfen sie das verzweifelt quietschende Tier mit Steinen, bis es krepiert. Wir sind im Jahre 1871, es gibt noch keine Massenmedien, dennoch hegen die Buben plötzlich alle «den einen Gedanken, daß in ihr ein Feind, etwa der Feind Deutschlands, inkarniert wäre». Welche Gelegenheit, sich kopfschüttelnd über die kindliche Mordlust, den Hurra-Patriotismus jener

Jahre, die Tierquälerei, den Zwang zur Konformität und alles mögliche andere auszulassen und der geschundenen Kreatur noch im nachhinein Abbitte zu tun! Doch Hauptmann fragt bloß lakonisch: «Wie kamen wir nur zu diesem Ausbruch besinnungslos mörderischer Leidenschaft?»

Auch sein Verhältnis zu den Geschwistern ist durchweg ausgeglichen. Georg besucht zu dieser Zeit schon die Realschule in Bunzlau, die Schwester ein von adligen Damen geleitetes Internat. Mit Bruder Carl wohnt Gerhart mehrere Jahre in einem Zimmer zusammen, im Elternhaus in Salzbrunn und als Gymnasiast in Breslau. Carl, größer und stärker, läßt zuweilen seinen Übermut an ihm aus, mit jenem Stich ins Sadistische, der oft gerade beim Streit unter Geschwistern zum Vorschein kommt. So packt er ihn auf dem Nachhauseweg von der Schule am Kragen und schubst ihn wie einen Arretierten vor sich her. Andererseits zeigt er, der im Gegensatz zu Gerhart von den frommen Tanten im Dachrödenshof verwöhnt wird, früh etwas vom Idealisten, der gern über Prinzipien doziert. Carl Hauptmann ist ein komplizierter Mensch. Wenn der Bruder ihn später ironisch als «leicht aufgeregt, meist aber, ähnlich einem gewissen spanischen Ritter, aus Rechtsgefühl und aus Mitgefühl» schildert, dann darf man den Respekt nicht überhören, der bei dieser Charakteristik mitschwingt. Zum Beispiel hält sich Carl damals Tauben, von denen sich einige auch mal in fremde Schläge verirren. Es erfordert viel Mut von seiten des halbwüchsigen Züchters, die Tiere den Besitzern dieser Schläge wieder abzuverlangen und nach Hause zurückzubringen. Gerhart begleitet den Bruder auf diesen Streifzügen und lernt dabei die weitere Umgebung von Salzbrunn kennen.

Sicherheit und Selbstvertrauen bezieht er aus seinem Verhältnis zu den Eltern. Es ist so gut, daß er mit Zuversicht sagen kann: er liebt und wird geliebt.[9] Der Vater, zuerst ein mächtiger Gott, wird zusehends zum Freund und Vertrauten. Nur am Anfang herrscht auch im Hause Hauptmann die Angst, die in so vielen deutschen Kinderzimmern grassierte und uns noch aus Büchern aus jener Zeit, etwa dem *Struwwelpeter* und *Max und Moritz*, entgegenschlägt. So hat der Hotelier seinen Kindern unter anderem eingeschärft, auf keinen Fall den Gästen lästig zu werden, sie nicht anzubetteln und sich von ihnen auch nichts schenken zu lassen. Als ein alter Herr aus dem Kurpublikum aber den kleinen Gerhart in einen Spielwarenladen führt und ihm einen kleinen hölzernen Rollwagen mit Fässern und

Pferden kauft, da vergißt dieser die väterliche Ermahnung und nimmt das Geschenk freudestrahlend entgegen. Erst auf dem Heimweg fällt ihm das Verbot wieder ein. Seine Mienen verfinstern sich zusehends, bis er im Widerstreit der Gefühle laut heulend in der «Preußischen Krone» eintrifft, zur Verwunderung der Eltern, die sich keinen Reim machen können auf die Tränen und das schöne Spielzeug, das ihr Jüngster unterm Arm hält.

Robert Hauptmann besteht darauf, daß seine Söhne abgehärtet werden und körperlich ertüchtigt aufwachsen. Er treibt ihnen die kindliche Gespensterfurcht aus und drückt Gerhart, selbst im schlesischen Winter, gleich nach dem Aufstehen höchstpersönlich einen Schwamm mit kaltem Wasser auf dem Nacken aus, gegen den Protest der Mutter, die händeringend dabeisteht, dem Jungen ein Badetuch überwirft und ihn tüchtig abreibt. Noch viele Jahre später liebt es Gerhart Hauptmann, sich nach dem frühmorgendlichen Bad auf Hiddensee oder am Mittelmeer zu frottieren, bis die Haut brennt.

Am Krankenbett des Bruders Carl wirft er einen ersten Blick hinter die Fassade der Respektsperson, die der allezeit auf seine Würde bedachte, in gute englische Anzüge mit goldener Uhrkette und Berlocken gekleidete Vater in den Augen der Kinder, des Personals und sogar der Gäste darstellt. Carl hat sich eine so gefährliche Lungenentzündung geholt, daß man ihn für verloren gibt. Die Familie schart sich um ihn, Gerhart muß erstmals erfahren, daß er die Fürsorge der Eltern mit seinen Geschwistern und vor allem mit Carl teilen muß. Als der Arzt schließlich erklärt, das Fieber habe seinen Höhepunkt überschritten, sieht Gerhart zufällig, wie der Vater, von dem er bisher ebensowenig glaubte, daß er lachen wie daß er weinen könne, die Brille abnimmt und sich verstohlen die Augen tupft. Wenig später, auf einer gemeinsamen Reise nach Breslau, erweist sich der Vater schon im Abteil als Kamerad, der allen Wünschen zuvorzukommen und alle Fragen zu beantworten sucht. In der Provinzhauptstadt besuchen sie ein Weinhaus und gehen in eine Aufführung von Offenbachs *Orpheus in der Unterwelt*. Kaum nach Hause zurückgekehrt, läßt sich der Gastwirt von seinem Jüngsten auf die Jagd und bei einem Besuch in der Gasanstalt begleiten; der allem Neuen gegenüber aufgeschlossene Mann hatte in Salzbrunn als erster die Gasbeleuchtung eingeführt.

Robert Hauptmann, der nichts von einem unterwürfigen Gastwirt an sich hat und mit den Gästen von gleich zu gleich verkehrt, ist als einziger Sohn eines wohlhabenden Mannes aufgewachsen. Er hält sich einen livrierten Kutscher und die schönsten Pferde im Städtchen, und er führt diesen Lebensstil auch dann noch fort, als er wegen der zweiten Heirat seines schon betagten Vaters, aus der weitere fünf Kinder hervorgehen, längst nicht mehr Alleinerbe ist. Als die Verwandten seiner Frau schließlich auf der Auszahlung ihres im Hotelbetrieb angelegten Anteils am Straehlerschen Familienvermögen bestehen, muß er die «Preußische Krone» 1877 aufgeben.

Zu seinen schönsten Erinnerungen zählte Hauptmann zeitlebens eine Ferienreise, die er im Alter von sieben mit dem Vater nach Bad Warmbrunn am Fuß des Riesengebirges unternahm. Nachdem die beiden einige Wochen in einer Pension verbracht und auf ihren täglichen Ausflügen einander besser kennengelernt hatten, wandern sie eines Morgens auf einer von Bäumen eingefaßten Allee. Dort kommt ihnen von fern ein Wagen entgegen. Der Vater, der es liebt, Überraschungen zu inszenieren, stellt sich kurzsichtiger, als seine veilchenblauen Augen in Wirklichkeit sind, und bittet den Sohn, ihm das herannahende Gefährt zu beschreiben. Da es sich offensichtlich um einen eleganten, von zwei schmucken Pferden gezogenen Landauer handelt, sagt er: «Gerhart, raff dich zusammen, geh grade und grüße, wenn der Wagen vorbeifährt, es ist Graf X., und wir sind hier auf seinem Grund und Boden.» Kurz darauf heißt es: «Brust raus, Bauch rein!» Erst als der Wagen vor ihnen anhält, geht dem Jungen ein Licht auf: Es ist der Hauptmannsche Familienkutscher, der da die Zügel hält, und der mit durchgedrücktem Kreuz und verschränkten Armen neben ihm auf dem Bock sitzende Diener ist kein anderer als Bruder Georg. Im Fond des Wagens, den der verdutzte Gerhart in der fremden Umgebung nicht gleich wiedererkannt hatte, sitzt die Mutter zwischen Carl und Lotte. «Es hätte damals wirklich nicht viel gefehlt», erinnert er sich an das unerwartete Zusammentreffen auf offener Landstraße, «und ich wäre vor Freude närrisch geworden.» – Es ist nahezu das letzte Mal, daß man so unbeschwert beieinander ist.

Nicht lange nach diesem Badeaufenthalt begleitet Gerhart den Vater nach Gut Lohnig, wo dieser geschäftlich zu tun hat, während der Junge sich mit dem Vetter Georg die Zeit vertreibt. Auf dem Rückweg wird die Schubertsche Kutsche, die die Gäste zur Bahn bringen soll, von einem aufgeregt winkenden Mann angehalten: «Meine Herren, wir haben den Krieg!» Es ist der Krieg 1870/71, dessen Anlaß, nach Bismarcks kunstvoll redigierter Emser Depesche über die Verhandlungen zwischen Wilhelm I. und dem französischen Botschafter Benedetti, in vielerlei Versionen geschildert wird:

> Da trat in sein Kabinette
> eines Morgens Benedette,
> den gesandt Napoleon.
> Der fing zornig an zu kollern,
> weil ein Prinz von Hohenzollern
> sollt' auf Spaniens Königsthron.

Innerhalb der Familie führen diese Ereignisse zu Spannungen, denen ähnlich, die der Siebenjährige Krieg zwischen dem kaiserlichen Rat Johann Kaspar Goethe und seinem Schwiegervater Textor ausgelöst hatte. Wie fast alle Deutschen ist auch Robert Hauptmann von der «hoffnungsfrohen schwingenden Stimmung der Väter» ergriffen, die sich – so hat ein anderer Dichter, Hans Carossa, dieses Hochgefühl geschildert – «nach langem Hader, langer Vereinsiedelung und Geltungslosigkeit in eine mächtige Einheit aufgenommen sahen»[10]. Dagegen können sich die Straehlers nebst Anhang, vom Oberamtmann Schubert auf Lohnig bis hin zu den frömmelnden alten Jungfern auf dem Dachrödenshof, mit der Entwicklung der Dinge nicht recht anfreunden.

Nach der Kaiserproklamation steigert sich dann auch das vom Schauplatz der Ereignisse so weit entfernte Salzbrunn in einen wahren Taumel der Begeisterung:

> Bismarck und Moltke, Moltke und Bismarck waren in aller Munde. In der Schule sangen wir «Die Wacht am Rhein», der alte Brendel selbst war festlich erregt. Die Hornhaut an den Kniebeln seiner Finger, die den Takt auf der Bank klopften, wurde immer dicker. Er holte sogar in jeder Gesangsstunde seine Schulmeistergeige hervor, was er früher nie getan hatte. Sozusagen mit Ächzen und Krächzen verjüngte er sich. Zwar noch immer fielen die Worte: «Ihr Bösewichter! Du Bösewicht!», aber dann hörte man ihn auch wohl hinausseufzen: «Kinder, es ist eine große, gewaltige Zeit!» – «Es braust ein Ruf wie Donnerhall, wie Schwertgeklirr und Wogenprall!» sangen wir auf der Straße. Und überhaupt schwelgten wir Jungens in nationaler Begeisterung.

Das mochte noch hingehen, wenn es dabei geblieben wäre. Bekanntlich machte sich damals aber im neugeschaffenen Reich eine Durchdringung des täglichen Lebens mit martialischen Redewendungen und Praktiken bemerkbar. So auch in Salzbrunn, wo ein zum Lehrer bestellter ehemaliger Feldwebel das Exerzieren in der Dorfschule einführt. Für den Schulspaziergang schafft man Trommeln an, von denen auch Gerhart eine schlagen darf – nach dem Kommando des Tambourmajors mit seinem betroddelten Stab. Der Nachfolger des nach Kriegsbeginn verstorbenen Brunneninspektors Straehler ist mit dem Eisernen Kreuz aus dem Feld heimgekehrt und macht sich durch seine forsche Sprechweise bald so unbeliebt, daß sich Robert Hauptmann den Unteroffizierston ausdrücklich verbitten muß. Allerdings ist der Vater um diese Zeit ohnehin gereizt und von den Sorgen bedrückt, die nach Eröffnung des Straehlerschen Testaments auf ihn zugekommen sind. Dabei hatte es einen deftigen Familienkrach gegeben. Als der Hotelier sich über die bis über den Tod hinaus währende Feindschaft seines Schwiegervaters beschwert, der sein Barvermögen nicht seiner verheirateten Tochter Marie, sondern den ledigen Töchtern Elisabeth und Auguste hinterlassen hat, wirft ihm seine Frau vor, er habe den Betrieb nicht wie versprochen nach der Heirat verkauft, sondern ihn weiterhin geleitet und sie selbst dem Geschäft geopfert: «Du machst im Büro oder Salon den vornehmen Mann, und ich, angezogen wie eine Schlumpe, schäle in der Küche Kartoffeln oder pelle Schoten aus.» Um die Verwandten auszuzahlen, muß eine Hypothek aufgenommen und der Kursaal verpachtet werden, damit die erlittenen Kapitaleinbußen wettgemacht werden können. Von dieser Zeit datiert Robert Hauptmanns geschäftlicher Niedergang. Er hat schließlich zur Folge, daß Gerhart als junger Mensch praktisch mittellos im Leben stehen wird.

III

«Du bist noch ein sehr, sehr schwacher Sextaner!» meint Doktor Klettke, der Direktor der Realschule I. Ordnung am Zwinger in Breslau, als Gerhart Hauptmann am 10. April 1874 nach knapp bestandener Aufnahmeprüfung in die Anstalt eintritt. Der Befund hat seine Richtigkeit, auch wenn er natürlich nicht in dieser Form, coram publico in einem mit Eltern und Schülern gefüllten Raum, hätte verkündet werden dürfen. Der neue Zögling bringt tatsächlich mehr Vorstellungsvermögen und Lebenskenntnis als Wissen mit in die Schule. Zu Hause ist seine kindliche Phantasie durch das alte Spielzeug in der Rumpelkammer angeregt worden, in die er an düsteren Wintertagen hinaufkletterte. Da liegen Puppen und Schaukelpferde und Hampelmänner umher, unter denen er sich leicht Kobolde und Zauberer vorstellen kann. Eine übersprühende, bis in den Traum hineinreichende Erfindungsgabe drängt ihn, sich anderen mitzuteilen, etwa den Kindern des Fuhrmanns Krause, denen er die von der Mutter vorgelesenen Märchen weitererzählt. Dabei türmt er Zugabe auf Zugabe, bis ihm die Phantasie erlahmt und er in eine Trance fällt, die tagelang andauert. Dann müssen ihn die Eltern ermahnen: «Träume nicht, Gerhart, träume nicht!» Auch späterhin bleibt das Geschichtenerzählen im Kinderzimmer ein Anreiz für seine eigene Einbildungskraft wie für die der kleinen Zuhörer.

Lesen hat er anhand des *Robinson Crusoe* und Coopers *Lederstrumpf*-Bänden gelernt, wobei er sich so weit mit dem «Letzten der Mohikaner» identifiziert, daß er nach dem edlen Indianerhäuptling im Familienkreis eine Zeitlang nur noch «Chingachgook» genannt wird. Als die Schule während einer Pockenepidemie, die um ein Haar auch die Mutter hinweggerafft hätte, vorübergehend geschlossen wird, übernimmt der Vater die Erziehung, indem er Gerhart ein ganzes Geschichtsbuch seitenweise abschreiben läßt; er glaubt, sein Sohn würde auf diese Art und Weise lesen, schreiben und Weltgeschichte in einem erlernen. Damals hatte der Junge bereits *Meyers Universum*, eine weitverbreitete Enzyklopädie, mehr durchgeblättert als gelesen und sogar einige Episoden aus der *Ilias* in der Nacherzählung von Gustav Schwab buchstabiert. Dabei schießt ihm der Gedanke durch den Kopf, daß sich derartige Abenteuer auch in Versen erzählen ließen (von Homer hat er offensichtlich noch nicht gehört) und daß mit einer solchen Versifizierung der Ruhm eines großen Dichters zu gewinnen sei.

Beim Durchstöbern des väterlichen Bücherschranks haben sich ihm einige Abbildungen von Malereien und plastischen Bildwerken eingeprägt, darunter Danneckers *Ariadne* und Rauchs Denkmal Friedrichs des Großen. Ein in Salzbrunn ansässiger Arzt hat ihm die Grundlagen des Geigenspiels, der mißmutige Lehrer Brendel etwas Latein beigebracht. Überdies hat Bruder Georg, als frischgebackener

Abiturient nach Hause zurückgekehrt, das Wichtigste noch einmal mit ihm durchgepaukt. – Wenn Hauptmann trotz alledem nur mit knapper Not die Aufnahme in die Sexta schafft, dann liegt das also weniger an mangelnder Vorbereitung als an seiner spezifischen Art des Welterfahrens, die primär auf dem Kontakt mit Menschen und auf visueller Wahrnehmung beruht und erst dann auf der Lektüre von Büchern. Und Kontakte mit der Umwelt hat er für einen elfeinhalbjährigen Jungen erstaunlich viel aufzuweisen. Die Schwester Charlotte, die als junge Dame aus dem Internat zurückgekehrt ist, macht ihn mit ihrer Freundin Mathilde Jaschke bekannt. Sie ist die Pflegetochter des Fräuleins von Randow, einer älteren Dame, auf deren Besitz, dem «Kurländischen Hof», der junge Hauptmann jetzt einen schöngeistig-weltläufigen Lebensstil kennenlernt, der von der braven Bürgerlichkeit des väterlichen Gasthofs ebenso absticht wie von der Bigotterie der schrulligen Tanten auf dem Dachrödenshof. Bei Fräulein von Randow trinkt man Tee und musiziert, man treibt Französisch und Englisch und lebt mit antiken Möbeln. Daher auch der sich anbahnende Konflikt zwischen den Frauen in der Familie Hauptmann: Lotte hat nun ein anderes Leben kennengelernt und will nicht in die Wirtshausexistenz zurückfallen, in der sich die Mutter abhärmt.

Ein anderer Meinungsunterschied zeichnet sich zwischen den Brüdern Georg und Carl Hauptmann ab. Dieser glaubt an den Gottessohn Jesus, während der älteste, der in Breslau mit Skeptikern und Agnostikern verkehrt hat, im Heiland einen zwar außergewöhnlichen, aber eben doch nur einen Menschen sieht. Gerhart wird Zeuge dieses am Familientisch ausgetragenen Streits, der damit endet, daß der exaltierte Carl aufstampft und in feierlichem Ton verkündet: «Ich sage dir, Jesus *ist* Gottes Sohn!» Gerhart macht sich darüber bereits eigene Gedanken; weniger, was den Glauben selbst betrifft, der ihm noch nicht problematisch geworden ist, als bei Veranstaltungen wie der im Kursaal abgehaltenen Weihnachtsbescherung des Vaterländischen Frauenvereins, bei der den Armen mehr Ermahnungen zur Dankbarkeit mit auf den Weg gegeben werden als Geschenke. Der Kontrast zwischen dem Wort und der Wirklichkeit des Christentums macht ihm zu schaffen.

Auf seinen Streifzügen während der Pockenepidemie hat er Menschen sterben sehen und erlebt, daß ein Kranker unter den Flüchen seiner Frau verscheidet. Es ist die Offenbarung einer kaum glaubhaften Niedertracht, die ihn noch lange verfolgt:

War es ein Pockenkranker oder nicht, an den ich in einem modrigen Gartengelaß durch irgendeinen Zufall geriet? Jedenfalls ist ein Eindruck damit verknüpft, der sich mir ins Gemüt ätzte. Im gleichen Zimmer befand sich ein wenig bekleidetes, schlumpiges Weib. «Wasser!» flehte der Kranke sie an. – «Wasser?!» schrie sie, «hol dir doch Wasser!» – «Ich kann nicht, ich bin zu schwach», sagte er. – «Faul bist du, du bist faul!» war die Antwort. – «Merkst du denn nicht, wie es mit mir steht? Ich bin hin. Ich werde von diesem Bett nicht mehr aufstehen.» – «Dann bleib doch liegen, Lumpenhund!»

Ein wenig hat er sogar die Liebe, oder vielmehr die Eifersucht kennengelernt. Während der Sommerferien erhält Carl den Besuch einer Freundin, der blutjungen Anna Hausmann aus Hamburg, einer Blondine mit offenem, bis zum Gürtel reichenden Haar. In der Begleitung von Carl und einem anderen befreundeten Gymnasiasten läßt sie sich von ganz Salzbrunn bewundern, von den Kurgästen wie den Einheimischen. Dabei sieht sich der elfjährige Gerhart in eine ihm neue, aus Ehrfurcht und Neid gemischte Seelenlage versetzt. Er sucht sie durch eine Trotzhaltung zu überspielen, indem er dem Bruder gegenüber, der in Gegenwart der jungen Dame den Weltmann hervorkehrt, in die altvertraute Rolle des Proletarierkindes schlüpft. Für den Fotografen aber wird der Sextaner, wie damals jeder Junge, in den Sonntagsanzug mit Halsbinde gesteckt, und das Haar wird sorgfältig gescheitelt. Das Resultat: ein gutaussehender Junge, dessen Gesicht weder eine gewisse Verstocktheit verleugnet noch einen verträumten Zug um die Augen.

Seine erste Unterkunft in Breslau, mit 250000 Einwohnern nach Berlin, Hamburg und München die viertgrößte Stadt des Deutschen Reiches, ist eine Schülerpension in der Kleinen Feldstraße. Sie liegt in einem verwahrlosten, von Wanzen und Schaben wimmelnden Mietshaus, in dessen drittem Stockwerk ein ehemaliger Oberamtmann dreißig Gymnasiasten beherbergt. Dabei haben es Carl und Gerhart besser als die anderen, denn sie bewohnen ein verhältnismäßig geräumiges Zimmer mit zwei Betten, einem zweisitzigen Pult und einem Waschständer.

Gerhart, zum ersten Mal auf längere Zeit von zu Hause weg, leidet arg an Heimweh. Auch findet er sich zuerst nur schwer in der großen, in den Gründerjahren von hektischem Leben erfüllten Stadt zurecht.

Zwar bemüht sich der Bruder, ihm zu helfen, aber die Diskrepanz in Anlage und Temperament wird durch den Altersunterschied verschärft: In den Augen des Sextaners gehört der Tertianer bereits zu den Erwachsenen. Will der eine am Abend lesen, dann hindert das Licht der Petroleumlampe den anderen am Einschlafen; wenn Gerhart wieder einmal mit den Schularbeiten nicht zurechtkommt und sich an den Bruder wendet, unterbricht er diesen bei seinen eigenen Hausaufgaben. So entwickelt sich eine Gereiztheit, die sich in Streitereien und, was in Salzbrunn nie geschehen war, in fast täglichen Prügeleien und Ringkämpfen entlädt. Schließlich haben sie einander so satt, daß sie sich zu Hause in den Sommerferien mit Bedacht aus dem Weg gehen.

Als notorisch schlechter Schüler wird der Sextaner Hauptmann in die letzte Reihe verwiesen. Doch unter denen, die mit ihm die Schulbank drücken, ist nicht einer, dem sich der sonst kontaktfreudige und mitteilsame Junge anvertrauen könnte. Das Denunziantentum, von den Lehrern gefördert, erschwert ohnedies jede Annäherung. Dazu kommt der auf Befehlen und Gehorchen ausgerichtete Untertanengeist, der an der Schule herrscht. Wenn der Lehrer in die Klasse kommt, springen die Schüler von ihren Plätzen auf und stehen stramm, bis das Kommando «Setzen!» ertönt. Der Direktor Jurisch, der Religionsunterricht gibt, pflegt Schüler, die ihre Hausaufgaben nicht gemacht haben, am Ohrläppchen in die Höhe zu ziehen, wobei er erst einhält, wenn der Schmerz unerträglich geworden und das Ohrläppchen nahe am Reißen ist. So ähnelt das Breslauer Gymnasium nur allzu sehr der Volksschule von Salzbrunn. Gerhart reagiert dementsprechend: er bockt, wobei er wohl selber nicht mit Sicherheit hätte sagen können, ob er es aus Abneigung gegen das Schulregiment tut oder aus der Verstocktheit, die ihn beim Betreten des Klassenzimmers überkommt.

Die triste Routine wird nur durch gelegentliche Besuche des Vaters aufgehellt, wenn dieser geschäftlich nach Breslau kommt. Dann erscheint Robert Hauptmann unangemeldet in der Schülerpension, nimmt seine beiden Söhne in ein Restaurant mit, damit sie sich sattessen können, und schenkt ihnen zum Abschied eine Kleinigkeit. Aus irgendwelchen Gründen, vielleicht weil der Vater schon genug Sorgen hat, wird bei diesen Zusammenkünften das Thema «Schule» vermieden. Sie ist eine Heimsuchung, die Gerhart allein zu bestehen hat – und die er nicht besteht.

Zu Ostern 1875 – es ist das Geburtsjahr der Schulversager Thomas Mann und Rainer Maria Rilke – bleibt Hauptmann sitzen. Wenn er seit seiner Ankunft in Breslau überhaupt etwas dazugelernt hat, dann war das wiederum außerhalb des Schulgebäudes, etwa beim Besuch der Meininger Schauspieltruppe, die mit der ihr eigenen Detailtreue Shakespeare und Schiller, bei einem anderen Gastspiel auch Kleist aufführt und ihm einen ersten Einblick in die Welt des Theaters gewährt. Es folgt ein Nachmittag im Zirkus Renz, dessen Atmosphäre sich ihm so einprägt, daß er sich selber als Jongleur versucht; zum Gaudium seiner Kinder kann er noch in gesetzten Jahren drei Bälle oder Orangen zugleich in Bewegung halten.

Ein weniger angenehmes Erlebnis bringen die Sommerferien, in denen er mit Albrecht Kessler, dem Sohn des Salzbrunner Polizeiverwalters, baden geht. Der Polizist mißhandelt seine Kinder; der Junge ist mit blauen Flecken übersät, die Tochter macht später einen Selbstmordversuch. Albrecht kann nicht schwimmen, geniert sich aber, es zuzugeben. Kaum sind die beiden bis zur Mitte des Teiches vorgedrungen, wo man nicht mehr stehen kann, da gerät der Junge in Schwierigkeiten. Hauptmann, schon damals ein guter Schwimmer, zieht den Ertrinkenden, der sich verzweifelt an ihn klammert, mit letzter Kraft ans Land. Außer Charlotte darf niemand davon erfahren; wahrscheinlich war das Baden im Teich ohnehin verboten. – Jahre später fragt sich der Dichter, wie sein weiterer Schulbesuch wohl verlaufen wäre, wenn er sich vor Lehrern und Mitschülern mit der Rettungsmedaille auf der Brust hätte zeigen können …

Nach Breslau zurückgekehrt, ziehen die Brüder Hauptmann zu Pastor Gauda, der mit seiner jungen Frau und drei Töchtern in einem Neubau wohnt. In seinen Freistunden gibt Gauda Nachhilfestunden, zu denen sich Gerhart manchmal im Studierzimmer einzufinden hat und zu anderen Malen in der Amtsstube des Pastors. Da dieser auch als Gefängnisgeistlicher fungiert, muß sein Zögling durch rasselnde Eisengitter eingeschleust und von einem Aufseher mit klapperndem Schlüsselbund durch die Gänge und Hallen des riesigen Gebäudes geführt werden. Er nimmt das alles mit großen Augen auf, vor allem Gauda selber, einen hünenhaften Gottesstreiter aus Masuren, der auch die weißbärtigen Alten unter den Häftlingen mit du anredet und ihnen je nach Bedarf Trost zuspricht oder mit lutherischer Derbheit die Leviten liest. Wenn er gerade zur rechten Zeit da ist, bekommt auch Gerhart einen Schlag Graupensuppe aus dem Bottich. (Er schildert das Essenfassen später in *Der Narr in Christo Emanuel Quint*, wo der Gefängnisgeistliche, ebenfalls ein Masure von dröhnender Jovialität, begeistert «Kinder!» ausruft, «solche Suppe! Ihr wißt ja gar nicht, wie gut ihr es habt!»[11])

In der Wohnung des Pastors hört Gerhart von Familienkatastrophen, die ihm im Gedächtnis haftenbleiben wie etwa das Schicksal eines Wechselfälschers aus angesehenem Hause, der nach abgesessener Strafe als armer Mann und «bürgerlich tot», wie es damals hieß, entlassen wird. Ein andermal hat er bei der Rückkehr aus der Schule gerade die Haustür geöffnet, als ein zerlumpt aussehender Mann die Treppe hinuntergeflogen kommt und zu seinen Füßen landet. Es ist ein entlassener Sträfling, der der Pastorin etwas verkaufen oder sich von ihr eine Kleinigkeit erbetteln wollte, woraufhin Pastor Gauda ihn eigenhändig hinausbeförderte.

Gerhart hält sich oft im Kinderzimmer auf, wo er den Gauda-Töchtern Märchen erzählt; das Geschichtenerzählen bedeutet für ihn ein Narkotikum, das ihm über manchen Kummer hinweghilft. Als die Pastorin von einem Kind entbunden wird (die Töchter stammen aus Gaudas erster Ehe), macht er sich zur Verwunderung der Eltern sogar beim Trockenlegen und Pudern des Säuglings nützlich.

Über Carl Hauptmann schüttelt der geistliche Kraftmensch aus einem anderen Grund den Kopf. Der frühreife und rechthaberisch gesonnene Student liest andere als die für den Unterricht vorgeschriebenen Bücher und argumentiert bei Tisch mit dem Hausherrn, dessen burschikos-unreflektiertes Christentum diesen Gesprächen so wenig gewachsen ist, daß sie nicht selten mit einem: «Das verstehst du nicht, dazu bist du noch viel zu jung!» beendet werden.

Als Gerhart in den Sommerferien 1877 nach Hause kommt, findet er unter den Gästen, die in der «Preußischen Krone» abgestiegen sind, den russischen General von Boguschewski mit Frau und Tochter Anna. Charlotte Hauptmann, die sich mit der jungen Russin auf französisch unterhält, führt den Bruder in die Familie ein. Der Kontakt stellt sich um so leichter her, als der Realschüler und junge Herr nun nicht mehr mit den Angestellten ißt, sondern mit den Gästen an der Table d'hôte. So erfährt er am eigenen Leibe, um wieviel angenehmer das Leben in der gebildeten und wohlerzogenen Welt, in der «viel Seife verbraucht» wird, verläuft als im Schul-, Gefängnis- und Mietskasernenmilieu von Breslau. Vor lauter Schüchternheit traut sich der Vierzehnjährige zwar nicht, die Generalstochter anzusprechen – was ihn aber nicht daran hindert, sich in sie zu verlieben. In seiner Not vertraut er sich seiner Mutter an. Diese rät ihm, sich seinen Zustand nicht anmerken zu lassen, da man ihn sonst auslachen würde. Um sich der vergötterten Annuschka, die ihn kaum beachtet, würdig zu erzeigen, beschließt er, etwas aus sich zu machen:

> Da sagte ich: «Mutter, ich muß berühmt werden!» Und ich drang in sie, doch nachzudenken, wie das am allerschnellsten durchzuführen sei. Wenn ich zum Beispiel ein Bild malen würde wie die Sixtinische Madonna, die im Saale hing, und alles bräche in Staunen aus: könne ich da Annuschka heiraten?
> «Dummer Junge, das könnte wohl dann in einigen Jahren möglich sein.»
> «Oder wenn ich ein großes und langes Gedicht schriebe, wo, wie im Trojanischen Krieg, Kämpfe von Helden geschildert würden? Es ist doch gewiß, daß mein Ruhm, besonders weil ich so jung bin, sich über die ganze Welt verbreiten würde. Würde mir dann nicht Annuschka um den Hals fliegen?»
> «Vielleicht, o ja, warum denn nicht?»[12]

Eine Rückprojizierung des alten Hauptmann – denn woher sollte der noch so junge gewußt haben, daß der Ruhm die Frauen reizt? Und warum muß es Dichter- oder Künstlerruhm sein und nicht derjenige, der einem großen Arzt, Prediger, Feldherrn oder Erfinder zufällt? Er selbst hat zu dieser Zeit erst ein paar belanglose Verse, zum Beispiel über einen Schiffbruch, in sein Tagebuch eingetragen. Doch hat er bereits am Deklamieren Gefallen gefunden. In der Gaudaschen Wohnung trägt er Carl, den er gern foppt, eines Abends ohne Autorenangabe die Ballade *Kynast* von Theodor Körner vor, und zwar so lebhaft, daß der andere große Augen macht: «Was?! Das hast du gemacht? Wahrhaftig? Nun, Gerhart, dann bist du schon jetzt ein großer Dichter.» Er klärt den Bruder auf, und die Episode ist bald vergessen, obwohl der Memoirenschreiber sie mit dem Zusatz kommentiert: «Man sieht, ich spielte bereits mit dem Ehrgeiz, und der Ehrgeiz spielte mit mir!»

Da der Vater sparen muß, ziehen die nach Breslau zurückgekehrten Brüder in ein billigeres Logis, zum Kunstschlosser Penert (Hauptmann nennt ihn versehentlich Menert), dessen Sohn Carls

Klassenkamerad ist. Der alte Handwerksmeister behandelt beide Mieter mit gleicher Freundlichkeit. Die Meisterin jedoch – selbstverständlich eine «noch junge, hübsche» Frau – will höher hinaus und kümmert sich deshalb nur um den Musterschüler Carl, dem ihr eigener Sohn nachstreben soll. Gerhart fühlt sich wieder einmal vernachlässigt; er hat Heimweh und ist gewiß auch ein wenig eifersüchtig auf den Bruder. Vielleicht schärfen ihm gerade diese Gefühle den Blick für das Kleinbürgerlich-Prätentiöse an der Penertschen Wohnung, mit den in Schonbezüge gehüllten Polstermöbeln und einem Kronleuchter, der gegen Fliegenschmutz mit Mull verhängt ist. Ein Pianino mit eingelassenem Beethoven-Medaillon ist ihm besonders verhaßt. Seiner Wirtin erklärt er eines Tages rundheraus, die besten Klaviere und Flügel kämen von Bechstein und kosteten sehr viel mehr als dieses Instrument von einer Firma, von der er nie gehört habe. Dadurch zieht er sich erst recht die Feindschaft der Meisterin zu, die natürlich am längeren Hebel sitzt und die anderen Familienmitglieder gegen ihn mobilisiert. Als ihn die Großmutter Penert einmal bei einem Anfall von Heimweh weinend in seinem Zimmer antrifft, faucht sie ihn an: «Weene man, dann brauchste nich pissen!»

Der einzige Lichtblick in dieser freudlosen Existenz sind die Sonntage im Hause des Konsistorialrats Weigelt, der ihn von der «Preußischen Krone» her kennt und eines Tages zufällig auf der Straße in Breslau wieder getroffen hat. Bei diesen Besuchen spielt Gerhart Puppentheater mit den Kindern und liest ihnen Geschichten vor. Auch logiert bei Weigelt ein anderer Gymnasiast, der junge Hans Heinrich VIII. von Pleß; dessen Onkel, der musikliebende Graf Bolko von Hochberg (Bruder des regierenden Fürsten Hans Heinrich VII.), läßt sich ebenfalls gelegentlich dort sehen. Als er mit ihm am Weigeltschen Familientisch sitzt, kann Gerhart Hauptmann nicht ahnen, daß sich ihre Wege nach Jahren noch einmal kreuzen würden. Graf Bolko, von Wilhelm II. als Intendant der Hofbühnen eingesetzt, ist später mutig genug, die Uraufführung von *Hanneles Himmelfahrt* im Königlichen Schauspielhaus Berlin freizugeben, auch wenn sich das auf seine eigene Karriere durchaus nicht günstig auswirkt. – So erstreckt sich Gerharts Umgang in Breslau von den Insassen des Gefängnisses, die er durch Pastor Gauda kennt, bis zu Mitgliedern eines regierenden Fürstenhauses.

In den August 1877 fällt ein Ereignis, von dem er später sagt, es habe in ihm «eine neue, stärkere Form des Bewußtseins erweckt». Der Vetter Georg, ein Musterknabe auch in dieser Hinsicht, hat inzwischen so fleißig studiert, daß er mit dreizehn bereits in der Sekunda sitzt. Er ist gerade dabei, sich auf Gut Lohnig von dieser Anstrengung zu erholen, als er an Meningitis erkrankt und innerhalb weniger Tage einen qualvollen Tod stirbt. Gerhart fährt zur Bestattung nach Lohnig und ist von dem Ereignis aufs tiefste erschüttert. Die Einsicht des «Ich lebe noch, und der kleine Georg ist tot!» läßt das eigene Leben als ein Gut erscheinen, über dessen Wert er sich bisher nie Gedanken gemacht hat und neben dem die Schulsorgen verblassen. In das Mitgefühl mit Tante Julie, die, auf ihren Mann gestützt, beim Erklingen von «Laß mich gehn, laß mich gehn, daß ich Jesum möge sehn!» am offenen Grabe des Sohnes zusammenbricht, mischt sich die Genugtuung darüber, daß die Tanten vom Dachrödenshof, Auguste und Elisabeth Straehler, nach dem Tod ihres Lieblingsneffen jetzt mit Carl und ihm selber vorliebnehmen müssen. Vor allem aber ist es die Erfahrung eines blind zuschlagenden Schicksals, die einen mystischen Quell in ihm freilegt, der nun zu strömen beginnt und sich zunächst in Visionen bemerkbar macht. So erscheint ihm im Traum nicht lange nach Georgs Begräbnis eine wunderbar schöne Frau in braunem Gewande, die, der Himmelskönigin gleich, sanft die Schulter eines vor ihr stehenden Knaben berührt.

Kaum ist Gerhart nach Breslau zurückgekehrt (zu Gaudas, da sich der weitere Aufenthalt im Penertschen Haus als unerträglich erweist), da hört er vom Selbstmord des begabten, am Schulstreß – wie man heute sagen würde – gescheiterten Mitschülers Dominik, dem er in *Emanuel Quint* ein Denkmal setzen wird. So kommt in jenem Herbst manches zusammen, um ihm eine Entscheidung zu erleichtern, die ihm die Mutter bei einem Besuch in der Stadt anheimstellt. Der unmittelbare Anlaß ihrer Reise nach Breslau ist eine Unterredung mit dem Notar. Nach dieser schließt sie einen Pachtvertrag für die Bahnhofswirtschaft in Sorgau ab; so heißt ein nicht weit von Salzbrunn gelegener Kreuzungspunkt, an dem die Eisenbahnlinie nach Prag von der Strecke Breslau–Hirschberg–Berlin abzweigt. Robert Hauptmanns finanzielle Lage hat sich so verschlechtert, daß er den ältesten Sohn, den in Hamburg angestellten Georg, zurückberufen und als Leiter der «Preußischen Krone» einsetzen muß, während er selber das (vorsichtshalber seiner Frau als Pächterin überschriebene) Bahnhofsrestaurant in Sorgau übernimmt. Die Eltern überlassen es

Gerhart, ob er nach der bevorstehenden Konfirmation weiterhin die Schule besuchen oder zu Gustav und Julie Schubert auf Gut Lohnig ziehen möchte. Dort könne er gewissermaßen die Stelle des verstorbenen Vetters einnehmen und sich als Volontär in der Landwirtschaft ausbilden.

Zum ersten Mal erlebt Gerhart seine Mutter außerhalb ihres häuslichen Kreises. Trotz der äußerlichen Autorität des Vaters erscheint sie ihm jetzt, da sie in eigener Regie Geschäftsverhandlungen führt, mehr denn je als die eigentliche Säule der Familie. Seine ganze Kindheit, so glaubt er sich später zu erinnern, habe er unter dem Zeichen des Matriarchats verbracht. Auf jeden Fall ist er jetzt ordentlich stolz auf die unscheinbare Frau, die ihm vor der Konditorei, in der sie sich getroffen hatten, beim Abschied zuwinkt. Nein, antwortet sie lächelnd auf sein Anerbieten, sie brauche auf ihren Gängen durch Breslau keine Begleitung und müsse zur Heimreise auch nicht auf den Bahnhof gebracht werden.

Die Entscheidung fällt ihm nicht schwer. Er hat mit Müh und Not die Oberquarta erreicht und hegt von jeher eine unüberwindliche Abneigung gegen die Schule. Woran er sich stößt, ist weniger die geistlose Paukerei als die von Heinrich Mann und anderen später auch literarisch verewigte Untertanen-Mentalität der Lehrer, die unerbittlich auf die Bürger- und die wenigen am Gymnasium vertretenen Arbeiterkinder eindreschen, während sie den jungen Adligen alles durchgehen lassen. Das ist sogar im Konfirmationsunterricht der Fall, in dem die Söhne des schlesischen Adels ganz vorn sitzen, dem Katheder am nächsten, an dem der Diakonus Klühm doziert:

> «Können Sie mir sagen, Graf Schwerin, wieviel Bücher Moses in unserer Heiligen Bibel, und zwar im Alten Testament, zu finden sind?» – Die Antwort des Grafen war ein Schweigen. – «Es sind die fünf Bücher Moses, ganz recht, Graf Schwerin! Und wissen Sie, wie das erste Buch beginnt, Graf Schwerin?» – Schweigen! Wiederum keine Antwort. – «Sie wollen sagen: Am Anfang schuf Gott Himmel und Erde, und die Erde war wüst und leer. Vollkommen richtig, Graf Schwerin!»[13]

Nachdem er im März 1878 in der Kirche St. Maria Magdalena konfirmiert worden ist, verläßt Hauptmann die Schule mit dem

Gefühl eines endlich entlassenen Sträflings. Sein Abschiedszeugnis weist ihn als mittelmäßigen Schüler aus mit «gutem» Betragen, «befriedigendem» Fleiß und einem weiteren «gut» im Freihandzeichnen. Letzteres mag als Indiz seiner latenten künstlerischen Fähigkeiten gelten, während die übrigen Prädikate wohl eher Hauptmanns Geduld und Gutmütigkeit widerspiegeln als etwa ein tieferes Interesse am schulischen «Angebot».

HUNGER – UND WIE MAN IHN STILLT

I

Es ist ein recht kühler Empfang, den Onkel Gustav und Tante Julie Schubert ihrem Neffen auf Gut Lohnig bereiten. Fast scheint es, als solle die familiäre Beziehung durch ein formelles Angestelltenverhältnis ersetzt werden; vielleicht fürchtet Julie Schubert, die kaum vernarbte Wunde wieder zum Bluten zu bringen, wenn sie Gerhart so mütterlich betreut wie den verlorenen eigenen Sohn. Auf jeden Fall wird der junge Gutseleve tüchtig an die Kandare genommen. Seine Kindheitserinnerungen an Lohnig als sommerlichen Spiel- und Tummelplatz weichen einem neuen Eindruck: das Rittergut ist jetzt der Ort, an dem er die Trennung der Menschen in Herren und Knechte am eigenen Leibe erfährt – ohne recht zu wissen, welchem Lager er angehört.

Er wird um 4 Uhr 30 geweckt, fährt bei Kerzenlicht in seine Arbeitskleidung mit den klammen Schaftstiefeln und geht hinüber ins Hauptgebäude. Dort weist ihn der Onkel, ein einsilbiger, sommersprossiger Mann mit roten Bartkoteletten, in seine Aufgaben ein. Gerhart hat die Futterausgabe für das Vieh zu kontrollieren, das Deputat an Brotgetreide, Butter usw. an das Gesinde zu verteilen und den Milchertrag beim Melken nachzuprüfen. Oft steht er auch nur herum, den Arbeitern im Wege, deren Vorfahren bereits auf der Domäne Lohnig beschäftigt waren und die sich nun über das Muttersöhnchen lustigmachen, das da auf sie aufpassen soll. Dabei wissen die Leute nicht, daß er mit ihrer Mundart vertraut ist und alles versteht, was sie bei der Arbeit einander zurufen.

Das Frühstück, um sieben, besteht aus Butterbrot und Kaffee. Wie auch die anderen Mahlzeiten nimmt Gerhart es nicht mit den Verwandten ein, sondern mit dem Schreiber Brinke, der sein Praktikum als Gutsverwalter absolviert. Nach einer Morgenandacht mit Beten, Singen und Verlesen eines Kapitels aus der Bibel fängt die Feldarbeit an. Mit der Landwirtschaft höchstens vom gelegentlichen Zuschauen her vertraut, stellt Hauptmann sich dabei oft genug tolpatschig an, wie bei der Schafschur, vor der die Tiere in einem nahen See gewaschen werden:

> Mit grüner Seife und harten Bürsten, die Röcke hinaufgekrempelt, knieten die Weiber überm Wasser auf den Stegen, die nur die Breite eines gewöhnlichen Brettes hatten. Schaf um Schaf wurde ihnen zugetrieben und zugeführt und während der Wäsche von je einem Mann, der neben jedem Weibe den Steg belastete, mittels einer Art Krücke an langer Stange unterm Kopf über Wasser gehalten. Zu dieser letzten Tätigkeit hatte man auch mich angestellt, und als ich einmal mit einem der Schafe und meiner langen Stange einen besonders schweren Kampf auf dem schmalen Brett auszukämpfen hatte, verlor ich plötzlich das Gleichgewicht und stürzte, beinahe kopfüber, ins Wasser.
> Es fehlte nicht viel, als dieses geschehen war und ich triefend mit bleischweren Kleidern auf das Brett zurückkrabbelte, und alle Weiber und Männer wären ihrerseits vor zurückgehaltenem Lachen ins Wasser gefallen.[14]

So schwer es ihn ankommt, sich gegen die Erwachsenen durchzusetzen, so leicht hat er es mit jungen Menschen. Während der Heuernte müssen die Kinder der Tagelöhner beim Heuwenden und -rechen helfen; Gerhart beaufsichtigt sie dabei und hält sie durch Geschichtenerzählen bei guter Laune. Meist hat er ein Skizzenbuch bei sich und zeichnet die Leute auf dem Feld und dem Hof. Freilich nimmt ihn die Arbeit mit, er ist ihr körperlich nicht gewachsen. War er in Salzbrunn mit dem Klingelzeichen aus der Schule ins Freie geflüchtet, so zieht er sich jetzt von der grellen, heißen und staubigen Feldarbeit gern in die Kühle seines Zimmers zurück und spielt dort Schach mit dem um zwei Jahre älteren Brinke, mit dem er auch eine Sammlung von Vogeleiern anlegt. Der Gutsschreiber bleibt monatelang sein einziger Umgang.

Inzwischen haben sich die Eltern in der Sorgauer Bahnhofswirtschaft eingerichtet, einem jener häßlichen Ziegelsteinbauten, die in den Gründerjahren mit der gleichen Hast in die Landschaft gesetzt wurden wie nach 1945 die Betonhäuser. Gerhart sieht sie auf einem kurzen Besuch im Herbst 1878 wieder, den Vater hinter einem langen, mit einer schwarzen Marmortafel belegten Büfett, die Mutter in einer mit Gas beleuchteten Küche im Keller. Auch wenn sie wieder schuften muß, ist Marie Hauptmann hier doch zufriedener als in der «Preußischen Krone». Zwar sind die Kunden jetzt keine vornehmen Kurgäste mehr, sondern Passagiere und Begleitpersonal der Züge, die in Sorgau haltmachen; dafür füllt sich die Kasse regelmäßiger als im saisonbedingten Badebetrieb. Während Gerharts Aufenthalt kommt Lotte mit Mathilde Jaschke zu Besuch. Man sitzt gemütlich beim Kaffee zusammen und macht Zukunftspläne, die zumeist auf das Pachten einer größeren, in einer Stadt gelegenen Bahnhofsrestauration hinauslaufen. Auch Curt Gitschmann läßt sich gelegentlich sehen, ein mit den Eltern befreundeter Maler, der eine sichere Anstellung als Zeichenlehrer an einem Breslauer Gymnasium aufgegeben hat und nun von der Anfertigung von Honoratioren-Porträts lebt.

Das Ereignis, das sich Gerhart am nachhaltigsten einprägt, ist jedoch der Besuch des Kronprinzen, des späteren Kaisers Friedrich III., und der Kronprinzessin Viktoria. Sie werden auf dem festlich geschmückten Bahnhof von der «Landesherrin» empfangen, der Fürstin Pleß, die, «in ihren Bewegungen an einen Pfau gemahnend», in Erwartung der Gäste auf dem Perron auf und ab geht. Sie hat ihren Sohn mitgebracht, denselben Hans Heinrich VIII. von Pleß, den Gerhart bei Weigelts in Breslau kennengelernt hatte. Es versteht sich, daß auch Vater Hauptmann bei diesem «Großen Bahnhof» erscheint, in Bratenrock und Zylinder. Nicht ahnend, daß dergleichen lange vorher vom Hofmarschallamt geregelt wird, hat er sich von einer Porzellanmanufaktur ein prächtiges Teeservice entliehen, für den Fall, daß die hohen Herrschaften sich erquicken möchten.

Onkel Gustav, der die Pacht des Ritterguts Lohnig aufgeben will, hat sich in der Nähe des Dorfes Lederose etwas Land gekauft, auf dem er sich jetzt ein Haus bauen läßt. Sein Gutseleve zieht nach der Rückkehr aus Sorgau – Gerhart absolviert die Reise zu Fuß, wobei ihm zum ersten Male die Schönheit der leichtgewellten schlesischen Landschaft aufgeht – in ein altes, halbverfallenes Gebäude auf diesem Anwesen. Es ist ein kleiner Betrieb, mit zwei Gespannen anstatt der dreißig, die am Morgen auf Lohnig ausgezogen waren. An Gesinde gibt es in Lederose nur eine Magd, die sich um die Hühner und die paar Kühe kümmert, und zwei Pferdeknechte; alles andere wird von Tagelöhnern erledigt. Aber für den Onkel und die Tante ist das Leben ohnehin nur eine Wartezeit, bis sie wieder mit ihrem geliebten Georg vereinigt sind, in einem Leben nach dem Tode, einem Paradies auf Erden, das mit dem zweiten Erscheinen des Heilands einsetzen wird.

Gerhart fühlt sich in der neuen Umgebung eingeengt, besonders seit ihm der Onkel zu verstehen gegeben hat, er wolle ihn zum Großknecht machen – ein Vorhaben, gegen das der Junge nichts Konkretes einzuwenden findet, das ihm aber zutiefst widerstrebt. In den seltenen Gesprächen, die sie miteinander führen, legt ihm Gustav Schubert «Selbstzucht» nahe, Selbstzucht vor allem gegenüber der erwachenden Geschlechtlichkeit, und im übrigen ein pietistisch gefärbtes Christentum. Um einen Anfang zu machen, bringt Gerhart, dem das morgendliche Aufstehen schwerfällt, am Kopfende seines Bettes eine Schelle an, deren Schnur bis auf die Landstraße reicht, wo sie der Nachtwächter in aller Herrgottsfrühe ziehen kann. Aber die Selbstkasteiung hilft wenig:

> Ich sah überall Dinge, die mir neu waren: die Waden und nackten Arme der Mägde, wenn sie mit Gabeln an langen Stielen das Grünfutter abluden, seltsam reizende Formen in der Natur, betörende Münder, lockende Augen; Kühe wurden zum Stiere gebracht, ein landwirtschaftlicher Akt, dem ich beiwohnen mußte. Er hatte jedesmal etwas Spannendes. Schwüle Träume kamen des Nachts... Morgens tauchte die Frage auf, ob das, woran ich mich klar erinnerte, wirklich geschehen sein konnte und wie es überhaupt möglich war. Dem Teufel diese frappanten Ereignisse zuzuschreiben, darauf verfiel ich nicht. Aber ich hatte Gewissensbisse.

«Aufgeklärt» wird er um diese Zeit von seinem Vater: «Du wirst, es kann nicht ausbleiben, eines Tages das getan haben, was die meisten, ehe sie dein Alter überschritten haben, eben tun. Bevor du dich aber zu einem solchen Entschluß hinreißen läßt, versichere dich nach Möglichkeit, daß du einen gesunden Menschen vor dir hast...»[15] Ein deutsches Vater-Sohn-Gespräch, mit beträchtlicher Offenheit geführt, anderthalb Jahrzehnte vor der Niederschrift von Wedekinds «Aufklärungsstück» *Frühlings Erwachen.*

Zu den Nöten der Pubertät gesellen sich andere. Gerhart hat zwar längst gelernt, mit Pflug und Sense umzugehen und Garben in die dampfgetriebene Dreschmaschine einzulegen, eine wegen der dabei zu beachtenden Zeitabfolge besonders schwierige Arbeit. Aber er lebt ständig am Rande der körperlichen Erschöpfung und schafft es zum Beispiel nicht, einen Zentnersack mit Weizen auf den Scheunenboden hinaufzuwuchten. Auch hat er die Tante im Verdacht, daß sie ihn, zu seinem Nachteil, ständig mit dem toten Georg vergleicht. Dem derart in seinem Selbstvertrauen getroffenen Jungen setzen die Wanderprediger von Zinzendorfer Provenienz, die im Schubertschen Haus vorsprechen, so zu, daß er sich an der Grenze des religiösen Wahnsinns sieht und vorübergehend an hysterischen Sehstörungen leidet. Er fühlt sich beim nächsten Besuch in Sorgau sogar dazu berufen, die eigenen Eltern vor der ewigen Verdammnis zu retten. Der Spuk verschwindet erst, als er Carl wiedersieht, der unter dem Einfluß seines Studienfreundes Alfred Ploetz inzwischen den entgegengesetzten Weg gegangen und zum Atheisten geworden ist.

Der Druck, der auf Gerhart lastet, äußert sich abermals in beängstigenden Träumen und Visionen, zumal er in dem Zimmer untergebracht ist, in dem sich der frühere Besitzer des Anwesens erhängt hat. So träumt er eines Nachts, über seinem Bett habe die Schelle geläutet, worauf er aufgestanden und auf der Landstraße von einer vom Lehrer Brendel angeführten Kinderprozession empfangen worden sei. Später habe ihm der Vater auf einem Spaziergang durch Salzbrunn eröffnet, daß Onkel Gustav ihn an Sohnes Statt adoptieren wolle. Auch andere Gestalten aus der Kindheit erscheinen ihm unterwegs, der Apothekersohn Alfred Linke und die Kinder des Fuhrmanns Krause und ein Freund der Familie Hauptmann; dieser rät ihm, die Landwirtschaft an den Nagel zu hängen und statt dessen Kurdirektor zu werden wie der Großvater Straehler. Was ihn aus diesem aus Furcht und Wehmut, aus Kindheitserinnerungen und Zukunftsangst entsprungenen Traum herausreißt, ist wiederum die Schelle: Der Nachtwächter betätigt sie ein zweites Mal, da Gerhart nach dem ersten Läuten nicht gleich die Fensterläden aufgestoßen hatte. Der ganze Traum war also in kaum einer Minute abgelaufen.

Durch einen Zufall findet Gustav Schubert eines Tages ein paar Zettel, die Gerhart mit Versen beschrieben hat: «Wären in diesen Gedichtchen Talentproben», bemerkt der Onkel trocken, «ich wäre der erste, dich zu ermuntern, auf diesem Wege weiterzugehen!» Da er aber keinerlei Anzeichen von Begabung entdecken kann, warnt er den

Neffen vor solcher Zeitvergeudung und rät ihm, sich lieber ganz der Landwirtschaft zu widmen. – Kurioserweise macht das Urteil, das manchen angehenden Dichter zutiefst getroffen hätte, auf Gerhart nicht den geringsten Eindruck. Im Gegenteil, er stimmt mit dieser Ansicht sogar überein. Das hat weniger mit künstlerischer Selbstkritik zu tun, die Hauptmann bei aller persönlichen Bescheidenheit auch später eher fremd bleiben wird, als mit der Einsicht, daß er für seine Nöte und Erfahrungen noch nicht die richtige Sprache gefunden hat. Trotzdem sind diese ersten Gedichte, wie auch die Lohniger und Lederoser Zeichnungen, eines Tages einfach da, ohne daß er sagen könnte, was sie ausgelöst haben mag. Im übrigen taugen sie wirklich nicht viel, weder die im *Abenteuer meiner Jugend* wiedergegebenen Verschen noch die des dreizehnjährigen Realschülers, der offensichtlich Schiller, vielleicht auch Theodor Körner gelesen und danach ein Gedicht mit dem Titel *Der Sturm* zu Papier gebracht hat:

Es heulet die See, sie brauset auf,
wild rollt sich die Woge in rasendem Lauf.
Es zucket der Himmel mit blendendem Strahl,
und ein Schifflein zieht auf dem Wasserschwall.
O Schifflein, o Schifflein, o wehe.

Jetzt stürzt eine Welle. – Verdeckt ist es jetzt. –
Jetzt steigt's aus dem Schwalle, vom Sturme gehetzt.
Es donnert die Woge, hoch rollt sie heran,
versperret dem Schifflein todbringend die Bahn,
dein Grab steht offen, o weiche.

Und näher dröhnt's, sie schießt heran,
die Beter flehen zum Himmel hinan.
Noch ein einziger Schrei, ein Schrei voll Schmerz,
hoch jubelt der Woge das eiserne Herz,
leb wohl, o Schifflein, leb wohl.

Weniger als die Sprache fehlt ihm die Überzeugung, daß diese dereinst sein Medium sein würde. Vorläufig hat es eher den Anschein, als könne er, wenn überhaupt zum Künstler bestimmt, eher Maler oder Bildhauer werden. Dieser gelegentliche Wunsch wird in ihm durch Erinnerungen an das Elternhaus, an die *Sixtinische Madonna* und die anderen Bilder in der «Preußischen Krone» wachgehalten und vom Maler Gitschmann bekräftigt, der sich beifällig über das Lederoser Skizzenbuch äußert.

Während Gerhart den Urteilsspruch des Onkels achselzuckend zur Kenntnis nimmt, macht ihm eine andere Zufallsbemerkung um so mehr zu schaffen. Als er eines Sonntagmorgens auf einem Spaziergang an ein paar Bauernburschen vorübergeht, ruft ihm einer nach: «Da ist der verfluchte Menschenschinder!» Der Ausruf trifft ihn wie eine Ohrfeige. Es ist die Quittung dafür, daß er sich vom Onkel als angehender Großknecht und Aufseher hat einsetzen lassen, ohne für das eine die Körperkraft zu besitzen und für das andere die Nerven, die ihn die Feindschaft des Gesindes hätten ertragen lassen. Dabei ist diese Haltung leicht zu verstehen: Für ihre erschöpfende Arbeit erhalten die Männer einen Tageslohn von einer Mark und die Frauen fünfzig Pfennig. Trotzdem überrascht es den jungen Hauptmann, daß Namen wie Moltke und Bismarck, die jedes bürgerliche Herz höher schlagen lassen, bei den Landarbeitern nur Hohngelächter hervorrufen und Haßgefühle auslösen, die sich sogar auf die Kirche, ja, auf jegliche Autorität erstrecken, «ohne daß eine solche Verblendung [so die vorsichtige Formulierung aus dem Jahre 1937] auf demagogische Umtriebe zurückzuführen gewesen wäre». Er entdeckt, daß Patriotismus und Religion unter anderm auch klassenbedingte Faktoren sind, und erkennt zugleich, daß der Dichtung eine heilende, die sozialen Spannungen überbrückende Rolle innewohnt. Er spricht beim Bestellen der Felder einer Arbeiterkolonne Schillers *Taucher* vor, den er seit Kindesbeinen auswendig kann, woraufhin sich die Leute angeblich mit dem Helden der Ballade identifizieren und ihre eigene Not vergessen.

Trotz gelegentlicher Aufhellungen wie die kurze, aber heftige Verliebtheit in ein mit seinen Eltern zu Besuch gekommenes Mädchen, hält Gerhart es auf dem Bauernhof nicht lange aus. Gustav und Julie Schubert lassen ihn ziehen. Sie haben eingesehen, daß der dichtende und zeichnende Neffe niemals einen Großknecht abgeben oder sich auch nur in ihre Lebensform einfügen könne. Statt dessen stellen sie eine Landwirtschaftselevin ein und adoptieren ein kränkliches und verlaustes Kind von sieben, das sie ihrem Vater, einem Trinker und verwitweten Maurer, abgekauft haben.

Man hat in diesem Kind das Urbild von Hannele gesehen und damit ein Bindeglied zwischen Hauptmanns Jugenderlebnissen auf dem Lande und den Dichtungen, in die diese eingegangen sind. Zu Recht, denn seine Erfahrungen als angehender Landwirt lassen sich aus dem Werk nicht wegdenken, ob in *Vor Sonnenaufgang* der kinderreichen Kutschersfrau («Acht kleene Bälge! – die wolln laba») ein Napf mit beim Melken unterschlagener Milch zugeschanzt oder in *Rose Bernd* der Verführer Streckmann als ein Mann dargestellt wird, dessen Sozial- und Sexualprestige auf dem Besitz einer dampfgetriebenen Dreschmaschine beruht.

Damals, im Herbst 1877, hatte es allerdings den Anschein, als sei Gerhart nach dem Schulfiasko ein zweites Mal gescheitert, was um so schwerwiegender war, als zur gleichen Zeit auch der Familienbesitz, die «Preußische Krone» in Salzbrunn, unter den Hammer kam. Niemand konnte wissen, daß Hauptmanns Lehrzeit als Gutseleve ihm dereinst zum Vorteil gereichen und ihm Einblicke in die Arbeits- und Arbeiterwelt geben würde, die Dramatiker wie Sudermann und Wedekind, aber auch Brecht und Zuckmayer nicht hatten. Auch ist ihm aus dieser Zeit eine nicht zu unterschätzende handwerkliche Fertigkeit und technische Neugierde verblieben. Der Dichter der *Weber* konnte selber einen Webstuhl betätigen. Er hat es allerdings nicht in seiner schlesischen Weber-Heimat und auch nicht erst bei den Vorstudien zum Drama erlernt, sondern Jahre zuvor und aus purer Wißbegier auf einem Besuch in Bosco Trecase bei Neapel.

II

Nach kurzen Aufenthalten in Sorgau und Salzbrunn, wo er von der «Preußischen Krone» Abschied nimmt, fährt Hauptmann im Herbst 1878 wiederum nach Breslau. Er weiß zwar nicht, was aus ihm werden soll, muß sich aber auf jeden Fall auf das Examen zum Einjährig-Freiwilligen-Dienst vorbereiten. (Diese aus dem alten Preußen ins Reich übernommene Einrichtung ermöglichte es dem Wehrpflichtigen, nach Abschluß der Untersekunda einen auf zwölf Monate reduzierten Dienst als Reserveoffiziersanwärter abzuleisten, kurz: die Dienstpflicht mit einem Minimun an Schinderei und Zeitverlust hinter sich zu bringen.) Doch ist dieser Versuch, die Schulfestung gewissermaßen im Sturm zu nehmen, nicht weniger zum Scheitern verurteilt als die lange Belagerung zuvor. Unfähig zum systematischen Studium und in die Hände eines langweiligen Privatlehrers geraten, gibt er die täglichen Nachhilfestunden nach kurzer Zeit wieder auf.

Als einziger Gewinn dieser Monate bleibt seine Aufnahme in einen Geheimbund, dessen Ziel es ist, die Vereinigung aller germanischen Völker unter Deutschlands Leitung herbeizuführen. Dergleichen lag damals in der Luft. Die Rückbesinnung auf die ferne germanische Vergangenheit, ob mythisch untermalt wie bei Richard Wagner oder historisierend verklärt wie in Felix Dahns Roman vom Untergang des Ostgotenreiches, *Ein Kampf um Rom* (1876–78), gehört ebenso zur Ideologie der Gründerjahre wie die wirtschaftliche und industrielle Expansion. Im Breslauer Freundeskreis der Brüder Hauptmann wird diese Anschauung von Alfred Ploetz vertreten, der dem Alter nach zwischen Carl und Gerhart steht und sich später als Arzt und Begründer der Gesellschaft für Rassenhygiene (1905) einen Namen machen wird. Schon als Gymnasiast gehörte Ploetz zu den Menschen, die nicht leben können, ohne sich einem Ideal oder zumindest einer Idee zu verschreiben. In seiner «germanischen» Phase hat er soeben Carl Hauptmanns Interesse an diesen Gedankengängen geweckt und macht nun auch Gerhart damit bekannt. In einer abenteuerlichen Zeremonie, die altgermanischen Bräuchen folgt und nächtlicherweise auf den nebligen Ohlewiesen außerhalb von Breslau stattfindet, schwört dieser den anderen jungen Männern, meist Studenten, unter einem eigens ausgehobenen und mit Astgabeln abgestützten Rasenstreifen Blutsbrüderschaft. Er verpflichtet sich zur Mannestreue und Verschwiegenheit, zur Arbeit für das Ideal des Pangermanismus und, wenn es einmal so weit kommen sollte, zur Heirat mit einer blonden und blauäugigen Frau.

Heute hat das alles einen etwas peinlichen Beigeschmack. Damals war es so harmlos wie der Gebrauch der Ausdrücke «germanisch» und «arisch» bei Ploetz selber, der in seinem auf Schädelmessungen und anderem statistischen Material beruhenden Hauptwerk unumwunden erklärte, daß «im Judentum mehr arisches als semitisches Blut steckt», während andererseits «so mancher Franzose und Deutsche, der sich von reinster indogermanischer Abkunft glaube, ... ein Nachkomme der Höhlenmenschen»[16] ist. (Eine Feststellung, die offensichtlich übersehen wurde, als man Ploetz 1933 zum Honorarprofessor ernannte.) Den geistigen Vater dieses Männerbundes darf man nicht in Houston Stewart Chamberlain sehen, sondern in dem rauschebärtigen Felix Dahn und in Wilhelm Jordan (dessen umfangreiches Stabreimepos *Nibelunge* 1867–74 erschien) und allenfalls noch im «deutschen Darwin», dem biederen Zoologen Ernst Haeckel. Nachdem das von Bismarck veranlaßte Sozialistengesetz 1878 in Kraft getreten war, muß die Geheimbündelei einen großen Reiz auf junge Männer ausgeübt haben.

In seinem eigenen Leben freilich läßt Hauptmann die Deutschtümelei sehr bald hinter sich. War es ein bloßer Zufall, daß das Standbild, das im römischen Atelier so ruhmlos in sich zusammensank, einen germanischen Krieger darstellte? Sicher ist, daß er wenige Jahre nach dem Schwur seine Liebe zu Italien entdeckt und nicht lange danach eine Frau von dunklem, ja ausgesprochen fremdländischem Aussehen heiratet. Vielleicht hat ihn gerade die frühe Impfung vor dem Wahnsinn bewahrt, der später im Namen der germanischen «Rasse» ausbrach.

Die Aufnahme in den Freundschaftsbund kann Hauptmann nicht darüber hinwegtäuschen, daß er im praktischen Leben abermals versagt hat. Er ist jetzt siebzehn und hat immer noch nichts gelernt, ja, nicht einmal die Vorbereitung auf das Einjährigen-Examen geschafft, ohne welches ihm nach der bestehenden Wehrordnung ein dreijähriger Dienst bevorsteht. Von den Freunden und von Curt Gitschmann ermutigt, faßt er sich eines Tages ein Herz und bittet den Vater, ihn in Breslau auf die Kunstschule gehen zu lassen. Auf einem gemeinsamen Spaziergang – Männer pflegten dergleichen offenbar im Gehen zu besprechen, Frauen im Sitzen – erklärt sich Robert Hauptmann wider Erwarten damit einverstanden und beschränkt sich auf die Hoffnung, Gerhart möge sich durch keine Rückschläge aus dem Konzept bringen lassen. Die Mutter hätte ihren Jüngsten lieber in einem praktischen Beruf gesehen, zum Beispiel als Gärtner. Doch entläßt auch sie ihn schließlich mit ihrem Segen aus der häuslichen Obhut.

Es ist tatsächlich höchste Zeit, daß er irgendwo unterkommt. Georg, der älteste Bruder, ist als Geschäftsmann in Hamburg tätig. Er steht nicht nur auf eigenen Füßen, er denkt bereits ans Heiraten und verlobt sich mit Adele Thienemann, der Tochter eines reichen Wollgroßhändlers. Die Schwester Charlotte, längst erwachsen, wohnt weiterhin bei ihrer Freundin Mathilde Jaschke, die inzwischen das verstorbene Fräulein von Randow auf dem «Kurländischen Hof» beerbt hat. Carl schließlich studiert Naturwissenschaften an der

Universität Jena. Bevor auch er endgültig das väterliche Dach verläßt und nach Breslau zieht, macht Gerhart zu Pfingsten 1880 einen Besuch bei Schuberts im vertrauten Lederose. Dabei verliebt er sich in Anna Grundmann, die als Gutselevin seine Nachfolge angetreten hat und von Tante Julie nun als Hauswirtschaftslehrling ausgebildet wird. Zu schüchtern, um sich dem Mädchen zu erklären, ist er gleichwohl sofort bereit, alle künstlerischen Pläne aufzugeben und ein ganz bescheidenes Leben zu fristen, wenn sie es nur mit ihm teilen will:

> Sei mein, du berauschende Honigwabe!
> Sei mein Haus, mein Hof, mein Herd!
> Erd' und Himmel bist du mir wert! – –
> Anna, darben mit dir ist Genuß,
> mit dir arm sein Überfluß – – [17]

Die Wirklichkeit ist um vieles prosaischer: Anna erhört ihn nicht und beantwortet nicht einmal den Brief, in dem er ihr die Ehe anträgt (wobei die Möglichkeit offenbleibt, daß sein Nebenbuhler Karl Straehler, sein leibhaftiger Onkel, der sich ebenfalls auf dem Gut aufhält, den Antrag abgefangen und unterschlagen hat).

Wer war Anna Grundmann, von der wir wenig mehr wissen, als daß sie bei Schuberts ihr landwirtschaftliches Praktikum machte, nie heiratete und als alte Frau in einer Breslauer Hinterhofwohnung starb? Für Gerhart Hauptmann war sie die erste große Liebe. Obwohl er mit ihr nur ein paar Küsse getauscht hat, gehört sie mit Marie Thienemann, Margarete Marschalk und Ida Orloff zu den Frauen, deren Bild ihn nicht wieder losläßt. Er beschäftigt sich mit ihr ein halbes Jahrhundert, in Gedichten, unvollendet gebliebenen Dramen und Erzählungen und vor allem in dem Epos *Anna* (1921). Dort kleidet er den Besuch in Lederose in einen so dünnen poetischen Schleier, daß wir hinter Salzborn ohne weiteres Salzbrunn, hinter Anna Wendland die angebetete Anna Grundmann und hinter Luz unschwer Gerhart Hauptmann erkennen, der als Kind manchmal «Lichtl» genannt wurde (spanisch *luz:* Licht). Das Gemeinsame aller dieser Spiegelungen ist der von Anna ausgehende Zauber des Eros. Er sieht in ihr den mit Sprödigkeit gepaarten, ja durch ihre Sprödigkeit gewissermaßen ins Relief getriebenen Inbegriff einer unwiderstehlichen sinnlichen Schönheit:

Solch süßer Leib, solch schwellende Brust
soll nie erblühen in Liebeslust?

fragt der angehende Dichter in *Das bunte Buch*, und noch als alter Mann erinnert er sich an das

...feine Näschen, dran vibrieren
verräterisch die feinen Flügel,
über der Fülle der warmen Hügel,
den starken Hüften, die dich zieren,
du Bauernvenus, mein früher Traum!

Unter den Wunschvorstellungen, in denen sich der Kunstschüler Hauptmann ergeht, steht an erster Stelle wiederum der Ruhm als Aphrodisiakum. Hatte er als Junge ein homerisches Epos schreiben wollen, um die Aufmerksamkeit des russischen Generalstöchterchens Annuschka auf sich zu lenken, so will er es jetzt wiederum einem Großen gleich tun, um die schöne Anna zu gewinnen: «Denn du bist kein gewöhnlicher Mensch mehr», sagt er sich in holprigen Hexametern mit dem Habitus des Liebenden, dem alles möglich erscheint, «du bist ja ein Fürst jetzt. / Michelangelos Moses, du hast ihn zwar noch nicht gemeißelt, / doch es kann dir gewiß nicht fehlen, du wirst es dereinst tun.»

Trotzdem wissen wir nicht, wußte er vielleicht selber nicht genau, warum er sich in die Bildhauer- und nicht in die Malerklasse der Königlichen Kunst- und Gewerbeschule in Breslau einschreiben ließ. Es mag sein damaliger Hang zum Monumentalen gewesen sein oder die angeborene Liebe zum «Bosseln» (Figurenkneten) und seine auch in der Dichtung immer wieder durchbrechende Art, die Welt in plastischen Bildern zu erfahren. Breslauer Denkmäler wie Schadows Statue des Generals Tauentzien oder Rauchs Blücher-Standbild werden dabei ebenso eine Rolle gespielt haben wie die Reproduktionen in der väterlichen Bibliothek, darunter jene zum Speerstoß ausholende Amazone des Rauch-Schülers August Kiß, die Hauptmann sein Leben lang bewundert. Auf jeden Fall wird er im Oktober 1880 zum Studium in der Breslauer Kunstschule zugelassen, obwohl er weder eine Vorbildung besitzt noch eine Mappe mit eigenen Arbeiten vorweisen kann.

In Vorlesungen über Michelangelo, Bramante und andere Meister

Gruppenbild der «Klasse für figurale Bildhauerei» an der Kgl. Kunst- und Gewerbeschule Breslau. Links mit Hut: Professor Haertel.

der Renaissance erhält er jetzt einen ersten Einblick in den Ablauf einer der wichtigsten Epochen der Kunstgeschichte, nachdem ihn bisher nur das eine oder andere Kunstwerk aus dieser Zeit näher interessiert hat.

Auch wird er, nach anfänglichen Pflichtübungen bei einem Stukkateur, von dem Bildhauer Robert Haertel betreut, der gerade an einem *Dürer* arbeitet; wenn der Meister die Werkstatt verläßt, muß sein Schüler die im Entstehen begriffene Skulptur mit feuchten Lappen bedeckt halten. Gelegentlich spricht Gerhart auch mit dem Akademiemaler Albrecht Bräuer, von dem gemunkelt wird, daß sein großes Christusbild für die Nationalgalerie in Berlin bestimmt sei. In Bräuer haben wir ein Modell des «Michael Kramer» vor uns, der allerdings ebenso wie Haertel und Gitschmann (Urbild des «Peter Brauer») zu den längstvergessenen Leuchten des Breslauer Kunstlebens vor hundert Jahren gehört. Der einzige unter Hauptmanns Lehrern, der, wenn nicht durch sein Werk, so doch kraft seiner Persönlichkeit über das provinzielle Mittelmaß herausragt, ist der Maler James Marshall, dessen Anlagen infolge zerrütteter privater Umstände allerdings nicht zur Entfaltung gelangen. Marshall, ein Mittvierziger von italienischem Aussehen mit düsteren Augen und einem «irgendwie indiskreten, faunisch aufgeworfenen Mund», ist Alkoholiker, lebt in Scheidung von seiner Frau und wird wegen seiner Schulden und anderer Kavaliersdelikte schließlich aus seiner Stellung entlassen. In guten Stunden muß er jedoch etwas Geniales oder zumindest Genialisches an sich gehabt haben, wovon unter anderm die Tragikomödie *Kollege Crampton* (1892) zeugt, in deren Titelheld Hauptmann ihn verewigte – wirklichkeitsnäher übrigens als fast alle anderen aus der eigenen Erfahrung geformten Dramenfiguren. Noch im «Wiesenstein», in dem Haus, das Hauptmann sich später in Agnetendorf baut und in dem er sterben wird, hängt ein Porträt seines Breslauer Malprofessors.

Marshall findet seinerseits an dem jungen Mann Gefallen, bittet ihn, ihm für die Figur des Schülers in einem gerade in Arbeit befindlichen *Faust*-Gemälde Modell zu sitzen, und schätzt seine Gesellschaft auch in der Runde, die sich am Abend in dieser oder jener Künstlerkneipe um ihn versammelt. Im Winter 1880/81 gewöhnt sich Hauptmann, der als Kind auf einer Familienhochzeit einmal betrunken hatte zu Bett gebracht werden müssen, den abendlichen und auf Jahre hinaus recht mäßigen Weinkonsum an. Den akademischen Trinkkomment hingegen lernt er wenig später in Sorgau kennen, wo er zur Verwunderung der anderen Gäste, mit Carl beim Frühschoppen in einem Biergarten «einen Salamander reibt».

Ohne es zu ahnen, prägt Marshall (der u.a. die Decke der Dresdner Oper ausgemalt hat) auch seine Vorstellung vom Künstler. Am bildenden Künstler – Musiker und Dichter stehen ihm ferner – schätzt Hauptmann gerade das Äußere und Äußerliche, durch das sich dieser Menschentyp von der Umgebung unterscheidet. Attribute wie Barett und Samtjacke oder Schlapphut und Radmantel, die Männer vom Schlage eines Rilke oder Thomas Mann verabscheuten, gehören ebenso zu diesem Erscheinungsbild wie die endlosen Diskussionen über Fragen der Kunst oder auch das joviale Pokulieren unter Einbeziehung «holder Weiblichkeit». Hauptmann, der sich in einer Mönchskutte begraben lassen wird, hat nicht nur eine Schwäche für diesen Künstlertyp, er zählt sich selber dazu und verdankt einen nicht geringen Teil seiner späteren Berühmtheit dem «Wunder, daß hier ein Dichter wirklich so aussieht, wie die Menschen sich einen Dichter vorstellen wollen»[18]. So führt eine recht direkte Linie von Marshall alias Crampton, den er um 1880 bzw. 1892 in einer Breslauer Kneipe *Santa Lucia* singen und zur Kellnerin sagen läßt: «So, schöne Selma, so girrt man in Italien..., bringen Sie mir etwas zu trinken, mein Kind!», zu seinem Schöpfer Hauptmann, den Thomas Mann 1923 in einem Bozener Weinhaus dabei beobachtet, wie er, «des Gottes voll», Helenen in jedem Weibe sieht und mit der Kellnerin «scharmutziert»[19].

Uns Zeitgenossen von Andy Warhol und Joseph Beuys entlocken solche Einblicke in das «romantische» Künstlerleben allenfalls noch ein müdes Lächeln. Für den jungen Hauptmann, in dessen sozialer Umwelt der gründerzeitlich-frühwilhelminische Besitzbürger den Ton angibt, ist es selbstverständlich und so etwas wie Ehrensache, daß ein Künstler auch in Aussehen und Gebaren seine Andersartigkeit, sprich Unbürgerlichkeit, zu erkennen gibt. In der *Versunkenen Glocke* wird sich der Glockengießer Heinrich dem Rautendelein «in malerischer Werkeltracht, den Hammer im Arm» zeigen.

Doch sind wir der Lebensgeschichte vorausgeeilt. Hauptmann verkehrt in Breslau nicht nur mit seinen Lehrern, sondern vor allem mit den Kommilitonen, in erster Linie mit Ploetz, dem Freund von Bruder Carl und nun auch *sein* Freund. In seinem künstlerischen und literarischen Geschmack damals noch ein arger Banause, kennt Ploetz sich gleichwohl auf Gebieten wie der Nationalökonomie und Politik aus, von denen die Brüder wenig verstehen. Bereits bei der Einschreibung in die Kunstschule hat Gerhart den etwas älteren Maler Puschmann, eine exemplarische Künstlertype mit Wagnerbarett und «Schwindsuchtshabitus» kennengelernt, sowie einen gutaussehenden blonden Jungen, von dem mitten im Gewühl der mit ihren Mappen wartenden Studenten eine Aura der Ruhe und Besonnenheit ausgeht. Es ist Hugo Ernst Schmidt, «Schmeo» oder auch

«Schmetto» genannt, ohne den *Michael Kramer* anders und *Gabriel Schillings Flucht* vermutlich überhaupt nicht geschrieben worden wäre. Zu den Freunden gehören ferner der Maler Max Fleischer, bei dessen Mutter Hauptmann zeitweise als Untermieter wohnt, und der Medizinstudent Ferdinand Simon, der spätere Schwiegersohn des Sozialistenführers August Bebel.

Sie alle leiden an knapper Kasse. Gerharts Monatswechsel von dreißig Mark zum Beispiel reicht nur für das Zimmer, das er sich mit einem anderen Studenten teilt, und Frühstück. Die anderen Mahlzeiten werden ausgelassen, mehr oder minder erbettelt, oder mit Freßpaketen von zu Hause bestritten, die die Mutter mit der Bahn schickt. Gerhart holt sie zweimal in der Woche ab, zu Fuß, wenn er kein Geld hat, sonst mit der Pferdebahn, die ihn vom Freiburger Bahnhof zurück zu seinem Zimmer in der Seminargasse bringt.[20] Da er die gekochten Eier, Schinkenschnitten und anderen Restbestände aus der Sorgauer Bahnhofswirtschaft mit den Freunden teilen muß, die bei anderen Gelegenheiten ihn durchfüttern, ist der Inhalt des Pakets oft schon am Ankunftstag verzehrt. Um sich über Wasser zu halten, versetzt er im Lauf des Winters alles, was ihm entbehrlich erscheint, angefangen mit der als Konfirmationsgeschenk erhaltenen Uhr und einem Paar goldener Manschettenknöpfe. Dann kommt der Sommerpaletot an die Reihe und der Wintermantel und am Ende sogar die von zu Hause mitgebrachte Roßhaarmatratze. Sie wird von einem Dienstmann abgeholt, dem Gerhart «in gemessener Entfernung» folgt; er schämt sich in Gedanken an die Mutter, die ihm das gute Stück aufgedrängt, aber auch anvertraut hatte. Schließlich bleibt nur noch übrig, was er auf dem Leibe trägt: Hemd und Hose, Weste und Jacke, eine Halsbinde und ein Paar schiefgetretene Schnallenschuhe, das Ganze von einem Kalabreser, einem Filzhut mit breiter Krempe, gekrönt, den er sich als Künstler schuldig zu sein glaubt. Das lange Pagenhaar – er nennt es blond, auf den Bildern, die ihn als Kunstschüler zeigen, sieht es hingegen dunkel aus – fällt ihm bis auf die Schultern, denn er hat für den Friseur kein Geld und ist wohl auch ein bißchen eitel auf sein gut geschnittenes Gesicht und den Gesamtausdruck eines etwas abgerissenen, aber doch empfindsamen jungen Menschen. Das geht so weit, daß einmal ein durchaus seriöser Herr, der mit Freunden am Nebentisch in einem Café sitzt, zu ihm hinübergeht und wissen möchte, ob es stimmt, daß er ein verkleidetes Mädchen sei.

Er schreibt verzweifelte Briefe an entfernte Freunde und Verwandte, bettelt gelegentlich und erlebt in diesem «wohl übelsten halben Jahr, das ich je durchgemacht habe», eine Armut, wie sie kaum ein anderer deutscher Dichter am eigenen Leibe erfahren hat:

> Mitunter stand ich frierend, ohne Paletot, von oben bis unten durchnäßt, mit durchgelaufenen Sohlen im Straßenschlamm vor dem Schaufenster eines Wurstladens, die halberfrorenen Hände in die Taschen meines fadenscheinigen Röckchens vergraben, und überlegte, ob mir die Schlachterfrau wohl für zehn Pfennig Knoblauchwurst mit Semmel auf Borg geben würde. Gab ich dann meiner Seele einen Ruck und wagte mich unter die Menge der Käufer, so bin ich seltsamerweise nie enttäuscht worden. Aber das ergatterte Stückchen Wurst war durch den schweren Akt der Opferung meines Stolzes und die Gefahr einer schweren Demütigung ziemlich hoch bezahlt.[21]

Man merkt Hauptmanns Schilderungen hungernder Menschen an, daß er diese Erfahrung nie vergessen hat. Der Hunger ist ihm kein literarischer Topos, keine Metapher und kein Symbol, sondern ein Stück Wirklichkeit: erlebt und nicht erdacht.

Nachdem er auf einem Spaziergang mit Puschmann ohnmächtig geworden ist, muß er sich mit einer Rippenfellentzündung ins Bett legen und von Schmidt und Ploetz mit Corned-Beef-Büchsen hochpäppeln lassen; erst dann kann er über Weihnachten nach Sorgau fahren. Doch verfolgt ihn das Unglück noch weiter: Mit der Niederschrift eines unvollendet gebliebenen Dramas über den Staufer Konradin beschäftigt, verpaßt er den Termin für die Rückkehr nach Breslau und wird Anfang Januar 1881 wegen mangelnden Fleißes und zahlreicher Abwesenheiten von der Kunstschule relegiert. Freunde geben ihm zu verstehen, die Verweisung sei nicht von allen Mitgliedern des Lehrkörpers gebilligt worden und unter Umständen sogar rückgängig zu machen. Und tatsächlich, als er sich einmal durch Zufall mit mehreren Lehrern und Breslauer Künstlern in Haertels Atelier befindet, wendet dieser sich an ihn mit der Aufforderung: «Man hat mir gesagt, daß Sie eine recht nette kleine Dichtung verfaßt hätten. Lesen Sie uns doch mal was vor!» Hauptmann läßt sich nicht zweimal bitten. Er holt das Oktavbüchlein heraus, das er immer mit sich führt, stellt sich in Positur – das aufgeschlagene Buch in der linken Hand, mit der Rechten die Platte eines Pultes fassend – und trägt das Epos *Hermann* vor. Das Gespräch verstummt, die Herren hören andächtig zu und bleiben noch einen Augenblick still, nachdem er geendet hat. Dann bricht der Applaus los: «Ein Dichter von Gottes Gnaden!» faßt Marshall den allgemeinen Eindruck zusammen, während ein anderer kopfschüttelnd feststellt: «Und solch einen Menschen wollen die Esel hinausschmeißen!»

Die anderthalb erhaltenen Gesänge von Hauptmanns *Hermann* (auch *Hermannslied* genannt) schildern in Stabreim –

Wallet und woget,
ihr Wipfel der Wälder,
Windsbraut fege
wohl über euch hin,
feurig versenge
Wiesen und Felder
Sonne und sinke
dann sterbend dahin ...

– die Begegnung eines als Römer verkleideten Gefolgsmannes von Hermann dem Cherusker mit einer Heldenjungfrau aus dem Stamm der Marsen.[22]

Es ist nicht anzunehmen, daß sich der Erfolg dieser Lesung in erster Linie aus der Qualität des dargebotenen Textes herleitete. Es ist ein prätentiöses Wagalaweia, Wagner-Verschnitt, ja, Hauptmann-Verschnitt: Die Sonne, die hier unoriginellerweise «feurig ... sinkt», tut ein gleiches im Gedicht *Germanias Befreiung*, das mit «Die Sonne sinkt im blutig roten Schimmer», und im Dramenfragment *Konradin*, das mit «Sieh, Alter, wie die Sonne blutig sinket» beginnt. Das germanisierende Frühwerk ist reich an derartigen Versatzstükken. Was die Zuhörer – gestandene Männer, die auch etwas von der Kunst des Vortrages verstanden – für ihn einnahm, dürfte vielmehr der äußerliche Eindruck gewesen sein: Hauptmanns Auftreten und seine Wirkung auf die Mitmenschen. Diese wiederum verdankt er zum nicht geringen Teil einem Umstand, den er im *Abenteuer meiner Jugend* unerwähnt läßt, nicht weil er uns etwas vormachen will, sondern weil ihm beim Diktieren die Reihenfolge der erzählten Begebenheiten durcheinandergeht. Was in Haertels Atelier stattfindet, ist bereits die dritte Lesung aus dem *Hermannslied*. Daher auch das zunächst befremdende Selbstvertrauen, mit dem der achtzehnjährige, seit zwei Monaten vom Schulbesuch ausgeschlossene Student vor fünfzehn oder zwanzig akademischen Würdenträgern das Wort ergreift. Er hatte die kleine Dichtung schon Anna Grundmann und den Lederoser Verwandten vorgelesen, aber das war *en famille* gewesen und im Taumel der Liebe. Er liest sie ein zweites Mal, als ihn Mathilde Jaschke im Sommer bei einem Damentee im «Kurländischen Hof» darum bittet. Zufällig ist bei dieser Lesung auch Berthold Thienemann anwesend, der Vater von Georg Hauptmanns Braut. Es fällt der Familie des Bräutigams, zumal ihrem Oberhaupt, dem Sorgauer Bahnhofsrestaurateur, nicht leicht, mit dem reichen Herrn Thienemann mitzuhalten, der bei seinen Aufenthalten in Berlin mit dem Bildhauer Reinhold Begas und dem «Lackstiefelmaler» und Akademievorsitzenden Anton von Werner verkehrt. Deshalb hat Mathilde, wie immer um das Wohl der Familie Hauptmann besorgt, Georg eine Geldsumme zur Verfügung gestellt, damit er sich in eine Hamburger Kaffeefirma einkaufen und standesgemäß um Adeles Hand anhalten kann. Und wenn sie Gerhart jetzt bittet, vor ihren im Garten des «Kurländischen Hofes» versammelten Gästen etwas zum besten zu geben, dann darf sie wohl sicher sein, daß der «mädchenhafte, langgelockte Jüngling mit dem weichen Gesichtsoval»[23] sich, und sie selber, nicht blamieren wird. Nach dieser Erfahrung hat Hauptmann allen Grund zur Annahme, daß es ihm auch in Haertels Atelier gelingen wird, eine Gruppe skeptischer Zuhörer in seinen Bann zu schlagen. In der Tat wird er auf Veranlassung des ihm so wohlgesinnten Professors, bei dem er in der Zwischenzeit weiterstudiert hat, jetzt wieder in die Akademie aufgenommen. Im folgenden Jahr erläßt man ihm, wiederum auf Haertels Fürsprache hin, sogar das Examen für den Einjährig-Freiwilligen-Dienst.

Hauptmann modelliert in jenem Winter 1880/81 einige Skulpturen in klassizistischer Manier, darunter einen Totenkopf und eine Büste des römischen Kaisers Vitellius. Er fühlt sich bei der Arbeit aber durch drei Kunstschüler gestört, mit denen zusammen er einen Arbeitsraum zugeteilt bekommen hat. Durch kindische Sauereien und gezieltes Zotenerzählen bringen sie ihn, der noch ganz vom Ideal der unberührten Weiblichkeit einer Anna Grundmann erfüllt ist, dermaßen in Rage, daß sich die Spannung schließlich in einer Schlägerei entlädt. Es ist bereits das zweite Mal, daß er sich in Breslau mit den Fäusten behaupten muß: Ein anderer Mitschüler, der in ihm vielleicht wegen der langen Haare einen Schwächling vermutete, hatte ihn beim nächtlichen Verlassen eines Bierlokals hinterrücks so brutal überfallen, daß Hauptmann in Gefahr war, ein Auge einzubüßen. Wenn das Saufen, Betteln und Raufen auch Indizien für die Entfernung sind, die ihn mehr und mehr von der bürgerlichen Wohlanständigkeit seines Elternhauses trennt, so unterscheidet er sich zur gleichen Zeit durch andere Interessen von seiner teils bohemehaften, teils proletarischen Umwelt. Zum Beispiel liest er viel, vor allem Turgenjew, Dostojewski und Tolstoi, die ihm ein österreichischer Studienkollege nahebringt. Auch Dickens gehört zu den Entdeckungen, die der Autodidakt jetzt macht. Die Bibel, besonders das Neue Testament, liest er in der abgegriffenen Ausgabe, die er schon in Lederose benutzt hat (viele Jahre später wird ihm das Büchlein ins Grab mitgegeben werden). In die Welt von E.T.A. Hoffmann hingegen läßt er sich von James Marshall einführen, dem entlassenen und von den Studenten nun erst recht verehrten Malprofessor, der seine Gäste in seiner neuen Wohnung empfängt, dem Hinterstübchen einer Kneipe.

Mit Hauptmanns Lektüre, der Arbeit in der Kunstschule und dem abendlichen Trinken geht die Schriftstellerei einher. Ihr erstes größeres Produkt ist das an den *Hermann*-Dichtungen von Klopstock und Kleist orientierte Drama *Germanen und Römer*, ein nahezu ungenießbares Stück, das im Einverständnis mit dem Dichter nicht in die Gesamtausgabe von 1942 aufgenommen wurde. Man hat es als «vielversprechenden Erstling eines erst neunzehnjährigen Künstlers» zu retten versucht und dabei übersehen, daß Hofmannsthal in eben diesem Alter bereits das kleine Meisterwerk *Der Tor und der Tod* geschrieben hatte.[24]

Dies ist schließlich auch die Zeit der größten Annäherung zwischen Gerhart und dem Bruder Carl, mit dem er auf gemeinsamen Besuchen in Sorgau stundenlange Gespräche führt. Während sie im großen, zwischen den Ankunftszeiten der Züge leerstehenden Wartesaal Dritter Klasse auf und ab gehen, schwärmt Carl von Jena. Die Atmosphäre der Stadt mitsamt ihren damals noch spürbaren Reminiszenzen an die Goethezeit hat es ihm genauso angetan wie der Kontakt mit den Lehrern, vor allem mit dem Zoologen Ernst Haeckel und dem Philosophen Rudolf Eucken. Auch hat Carl, eingesponnen in seine Gedankenwelt und voll von leidenschaftlicher Verachtung allen Brotstudiums, wiederum eine Anzahl außergewöhnlicher

Freunde um sich versammelt, darunter den aus Breslau herübergewechselten Physiologen Ferdinand Simon und den Chemiker Carl Duisberg, den späteren Mitbegründer der I. G. Farbenindustrie AG. Beeindruckt von den Ausführungen des Bruders erwägt Gerhart, nach dem Ende seiner Bildhauer-Ausbildung ebenfalls in Jena zu studieren, wenn sich das bei seiner mangelhaften Vorbereitung bewerkstelligen läßt.

III

Auf dem Hohenhaus, dem unweit von Meißen an den Abhängen der Lößnitz gelegenen Landsitz der Familie Thienemann, lauscht bald darauf eine hübsche junge Frau ebenso interessiert den Ausführungen des Studenten Carl Hauptmann. Es ist Marie, in der Familie Mimi genannt, die vierte der fünf Töchter von Berthold Thienemann, mit großen dunklen Augen und blauschwarzem, in der Mitte gescheiteltem Haar, das von ihrem ungewöhnlich blassen Teint absticht. In Jena, wo die an chronischer Blutarmut Leidende eine Frauenklinik aufgesucht hat, lernt Carl sie durch gemeinsame Bekannte kennen. Jetzt hat sie ihn nach Hohenhaus eingeladen, wo sich sein mit Adele Thienemann verlobter Bruder ebenfalls aufhält; Georg kommt aus Hamburg, so oft er sich von seiner Arbeit freimachen kann.

Marie, 1860 geboren, wurde nach dem Tod ihrer Mutter in einem herrnhutischen Pensionat erzogen. Unerfahren und von Natur aus eher schüchtern, kann sie sich das Leben an der Universität nicht recht vorstellen und noch weniger den bis zur Rücksichtslosigkeit ungezwungenen Meinungsaustausch, der Carl zufolge dort herrschen soll. Während die Schwester mit ihrem Verlobten auf den Kieswegen des Parks wandelt, läßt sich Marie im Damastsalon von dieser entfernten und geographisch doch so nahen Welt erzählen. Die Besuche, meist übers Wochenende, wiederholen sich. Eine Zeitlang hat es den Anschein, als sollte auf Georgs Verlobung mit Adele die von Carl und Marie folgen. Dann wendet sich dieser jedoch Martha zu, der jüngsten Tochter des Hausherrn.

Berthold Thienemann, ein behäbig-jovialer Mann mit damals schon altmodischen Koteletten, hatte als Bankier, Wollgroßhändler und Weinbergbesitzer ein Vermögen verdient, bevor er sich auf dem

«Hohen Haus» einrichtete, dem auf einer Anhöhe, dem sogenannten Bischofsberg, gelegenen ehemaligen Sitz der Bischöfe von Meißen. Die meterdicken, aus dem späten Mittelalter stammenden Grundmauern umschlossen geräumige Kellereien, in denen die geistlichen Herren ihren selbstangebauten Wein lagerten. Nach seiner Restaurierung durch Thienemann enthielt das Haus im Parterre einen großen Speisesaal mit leicht gewölbter Decke und im ersten Stock eine Anzahl Gesellschaftsräume: ein Billard- und ein Jagdzimmer, die Bibliothek, ein Empfangszimmer und den roten Damastsalon mit Karl von Pilotys Porträt von Rosa, Thienemanns frühverstorbener Frau. Im zweiten Stock befanden sich die Schlafzimmer des Vaters, seines Sohnes Gottlob und der Töchter Frida, Olga, Adele, Marie und Martha. Das hochherrschaftliche Anwesen, von Hauptmann im Lustspiel *Die Jungfern vom Bischofsberg*, in der Novelle *Die Hochzeit auf Buchenhorst*, in dem späten Romanfragment *Die Ruscheweys* und anderswo mit nostalgisch sanfter Ironie geschildert, lag inmitten von Weinbergen in einem Park, dessen höchsten Punkt eine Burgruine mit Turm zierte. Von dort aus sah man das ganze Tal, von Dresden im Osten bis nach Meißen im Westen. Von weit unten, vom Ufer der sich dahinschlängelnden Elbe, drang das Pfeifen und Rattern der Schnellzüge herauf, die Dresden mit Leipzig und Berlin verbanden. Sie verkehrten so pünktlich, daß man im Hohenhaus die Uhren danach stellte.

Berthold Thienemann hat die Verlobung von Adele mit Georg, nicht aber die spätere Dreifachverbindung seiner Familie mit den Hauptmanns erlebt. Er erkrankte 1880 während eines Urlaubs auf Sylt, wurde auf der Heimreise von Georg in Hamburg betreut und starb mit 61 Jahren an Herzversagen. Den Sohn und die Töchter hinterließ er in gesicherten Verhältnissen, unter der nominellen Vormundschaft seines Bruders Hermann, dem er Hohenhaus vor Jahren abgekauft hatte und der nun dahin zurückkehrte, um sich um seine verwaisten Nichten und den Neffen zu kümmern.

Nach einem seiner Aufenthalte auf Hohenhaus macht Georg Hauptmann, zu Besuch in Sorgau, seiner Begeisterung über die Thienemann-Schwestern in dem Ausruf Luft: «Ich sage euch, ein Nest von Paradiesvögeln!» – Es dauert nicht lange, bis sich auch Gerhart in diesem Nest heimisch fühlt. Zur Feier der bevorstehenden Heirat des Bruders schreibt er ein allegorisierendes kleines Festspiel, *Liebesfrühling* betitelt, das durch die Unterstützung der «Tante»

Mathilde Jaschke im Privatdruck erscheint: Es ist seine erste Veröffentlichung. Man beschließt, das Stück am Polterabend aufzuführen. Wer könnte als Regisseur geeigneter sein als der Autor selber, der mit den jungen Damen nun auf zahlreichen, vielleicht absichtlich in die Länge gezogenen Proben ihre Rollen einstudiert?

> Wie im Traum war ich mit Carl in einen Garten getreten [erinnert er sich an den ersten Besuch auf Hohenhaus], wo mich einige von den jungen Schwestern erwarteten. Ihre Kleidung war hell und sommerlich. Sie hatten die großen Schäferhüte aus Stroh an den Arm gehängt. Ich weiß nicht mehr, wie ich von ihnen begrüßt wurde, aber es geschah jedenfalls auf eine zwanglose und natürliche Art, durch die alle Fremdheit sogleich verscheucht wurde. Marie und Martha, die Zweitjüngste und Jüngste der Thienemann-Töchter, sind es gewesen, die uns einholten.
> Der Weg durch den Garten, besser: durch den Park, stieg zwischen Bäumen und dichten Büschen langsam bergan. Die Nähe Mariens, deren Gang und Wesen ich magnetisch empfand, warf mich in niegefühlte Spannungen. Sie nahmen mit jedem Schritte zu und sollten nun lange nicht mehr nachlassen...
> Das schöne Mädchen war sehr bleichsüchtig, was dem weiblichen Reiz ihres Wesens und der gütigen Anmut ihres Betragens keinen Abbruch tat. Bevor wir nach einigen Minuten das schöne, alte Landhaus erreicht hatten, wußte ich, daß ich es nur entweder mit einer tödlichen Wunde oder als der allerglücklichste unter den Menschen wieder verlassen konnte.[25]

Die Brüder werden in einer Dependance untergebracht und erscheinen jeden Morgen bereits zum Frühstück im Herrenhaus, um nur keine Minute zu verlieren, die sie mit den Mädchen verbringen könnten. Gerhart, als angehender Dichter und Bildhauer eingeführt, legt im Nu die Schüchternheit ab, die er sonst im Umgang mit jungen Frauen an den Tag legt. Mit Marie studiert er die ihr zugewiesene Rolle ein (als «Traumgott» hat sie mitten in einem Monolog das Füllhorn der Träume auszuschütten), gewöhnlich in einem hohen, boudoirartigen Zimmer mit blauseidenen Rokokomöbeln. Einmal schließt sie dabei die Türen, wirft den bestickten Schal, den sie um die Schultern getragen hatte, ab und zeigt sich ihm in dem Kostüm, das sie sich beim Chef der Schneiderwerkstätten der Dresdner Oper für ihren Auftritt hat nähen lassen. Es ist ein weißer griechischer Chiton, goldgesäumt und schulterfrei, mit einem goldenen Gürtel zusammengehalten. Dazu trägt sie einen Reif im vollen schwarzen Haar, goldene Ohrringe und goldene Spangen auf den bloßen Armen. Kein Wunder, daß dem jungen Regisseur der Atem stockt, auch wenn die liebliche Erscheinung eher einer Odaliske geglichen haben mag als dem griechischen Götterjüngling, den sie vorstellen sollte: «Mein Wünschen, mein Streben hieß Marie», stammelt er noch nach Jahren, «mein Abend, mein Morgen hieß Marie, mein Tag, meine Nacht Marie! Marie! In diesem Namen war meine Kunst, mein Wissen und Wollen, meine Vergangenheit, meine Gegenwart, meine Zukunft untergegangen.»

Als Carl ihm beiläufig mitteilt, das Mädchen sei heimlich mit einem Kandidaten der Theologie verlobt, erleidet er alle Qualen der Eifersucht. Der Ältere, in Martha verliebt und voll des eigenen Glücks, nimmt Gerharts Neigung zu Marie zuerst nicht ernst und läßt durchblicken, der kleine Bruder sei noch viel zu jung für dergleichen Gefühle. Gerhart wiederum hat den anderen im Verdacht, selbst noch an Marie interessiert zu sein.

Im Verlauf dieser Wochen, die der Hochzeit von Georg und Adele vorausgehen, füllt sich das Haus mit Gästen. Adeles Großmutter väterlicherseits, aus Augsburger Patrizierfamilie und Mitinhaberin einer Kammgarnspinnerei, kommt mit ihrer Tochter, einer geschiedenen Baronin Süsskind. Andere Verwandte der Thienemanns treffen aus Naumburg ein, darunter ein als Bankier tätiger Vetter. Wegen des noch nicht verflossenen Trauerjahres verzichtet man auf Bälle, obwohl Georg gern und gut – in den Augen des jüngsten Bruders «sehr elegant, beinah affektiert» – tanzt und Carl, dessen Tanzlust auch von Rilke kommentiert wurde, sogar den Krakowiak beherrscht. (Als seine Frau ein paar Jahre darauf in einem Hotel zum Tanz aufgefordert wird, ist Gerhart, der erst spät im Leben tanzen lernt, damit nicht einverstanden und verläßt pikiert die Gesellschaft.[26]) Man lernt sich auch ohne Tanz kennen, bei Tisch und auf Spaziergängen und Ausflügen in die sommerlich aufblühende Umgebung.

Fühlt sich der mittellose Kunstschüler deplaziert in diesem großbürgerlichen Haushalt, in dem er tagelang bei fünf reichen und heiratsfähigen jungen Frauen zu Gast ist, deren Verwandte ihn und seine Brüder gewiß mit kritischen Blicken betrachten? Der Unterschied in der sozialen Stellung ist mit Händen zu greifen, und die Rückkehr in die eigenen Lebensumstände, ob in Breslau oder bei den Seinen in Sorgau, muß oft genug ernüchternd gewirkt haben. Er kommt über diese Anwandlungen hinweg, indem er sich auf die eigene, trotz des geschäftlichen Niedergangs wohlangesehene Familie besinnt und auf sein Selbstvertrauen wenn nicht als Künstler, so doch als ein künstlerisch veranlagter Mensch, der noch von sich reden machen wird. Vor allem wächst mit jedem Tag seine Zuversicht, daß Marie seine Neigung erwidert. Beweise davon erhält er auf den Spielproben und den Spaziergängen hinauf zur Ruine oder hinunter zu ihrem geheimen Treffpunkt, der abgelegenen, mit einem Mosaik und leicht erotischen Fresken dekorierten Muschelgrotte. An diese Rendezvous denkt Hauptmann noch zurück, als er längst verheiratet und Vater geworden ist: «Die Sündennacht in der Muschelgrotte. Liebe.» lesen wir in einem Tagebuchvermerk von 1894, dem vielleicht eine Wunschvorstellung zugrunde liegt; denn vieles spricht dafür, daß die Beziehung noch auf lange Zeit nicht über Gespräche hinausgeht. Wir brauchen nicht im trüben Gewässer der Sexual«wissenschaft» zu fischen, um im Sinnbild der Muschel(grotte) sowohl Verheißung als auch Verweigerung zu erkennen, wenn der alte Hauptmann in seiner Dichtung *Der große Traum* erinnerungsselig schreibt:

> Sei mir bedankt, glückseliges Verlies,
> wo Aphroditens Sohn uns hold belehrte
> und jedes liebliche Geheimnis wies!
>
> Süß war, was ich gewann, was ich entbehrte;
> kühl und versagend schien die Priesterin,
> obgleich verzehrend Feuer an ihr zehrte.[27]

Auf jeden Fall wird der Kandidat der Theologie, der angebliche Verlobte, bald nicht mehr erwähnt. Im Maße, in dem Gerhart und Marie einander näherkommen, entdecken sie Gemeinsamkeiten. Dazu gehört die Abneigung gegen jede Art von religiöser Heuchelei, unter der sie bei den Herrnhutern noch mehr zu leiden gehabt hatte als er auf seinen Besuchen bei den Tanten vom Dachrödenshof. Marie, die zur Schwermut neigt, führt diese Tendenz auf ein Kindheitserlebnis zurück, als sie im Pensionat von einer Pflegeschwester mitten in der Nacht geweckt und dazu angehalten worden war, ein Totenhemd zu streicheln und es mit einem Vaterunser zu weihen. Auch in der Schule haben die beiden ähnliche Erfahrungen gemacht und sogar mit den Geschwistern, gegenüber denen sich Marie wie Gerhart, zu Recht oder Unrecht, benachteiligt fühlen. Sie finden so zwanglos zueinander wie die vom Verstand beherrschte Martha zu ihrem Freund, dem Ethiker Carl, der ihr noch vor der Verlobung in seinem etwas kauzigen Deutsch schreibt: «Du weißt, mir ist's widerwärtig und den Geist einer edlen Fraue entwürdigend, zu hören, daß der Mann im Hause Herr und Gebieter ist.»[28]

Der 23. September 1881, der Polterabend von Georgs und Adeles Hochzeit, markiert einen tiefen Einschnitt in Gerhart Hauptmanns Leben: Zum ersten Mal wird ein Bühnenstück von ihm in Szene gesetzt. Zwar ist der *Liebesfrühling* nur ein bescheidenes Gedicht von wenigen Seiten, doch enthält es verschiedene, auf die Hauptmann- bzw. Thienemann-Geschwister verteilte Rollen sowie Ansätze zu einer dramatischen Handlung: Die Liebe verjagt den Winter und erneuert alles Leben. Griechisches vermischt sich dabei auf eigenartige Weise mit Schlesischem, der Genius der Liebe, dargestellt von Martha Thienemann, kontrastiert mit dem Rübezahl ihres Bruders Gottlob. Marie, wie wir sahen, spielt den Traumgott. Es ist nicht überliefert, wie das Stück «ankam». Man nahm es wohl mit dem etwas zerstreuten Wohlwollen auf, das Hochzeitsdarbietungen entgegengebracht zu werden pflegt.

Nach den Feierlichkeiten verweilen die angereisten Verwandten noch eine Zeitlang auf Hohenhaus. Wenn sie schon einmal unterwegs sind, wollen sie auch etwas von Dresden sehen. Gerhart, der ebenfalls geblieben ist, begleitet die Damen auf diesen Ausflügen, auf denen er und Marie sich nach der Ankunft in der Stadt selbständig machen und die anderen abends wieder auf dem Bahnhof treffen. Maries Großmutter lädt die beiden in die Oper ein, in der Meyerbeers *Afrikanerin* und ein andermal Verdis *Aida* gegeben wird:

> Ich hatte nie eine Oper gehört: man mag erwägen, welcher Rausch mich armen Hungerleider ergriff, als ich Schulter an Schulter neben dem schönsten Mädchen im Parkett saß und, unbemerkt mit ihm Hand in Hand, versunken im unsichtbaren Reich der Töne, dem Prunk und Glanz der Bühne und des Hauses hingegeben, mich wiederfand oder wenn ich, durch einen Blick belohnt, hinter

dem Rücken der Großmama und der Baronin Süsskind, den pelzverbrämten Mantel um Marys [Maries] herrliche Schultern legte.

Er führt die Freundin vor die *Sixtinische Madonna* und andere Dresdner Kunstwerke, die er von Abbildungen aus dem Elternhaus kennt. Wenn er sie bei diesen Anlässen auch ein wenig «erzieht», indem er über die (ihm selbst erst in ganz groben Zügen bekannte) Kunstgeschichte referiert und ein andermal einen Vortrag über Ferdinand Lassalle hält, so geht er doch behutsamer vor als manch anderer deutscher Dichter, der mit erhobenem Zeigefinger seine Nächsten und Liebsten belehrte, wie Goethe seine Schwester oder Kleist seine Verlobte.

Auf einem dieser Tagesausflüge stellt Gerhart die entscheidende, die alles entscheidende Frage. Marie geht nicht darauf ein. Sie hüllt sich in Schweigen und sitzt auch auf der Rückfahrt nach Hohenhaus wortlos neben ihm. Eben als er, nach durchwachter Nacht, alles verlorengeben will, schlägt sie einen Spaziergang zur Ruine vor. Dort küßt ihn Marie – von nun an, auch zur Unterscheidung von der Mutter, «Mary» genannt – auf den Mund und gibt ihm das «unwiderrufliche Wort», nach dem er sich gesehnt hatte. Es ist Ende September 1881, als sich die beiden auf eine mehrjährige Wartezeit einigen; auch wollen sie ihre Verlobung zunächst geheimhalten.

Wenige Tage darauf kehrt Hauptmann nach Breslau zurück, im Nachtzug, schlotternd vor Kälte im ungeheizten Coupé dritter Klasse; er hat nicht einmal die paar Groschen, um sich beim Aufenthalt auf einem Bahnhof etwas Warmes zu essen zu kaufen. Während der endlos langen Nacht kommen ihm Bedenken. Es ist alles so schnell gegangen; die letzten Wochen ziehen ihm wie im Traum vorüber. Jetzt, da er wieder allein und vom Bewußtsein seiner Armut und Unbedeutendheit durchdrungen ist, mutet es ihn wie ein Märchen an. Wird Mary ihm treu bleiben? Wird ihr die Großmutter, wenn sie einmal von der Verlobung erfahren hat, mit Enterbung drohen? Werden die Schwestern und der Bruder, wird der zum Vormund und Vermögensverwalter bestimmte Onkel Hermann ihr zusetzen, das so rasch geknüpfte Band wieder zu lösen? Erst als er einen Brief von Mary erhält, dem sie ihr Bild und eine Locke beigelegt hat, wagt er es, an sein Glück zu glauben.

Kaum in Breslau angekommen, verfällt er, seiner von ihm selbst gerügten Doppelnatur gemäß, wieder in den alten Schlendrian. Er arbeitet an verschiedenen Büsten und Skulpturen, ist aber nicht sicher, damit einen Beruf, geschweige seine Berufung gefunden zu haben. Die finanzielle Lage ist nach wie vor trostlos: Er erhält vom Vater einen Monatswechsel von nunmehr vierzig Mark und hat auf lange Zeit keine Aussicht auf eigenen Verdienst. Die Abende vertrinkt er in Kneipen und disputiert mit den Freunden über das Neueste in der Breslauer Kunstszene wie den Besuch, den Arnold Böcklin gerade seinem ehemaligen Schüler abgestattet hat, dem Malprofessor Bräuer. Der heruntergekommene James Marshall ist bei diesen Abenden dabei, mit den Schülern Schmidt, Fleischer und Puschmann; letzterer unterhält die Runde mit den galanten Abenteuern, die er als reisender Fotograf auf den Gütern und Schlössern des schlesischen Landadels erlebt haben will. – Ohne die Bindung an Mary wäre Hauptmann damals wohl endgültig in der Provinzboheme versunken, die er in *Michael Kramer* so überzeugend dargestellt hat.

Aber Mary schickt ihm nicht nur fast jeden Tag einen Brief, der eine Antwort erheischt und ihn seinerseits zum regelmäßigen Schreiben zwingt, wobei er unbewußt seine spätere Devise *Nulla dies sine linea* (Kein Tag ohne eine Zeile) vorwegnimmt. Sie kündigt ihm auch ihren Besuch an und wird bei Mathilde Jaschke wohnen, die sich mit ihrem nunmehr fünfundzwanzigjährigen «Pflegekind» Charlotte Hauptmann ebenfalls eine Zeitlang in Breslau aufhält.

Die Liebenden haben sich drei Monate nicht gesehen: eine Ewigkeit. Gerhart sorgt sich, ob Mary in der lauten und geschäftigen Stadt noch die gleiche junge Frau sein würde, die ihm aus dem Hohenhaus nachgewinkt hatte an dem Morgen, als er den Hügel hinunter zum Bahnhof gegangen war. Mit welchen Augen würde sie ihn jetzt sehen, im nüchternen Licht des Alltags? Seine Ängste scheinen sich bewahrheiten zu wollen, als sie in Begleitung eines jungen Leutnants aus dem Coupé steigt und dieser, von ihrer Gesellschaft sichtlich angetan, sich Hacken zusammenschlagend von ihr verabschiedet. Dann spricht sie angeregt von der unterhaltsamen Reise, aber weniger zu Gerhart, der seit Stunden auf dem Bahnhof gewartet hat, als mit Mathilde Jaschke und Charlotte. Doch löst sich die Verstimmung noch am selben Abend und schlägt vollends in ein Triumphgefühl um, als die Braut ihn am nächsten Tag abholt:

Schlag zwölf Uhr am folgenden Mittag ging Mary, mich erwartend, vor den Fenstern der Kunstschule auf und ab. Sie erregte ein großes Aufmerken. Man sah in Breslau kaum solche Erscheinungen. Sie wirkte reich, vornehm, fremdartig. Ihren Kopf bedeckte, kontrastierend zu seiner Dunkelheit, ein milchweißes Möwenbarett, ein ähnlicher Umhang ihre Schultern. Ihre weißbehandschuhten Hände waren manchmal beide in eine ebensolche Federmuffe gesteckt, oder die Linke ließ diese nachlässig hin und her schaukeln, während die Rechte frei herunterhing.

Man merkt den Zeilen den Stolz an, mit dem sich Marys junger Verehrer noch nach Jahrzehnten an die Szene erinnert. Um so größer ist denn auch das allgemeine Erstaunen, als sich ausgerechnet der als bettelarm, trinkfreudig und unseriös bekannte Kunstschüler Hauptmann als der Prinz entpuppt, der dieser Märchenfee den Arm bieten und sie entführen darf. Er zeigt ihr die Arbeiten, die er bisher beendet hat, und macht sie mit seinen Lehrern und den Freunden bekannt. Unter diesen ist Alfred Ploetz, der sich zum Scherz ausbittet, gelegentlich einmal die Schädelform dieser schwarzhaarigen Schönheit messen zu dürfen, um sich ihrer Zugehörigkeit zur germanischen Rasse zu vergewissern.

Die für den Besuch anberaumte Woche vergeht im Fluge. Bevor Mary nach Hohenhaus zurückkehrt, drückt sie ihm, ohne daß er es erwartet oder sie gar darum gebeten hätte, beim Spaziergang auf der Straße plötzlich ein Bündel Banknoten in die Hand. Worte werden dabei nicht gewechselt, es bedarf ihrer nicht. Mit dieser Geste ist eine entscheidende Weiche in Hauptmanns Leben gestellt: Sein Bildungsgang ist nun gesichert, auch wenn er immer noch nicht weiß, wohin dieser ihn führen wird. Durch die Verbindung mit der reichen Erbin ist er zwar nicht aller Geldsorgen enthoben, aber doch frei, sich in Ruhe nach einem ihm gemäßen Studium oder Beruf umzusehen.

Die Liebe ist kein Rechenexempel, dessen einzelne Posten sich auflisten ließen. Auch in unserem Fall gibt es keine pauschale Erklärung, wohl aber einige plausible Gründe für die Anziehung, die der junge Hauptmann auf seine Braut ausübt: Er ist neunzehn, sie einundzwanzig – ein spürbarer Kontrast in diesem Alter, in dem die Frau ohnehin reifer ist als der Mann. Sie ist eine geformte Persönlichkeit, er ein noch unfertiger Mensch, der nicht nur wegen seiner ärmlichen Lebensverhältnisse bemuttert werden darf und bemuttert zu werden verdient (während sie, die mutterlos aufgewachsene Frau, ihrerseits die menschliche Wärme schätzt, die von ihm ausgeht). Es haftet ihm noch etwas Kindliches an, das durch die Grübchen, das Fehlen des damals quasi obligaten Schnurrbarts und die wallenden Locken unterstrichen wird, die ihm noch auf den Hochzeitsbildern bis in den Nacken reichen. Zwar sieht er leicht unterernährt aus, erkältet sich häufig und leidet noch auf Jahre hinaus an den Folgen der körperlichen Überanstrengung in Lederose, doch tut diese vorübergehende und «romantische» Schwäche dem Gesamteindruck eines attraktiven jungen Menschen keinen Abbruch. Die beiden ergänzen sich auch im Gesellschaftlichen, denn Mary ist von Natur aus zurückhaltend und schweigsam, während er gern und gut spricht und «auftreten» kann. Wenn das großbürgerliche Hohenhaus für ihn der rechte Rahmen ist, aus dem Marys Schönheit hervorleuchtet, um wieviel stärker muß die Berührung mit seiner Lebenssphäre auf *sie* wirken, auf die höhere Tochter, die gewiß noch keine Männer vom Schlage eines Marshall oder Puschmann kennengelernt hat! Ihr Gerhart zählt solche Leute zu seinen Freunden, er wird trotz seiner Jugend von ihnen akzeptiert, ja, manchmal glaubt Mary selber an ihm einen Hauch jener leichten, eine angenehme Gänsehaut hervorrufenden Sündhaftigkeit zu verspüren, in deren Geruch sich diese Bohemiens gefallen.

Und was sieht er in ihr, außer einer Leidenschaftlichkeit, einer «Trieb- und Wesenhaftigkeit», wie er es nennt, die weitaus stärker ist als die eigene? Manches läßt sich erraten, anderes hat er in Gedichten und Aufzeichnungen festgehalten: ihre Schönheit und ihre Sanftmut, ihre Großzügigkeit, ihre praktische Intelligenz und später in zunehmendem Maße auch ihre Anfälle von Schwermut und Verzagtheit. Daß sie eine gute Partie ist, nimmt er als Zugabe dankbar zur Kenntnis, denn sie ermöglicht es ihm, nach der Heirat fast zehn Jahre lang von ihrem Vermögen zu leben. Als er dann anfängt, selber Geld zu verdienen, erstattet er ihr diese Summen zurück und kommt fortan für ihrer beider Lebensunterhalt auf.

Die Heirat dreier Brüder mit drei Schwestern ist eine seltene und höchst eigenartige Konstellation, zumal wenn es sich dabei um drei arme Schlucker auf der einen Seite und drei reiche oder zumindest wohlhabende Mädchen auf der anderen handelt. Sie wird noch frappierender, wenn man bei aller gebotenen Vorsicht bedenkt, daß das Geld bei alledem kaum ins Gewicht fiel. Das Thienemann-

Vermögen mag allenfalls bei Georgs Eheschließung eine Rolle gespielt haben; zumindest steckt dieser Adeles Mitgift von mehreren hunderttausend Goldmark in das von ihm erworbene Kaffeegeschäft Gebrüder Gläser, das unter seiner Leitung Bankrott machen wird. Überhaupt scheinen die drei Hauptmann-Brüder vom Geld und Geldverdienen nicht viel mehr verstanden zu haben als ihr Vater, der zu dieser Zeit mit der Übernahme eines Biervertriebs abermals eine Fehlinvestition macht. Selbst Gerhart, im Rückblick bei weitem der erfolgreichste auch in dieser Hinsicht, ringt sich erst in reifen Jahren, unter Marys stummen Vorwürfen und den Ermahnungen seiner zweiten Frau, zu einer gewissen, eher durch Egozentrik als durch finanziellen Weitblick geprägten Geschäftstüchtigkeit durch. Zur Zeit seiner Verlobung muß er auch in dieser Hinsicht als unerfahren gelten. Er ist, von allem anderen abgesehen, viel zu naiv, um sich, wie ihm von marxistischer Seite vorgeworfen wurde, durch den «sozialen Schachzug» einer Geldheirat einen Vorsprung vor seinen Mitstreitern zu sichern. (Einer von ihnen ist der um fünf Jahre ältere Hermann Sudermann, der aus ähnlichen Familienverhältnissen stammt, aber nicht das Glück hat, eine reiche Frau zu finden; doch weiß auch er sich durchzusetzen, so daß er nach dem Erfolg seines Schauspiels *Ehre* [1889] vom Ertrag seiner Feder leben kann.)

In welchem Licht man die Verbindung der Hauptmann-Brüder mit den Thienemann-Schwestern auch betrachtet, sie bleibt in der Tat ein «marlitthaft unwahrscheinliches Ereignis»[29].

IV

Mit dem Versprechen eines Monatswechsels nun auch von Mary beschließt Gerhart im Frühjahr 1882, Carl nach Jena zu folgen, wo er sich mit Hilfe von Haertels Verbindungen zu immatrikulieren hofft. Als Betätigungsfeld schwebt ihm die Bildhauerei vor und daneben das Schreiben. Ehe er im April die Breslauer Kunstschule verläßt, nimmt er, gewissermaßen einen Schlußstrich unter diese Lebensphase ziehend, an einem gigantischen Besäufnis teil. Es ist der jährliche Kommers, den die Breslauer Studentenschaft, angeführt von den Chargierten in vollem Wichs, im Städtchen Zobten am Berge abhält. Hauptmann hat wieder einmal Glück: Freund Ploetz, auch er in

Käppi, Samtpekesche und Kanonenstiefeln, nimmt ihn als Konkneipanten mit, so daß er diesen Aspekt der «Burschenherrlichkeit» kennenlernt, bevor er noch einen Hörsaal betreten hat.

Zu Besuch bei den Eltern verfaßt er im Spätsommer 1882 das Schauspiel *Germanen und Römer*, die dramatische Ausarbeitung des als Epos konzipierten und bald wieder fallengelassenen *Hermannslieds*. Er geht bei der Arbeit auf und ab und diktiert den Text einem arbeitslosen alten Turnlehrer in die Feder. Es ist das erste Experiment mit der Arbeitsweise, die ihm am meisten zusagen wird: dem nach Goetheschem Vorbild im Aufundabgehen, gelegentlich auch im Liegen gesprochenen Diktat. Hauptmann arbeitet auch mal allein am Stehpult, am liebsten frühmorgens, wogegen das Dichten im Kaffeehaus so wenig seine Sache ist wie das tägliche Pensum am Schreibtisch oder die plötzliche Niederschrift beim abendlichen Wein.

Germanen und Römer ist im November abgeschlossen, das Manuskript geht an Mary, die inzwischen Hauptmanns Eltern besucht und sich mit ihnen aufs herzlichste angefreundet hat.

In Jena wohnt Gerhart bei Carl und dessen Freund Ferdinand Simon. Er hört bei Haeckel und Eucken und dem Germanisten Arthur Böhtlingk, dem er seine ersten dramatischen Versuche unterbreitet. Auch führt er sich bei dem Kunsthistoriker Rudolph Gaedechens ein, der in seiner Wohnung ein Privatissimum über die Akropolis abhält und ihm rät, eine Reise nach Athen zu machen. Überhaupt verdichten sich jetzt in Hauptmann gewisse Leseerinnerungen, Kunsteindrücke und Gefühle der Wahlverwandschaft zu einer Begeisterung für alles Griechische, die bald der modischen Vorliebe für das Altgermanische den Rang streitig macht; er trägt sich zur gleichen Zeit mit dem Plan eines Dramas über Perikles und eines anderen über Karl den Großen. Die bisher eher nachlässig und unreflektiert gepflogenen Freundschaften mit dem Musikschüler Max Müller (genannt «Meo») und anderen Kommilitonen werden gleichfalls zusehends in das Licht einer platonischen Eudämonie, genauer, eines Oberlehrer-Griechentums getaucht.

Auf Platon geht letzten Endes auch die von Ploetz propagierte Idee zurück, ein utopisches Staatswesen zu gründen, den proto-kommunistischen Gemeinden ähnlich, die der Franzose Etienne Cabet in seinem Roman *Voyage en Icarie* (1840) entworfen und später in Texas und anderswo zu verwirklichen versucht hatte. Ende 1883 gründen Ploetz und Müller die «Gesellschaft Pacific», der die Freunde als

«Ikarier» beitreten. Sie hat laut Satzung das Ziel, «die Bedingungen des Gedeihens einer allgemeinen Wirtschaftsgenossenschaft in den Vereinigten Staaten von Nordamerika zu untersuchen und eventuell die Vorbereitung zu einer solchen in die Hand zu nehmen»[30]. Allein schon wegen der Annahme, derartige Bestrebungen ließen sich ausgerechnet im Amerika der Eisenbahnkönige und Stahlbarone in die Praxis umsetzen, wirkt dieser Entwurf im Rückblick so weltfremd wie der Plan von Nietzsches Schwager Bernhard Förster zur Gründung einer Kolonie in Paraguay. Derartige Projekte liegen im Zug der Zeit, es sind zivile und idealistische Varianten zur militant-kolonialen Expansion des Deutschen Reiches, das sich allein im Sommer 1884 Togo, Kamerun und Südwestafrika einverleibt.

Am 13. Februar 1883 stirbt Richard Wagner in Venedig. Als die Nachricht in Jena bekannt wird, beschließt Hauptmann, mit einigen Freunden nach Weimar zu pilgern, um an der dort veranstalteten Trauerfeier für den Komponisten teilzunehmen. Es ist sein allererster Kontakt mit dem Dunstkreis des alten Goethe, von dem er später zu Recht bemerkt, daß er als Minister mit dem Ordensstern in Weimar «offizieller» wirkt als in Jena, wo er sich vorwiegend als Naturwissenschaftler betätigt hatte. Doch sollte die Goethesche Saat erst sehr viel später in Hauptmann aufgehen. Wichtiger ist für ihn im Moment eine Erkenntnis, die ihm im Weimarer Theater kommt, während des Schlußakts der *Walküre*. Es handelt sich um die Einsicht, daß «die Linie, die von der meiningisch-kleistischen *Hermannsschlacht*, durch die Zeremonie der Blutsbrüderschaft unterm Rasenstreifen, zu Wilhelm Jordan und Felix Dahn, von dort zu meinem *Hermannslied* und meinem Drama *Germanen und Römer* sich fortgesetzt hatte», mit einem Wort: daß die germanisierende Phase in seiner Gedankenwelt und Dichtung einen Höhepunkt überschritten hat, «über den hinaus sie nicht weitergeführt werden konnte»[31]. Im übrigen ist Jena im Gegensatz zu Breslau eine Kleinstadt, deren Leben ganz von der Universität bestimmt und immer noch von Erinnerungen an Goethe und Schiller, Fichte und Alexander von Humboldt, Schelling und Hegel durchtränkt ist. Es ist die Atmosphäre der von Thomas Mann so benannten «machtgeschützten Innerlichkeit», die Hauptmann hier kennenlernt und in der er sich sogleich heimisch fühlt, jenes für das wilhelminische und nicht nur das wilhelminische Deutschland bezeichnende Nebeneinander zweier Welten, die voneinander nichts wissen wollen und doch aufeinander angewiesen sind: das Nebeneinander von seelisch-geistigem Höhenflug und von ausgreifender Machtpolitik.

So ist es vielleicht kein Zufall, daß er im Anschluß an Jena jetzt Berlin entdeckt und nach der Berührung mit der Goetheschen Sphäre eine symbolische Minute lang auch Bismarck zu sehen bekommt. In Berlin hat er sich mit Mary verabredet, trifft aber ein paar Tage früher ein, um sich von Max Fleischer, der wie so viele Berliner aus Breslau zugezogen ist, durch die an allen Ecken und Enden ausufernde Hauptstadt führen zu lassen. Sie hätte Hauptmann vielleicht schon bei diesem ersten Besuch überwältigt, wenn er nur ein wenig älter gewesen wäre; denn mit der 1882 erfolgten Gründung des Deutschen Theaters durch Adolph L'Arronge war Berlin im Begriff, zur Bühnenmetropole der deutschsprachigen Welt zu werden. Als Mary ankommt, ist er bemüht, das Geheimnis der Verlobung zu wahren, und wagt deshalb nicht, sie mit Fleischer bekanntzumachen. Um dessen Neugierde trotzdem zu befriedigen, bestellt er ihn zum Wartesaal zweiter Klasse im Lehrter Bahnhof, wo er sich zur angegebenen Zeit mit Mary aufhalten wird. Der Freund erscheint tatsächlich, geht inmitten der Menge mit gespielter Gleichgültigkeit mehrere Male an den beiden vorüber und entfernt sich so unauffällig, wie er gekommen war.

Der Zug, der die Brautleute nicht lange danach nach Hamburg bringt, führt den Salonwagen des Fürsten Bismarck mit, der in Friedrichsruh abgekoppelt wird. Mary ist selig, Gerhart ein wenig eifersüchtig beim Anblick des Kanzlers, der sich mit dem Reichshund vom Dienst, einer riesigen Dogge, auf dem Perron sehen läßt. – Wie ein entferntes Echo auf dieses Erlebnis mutet die Stelle im *Großen Traum* an, an der Bismarck als Paladin geschildert wird, in dessen Blick «Stahl sich paarte mit Hundetreue».

In Hamburg-Hohenfelde wohnt Gerhart beim Bruder und hat Gelegenheit, diesen als verheirateten Mann aus nächster Nähe zu beobachten. Die Ehe mit Adele scheint glücklich zu sein, wie Georg in seiner burschikosen Weise überhaupt ein umgänglicher Mann bleibt, den Freuden der Tafel zugetan und so gastfreundlich, daß im Laufe der nächsten Jahre fast alle Verwandten bei ihm Station machen und einige sich sogar in Hamburg niederlassen. Er leidet allerdings an Übergewicht und hohem Blutdruck und vernachlässigt seine Geschäfte so arg, daß Gerhart für die Zukunft das Schlimmste befürchtet.

Im Treiben der Hansestadt, in deren belebten Straßen er Menschen aller Hautfarben sieht und die verschiedensten Sprachen an sein Ohr klingen, wiederholt und vertieft sich Hauptmanns in Berlin begonnene Entdeckung der Welt. Hamburg erscheint ihm als Offenbarung. Anders als im heimischen Schlesien, wo es ihm geschienen hatte, als sei jeder Mensch auf sich gestellt, fühlt er sich hier als Glied einer Kette, die in Verkehr und Handel die Erde umspannt. Auch sieht er, dessen kindliche Phantasie oft von Bildern der Seenot auf stürmischem Meer bedrängt war, zum ersten Mal jetzt wirkliche Fracht- und Passagierdampfer, Jachten und Fischkutter, Kriegs- und Handelsschiffe. Er beschwört sie in seinen Erinnerungen mit jenem Mut zur gelegentlichen Banalität, über den die großen Schriftsteller im Gegensatz zu den zweitrangigen verfügen, die bloß originell sein wollen:

> Die Menschen hatten ja nicht nur feste Städte und Dörfer, die sie bewohnten, nicht nur Wälder, in denen sie jagten, Felder, die sie bebauten und auf denen sie Nutztiere hielten: Aus der Arche Noah war eine ungeheure Stadt von schwimmend durcheinander bewegten Häusern geworden, die auf immer mit der schwankenden Oberfläche der Weltgewässer verbunden blieb. Nach bestimmten Gesetzen bewegten sich diese gewaltigen Magazine, keine Spuren hinter sich lassend, von unerschrockenen Menschenhänden gelenkt, über die endlosen Wasser der Erdoberfläche. Schwimmende, festlich erleuchtete Paläste, gewaltige Wohnhäuser für Menschen, die von einem Ufer der Erde zu dem Tausende von Meilen entfernten anderen hinüberrollten. Und es gab auch schwimmende Festungen mit Türmen und Schießscharten, schwimmende, Vernichtung drohende Symbole des unter Menschen unausrottbaren, ewigen Krieges.

Kein Wunder, daß er vom Fernweh ergriffen wird und daß der in Jena kurz erwogene Plan einer Mittelmeerreise, einer Reise zu den Stätten der antiken Kultur, plötzlich Gestalt annimmt. Das Wunder ist eher, daß Mary, wiewohl zögernd und nach langen Diskussionen, damit einverstanden ist. Denn die Reise wird ihr den Bräutigam auf Monate entziehen, zumal er auf dem Schiff durch die Biskaya und die Straße von Gibraltar, also um Europa herum anstatt mit der Bahn mitten hindurch zu fahren gedenkt. Auch ist ein solches Unternehmen nicht gefahrlos. Man kennt noch kein Radio und keine drahtlose Telegrafie; Schiffe verschwinden mitsamt ihren Passagieren, ohne daß man je erführe, wann und wo sie untergegangen sind.

Was bewegt Gerhart, die eben so glücklich geschlossene Verlobung zum Zweck der «Selbsterziehung», wie er in Vorwegnahme der heutigen «Selbstfindung» schreibt, aufs Spiel zu setzen? Was bewegt Mary, der Reise des Verlobten nicht nur zuzustimmen, sondern sie auch noch zu finanzieren? Oder machen wir uns des Argwohns und des Zynismus schuldig, indem wir diese naheliegenden und von Hauptmanns Biographen bisher nicht gestellten Fragen stellen? Es ist auf jeden Fall eine höchst ungewöhnliche Reise, die er am 7. April 1883 auf dem Frachtdampfer «Livorno» antritt. Das eigentliche Ziel ist Athen. Kaum in Italien angekommen, beschließt er jedoch, vorerst dort zu bleiben und Griechenland für eine spätere Gelegenheit aufzusparen. So ungewöhnlich wie der Zeitpunkt und die Finanzierung der Reise ist der Weg, den Hauptmann einschlägt. Zum Unterschied von Winckelmann und Goethe und Tausenden anderer deutscher Italienreisender nähert er sich dem gelobten Land wie gesagt nicht auf dem Landweg von Norden, wie es kurz zuvor noch Haeckel, Böcklin, Nietzsche und Fontane getan hatten, sondern auf dem Seeweg von Westen.

Als einziger Passagier wird er eingeladen, mit dem Kapitän, dem Ersten Steuermann, dem Maschinenmeister und dem Bootsmann in der Offiziersmesse zu essen. Er weiß die Ehre zu schätzen und unterhält die Runde, indem er einiges aus seinem Leben berichtet und ein paar Gedichte zum besten gibt, wie das mehrfach erprobte, inzwischen aber «sehr stark verwelkte *Hermannslied*» und den Schillerschen *Taucher*, der ihm schon bei den Landarbeitern auf Gut Lohnig so gute Dienste geleistet hat. Die Gabe des Erzählens und Vortragens erleichtert ihm wieder einmal den Umgang mit anderen Menschen; der kaum Zwanzigjährige, der sich im Geiste oft mit Don Quijote vergleicht, ist gern gesehen im Kreise der bärtigen Männer, die ein Ohr für Geschichten haben und selber gern ihr Seemannsgarn spinnen. Nach einem ersten, mit Hilfe von eingemachten roten Rüben (!) bestandenen Anfall von Seekrankheit fügt er sich zwanglos in das Leben an Bord. Er zeichnet fleißig und spielt Schach mit dem Maschinenmeister, den er in Malaga auf einem Botengang begleitet. Ein dort ansässiger Major im Ruhestand, Veteran von 1870/71, hat sich mit der «Livorno» ein Paket kommen lassen; es enthält Zinnsoldaten, mit denen der ehemalige Generalstäbler vergangene Schlachten durchspielt und zukünftige Siege probt. Der Ausflug, der mit dem Besuch bei diesem Sonderling beginnt, endet spätabends im Bordell, wo Hauptmann die schwarzhaarige Pilar zugeführt wird. Als sie entkleidet vor ihm steht, fragt er:

> Wer ist dein Vater? – wer die Mutter? sage!
> Hast Vater du und Mutter? sind sie tot?
> Wer brachte dich in diese schlimme Lage?
> Fehlt dir ein Obdach, oder fehlt dir Brot?
> Du sahst wohl einstens hellre schönre Tage
> und kamst vom Glanz in eine tiefe Not?
> Antworte mir! – Da hüpft sie, ihren kalten
> zerfressnen Leib wollüstig zu entfalten.[32]

So liest sich diese Szene in *Promethidenlos* (1885), einer in der Manier von Byrons *Childe Harold* verfaßten «Jugendsünde»[33] in Stanzen, in der die Höhepunkte dieser Reise festgehalten werden. Der Vers ist holprig, die Moralpredigt erinnert an die Heilsarmee, es ist noch ein weiter Weg bis zum «Dichter des sozialen Mitleids», als welcher der frühe Hauptmann in die Literaturgeschichte eingehen wird; doch ist die Richtung schon erkennbar. Im übrigen bleibt die Geschlechtskrankheit als zwangsläufige Folge der käuflichen Liebe für den Moralisten Hauptmann ein Glaubenssatz wie für andere Dramatiker die Schwangerschaft nach dem ersten Beischlaf. Unbeschwerte oder gar heitere Fleischessünden, wie sie im *Dekameron* beschrieben werden oder in *Tom Jones*, kommen in seiner Welt kaum vor. Auf dieser Reise bewahren ihn die Furcht vor der Ansteckung (die vor der Entdeckung des Salvarsan und der Antibiotika bedrohlich genug war), eine natürliche Scheu und vor allem der Gedanke an Mary vor jeglicher Versuchung.

Von Malaga geht die Reise nach Marseille und von dort mit der Bahn weiter nach Genua, wo er in einem Hotel übernachtet und den Gedanken nicht loswird, daß sich Bruder Carl irgendwo in der Nähe befinden muß. Es ist nicht mehr als eine Ahnung, doch erweist sie sich als so stark, daß er Dienstmänner nach den anderen Hotels ausschickt, um nach dem Bruder zu suchen. Erst als sie unverrichteter Dinge zurückkehren, kann er an Schlaf denken. Kaum hat er sich hingelegt, als auf der Treppe und, näherkommend, auf dem Flur ein großer Lärm zu vernehmen ist. Man klopft heftig an seine Tür, er macht auf und sieht – Carl, der im Reiseanzug vor ihm steht und eben in Genua eingetroffen ist. Auch ihn hat die Italiensehnsucht gepackt, auch ihm hat das Thienemann-Geld die Fahrt dorthin ermöglicht, obwohl Martha ihrem zukünftigen Schwager gegenüber gewisse Vorbehalte hegt. Nicht, weil Gerhart ihr etwas angetan hätte, sondern weil er durch die Faszination, die er auf Carl ausübt, diesen von der geordneten Existenz abzuhalten droht, in der sie ihren Verlobten gern gesehen hätte. Bis jetzt hat dieser sein Leben nach den Regeln geführt und sein wissenschaftliches Studium soeben mit einer Arbeit über *Die Bedeutung der Keimblättertheorie für die Individualitätslehre und den Generationswechsel*, für die er das Prädikat Magna cum laude erhält, vorläufig abgeschlossen. Der Jüngere aber ist inzwischen seinen eigenen, im Sinn einer bürgerlichen Lebensführung regelwidrigen Weg gegangen und hat dabei mehr von der Welt gesehen als Carl. Doch behält die scharfsichtige Martha von ihrem Standpunkt aus recht, wenn sie Carl dem nunmehr überlegenen Bruder nachreisen läßt. Denn die von der Überraschung angefachte Wiedersehensfreude verflüchtigt sich zusehends, während die beiden nach Neapel weiterfahren, wo sie sich von der «Livorno» verabschieden und nach Capri übersetzen.

Im Albergo Pagano, dem ältesten und damals einzigen Hotel auf Capri, in dem Viktor von Scheffel nicht lange zuvor seinen *Trompeter von Säckingen* geschrieben hat, treffen sie auf Deutsche, die ihre Nationalität lauthals zu erkennen geben und sich aufführen, als hätten sie die Schlacht von Sedan im Alleingang gewonnen. Die Ankömmlinge registrieren es mit der schmerzlichen Klarsicht, mit der man im Ausland die Fehlleistungen seiner Landsleute zur Kenntnis nimmt, «deren schlimme Seiten», wie Hans von Marées gerade auf seiner Italienreise entdeckt hatte, «hier schärfer hervortreten als im Vaterlande»[34]. Carl und Gerhart haben wenig mit diesem Menschenschlag gemein. Sie unterschieden sich von ihm, und erst recht von den mit Hemd, Hose und Holzpantinen angetanen Capresen, schon durch ihre Kleidung, die vom doppelt geknöpften Rock bis hinunter zum Schuhwerk aus Wolle besteht. Sie geht auf den Gesundheitsapostel Dr. Gustav Jaeger aus Stuttgart zurück, der aufgrund der Zugehörigkeit des Menschen zur Gattung der Säugetiere seinen Jüngern empfahl, sich in tierische und nicht in künstliche Stoffe zu kleiden.

Im Leben von Hauptmann kommt dieser Mode und Weltanschauung kein großer Stellenwert zu, auch wenn er sie noch lange genug beibehält, um in Berlin und Zürich deshalb verspottet zu werden und in einem Anfall von Selbstpersiflage den Dr. Fleischer in *Biberpelz* im «Jaegerianerkostüm» auftreten zu lassen. Er bekennt sich erst in reiferen Jahren zu der etwas priesterlichen Gewandung, die er auf vielen Bildern trägt und die ihn insofern in die Nachbarschaft seines literarischen Antipoden Stefan George rückt, als man sich weder den einen noch den andern mit Krawatte und Schnurrbart vorstellen kann. Auf Capri stellt die Jaegersche Reformkleidung denn auch eine bloße Marotte dar, die auf der Piazzetta und der Via Tragara noch befremdlicher gewirkt haben muß als in den Straßen von Jena. Doch nicht genug damit: Die Brüder Hauptmann entziehen sich der vom Hotel veranstalteten Feier zu Kaisers Geburtstag. Schon am nächsten Tag tut Signor Pagano, der die zahlungskräftigen Hurrapatrioten unter seinem Dach besänftigen muß, die beiden in die Acht: Er veranlaßt, daß bei der Table d'hôte demonstrativ rechts und links von ihnen zwei Plätze freigelassen werden. Auch im «Kater Hiddigeigei», einem nächst dem Pagano (dem heutigen «La Palma») gelegenen Lokal, in dem viel Bier durch deutsche Männerkehlen fließt, meidet man die Brüder Hauptmann.

Carl und Gerhart, mehr denn je aufeinander angewiesen, entschädigen sich für diese Sticheleien, indem sie auf Mauleseln nach Anacapri hinaufreiten und an der Marina Piccola baden. Auf dem Weg dorthin lernen sie einen Geistesverwandten des Generalstäblers aus Malaga kennen, ebenfalls Kriegsteilnehmer von 1870/71, der dem Glanz des neuerstandenen Reiches den Rücken gekehrt und sich in einer ärmlichen Hütte auf Capri eingerichtet hat. Wenig später wird zu diesem Aussteiger auch Friedrich Alfred Krupp stoßen, der Enkel des Firmengründers, sowie der von Graham Greene in *Unser Mann in Havanna* verewigte Baron Schacht, der sich als ehemaliger preußischer Kürassier in Helm und Stulpenhandschuhen auf der Insel beisetzen läßt.

Was Hauptmann damals fesselt, ist jedoch nicht das Skurrile an Capri, sondern das Allgemein-Menschliche, ja, das Archetypische. Dazu gehört die kluge Malja, die mit ihrem Vater, einem Universitätsprofessor aus Dorpat, ebenfalls im Pagano wohnt. Sie ist nicht eigentlich schön, verfügt aber über eine geistige Regsamkeit und Anteilnahme, die Gerhart dazu ermuntert, sie in seine Zukunftspläne einzuweihen. Sie weiß so gut zuzuhören und zu sprechen, daß er das Gefühl hat, sie helfe ihm lediglich beim Profilieren seiner eigenen Gedanken. Als er zum Beispiel auf die von Ploetz ins Auge gefaßte Siedlung in Amerika zu sprechen kommt, erzählt sie ihm von ähnlichen Utopien von Platon über Thomas Morus bis zu dem vor kurzem verstorbenen Michael Bakunin. Malja, anfangs nur eine Urlaubsbekanntschaft, reist mit ihrem Vater gerade noch rechtzeitig ab, bevor es zwischen ihr und Hauptmann, in dessen Vorstellungswelt sie sich so leicht versetzen kann, zu einer ernsthaften, die Verlobung mit Mary gefährdenden Bindung kommt. Sie gehört zu der Gruppe von jungen Damen, oft Russinnen bzw. Deutschrussinnen, die mit ihrer brisanten Verknüpfung von weiblichem Charme, zupackender Intelligenz und gesellschaftlicher Unbefangenheit im damaligen Europa eine ganze Generation von Männern verunsichern. Im Leben ist dieser Typ von Frauen wie Bertha von Suttner und Lily Braun, Lou Andreas-Salomé und Marie Bashkirtseff, in der Literatur von emanzipierten Intellektuellen wie Lisaweta Iwanowna in Thomas Manns Novelle *Tonio Kröger* (1903) und Anna Mahr in Hauptmanns Drama *Einsame Menschen* (1891) verkörpert.

Wenn Malja die Versuchung im Geiste darstellt, dann dürfen wir in der «Schönen Capreserin» die Verführung im Fleische sehen. Sie ist freilich weniger Individuum als die Südländerin schlechthin, bei deren Anblick Hauptmann sich erstmals an das gemahnt fühlt, was man bis tief in unser Jahrhundert hinein mit Ausdrücken wie «heidnische Lebensbejahung» und «antike Sinnenfreude» zu bezeichnen liebte. Auch der Schüler von Professor Gaedechens spricht sogleich von einer «lebenden Griechin, einer Karyatide der Akropolis». Daß dieser (in Wirklichkeit weder heidnische noch besonders sinnenfreudige) Frauentyp bei ihm auffallend oft mit der Vorstellung einer Lastträgerin gleichgesetzt wird, dürfte ebenfalls auf seinen ersten Eindruck von Capri zurückgehen, das im Jahre 1883 noch kaum Straßen, geschweige denn eine Drahtseilbahn aufzuweisen hat:

> Eine junge, schöne, höchstens siebzehnjährige Capreserin ließ sich, als wir gelandet waren, meinen zentnerschweren, zur Hälfte mit Büchern angefüllten, gewölbten Holzkoffer auf den Scheitel heben und trug ihn, gerade schreitend und mit stolzem Nacken, eine steile Felsentreppe von tausend und mehr Stufen zu schwin-

delnder Höhe hinan, bis er ihr vor dem alten Hotel Pagano vom Haupte genommen wurde.

Unter dem Eindruck dieses Bildes schreibt er das Gedicht *Kanephore*, ihm huldigt er noch in der Gestalt der Frau, die, «seinen Gruß der Last wegen unmerklich erwidernd», am Erzähler des *Ketzer von Soana* vorbei bergan steigt.[35] Zu Hause, im Norden, hätte er vielleicht den sozialen Gegebenheiten nachgespürt, die junge Frauen, fast Mädchen noch, zur Übernahme einer solchen Arbeit zwingen. Jetzt aber ist er zum ersten Mal auf einer Zauberinsel im Süden, auf der es ihm im übrigen so gut gefällt, daß er den Gedanken an die Griechenlandreise aufgibt. Carl hingegen, den der nach Zürich übergesiedelte Ploetz dorthin eingeladen hat, wird bald ungeduldig. Bei einem Besuch in Neapel stört ihn die Hektik der südländischen Großstadt, so wie er sich schon in Genua im Theater ereifert hatte, als das Publikum nach Beginn der Vorstellung munter weiterschwatzte, anstatt andächtig dem Bühnengeschehen zu folgen. Er leidet unter dem unerwartet warmen Frühlingswetter und gehört zu den Touristen, die sich bei jedem Einkauf in Italien übers Ohr gehauen glauben. Kurz, das Leben dort drunten will Carl Hauptmann nicht recht gefallen, und er ist auch nie nach Italien zurückgekehrt. Nach einigen Reibereien schließen die Brüder wieder Frieden, bevor sie sich auf dem Bahnhof von Neapel voneinander verabschieden. Der eine fährt nach Norden, in die Schweiz, der andere zunächst nach Süden, nach Pompeji und Paestum und von dort hinauf nach Rom.

Wie bei Winckelmann und Goethe bezeichnen die Tempel von Paestum auch bei Hauptmann den südlichsten Punkt, den er auf dem italienischen Festland erreicht. Er hat den Eindruck in zwei Schilderungen zusammengefaßt, die fünfzig Jahre auseinanderliegen:

> Ich lehnte mich einen Augenblick an eine der Säulen um zu träumen [lesen wir, in Hauptmanns damaliger Orthographie, in seinem Tagebuch unterm 8. Juni 1883]. Welch einen Farbenkontrast u welch beseeligendes Farbenspiel es war wie durch die braunen leuchtenden Säulen das hellblaue farbengesättigte Meer lachte u darüber die fernen Küstengebirge sich erhoben, kann ich wohl nicht beschreiben... Heiteres Griechenland wie über alle Maßen umstrickend gesundend sind Deine Reize.[36]

Ein halbes Jahrhundert später ist aus dem enthusiasmierten Jüngling ein disziplinierter Dichter und Reiseschriftsteller geworden, der nicht träumt, sondern sich genau erinnert und hinter aller Postkarten-*bellezza* die unverwechselbare Wirklichkeit einer Landschaft wiedergibt, die tatsächlich «schweigt» und «flammt» und «brennt» und den Besucher viel eher an Raubzüge denken läßt als an ein süßlich-heiteres Griechenland:

> Ich kann mich erinnern, wie uns ein hoher schwankender Postwagen in einer Wolke von Staub, Pferde, Postillon und schlafende Reisende fingerdick mit Staub verklebt, entgegenkam... Die Gegend schweigt unter einem Fluch. Die Felder flammen, der Weizen, das Korn. Ebenso flammt und brennt die Luft. Aber wenn man das Wesen dieses Fluches ergründen will, so ist es kein anderer als der, welcher über der ganzen Menschheit liegt. Er ist weniger wirksam im Kampfe der Menschen mit der Natur als im Kampfe der Menschen untereinander. Es ist seltsam zu hören, daß die durch Überfälle verödete Stadt durch Robert Guiskard aller vorhandenen schönen Säulen und Bildwerke beraubt wurde.[37]

Paestum war zu jener Zeit noch mit Malaria verseucht. Auch Hauptmann, der in den folgenden Monaten häufig über Schüttelfröste klagt, leidet daran und macht nur wenige Tage in Rom halt. Er bleibt gerade lang genug, um sich vom *Moses* und der *Pietà* im Vatikan und dem Reiterstandbild des Mark Aurel auf dem Kapitol im Glauben an seine Bestimmung zum Bildhauer bekräftigen zu lassen. Dann kehrt auch er über Zürich nach Deutschland zurück. Er will sich bei Mary erholen und mit ihr seinen Plan absprechen, den kommenden Winter in Rom zu verbringen.

Wenn sie dagegen etwas einzuwenden hatte, dann ist dies nicht überliefert. Nach wenigen Wochen fährt der Bräutigam zurück nach Italien, doch ereilt ihn das Unheil bereits im Zug: Der Maler Max Nonnenbruch, der ihn schon auf Capri geärgert hatte, befindet sich ebenfalls auf der Rückreise nach Rom. Hauptmann, vertrauensselig und umgänglich, hatte den Kollegen in seine ehrgeizigen, doch mit wenig Sachkenntnis unterbauten künstlerischen Projekte eingeweiht, woraufhin dieser ihn den Landsleuten gegenüber als einen Windbeutel und Snob beschrieb. Dieser Ruf, von Nonnenbruch hinter seinem Rücken verbreitet, hängt Hauptmann nun bald auch in der deutschen Kolonie in Rom an.

Äußerlich verläuft sein Leben angenehm. Er mietet sich eine kleine Wohnung am Pincio, läßt sich in das Geschäfts- und Berufsadreßbuch der Stadt als Bildhauer eintragen und Visitenkarten mit dem Zusatz «Scultore, Via degli Incurabili, Roma» drucken. Das in dieser Straße, der heutigen Via San Giacomo, gelegene «Atelier» ist zwar zum Arbeiten zu dunkel; dennoch verschafft er sich die nötigen Gerätschaften wie Zirkel, Lineal, Hammer, Draht und nicht zuletzt den Ton, aus dem er, ohne fachliche Unterweisung oder auch nur die Hilfe eines Freundes, die Kolossalstatue des germanischen Kriegers zu formen beginnt.

Im Deutschen Künstlerverein, der zwischen der Fontana di Trevi und der Via del Tritone im Palazzo Poli seinen Sitz hat, treffen sich Maler und Bildhauer, Musiker und Literaten, Kaufleute und Diplomaten sowie Reisende, die sich gerade in der Stadt aufhalten. Auch Hauptmann läßt sich dort einführen. Als er an einem bunten Abend zufällig einen Stapel Kommersbücher in einem Schrank findet, reitet ihn der Teufel: Er verteilt die Bücher an die Anwesenden und stimmt in seinem angenehmen, eine leichte schlesische Färbung verratenden Organ das *Gaudeamus igitur* an. Im Nu hat er die Leute so weit, daß sie – unselige Angewohnheit ganzer Generationen von Deutschen im Ausland! – ebenfalls laut zu singen anfangen und mit ihren Liedern bald das Plätschern der Fontana di Trevi übertönen. Es sind sogar Honoratioren darunter, «gelangweilte Geheimräte», wie er sich erinnert, «und frostige Militärs in Zivil» (der deutsch-österreichisch-italienische Dreibund war kurz zuvor unterzeichnet worden). Der blutjunge, selbsternannte Bildhauer als Animateur einer Gesellschaft, bei der er selber nur zu Gast weilt? Das kann nicht gut ausgehen und geht nicht gut aus.

Hauptmann hat sich bei dieser und ähnlichen Gelegenheiten genauso übernommen wie mit der Erschaffung seines Kriegerstandbildes. Zwar besitzt er einige Freunde, die in der Folgezeit zu ihm halten wie der Bildhauer Professor Otto oder Dietrich von Sehlen, ein Bakteriologe und Schüler von Robert Koch, der um den Leib einen Gürtel mit Reagenzfläschchen trägt wie ein Sheriff seine Patronen (die darin enthaltenen Kulturen brauchen Körperwärme, um sich zu entwickeln). Ansonsten aber sieht sich Hauptmann, dem nichts ferner liegt als Verfolgungswahn, so vielen Sticheleien und Quertrei-

«Gherardo» Hauptmann als Bildhauer in seinem Atelier in Rom, 1884.

bereien von seiten seiner Landsleute ausgesetzt, daß er zeitweise glaubt, die deutsche Botschaft habe es auf ihn abgesehen. Als er zum Beispiel eines Tages im Café erzählt, ihm sei die seidene, von Mary geschenkte Geldbörse mitsamt seinem Monatswechsel gestohlen worden, da geben die anderen, unter denen sich auch Nonnenbruch befindet, ihm zu verstehen, es sei ein bekannter Trick, sich als beraubt auszugeben und an die Großmut der Freunde zu appellieren.

Wie erklärt sich diese Feindschaft, die Hauptmann in solchem Maße nie wieder in seinem Leben erfahren hat? Ein kindlich-unschuldiges, aber deshalb nicht weniger irritierendes Selbstvertrauen, das ihn ohne Vorbereitung als Bildhauer gleich eine Kolossalstatue versuchen läßt; die Unterstützung durch ein reiches Mädchen in der Heimat, während ältere und bereits verdiente Künstler sich mit Gelegenheitsarbeiten durchschlagen müssen; sozialistische und andere unorthodoxe Überzeugungen, zur Unzeit und den falschen Leuten gegenüber geäußert – das alles, umspielt von der damals schon fühlbaren Aura eines ungewöhnlichen Menschen, mag zusammengewirkt und ihm die Abneigung vieler Kunstgenossen eingetragen haben. Es nimmt unter diesen Umständen nicht wunder, daß das Fiasko des Kriegerstandbildes unter Hauptmanns «geheimen Feinden», wie er sie nennt, mehr Schadenfreude als Mitleid auslöst. Niemand kann sich erklären, warum der junge Bildhauer diese gewaltige Arbeit, für die keine Bestellung vorliegt und zu der kein Preisausschreiben lockt, auf sich genommen hat. Für ihn selber ist es natürlich ein arger Schock, über den ihm nur die Ankunft der Verlobten hinweghilft. Mary kommt mit den Schwestern (außer der verheirateten Adele), um ihn zu besuchen und etwas von Italien zu sehen. Seine Erkrankung an Typhus durchkreuzt diese Pläne, die mit der gemeinsamen Teilnahme am Faschingsfest der Künstler im Palazzo Poli gekrönt werden sollten. Statt daß er sie durch Rom führt, muß Mary sich um ihn kümmern. Sie tut es mit der größten Aufopferung, indem sie auf alle Geselligkeiten und sonstigen Abwechslungen verzichtet, bis er im März 1884 im Zug nach Hamburg fahren kann, zu den Eltern, die sich dort aufhalten. Erst dann reist sie mit den Schwestern weiter nach Neapel und Capri, um doch noch etwas von Land und Leuten zu sehen.

Als der Zug auf der Paßhöhe des Brenner – er ist keine Grenzstation, Südtirol gehört noch zu Österreich – hält, geht der Rekonvaleszent in der noch winterlichen Bergluft auf dem Perron auf und ab.

Von den römischen Erfahrungen ernüchtert und der nahezu tödlichen Krankheit geläutert, gelobt er sich, ein neues Leben anzufangen. Er will nun seine Zunge im Zaum halten und sich sein übervolles Herz bewahren. Das Schweifen ins Uferlose soll der Entwicklung der in ihm selbst angelegten Möglichkeiten weichen und der Gedanke einer Verpflichtung gegenüber den Mitmenschen in die Tat umgesetzt werden. «Die große Besinnung war eingetreten», resümiert er am Ende dieser Lebensphase und beruft sich dabei auf das Damaskus des Saulus.

«IM WIRBEL DER BERUFUNG»

I

Nach einem so eklatanten Mißerfolg – und einem so radikalen Sinneswandel – würden die meisten Menschen der bildenden Kunst den Rücken kehren und sich anderem zuwenden wie der Literatur oder dem Universitätsstudium oder einer praktischen Ausbildung. Hauptmann ist aber ein Geschöpf des Sowohl-Als-auch. Er kennt nicht nur seine Diastolen und Systolen, wie viele schöpferische Geister sie erleben, Zeiten einer himmelsstürmenden Erweiterung seines eigenen Wesens, in denen er Michelangelo nachstrebt wie soeben in Rom, und andere Stunden wie jetzt in Hamburg, wo er unter die Obhut der Eltern zurückkriecht und sich nicht mehr mit einer Eiche vergleicht, sondern mit einer bescheidenen Topfpflanze. Diese weit ausschlagenden Pendelbewegungen, die wir auch bei Goethe antreffen, werden bei ihm durch zwei Eigenheiten ergänzt: durch die außergewöhnliche Gabe, sich in die Geistesverfassung und Lebensverhältnisse seiner Mitmenschen zu versetzen, und die damit verbundene, bei ihm bis zu Entscheidungsschwäche, ja, Willenslähmung führende Fähigkeit, bei fast jedem Gedanken sogleich das Gegenteil oder zumindest die Alternative mitzudenken. Sagten wir Fähigkeit? Es ist zu Zeiten geradezu eine Obsession, die Hauptmann veranlaßt, noch während der Erfüllung eines heiß ersehnten Wunsches der Gegenstimme Gehör zu schenken, die da fragt: Willst du das wirklich?

Kaum hat Mary ihm bei der Verlobung in der Turmruine von Hohenhaus das Versprechen gegeben, nach dem er «gelechzt» hatte, da überkommt ihn auch schon «eine so überwältigende Traurigkeit, daß ich mir hätte mögen beide Hände vor die Stirn schlagen und davonlaufen». Auf Capri fragt er rhetorisch: «Wo anders als hier konnte man weise und glücklich sein?» Und wenige Wochen später wird er bei Neapel von einem Gewitter überrascht und findet Zuflucht im Hause einer – selbstverständlich jungen und schönen – Bäuerin: «Und wieder einmal war mir», erinnert er sich, «als ob ich, ohne großen Verzicht, meine Art zu leben mit dem einfachen Dasein, meinethalben an einem zweiten Webstuhl ihr zur Seite, vertauschen könnte.» Doch auf der Rückfahrt fühlt er sich, noch ehe er deutschen Boden erreicht hat, «von ganzem Gemüt der Heimat und nur der Heimat gehörend». Und kaum ist er endlich mit der über alles geliebten Frau verheiratet, da wendet sich ihm schon «vor Schmerz um meine vermeintlich verlorene Freiheit das Herz in der Brust».[38]

Es liegt auf der Hand, daß eine solche Gleichberechtigung alles Potentiellen, daß ein derartiges Nebeneinander der Möglichkeiten für einen Dichter eine großartige Mitgift darstellt. Hauptmann, der sich mit Hamlet nachhaltiger beschäftigt und identifiziert als mit anderen ihm nahestehenden Figuren wie Prometheus oder Faust oder Don Quijote oder Till Eulenspiegel, sieht in dieser Vielfalt den Quellgrund der Dichtkunst schlechthin: «Ursprung des Dramas ist das zwei-, drei-, vier-, fünf- und mehrgespaltene Ich.»[39] Und es liegt nicht weniger auf der Hand, daß eine solche Veranlagung in gewissen Bereichen des täglichen Lebens – für den Ehemann, den Vater, den Staatsbürger – nicht unproblematisch ist. Man kann in ihr, je nach dem eigenen Temperament und den eigenen Lebenserfahrungen, das Anzeichen einer groß angelegten und allem Menschlichen offenen Persönlichkeit sehen oder aber ein Indiz von Charakterschwäche und moralischer Gleichgültigkeit. Diese Veranlagung ist jedenfalls bezeichnend für den jungen Hauptmann, der erst nach vielen Umwegen zu seiner Bestimmung als Dichter findet.

Nach dem Scheitern des römischen Plans ruht er sich also in Hamburg aus, bei den Eltern, die Georg besuchen. Mary hat sie über Gerharts Gesundheitszustand auf dem laufenden gehalten: «Heut ist das Fieber eigentlich ganz ausgeblieben», lesen wir auf einer Postkarte vom 5. März 1884 aus Rom, «die Temperatur war von Morgen bis zum Abend fast gleich, nur recht schwach ist das Mäusel [Gerhart und Mary nennen einander ‹Maus›], nun wo das Fieber vorbei ist, jetzt klappt der Körper zusammen, aber er bekommt jetzt auch hübsch Wein u. Milch mit Cognac etc. Großen Appetit hat er auf Caviar.»[40] Man sieht, seine Erwartungen, seine

Anforderungen an das Leben, sind entschieden gewachsen seit den Tagen, da er sich in Breslau ein Stückchen Knoblauchwurst erbetteln mußte.

Hauptmann fühlt sich wohl zu Hause, besonders bei der Mutter, die bedürfnislos durchs Leben geht und sich über jeden Besuch freut. Langsam, mit zunehmenden Kräften, erwachen von neuem die Lebensgeister. Da Carl in Sachsen gerade seinen Militärdienst ableistet und die Braut inzwischen ins Hohenhaus zurückgekehrt ist, fährt Hauptmann nach Dresden, um in ihrer Nähe zu sein. Er besucht die Zeichenklasse der Königlichen Akademie auf der Brühlschen Terrasse und folgt damit einer Anregung von Mary, die sich auf Capri von Nonnenbruchs Skepsis in bezug auf Hauptmanns künstlerische Fähigkeiten hat anstecken lassen. Anstatt durch Zuspruch seinem lädierten Selbstvertrauen aufzuhelfen, wie der Verlobte es wünscht und erwartet, rät sie ihm, von vorn anzufangen und sich die Elemente der Bildhauerkunst methodisch anzueignen. Doch ist er auch diesmal dazu nicht imstande und verläßt die Akademie nach wenigen Wochen, wobei offenbleiben muß, ob die Schuld ausschließlich bei ihm zu suchen ist. Ein Jahrzehnt darauf wird der wegen seiner mutmaßlichen Abstammung und eines seiner Lieblingssujets als «Zigeunermüller» berühmt gewordene, bei einer Tante von Gerhart Hauptmann aufgewachsene Maler Otto Mueller die Dresdener Akademie ebenfalls als ein «Mausoleum alles Schöpferischen» betrachten.[41]

Wäre aus Hauptmann ein großer Bildhauer geworden, wenn er sich nicht auf Geniesteiche versteift, sondern lange genug bei einem tüchtigen Meister ausgeharrt hätte? Er glaubte es bis ans Ende seiner Tage, und der mangelnde Zuspruch nach der Rückkehr aus Italien gehört zu dem wenigen, was er Mary, wenn auch nicht auf nachtragende Art und Weise, jemals übelgenommen hat. Tatsächlich zeigen seine dichterischen Werke auf fast jeder Seite, daß er die Welt mit den Augen des bildenden Künstlers sah. Er hat sich auch später, zum Beispiel 1885 bei der polizeilichen Anmeldung in Erkner, noch als Bildhauer bezeichnet und ist in seinen freien Stunden immer wieder zu seiner «ersten Liebe» zurückgekehrt.[42] Erhaltene Arbeiten wie die Wachsbüste des Sohnes Benvenuto oder der Kopf des Enkels Arne weisen ihn als viel talentierteren Künstler aus, als seine Lehrer damals glauben mochten.

Nach dem Abgang von der Akademie befaßt er sich in dem Fragment gebliebenen Drama *Das Erbe des Tiberius* mit dem römischen Kaiser, der lange auf Capri residierte und zum *genius loci* der Insel wurde. Leidet Hauptmann beim Gedanken an südliche Gestade unter der Verengung seines Horizonts, der jetzt von einer bescheidenen Mansardenwohnung in Dresden-Neustadt begrenzt wird? In solchen Stunden tröstet er sich mit der Überlegung, daß auch andere verkannte Genies, wie der in Dresden jung verstorbene Dramatiker Otto Ludwig, in ihrer äußeren Lebenshaltung nicht über «Kachelofen- und Bratäpfelzustände» hinausgekommen sind.

Doch ist die Versuchung zur Kleinbürgeridylle nicht von Dauer. Sie verschwindet mit der Ankunft von Hugo Ernst Schmidt, den Mary auf Hauptmanns Bitte hin eine Zeitlang ebenfalls unterstützt. Mit ihm und dem Medizinstudenten Oskar Müller, dem Bruder des Pianisten, verbringt er den Sommer 1884 in Gruben am linken Elbufer unweit von Meißen. In Gesellschaft dreier strohblonder Dorfschönen pilgert man zur Albrechtsburg, in der ein paar Historiengemälde von James Marshall, der «genialen Ruine» aus den Breslauer Tagen, zu besichtigen sind. Andere Freunde kommen aus Jena und Dresden, darunter Carl Hauptmann, Ferdinand Simon, gelegentlich auch der Professor Arthur Böhtlingk, Hauptmanns literarischer Mentor und sein frühester Kritiker.

Zu den «Sieben», denen das um diese Zeit entstehende *Promethidenlos* gewidmet ist, gehört natürlich auch der gerade aus Amerika zurückgekehrte Ploetz. Er war im Frühjahr nach New York und in den Mittleren Westen gereist, um im Dienste der «Gesellschaft Pacific» die ikarischen Siedlungen in Augenschein zu nehmen. Doch erweist sich die Verwirklichung dieses sozialistischen Projekts unter den gegebenen Umständen als unmöglich. Gegen die mächtig um sich greifende amerikanische Privatwirtschaft behauptet sich keine staatliche Autorität, die im Sinne Cabets die Produktionsmittel übernehmen, die Gebrauchsgüter verteilen und das Erziehungswesen leiten könnte. Persönliche Meinungsverschiedenheiten kommen hinzu, so daß der Emissär den Freunden nur mehr vom Scheitern des Experiments berichten kann. Ploetz selber verbringt später einige Jahre als Arzt in Amerika und bemüht sich in seinen Schriften um eine Synthese von Sozialismus und Eugenik. – Hauptmann, der das Interesse an den Ikariern längst verloren hat, ahnt nicht, daß die ganze Angelegenheit noch ein juristisches Nachspiel haben würde. Beim Baden und auf Ausflügen diskutiert man über Gott und die Welt, Mann und Frau und Leben und Tod. Ploetz erzählt von

Amerika, wo er – nehmen es die versammelten Bürgersöhne mit einem wohligen Gruseln zur Kenntnis? – auch mit Bombenwerfern und Anarchisten gesprochen hat. Gerhart diktiert Oskar Müller das Tiberius-Drama. Sein Bruder, als Gefreiter der Reserve aus dem Militärdienst entlassen, bereitet seine Hochzeit mit Martha vor.

Bei den Besuchen auf Hohenhaus lernt Hauptmann, der freien Zugang zum Waffenschrank mit den vom jagdfreudigen Berthold Thienemann hinterlassenen Flinten und Büchsen hat, den Umgang mit Schußwaffen. An sich hat er für Waidwerk wenig übrig. Es fehlt ihm jegliche Art von Jagdinstinkt, und die Jäger kommen denn auch in seinen Stücken, außer vielleicht in *Schluck und Jau*, allesamt so schlecht weg wie Wilhelm Kahl, der versoffene Taubenschießer in *Vor Sonnenaufgang*. Trotzdem streift er an Wochenenden durch den Park und erlegt Vögel und Eichhörnchen mit dem Tesching, wobei er gelegentliche Gewissensbisse abwürgt, indem er sich einredet, er befreie den Wald von Schädlingen. Es ist nur eine kurze Phase; fast scheint es, als wollte er, sozusagen zwischen Meißel und Feder, eben mal das Gewehr ausprobieren. Auch reizt es den Zivilisten, einem Vetter der Schwestern, der sich auf die Offizierslaufbahn vorbereitet, seine Treffsicherheit zu demonstrieren. Die Jagdleidenschaft geht jedenfalls bald vorüber und hinterläßt bei ihm keine tieferen Spuren – anders als bei Carl, der sich in einem unbedachten Augenblick ebenfalls von ihr anstecken läßt und mit dem ersten Schuß einen Eichelhäher tötet. Als er das Tier mit blutverschmiertem Gefieder zu seinen Füßen sieht, durchzuckt ihn heiß die Erkenntnis des Verrats, den er an seiner ureigensten Überzeugung begangen hat. In einem Wutanfall verwünscht er den Bruder und die anderen «Jäger», die ihn, wie er meint, zum Mord am Tier und damit zur Sünde wider sich selbst angestiftet haben.

Am 6. Oktober 1884 verheiratet sich Martha Thienemann, in der Familie «Mucki» oder auch «Pin» genannt, mit Carl Hauptmann oder «Zarle». Gerharts Beitrag zu den Festlichkeiten ist das allegorische Spiel *Der Hochzeitszug*, ein Polterabendscherz, in dem er die Rolle des trinkfreudigen Bruder Leichtsinn übernimmt, der den Hochzeitszug an der Wirtshaustür begrüßt. Das junge Ehepaar reist nach Zürich, wo Carl bei dem Psychiater Auguste Forel arbeitet. Später wechselt er zu Richard Avenarius über, der ein auf das Ich gegründetes, als «Empiriokritizismus» bekanntgewordenes (und von Lenin angegriffenes) erkenntnistheoretisches System entwirft, eine Philosophie der reinen Erfahrung.

Gerhart, der sein Studium in Jena anderthalb Jahre zuvor abgebrochen hat, fährt mit Ferdinand Simon nach Berlin und immatrikuliert sich an der Universität. Er fühlt, daß sich sein Schicksal in der Stadt entscheiden müsse, die wie ein Magnet alles, was im Reich Talent und Ehrgeiz besitzt, anzieht und ihm selber schon beim ersten Besuch den «gewaltigsten Eindruck» gemacht hat. Die beiden mieten sich in der Kleinen Rosenthaler Straße ein und essen oft mit dem an der Königlichen Kunstakademie eingeschriebenen Hugo Ernst Schmidt. Man trifft sich in einer Kneipe, die unter einem Viadukt der gerade in Betrieb genommenen Stadtbahn liegt und für siebzig Pfennig einen Mittagstisch mit Suppe, Fisch, Fleisch und einem kleinen Bier bietet, zu einer Zeit, da in Berlin das Pfund Butter 1,20 Mark, das Dutzend Eier 0,50 und ein Kilo Schweinefleisch 1,25 kostet. Wenn Hauptmann und Simon, den die freigebigen Thienemann-Schwestern ebenfalls mit einem Stipendium versehen haben, auch von fremdem Geld leben, so gehen sie doch sparsam damit um.

Simon treibt Mathematik; er ist der Sohn eines Anstreichers und will sich «verbessern». Hauptmann, weniger eifrig, besucht von Zeit zu Zeit Vorlesungen und hört dabei einige Leuchten der deutschen Universität vor hundert Jahren. Es sind Männer wie der Philosoph und Indologe Paul Deussen und der «mit gewaltig bellender Stimme» dozierende Historiker Heinrich von Treitschke, der Archäologe und Olympia-Ausgräber Ernst Curtius und der umstrittene Physiologe Emil Du Bois-Reymond, dessen unter dem Motto «Ignoramus et ignorabimus» (Wir wissen es nicht und werden es nicht wissen) gängige These von den Grenzen der naturwissenschaftlichen Erkenntnis die Gemüter bewegt. Besser kann man es nicht treffen, wenn man Student ist. Doch gerade das ist Hauptmann nur auf dem Papier. Was ihn an Berlin fesselt, ist nicht die Universität, sondern es sind die Konzerte, das Theater und auch das Großstadtelend. Obwohl er, von Mary unterstützt, selbst keine Entbehrungen mehr zu leiden hat, offenbart sich ihm dieses Elend in der Hauptstadt noch krasser als zuvor in Breslau. Ein notleidender Student unter seinen Bekannten, der Pastorensohn Schidewitz aus Breslau, hat sich mit ihm in einem Lokal gerade noch einmal sattgegessen, als er krank wird und innerhalb weniger Stunden an Typhus stirbt. Hauptmann, der die Symptome aus eigener Erfahrung kennt, kümmert sich um den

Sterbenden, nachdem ein eilends herbeigerufener Arzt, der sich beim Anblick des völlig verarmten Patienten Sorge um sein Honorar machte, die Tür gleich wieder von außen geschlossen hat.

In den Konzerten des Militärkapellmeisters Benjamin Bilse lernt er in wenigen Monaten das klassische und romantische Repertoire von Haydn bis zu Wagner und Brahms kennen. Seine größte Liebe unter den Meistern gilt Beethoven, in dem er sowohl das Kämpferische sieht, die Prometheus-Figur, die ihn schon in Goethes Gedicht und Aischylos' Drama beeindruckt hat, als auch das Göttliche jenseits allen menschlichen Verständnisses. Die *Neunte Sinfonie*, die er mit Simon und Schmidt in der Königlichen Oper hört, dient ihm geradezu als Beweis für die Existenz Gottes: «Was fühltest du damals, mein lieber atheistischer Ferdinand, als du mir fast bewußtlos die Hand drücktest?» fragt er den (längstverstorbenen) Freund im Gedenken an das «Freude, schöner Götterfunken!», das er bei dieser Gelegenheit zum ersten Mal vernimmt. Es versteht sich, daß solche Abende auch die eigene Produktion beflügeln. Er vollendet in diesem Winter das *Promethidenlos*, auch wenn er sein eigenes Los, das Schicksal des jungen Selin alias Gerhart Hauptmann, nur als das eines Epigonen, eines späten Nachfolgers des trotzigen Titanen empfindet. Das Thema ist im Zeitalter der aufkommenden Massengesellschaft beliebt: Der Schweizer Dichter Carl Spitteler arbeitet an *Prometheus und Epimetheus*, man sieht Prometheisches in Michelangelo und Rembrandt, in Beethoven und im jungen Goethe; Otto Greiner und Adolf Bühler stellen es in ihren Bildern dar und Sascha Schneider in seinen athletischen Skulpturen.

Zu den musikalischen gesellen sich literarische Entdeckungen wie Ibsens *Nora*, mit der Simon ihn in Form eines Reclam-Heftchens bekanntmacht, und Theatererlebnisse. Hauptmann hatte *Das Erbe des Tiberius* noch vom Hohenhaus an Adolph L'Arronge geschickt, doch war das Manuskript mit ein paar freundlichen Worten zurückgekommen; mit Ausnahme weniger Seiten gilt es seither als verloren. Jetzt geht der jugendliche Dramatiker selber in viele Vorstellungen und sieht dabei die Schauspieler – sie gehören zu den besten der Zeit –, die L'Arronge ans Deutsche Theater verpflichtet hat. Er erlebt Josef Kainz als Romeo und ist zunächst von der Eitelkeit des «jungen Mannes» abgestoßen (ein Triumph der Schauspielkunst und des Maskenbildners, denn Kainz ist vier Jahre älter als Hauptmann). Er steht nicht allein mit seiner kritischen Beurteilung des vielleicht größten aller deutschen Schauspieler. Otto Brahm, damals noch Theaterkritiker, hatte sich bei der denkwürdigen Aufführung von *Kabale und Liebe*, mit der das Deutsche Theater im Vorjahr (1883) eingeweiht worden war, an der «unschönen Gestik» des von Kainz gespielten Ferdinand gestoßen. Hauptmann sieht auch andere führende Mitglieder des Ensembles wie Siegwart Friedmann, Ludwig Barnay und August Förster, die als Aktionäre auch am geschäftlichen Erfolg des Hauses interessiert sind. Unter den Damen bewundert er die schöne Anna Jürgens und vor allem Agnes Sorma, in den Augen eines anderen Verehrers «das entzückendste Taubenweibchen, das man sich denken konnte»[43].

Von den Brettern fasziniert, die damals wirklich noch die Welt bedeuteten, beschließt Hauptmann, selber Schauspielunterricht zu nehmen. Er will einmal den Hamlet spielen, eine Figur, in der er viel von sich selbst wiederzuerkennen meint und die ihn nicht losläßt, bis er sie viele Jahre später in eigenartig modifizierter Form wenn nicht als Schauspieler, so doch als Dichter auf die Bühne bringt. Da er über keine besondere starke oder sonore Stimme verfügt, geht er zuerst zu einem Laryngologen; dieser untersucht ihn und will wissen, was er denn für einen Beruf ausübe. Auf des Patienten ausweichend-nichtssagende Antwort konstatiert der Arzt: «Sie sind also eine verfehlte Existenz!» und entläßt ihn mit der Empfehlung, er möge in Anbetracht seiner geschwächten Gesundheit zumindest ein ordentliches Leben ohne Alkohol oder sonstige Ausschweifungen führen. Erst dann geht Hauptmann zu Alexander Heßler, dem einstigen Direktor des Straßburger Königlichen Theaters, um sich von ihm in die Anfangsgründe der Schauspielkunst einführen zu lassen.

Es gibt allen Grund zur Annahme, daß dieser Unterricht tatsächlich so verlief, wie ihn der ehemalige Schauspieleleve 25 Jahre später in seiner Tragikomödie *Die Ratten* geschildert hat. Dort unterweist der verkrachte Theaterdirektor Harro Hassenreuter drei junge Herren in bühnengerechter Diktion und Haltung. Er tut es anhand von Schillers *Braut von Messina*, in der die Schüler Dr. Kegel und Käferstein den einen Chor sprechen und der Schüler Erich Spitta, der viele Ähnlichkeiten mit Gerhart Hauptmann aufweist, den anderen. Dabei ist die Bühne bzw. der Mansardenboden, auf dem geprobt wird, wie ein Schachbrett in Felder eingeteilt, auf denen sich die Schauspieler zu plazieren haben:

DR. KEGEL *und* KÄFERSTEIN.

Denn des gastlichen Hauses
unverletzliche Schwelle
hütet der Eid, der Erinnyen Sohn...

DIREKTOR HASSENREUTER *springt auf, brüllt, läuft umher.* Eid, Eid, Eid, Eid!! Halt! Wissen Sie nicht, was ein Eid ist, Käferstein? «Hütet der Eid!! – – der Erinnyen Sohn.» Der Eid ist der Erinnyen Sohn, Dr. Kegel! Stimme heben! Tot! Das Publikum, bis zum letzten Logenschließer, ist eine einzige Gänsehaut! Schauer durchrieseln alle Gebeine! Passen Sie auf: «Denn des Hauses Schwelle hütet der Eid!!! – der Erinnyen Sohn, der furchtbarste unter den Göttern der Hölle!» – Nicht wiederholen, weiter im Text! Sie können sich aber jedenfalls merken, daß ein Eid und ein Münchner Bierrettich zwei verschiedene Dinge sind.

SPITTA, *deklamiert.*

Zürnend ergrimmt mir das Herz im Busen...

DIREKTOR HASSENREUTER. Halt! *Er läuft zu Spitta und biegt an seinen Armen und Beinen herum, um eine gewünschte tragische Pose zu erzielen.* Erstlich fehlt die statuarische Haltung, mein lieber Spitta. Die Würde einer tragischen Person ist bei Ihnen auf keine Weise ausgedrückt. Dann sind Sie nicht, wie ich ausdrücklich verlangt habe, von Feld ID mit dem rechten Fuß auf IIC getreten.[44]

Doch macht Heßler seinen Schüler nicht nur mit den Vorgängen auf der Bühne bekannt; er führt ihn, was genauso wichtig ist, auch hinter die Kulissen, und zwar im Handwerklich-Technischen wie im Organisatorischen. Er erklärt ihm die einzelnen Fächer, etwa den Ersten Helden wie Hamlet oder Tell oder Egmont und die «Sentimentale» wie Ophelia oder Bertha oder Klärchen; gerade diese traditionelle An- und Einordnung wird Hauptmann mit seinen eigenen Stücken, die solche Rollen kaum je aufweisen, aus den Angeln heben. Heßler macht ihn mit Inhalt und Funktion des Schminkkastens vertraut (damals mußte sich jeder Schauspieler noch selber zurechtmachen) und mit gewissen Kleidungs- und Sprachvorschriften, die uns längst abhanden gekommen sind wie das fleischfarbene Trikot, das auch die Herren trugen. Nackte Knie oder gar ein entblößter Männertorso waren undenkbar in jenen Tagen, da Valentin sich im *Faust* von Gretchen nicht mit Goethes Worten «Ich sag' dir's im Vertrauen nur:

/ du bist doch nun einmal eine Hur'» verabschiedete, sondern mit «du bist doch eine schlechte Kreatur».

Hauptmann studiert auch die Gliederung der Schauspielhäuser in vom jeweiligen Landesherrn unterhaltene *Hoftheater* (das bekannteste ist das Meininger, doch besitzt allein Preußen nicht weniger als vier, in Berlin, Hannover, Wiesbaden und Kassel) und *Stadttheater* in Hamburg, Leipzig, Köln, Breslau usw., die entweder von der Stadtverwaltung subventioniert oder einem Verein überschrieben bzw. von Unternehmern gepachtet werden. Er erfährt auch einiges über die umstrittenen Machtbefugnisse des Spielleiters, dessen Funktionen meist von einem gealterten Mimen wahrgenommen werden; erst Reinhardt wertet den Posten zu dem eines «Regisseurs» auf. Und schließlich entwickelt Hauptmann auch ein Gefühl für Atmosphärisches wie die zwielichtige gesellschaftliche Stellung der Schauspieler oder gar der jungen Schauspielerinnen, die die Herrenwelt durch ihre Zwicker und Monokel oft genug als erotisches Freiwild betrachtet: «Gesucht wird für mittleres Stadttheater», liest man noch um die Jahrhundertwende in einem Inserat, «jugendliche Salondame mit guter Garderobe. Kavalleriegarnison.»[45]

Wenn Hauptmann den Schauspielunterricht trotzdem bald wieder aufgibt, dann liegt das weder am mangelnden Interesse wie bei den Universitätsstudien noch, wie in der bildenden Kunst, an der Unzulänglichkeit der Lehrer oder gar an der Arroganz, die den Breslauer Akademieschüler am ersten Tag seiner Bildhauer«karriere» hatte an den Bruder schreiben lassen: «Aus dem ganzen Gebirge von Carrara will ich ein Monument meiner Größe meißeln.» Vielmehr ist er inzwischen besser mit sich selbst bekanntgeworden. Er hat noch nicht alle seine Fähigkeiten, aber doch schon einige der ihm gesetzten Grenzen entdeckt und findet sich verhältnismäßig schnell mit dem Befund ab, daß das Agieren auf der Bühne nicht seine Sache ist.

Mehr als ein großer Schauspieler und Hauptmann-Bewunderer hat später bezeugt, daß der Dichter, «in den Bewegungen ungeschickt [und] sprachlich völlig unbeholfen», zwar nicht selber spielen, dafür aber als Regisseur seiner eigenen Dramen mit den Darstellern die verschiedenen Rollen ganz ausgezeichnet einstudieren konnte.[46] In einem seiner «gespaltenen Ichs», in der Gestalt des Dr. Erasmus Gotter im Roman *Im Wirbel der Berufung* (1936), stellt sich Hauptmann als einen jungen Dichter dar, der über einer von ihm geleiteten *Hamlet*-Inszenierung alles andere vernachlässigt: seine angegriffene Gesundheit, seine Familie, sein Dichten.

Zum Reifeprozeß, den er in diesem Winter durchmacht, gehört schließlich auch die beginnende Einsicht in seine *literarischen* Möglichkeiten. Was er bisher geschrieben hat, Gelegenheitsdichtungen wie *Liebesfrühling* und *Hochzeitszug*, Dramatisches wie *Germanen und Römer* oder Versepik wie *Promethidenlos*, ist epigonal im Sinne eines nachempfundenen Klassizismus. Auch die frühe, 1888 unter dem Titel *Das bunte Buch* veröffentlichte Lyrik verrät nur selten einen eigenen Ton. Bevor Hauptmann einen solchen finden kann, muß er sich von der Bevormundung durch wohlwollende Freunde freikämpfen, die ihm zwar nicht mehr jegliches Talent absprechen wie weiland der Onkel Schubert auf Gut Lohnig, ihn aber doch auf Regeln festlegen wollen, die er instinktiv ablehnt. Sogar mit der Rechtschreibung hat er Schwierigkeiten: «Vorerst die Bitte», schreibt er aus Capri an Max Müller, «sei mit meiner Schreiberei zufrieden so viele Orthographiefehler auch kommen, u so krass sie auch sein mögen. Wenn ich an Gaedechens schreibe, geschieht es freilich anders, dafür aber geht die Aufmerksamkeit welche ich der modernen Orthographie zuwende, dem Inhalt verloren da in meiner Jugend mir das Rechtschreiben nicht in Fleisch u Bluth übergegangen ist.»[47] Es geht ihm mit dem Schreiben also ein wenig wie mit der Bildhauerei: Es hapert an der handwerklichen Fertigkeit, die er sich im nachhinein mühselig aneignen muß. Liegt hier eine Wurzel seiner Schreibfurcht, seiner Graphophobie, die ihn das Diktat der Niederschrift vorziehen läßt und dazu führt, daß er sich, wenn er schon mal einen Federhalter benutzen muß, «unfehlbar die Finger mit Tinte beschmiert»?[48] Nicht nur mangelt es ihm an Vertrautheit mit den Regeln der Rechtschreibung und Zeichensetzung; er empfindet diese geradezu als ein Hindernis, das dem sprachlichen Duktus im Wege steht. Seltsame Ausgangsposition für einen Dichter! Man hätte erwartet, daß er, analog etwa zu Rilke in seinem berühmten Brief an seinen ehemaligen Lehrer, den Generalmajor von Sedlakowitz, zur Weißglut gebracht würde beim Gedanken an all das, was ihm die Schule an notwendigem Wissen vorenthalten hatte. Bei Hauptmann ist davon nichts zu bemerken. Er läßt nicht nur die Frage unbeantwortet, wer denn daran schuld sei, daß er mit zwanzig Jahren noch nicht richtig schreiben kann; er stellt sie nicht einmal.

Weniger versöhnlich klingt indes ein anderer Brief, in dem wir statt des um Harmonie bemühten Memoirenschreibers, den wir bis jetzt gelegentlich zitiert haben, plötzlich die unverfälschte Stimme des jungen Hauptmann vernehmen: nicht den Dichterfürsten, sondern einen Stürmer und Dränger von ungeahnter Vehemenz.

Es sind die letzten Wochen vor seiner Heirat, er hat Berlin nach zwei Semestern verlassen und zieht bei seinen Eltern in Hamburg nun die Summe seiner bisherigen schriftstellerischen Bemühungen:

> So mild der Mensch Boethlingk [schreibt er, wiederum an Max Müller, über den Jenenser Germanisten, dem er seine ersten Arbeiten zur Durchsicht geschickt hatte], so despotisch der beurtheiler u so vielseitig jene, so einseitig u klein dieser. Wie paßt Despotie zu Charakteren wie die Unseren?... Boethlingk war auf mein Schiff gekommen, er hatte es gelenkt, unwillkürlich. Ich hatte Ihm das Steuer überlassen. Ich fühlte eine Zaghaftigkeit die nichts von Kraft u Muth an sich hatte, ich bemerkte seine Unkenntnis der Meere u u seine Verkennung des Zieles, ich entriß ihm das Steuer... Zur unumstößlichen Gewißheit wurde es in mir daß ein Fünkchen Muth für das Wahre u edle mehr werth ist als das ganze Maschengewebe der Kunst u Kunstkniffe einer Boethlingkischen Poeterei. Ein unfähiger markloser Reimer müßte ich gewesen sein wenn ich die Fahne die ich trage hingeworfen hätte nur weil sie statt aus Damast nur aus Leinwand ist. Lieber aus Leinwand, – zerrissen u zerschlissen u Herzblut daran, als aus Damast, gestickt mit Gold u mit Sprüchen u Lorbeerkränzen bedekt aber – ohne Blut... Daß ich gedanklich nicht nach Ruhm u Ehre strebe ist klar die instinktive Ruhmsucht indessen kann ich natürlich nicht ableugnen. Erkannt, verstanden zu werden von den wenigen Freunden ist der Ruhm dem ich bewußt nachstrebe. Ein Mensch zu sein ist mein einziger Stolz.

Das Schreiben, in dem die Metaphern nur so durcheinanderpurzeln und ein groteskes Mißverhältnis zwischen dichterischem Bilderreichtum und sprachlicher Unbeherrschtheit waltet, schließt mit einer Einladung:

> Die Hochzeit ist am 20-ten Mai hier in Hamburg. Daß Ihr – Du sowohl wie Oskar dazu eingeladen seit, ist selbstverständlich. Die Hochzeit wird sehr klein u findet nur im engsten Familienkreis stat

die Freunde natürlich ausgenommen. Ich bitte Euch nun aus ganzer Seele zu kommen![49]

Gerhart und Marie Hauptmann heiraten tatsächlich in kleinem Kreise, aber nicht in Hamburg am 20., sondern in der Dresdner Johanniskirche am 5. Mai 1885.

II

Beim Hochzeitsfrühstück im Luxus-Restaurant «Königliches Belvedere» auf der Brühlschen Terrasse, dem «Balkon Europas», wie man damals sagte, sind Frida und Olga Thienemann anwesend, mit ihrem Onkel Hermann, dessen Frack sich der Bräutigam ausgeliehen hat. Auch Max Müller (der sich später mit Olga verloben und diese in letzter Minute sitzenlassen wird) erscheint «wie zufällig». Zu den nicht sonderlich günstigen Auspizien, unter denen die Ehe geschlossen wird, gehört die von Hauptmann überlieferte «Prophezeiung» eines Husaren-Rittmeisters, der mit einer Dame am Hochzeitspaar vorübergeht, den jungen Ehemann durch sein Monokel mustert und lachend zu seiner Begleiterin «Der Kerl krepiert ja in den ersten acht Tagen!» sagt – so laut, daß alle es hören.

Auch wenn Hauptmann natürlich nicht «krepiert», kehrt er doch von der Hochzeitsreise nach Rügen mit Bluthusten zurück; während der nächsten Jahre bleibt seine schwankende Gesundheit überhaupt ein Störfaktor, mit dem er ständig rechnen muß. Er zieht mit seiner jungen Frau zunächst in eine Mansardenwohnung im vierten Stock eines Moabiter Mietshauses nahe dem Lehrter Bahnhof. Doch leidet Mary, an das ruhig-vornehme Leben auf Hohenhaus gewöhnt, unter dem Schmutz und Lärm der Großstadt und ist froh, im Hochsommer wieder ein paar Wochen mit Gerhart auf Rügen verbringen zu können, in Gesellschaft von Carl und Martha, die aus Zürich heraufgekommen sind. Hugo Ernst Schmidt alias «Schmeo» gesellt sich hinzu, zu fünft durchwandert man die Insel. Viele Gedichte, die Hauptmann während dieses Aufenthaltes verfaßt und die zum Teil auf pommerschen Sagen beruhen, finden im *Bunten Buch* ihren Platz. Das einzige, das ein Datum trägt (*Mondscheinlerche* vom 29. Juli 1885), verewigt den ersten Besuch auf der Rügen vorgelagerten Insel

Hiddensee, auf der der Dichter 61 Jahre später seine letzte Ruhestätte findet.

Kaum nach Moabit zurückgekehrt, wird Hauptmann wegen seines Lungenleidens und anderer, vom Typhus zurückgebliebener Beschwerden von den Militärbehörden als dienstuntauglich eingestuft. Er bekommt es nun selber mit der Angst zu tun und beschließt, die Stadt zu verlassen und sich irgendwo in der Umgebung anzusiedeln, wo er mit Mary, die ein Kind erwartet, ein ländlich ruhiges Leben führen kann. Seine Wahl fällt auf Erkner, einen im Südosten Berlins gelegenen, eine knappe Bahnstunde vom Stadtzentrum entfernten Vorort. Dort mietet sich das junge Ehepaar das Parterre einer im spätklassizistischen Stil, mit prätentiöser Fassade und vorspringendem Mitteltrakt erbauten Villa; ihr Besitzer, der reichgewordene Handwerker Nicolaus Lassen, ist das Vorbild für den Rentier und Biberpelz-Besitzer Krüger. (Das Gebäude hat den Luftangriff vom März 1944, dem der größte Teil von Erkner zum Opfer fiel, überstanden und dient heute als Berufsschule und Gerhart-Hauptmann-Gedächtnisstätte. Eine Gedenktafel weist darauf hin, daß der Dichter vom 20. September 1885 bis zum 15. September 1889 darin gewohnt hat.) Zahlreiche Motive und Details vor allem in den naturalistischen Werken gehen auf Anregungen zurück, die Hauptmann in den Erkner-Jahren empfangen hat. Es ist nicht unsere Aufgabe, sie hier im einzelnen aufzuzählen; erwähnt sei immerhin, daß sich die Einrichtung der Villa Lassen aus den Bühnenanweisungen zum Drama *Einsame Menschen* ablesen läßt, auch wenn die Familie Vockerat in Friedrichshagen am Müggelsee angesiedelt wird und nicht in Erkner.

Im Winter 1885 lebt Hauptmann in fast völliger Abgeschlossenheit mit Mary und zwei Schlittenhunden, die er sich zum Schutz des einsam gelegenen Hauses eigens aus dem Tierpark Hagenbeck kommen läßt. Er verbringt einen großen Teil des Tages auf einsamen Spaziergängen in den Kiefernwäldern der Gegend. Nur ab und zu trifft er auf Holzfäller oder einen Trupp Bauarbeiter, der die Bahnstrecke Berlin–Fürstenwalde–Frankfurt an der Oder instand hält. Über diese «einfachen Leute», wie sie in Literaturgeschichten zu heißen pflegen, macht er sich eifrig Notizen; weniger mit dem Vorsatz, etwa die Wäscherin und Zugehfrau Marie Heinze eines Tages als Mutter Wolffen auf die Bühne zu stellen, als einfach deswegen, weil ihn diese Menschen, alle Menschen, interessieren. (Er beobachtet die Heinze zwar sehr genau, doch ein Journalist, der das uralte Muttchen 1927 für den *Vorwärts* interviewt, bekommt von ihr zu hören: «Wissen Sie, die dummen Menschen glauben immer, daß es sich wirklich alles so zugetragen hat, wie der Dichter es schreibt. Aber der Hauptmann hat natürlich vieles dazuerfunden.»)

Am Abend liest er Turgenjew, Zola und andere zeitgenössische Schriftsteller, beim Licht einer Petroleumlampe, denn das abseits gelegene Haus hat kein Gas. Nach Gesellschaft verspürt er vorerst wenig Sehnsucht. Nicht einmal nach Berlin, dessen rötlicher Widerschein den Nachthimmel über dem Wald erhellt. Er verbringt höchstens mal ein paar Stunden mit dem in der Nähe wohnenden Medizinstudenten Georg Ashelm, der ebenfalls an der Lunge leidet (als Ashelm später einen ärztlichen Kollegen im Eulengebirge vertritt, wird Hauptmann ihm einen Akt der im Entstehen begriffenen *Weber* in die Feder diktieren). Die Freunde haben sich zerstreut, Schmidt ist nach München gezogen und Simon nach Zürich. Mary sieht ihrer ersten Niederkunft entgegen, er selber beschäftigt sich mit der Gestalt des historischen Jesus, über den er ein Drama schreiben will. Was er inzwischen zu Papier bringt, geht kaum über ein paar Gelegenheitsgedichte hinaus, bescheidene Verslein wie die zum Lob des Schlittschuhlaufens:

Hei, fröhliches Kreisen
dem Winde befohlen!
Glückliches Reisen,
die Welt an den Sohlen,
in eigenen Kreisen,

die wegen ihrer Munterkeit freilich eine Ausnahme bilden unter den weit häufigeren, metrisch holprigen Klagen wie:

Verlohnt's der Müh'? – Ich bleibe stehn.
Verlohnt's der Mühe, weiterzugehn?
Meine Hand ist wund, mein Herz ist matt;
für zu viel des Wahns es geschlagen hat.
Wohin? Wohin? ... «Zum Licht! Zum Licht!»
Was soll das Suchen? Ihr findet's nicht.

Er scheut sich, ein größeres Werk in Angriff zu nehmen, aus Angst, dessen Vollendung nicht mehr zu erleben. In der Tat plagt ihn der Bluthusten noch bis ins nächste Jahr, um schließlich der robusten Gesundheit zu weichen, die Hauptmann in seinen Mannesjahren auszeichnet. – So ist alles ganz anders gekommen, als er sich das Leben mit seiner hübschen jungen Frau vorgestellt hatte während der überlangen Verlobungszeit in Breslau und Dresden, in Capri und Rom und in den abwechslungsreichen letzten Wochen seines Junggesellendaseins in Berlin. Er ist leidend und hat immer noch kein Einkommen und keinen Beruf, nur das dumpfe, aber unbeirrbare Gefühl, zu Großem ausersehen zu sein. Mary, schwanger und ohnehin zur Melancholie neigend, macht sich ihrerseits Sorgen. Sie hat keine Heimat mehr außer dem gemieteten Untergeschoß in Erkner, denn Hohenhaus ist verkauft worden und ihre Schwestern, Olga und die kränkelnde Frida, sind nach Kötzschenbroda umgezogen. Dazu kommt die Landschaft, die ihr Gemüt verdüstert, und das Klima: der Winter von 1885/86 ist der strengste seit Jahren. Spielen sich in dem Haus am Waldrand «Szenen einer Ehe» ab, die bereits zu bröckeln beginnt? – Wir wissen nur, daß sich die Stimmung erst mit der Geburt des Kindes ein wenig aufhellt.

Kein Arzt ist zugegen, nur eine Hebamme mit einem «zerknitterten Nornengesicht» hilft bei der Geburt des Sohnes Ivo am 9. Februar 1886. Als Hauptmann das freudige Ereignis pflichtgemäß beim Erkner Rathaus meldet, gerät er an den überheblichen Amtsvorsteher Oscar von Busse, der als Baron von Wehrhahn im *Biberpelz* und im *Roten Hahn* fröhliche Urständ feiern wird. In seiner Aufregung gibt der frischgebackene Vater statt Marys Vornamen die seiner Mutter an, was umständliche Berichtigungen nach sich zieht, bis das Formular als ordnungsgemäß ausgefüllt gilt. Hauptmann, mit 23 Jahren sehr jung zum Vater geworden, hat das Trockenlegen im Haus des Pastors Gauda erlernt; er bemüht sich rührend um Mutter und Kind und erblickt in dieser Beschäftigung seine «erste vollwertig soziale Tätigkeit». Bei der literarischen Bewältigung dieser Geburt zeigt er sich hingegen auch nach Jahren noch als so überfordert, daß er sich gleich dreimal an ein so verschwommenes und gewichtiges Wort wie «Mysterium» klammern muß:

> Nun, es ist mir also beschieden gewesen, in dem abgelegenen Haus am Waldrand das ohne Vergleich größte menschliche Mysterium zu erleben, das man voll erkannt und gefühlsmäßig erfaßt haben

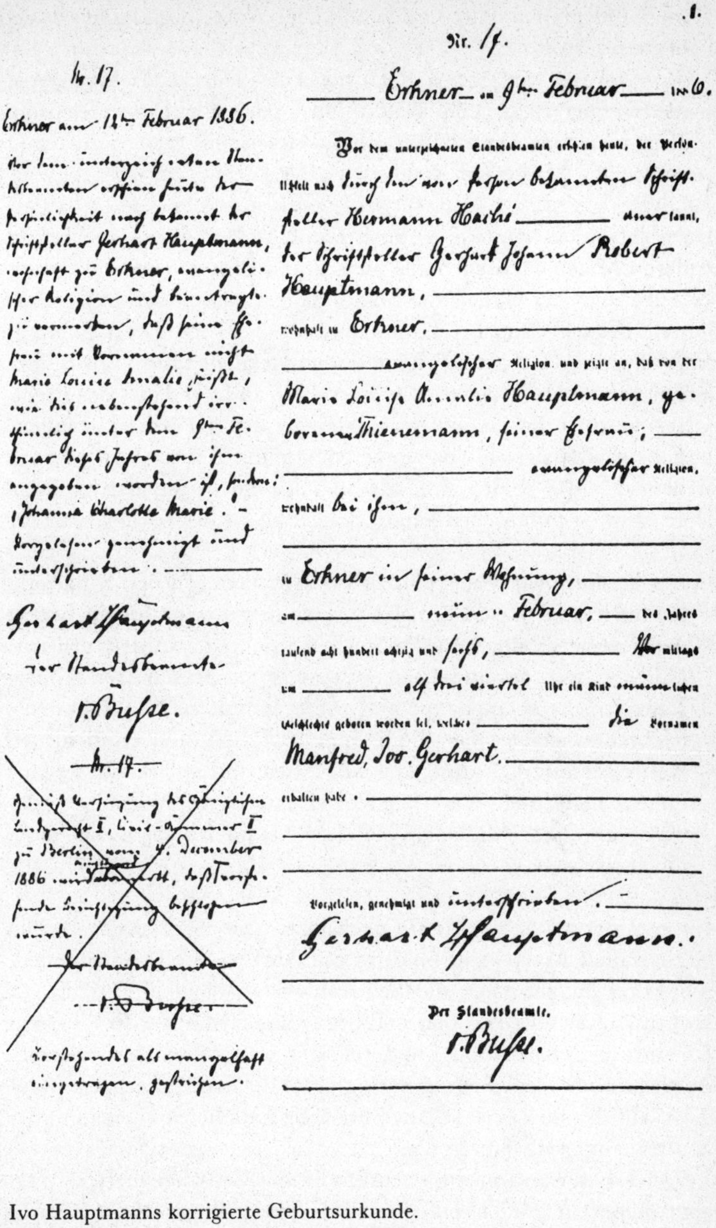
Nr. 17.

Erkner am 12ten Februar 1886.

Vor dem unterzeichneten Standesbeamten erschien heute der Persönlichkeit nach bekannt der Schriftsteller Gerhart Hauptmann, wohnhaft zu Erkner, evangelischer Religion und beantragte zu vermerken, daß seine Ehefrau mit Vornamen nicht Marie Louise Amalie heißt, wie dies nebenstehend irrthümlich unter dem 9ten Februar dieses Jahres von ihm angegeben worden ist, sondern: „Johanna Charlotte Marie." – Vorgelesen, genehmigt und unterschrieben.

Gerhart Hauptmann

Der Standesbeamte

v. Busse.

~~Nr. 17.~~

~~Gemäß Verfügung des Königlichen Landgerichts I, Civil-Kammer I zu Berlin vom 4. December 1886 wird [illegible], daß [illegible] Berichtigung beschlossen wurde.~~

~~Der Standesbeamte~~

~~v. Busse~~

Vorstehendes als mangelhaft eingetragen, gestrichen.

.1.

Nr. 17.

Erkner am 9ten Februar 1886.

Vor dem unterzeichneten Standesbeamten erschien heute, der Persönlichkeit nach durch den von Person bekannten Schriftsteller Hermann Haché anerkannt, der Schriftsteller Gerhart Johann Robert Hauptmann, wohnhaft in Erkner, evangelischer Religion, und zeigte an, daß von der Marie Louise Amalie Hauptmann, geborenen Thienemann, seiner Ehefrau, evangelischer Religion, wohnhaft bei ihm, zu Erkner in seiner Wohnung, am neunten Februar des Jahres tausend acht hundert achtzig und sechs, vormittags um elf drei viertel Uhr ein Kind männlichen Geschlechts geboren worden sei, welches die Vornamen Manfred, Ivo, Gerhart erhalten habe.

Vorgelesen, genehmigt und unterschrieben.

Gerhart Hauptmann.

Der Standesbeamte.

v. Busse.

Ivo Hauptmanns korrigierte Geburtsurkunde.

muß, ehe man von der Größe und dem Wesen des Daseins etwas begreifen kann.

So naturnah wie jetzt war ich noch nie. Durch das Mysterium der Geburt hatte sich in mir dazu noch die Erde gleichsam aufgeschlossen. Die Wälder, Seen, Wiesen und Äcker atmeten in demselben Mysterium.[50]

Doch so hilflos er bisweilen auch raunt, so hinreißend stellt er zu anderen Malen Menschen aus Fleisch und Blut vor uns hin. Wenige Tage nach der Geburt des Stammhalters kommt dessen Großvater zu Besuch, Robert Hauptmann. Auch Hugo Ernst Schmidt trifft ein, den Gerhart sofort um einen Gefallen bittet: Ob er ihm helfen könne, ein Weinfaß, das irgend jemand zur Feier des Ereignisses gestiftet hat, aus dem Garten in den Keller zu schaffen? Unter der amüsierten Teilnahme Marys und Robert Hauptmanns stellen sich die beiden Freunde so ungeschickt an, daß der alte Herr es nicht mitansehen kann:

Da streifte mein Vater plötzlich das Jackett von den Schultern, krempelte die Hemdsärmel bis über den Bizeps hinauf, wobei denn zwei männlich muskulöse Arme sichtbar wurden, griff das Fäßchen mit der Praxis eines Küfers an, was er seit fünfzig Jahren nicht getan hatte, und rollte es, mir nichts, dir nichts, leicht und sicher über die Treppe ins Haus und dann in den Keller hinunter... «Jaja, jaja, wir Alten sind auch nicht so ganz ohne!» sagte mein Vater, indem er sich triumphierend und lachend abputzte. Mit einem befreiten Atemholen zog er sich dann die Jacke an.[51]

Im Sommer 1887, zwei Jahre nach ihrer Eheschließung, verreisen Gerhart und Mary jeder für sich. Sie fährt nach Kötzschenbroda, um Frida zu betreuen; die Schwester ist nach dem Auszug aus Hohenhaus schwer erkrankt und liegt nun im Sterben. Er fährt mit Schmidt nach Salzbrunn, um die Stätten seiner Kindheit wiederzusehen und mit dem Freund noch einmal die Straße entlangzuwandern, auf der ihm einst so unverhofft die Familienequipage mit der Mutter entgegengefahren war.

Weist dieser sentimentale Ausflug in die Vergangenheit, so zeigt ein anderer in die Zukunft: Bei Gelegenheit dieser Reise besucht

Hauptmann zum ersten Mal Agnetendorf im Riesengebirge, den Ort, in dem er dann die zweite Hälfte seines Lebens verbringen wird.

Eine andere Reise führt ihn zurück nach Putbus auf Rügen, wo er die Flitterwochen verbracht hatte und sich jetzt, anderthalb Jahre danach und allein, «von der Ehe ausruhen» will.[52] Durch einen Bekannten aus der Heßlerschen Schauspielschule kommt er mit dem dortigen Theater in Kontakt und erlebt vieles, was erst ein halbes Jahrhundert später für *Im Wirbel der Berufung* zu Papier gebracht wird. Im Laufe der Niederschrift wurde das weitgehend autobiographische Fundament dieses Romans – ein jungverheirateter und noch unbekannter Bühnendichter verreist allein nach Rügen, um sich zu sammeln und zu «finden» – von späteren Erlebnisschichten überlagert, von denen einige lebhaft an einen anderen Theaterroman erinnern, an *Wilhelm Meisters Lehrjahre* von Goethe. Die Beschäftigung mit *Hamlet* gehört genauso zu dieser Aufarbeitung wie die Reflexionen über die Schauspieler-Existenz in allen ihren Höhen und Niederungen. Im *Wilhelm Meister* wird diese Existenz von Philine verkörpert, in Hauptmanns Roman von Irina Bell, in die der Verfasser, in einem für seine Schaffensweise durchaus typischen Verfahren, viel von einem Menschen hineinprojiziert hat, den er zu einer anderen Zeit und unter ganz anderen Umständen kennengelernt hat als unter den hier beschriebenen: vom offenen blonden Haar bis zur Charakteristik «Sie kommt aus Wien und hat geradezu horrende Ansichten» ist Irina die Doppelgängerin von Ida Orloff, Hauptmanns dritter und letzter Liebe. Der Roman enthält somit drei verschiedene Zeitebenen – den Rügener Aufenthalt von 1887, die Liebschaft mit Ida Orloff 1905/06 und die Niederschrift in den Jahren 1934–36.

Eine weitere, diesmal gemeinsame Reise führt Gerhart und Mary, die ihr zweites Kind erwartet, zu Georg und Adele und den Eltern nach Hamburg. Nach der Rückkehr und der Geburt des Sohnes Eckart am 21. April 1887, festigen sich zusehends Hauptmanns Kontakte zur literarischen «Szene» von Berlin. Dort ist gerade die von Wilhelm Arent betreute Anthologie *Moderne Dichter-Charaktere* erschienen. Neben Versen von Ernst von Wildenbruch und Otto Erich Hartleben stehen da Gedichte des vom gemütvollen Lyriker später zum Wirtschaftsmagnaten avancierten Alfred Hugenberg. Nicht alle Beiträger zählen zu den Naturalisten, doch diese melden sich in diesem Band zum ersten Mal als eine klar umrissene Gruppe zu Wort. Das zeigen die beiden dem Buch vorangestellten Einleitungen, Hermann Conradis wissenschaftlich abwägende, auf Baudelaire zurückgreifende Programmsetzung einer spezifisch naturalistischen Literatur und Karl Henckells kämpferische Auseinandersetzung mit den «Phrasendreschern und Reimpolterern» unter den Dichtern der Zeit.[53]

Als 1886 eine zweite Auflage unter dem Titel *Jungdeutschland* herauskommt, hat sich schon der Berliner Dichterverein «Durch!» konstituiert, dessen Mitglieder sich gemeinsam durchsetzen wollen – daher der Name – und zu diesem Zweck jede Woche in einem Café und auch mal in einer Kneipe treffen. Auf diesen Versammlungen, zu denen ihn anfangs der Lyriker Adalbert von Hanstein (der später den Begriff des «Sekundenstils» prägen wird) mitnimmt, lernt Hauptmann einige Altersgenossen kennen, die wie er mit einem neuen Themenkreis und einem neuen Stil experimentieren. Mit wenigen Ausnahmen sind es Dichter, deren Namen man heute kaum mehr kennt. Es handelt sich dabei vorwiegend um Lyriker und Dramatiker, denn die Romanschreiber unter den frühen Naturalisten scharen sich vorzugsweise um Michael Georg Conrad, der in München die Zeitschrift *Die Gesellschaft* gegründet hat als Sammelpunkt all derer, die bei der Befreiung der Literatur von der «Tyrannei der ‹höheren Töchter› und der ‹alten Weiber beiderlei Geschlechts›»[54] mithelfen wollen.

Von den «Durchern», wie sie sich selber bezeichnen, spielen einige in Hauptmanns Leben eine nicht unwichtige Rolle. Als Theoretiker und Ideologen sind die Brüder Heinrich und Julius Hart zu erwähnen, die in ihren *Kritischen Waffengängen* und *Berliner Monatsheften* gerade Ibsen und Tolstoi als vorbildlich dargestellt haben. Der Journalist Leo Berg, in der Erinnerung eines Mitglieds als «Zwerg mit finsterem Denkerhaupt» verewigt, ist gleichwohl die treibende Kraft des Vereins, den er mit ein paar Freunden ins Leben gerufen hat.[55] Während Wilhelm Bölsche, Autor eines bis in die dreißiger Jahre unseres Jahrhunderts vielgelesenen Buches über *Das Liebesleben in der Natur*, in einem anderen Werk für die Übernahme naturwissenschaftlicher Erkenntnisse und Methoden in die Literatur plädiert, so fordert ein weiterer «Durcher» und Wegbereiter des Naturalismus, Karl Bleibtreu, in seiner Kampfschrift *Revolution der Literatur* vom Schriftsteller hingegen ein handfestes soziales Engagement.

Der Fabrikarbeiter Max Kretzer, Autodidakt und aktiver Sozialdemokrat, beschreibt in dem «sozialen Roman» *Meister Timpe* (1888) das

Leben eines Drechslermeisters, der im Maschinenzeitalter aus der Bahn geworfen und mit quasi-wissenschaftlicher Objektivität nun als «Produkt seiner Verhältnisse» untersucht wird. Unter dem gemeinsamen, modegerecht skandinavisch klingenden Pseudonym Bjarne P. Holmsen veröffentlichen Arno Holz und Johannes Schlaf zwei Paradestücke naturalistischer Literatur: die Novellensammlung *Papa Hamlet* (1889), deren Titelgeschichte den mit Shakespeare-Zitaten verbrämten Untergang eines Schmierenschauspielers schildert, sowie *Die Familie Selicke* (1890), eine Trinker- und Familientragödie aus dem Berliner Norden. Während Schlaf später mit *Meister Oelze* (1892) das «konsequenteste», wie man damals sagte, d. h. kompromißloseste aller derartigen Bühnenwerke liefert, entwickelt sich Holz zu einem fruchtbaren und experimentierfreudigen Lyriker (und, nebenbei bemerkt, zu einem Streithahn, der sich im Lauf seines Lebens mit so vielen Zeitgenossen – inklusive Hauptmann – überwirft, daß sich ein ganzes Kapitel moderner deutscher Literaturgeschichte allein aus seinen Querelen rekonstruieren ließe).

Ein weiterer Lyriker ist der in Schottland geborene Wahlberliner John Henry Mackay, von dessen Gedichten einige unter Berufung auf das Sozialistengesetz verboten, andere hingegen, darunter das bekannte *Morgen*, in der Folgezeit von Richard Strauss vertont werden. Der Theaterkritiker Conrad Alberti zählt alsbald zu Hauptmanns Feinden; Bruno Wille jedoch, Mitbegründer der Freien Volksbühne Berlin, bleibt dem «schmächtigen Jüngling, den die blonde Mähne und die Jaegersche Reformtracht (poröse Wolle bis zum Hals geschlossen) extravagant erscheinen ließ», auch dann noch zugetan, als aus dem gelegentlichen Versammlungsbesucher ein berühmter Autor geworden ist.[56]

Man sollte meinen, es sei hoch hergegangen auf den Sitzungen dieses Vereins, der aus jungen Leuten besteht – die Mitglieder, fast ausnahmslos um 1860 geboren, sind Mitte Zwanzig, als Hauptmann zu ihnen stößt – und neben seinen künstlerischen auch gesellschaftspolitische Ziele verfolgt, die sich weitgehend mit denen der um ihren Fortbestand kämpfenden Sozialdemokratie decken. Gewiß, es werden Vorträge gehalten und Lesungen veranstaltet, aber im großen und ganzen ist in den erhaltenen Protokollen weit mehr von «Lektüre einer Bierzeitung» oder «12 Uhr Kaffee, dann Kommers bis zum Morgenrot» die Rede als von rhetorischen Sturmläufen gegen das Establishment.[57] Die Atmosphäre ähnelt der im Hause von Holz und

Schlaf, die in Pankow wohnen und ihre Zeit lieber am Billardtisch verbringen, das Queue in der Hand und den Zigarrenstummel im Mund, als mit einem Gespräch über die Literatur, das sich Hauptmann bei seinem Besuch erhofft hatte. Ob es auf den spießbürgerlichen Geisteshabitus der meisten Mitglieder zurückzuführen ist oder auch nur auf die Furcht vor behördlicher Bespitzelung: die Aktivitäten von «Durch!» sind gekennzeichnet durch das Schwanken zwischen Angriffen auf die bestehende Ordnung und dem Bestreben, diese nachzuahmen bzw. es ihr zumindest im Vereinswesen und Bierkonsum gleichzutun. Im kleinen tragen auch sie die Merkmale einer Schizophrenie, die bisher noch jede revolutionäre Regung auf deutschem Boden begleitet hat. Sogar der Vortrag, den Hauptmann im Verein hält (es ist sein erstes Auftreten im Rahmen einer literarischen Veranstaltung überhaupt), ist nicht frei davon.

In der Einsamkeit der Villa Lassen hat er das schmale, von Karl Emil Franzos eben erst herausgegebene Œuvre des 1837 jung gestorbenen Georg Büchner studiert. Wie seine Generationsgenossen fühlt auch Hauptmann sich von der Erzählung *Lenz* besonders angesprochen; sie ist nicht ohne Einfluß auf seine eigene frühe Prosa. Büchners Dramen haben es ihm ebenfalls angetan, *Dantons Tod* und erst recht *Woyzeck* mit seinem zutiefst proletarischen Handlungsträger, seinem geradezu antiklassischen Menschenbild und dem bisweilen auf Wort- und Satzfetzen reduzierten Dialog.[58] Die Vereinssitzung vom 17. Juni 1887, in der Hauptmann über Büchner spricht, wird von Leo Berg mit der Mitteilung eröffnet, daß «Genosse Wille auf 14 Tage zum Manöver eingezogen» worden sei. Sie schließt mit einer Diskussion, in der ein weiteres Mitglied, «Genosse Wolff», auf die Vorbehalte der Philologen gegenüber Büchner zu sprechen kommt. Der Genosse muß es wissen: Eugen Wolff ist Germanist und Privatdozent an der Universität Kiel. Eingerahmt von solchen Hinweisen auf Dienstpflicht und Wissenschaft, auf Fahne und Lehre als staatstragende Kräfte, wird die Darbietung des Redners Hauptmann, der aus *Lenz* und *Dantons Tod* vorliest und die Anwesenden mit dem «Kraftgenie» Büchner bekanntmacht, mit Applaus aufgenommen. Leider ist sein Manuskript nicht erhalten. Es ist im übrigen nicht überliefert, daß der Vortragende Büchners flammenden Aufruf «Friede den Hütten! Krieg den Palästen!» aus dem *Hessischen Landboten* erwähnt oder gar deklamiert hätte.

Trotz des erfolgreichen Gastspiels läßt sich Hauptmann, dem das

Vereinswesen nicht liegt, nur selten bei den «Durchern» blicken, deren einziges überragendes Mitglied er geblieben ist. Dabei spielen auch praktische Erwägungen eine Rolle. Es ist ein langer Weg aus der Stadt zurück ins ländliche Erkner, und wenn es gar zu spät wird und die Bahn nicht mehr fährt, muß er bei Freunden oder im Hotel «Alexanderplatz» übernachten; ohne freilich das Bett zu benutzen, denn er schläft bei offenem Fenster in einem langen, um den Hals geschlossenen Jaegerschen Wollsack. Immerhin gibt ihm die Zugehörigkeit das beruhigende Gefühl, mit seinen literarischen Bemühungen nicht allein zu sein. Auch läßt er sich, bevor Samuel Fischer im Jahre 1890 den Druck und Vertrieb seiner Bücher übernimmt, von Verlegern betreuen, die die Werke von Vereinsmitgliedern herausgeben. Zu diesen Werken gehören die im Frühjahr 1887 verfaßten Erzählungen *Fasching* und *Bahnwärter Thiel*, durch die Hauptmann sich vor sich selber legitimiert, noch ehe ihm das Publikum nach *Vor Sonnenaufgang*, *Das Friedensfest* und *Einsame Menschen* das Prädikat eines Dichters zuspricht. In den beiden Erzählungen und den frühen Dramen liegt denn auch der imponierende Ertrag der trotz allem fruchtbaren Erkner-Jahre.

III

Mitte Februar 1887 berichteten die Berliner Zeitungen von einem Unglück, das sich kurz zuvor ereignet hatte: Am Sonntagabend, den 13. 2., war der Schiffbaumeister Hermann Zieb mit seiner Frau und seinem jungen Sohn im zugefrorenen Flakensee bei Erkner umgekommen. Entgegen der Mahnungen seiner Freunde war der Mann, der Schlittschuhe angeschnallt hatte und seine kleine Familie auf einem Stuhlschlitten vor sich herschob, bei bereits eintretender Dunkelheit zu einer Fahrt quer über den See aufgebrochen. Dabei hatte er sich verirrt und war kurz vor dem Ziel, seinem am Strand gelegenen Haus, an einer dünnen Stelle durchs Eis gebrochen und mitsamt den Seinen nahe dem rettenden Ufer ertrunken, wo man zwar seine verzweifelten Rufe vernahm, ohne jedoch helfen zu können.

Aus dieser «sich ereigneten unerhörten Begebenheit» – so hatte Goethe einst das Samenkorn definiert, aus dem sich eine Novelle entwickelt – formt Hauptmann, dem Lokalität und Handlungsablauf vertraut sind, die noch im selben Jahr in der Zeitschrift *Siegfried* veröffentlichte Erzählung *Fasching*. Aus dem Schiffbauer Zieb, in dessen recht genau dokumentiertem Leben keine Hybris oder sonstige Prädisposition zum Tragischen zu entdecken war, wird jetzt der vergnügungssüchtige Segelmacher Kielblock. Der ist beileibe kein schlechter Mensch, wohl aber ein an der Oberfläche des Lebens dahinbrausender Genießer, dessen Herzensträgheit und Sorglosigkeit seinen Untergang wenn nicht motivieren, so doch plausibel erscheinen lassen als Beispiel einer (beim frühen Hauptmann oft anzutreffenden) kausalen Verknüpfung von Veranlagung und Schicksal. Um sein Geschäft kümmert sich Kielblock nicht mehr als nötig. Er trinkt und schlemmt nach Herzenslust und gerade jetzt, zur Faschingszeit, feiert er mit seiner jungen Frau bei sich zu Hause und bei seinen Freunden ein Fest nach dem anderen.

Die leichte, kaum merkbare Dämonisierung dieses Alltagsmenschen wird durch den Gebrauch von Leitmotiven unterstrichen, die die Erzählung wie Klammern zusammenhalten. So ruft am Anfang ein Fischer dem am Ufer stehenden Kielblock, der mit dem Fuß die Tragfähigkeit des Eises prüft, zu:

«Wollt Ihr Schlittschuh loofen, Segelmacher?»
«In acht Tagen, warum nicht?»
«Denn will ick mich bald een neues Netz koofen.»
«Warum denn?»
«Damit ick dir wieder rausfischen kann, denn rin fällst de sicher.»

Das Motiv kehrt am Ende wieder: Nachdem man im Dorf die Schreie der Ertrinkenden gehört, das Ufer abgesucht und den Leichnam des Kindes gefunden hatte, «meinte ein Fischer, man solle Netze auslegen. In Netzen fing man denn auch, gegen drei Uhr des Morgens, die Leichen des jungen Ehepaares.»

Obwohl sich Hauptmann einer nüchtern registrierenden, gelegentlich mit Mundartlichem durchsetzten Sprache bedient (wobei zu bemerken ist, daß er hier berlinert, lange bevor er in einigen seiner Stücke schlesischen Dialekt verwendet), ist es ihm doch schon in dieser frühen Erzählung um mehr und anderes zu tun als um eine fotografische Wiedergabe der Wirklichkeit. Vielmehr bricht sich das Poetische immer wieder Bahn, d. h. die Fähigkeit, ja, der Zwang, diese Wirklichkeit anders und einprägsamer wiederzugeben als mit bloß deskriptiven Mitteln. Daher die Schilderung der schon fast zu einer Märchenfigur verdichteten Großmutter, die das Haus hütet, und daher vor allem die Naturbeschreibungen, ob es sich um das optische Phänomen eines vom nächtlichen Mond ausgehenden Lichtnebels handelt oder um das Grollen der berstenden Eisdecke, das Kielblock an einen Käfig denken läßt, in dem zu seinen Füßen Raubtiere vor Hunger und Wut brüllen.

Anders als bei *Fasching* ist es der Forschung im Fall von *Bahnwärter Thiel* nicht gelungen, den genauen Schauplatz oder das Datum eines realen Geschehens ausfindig zu machen. Eigentlich ist die Frage danach auch müßig; wichtig ist nur, daß sich auch diese Geschichte so hätte ereignen *können* und daß Hauptmann sie über alle veristischen Details hinaus in ein Kunstwerk von hohen Graden verwandelt hat. Denn das Leben des Handlungsträgers – von «Held» im herkömmlichen Sinn kann bei Thiel, dem Opfer sozialer und psychischer Sachzwänge, keine Rede sein – wird nicht durch irgendeinen Zufall aus dem Lot geworfen, sondern durch den Einbruch einer wahrhaft elementaren Macht:

> Er, der mit seinem ersten Weibe durch eine mehr vergeistigte Liebe verbunden gewesen war, geriet durch die Macht roher Triebe in die Gewalt seiner zweiten Frau und wurde zuletzt in allem fast unbedingt von ihr abhängig.[59]

Aus der sexuellen Hörigkeit, die ihn sogar die Mißhandlung des kleinen Tobias, seines Sohnes aus erster Ehe, von seiten der Stiefmutter hinnehmen läßt, rettet Thiel sich in die Arbeit. Er versieht wie immer seinen Dienst, das Öffnen und Schließen eines einsamen Bahnüberganges sowie Streckenrevisionen mit Stock und Schraubenschlüssel, und betrachtet das mitten im märkischen Forst gelegene Wärterhäuschen als eine Kapelle, in der er allerlei mystisch-erinnerungsschweren Gedanken an seine sanfte, im Kindbett gestorbene erste Frau nachhängt. Nach Hause, in die Spree-Kolonie Schön-Schornstein, kommt er nur zum Schlafen und Essen und um nach Tobias zu sehen, den seine zweite Frau, die vollbusige und breithüftige Lene, zugunsten ihres eigenen Säuglings vernachlässigt. Aus diesem prekären Gleichgewicht zwischen Dienst und Familie, zwischen himmlischer Minne und irdischer Fleischeslust, zwischen

Waldeinsamkeit und Dorfleben wird der einfältige, aber gutmütige und gottesfürchtige Mann aufgeschreckt, als Lene eines Tages in sein Heiligtum einbricht: Sie hat es sich in den Kopf gesetzt, in einem Feld nahe am Wärterhäuschen Kartoffeln zu stecken. Während sie damit beschäftigt ist und Thiel in einiger Entfernung die Geleise überprüft, gerät der von der Stiefmutter nicht beaufsichtigte kleine Tobias unter die Räder eines vorüberfahrenden Schnellzugs. Der Junge ist tot, der Vater bricht zusammen und wird mit Mühe ins Dorf zurückgebracht, wo er, von der verschreckten Lene bewacht, in einen totenähnlichen Schlaf verfällt. Am nächsten Morgen findet man die Frau mit gespaltenem Schädel und den Säugling mit durchschnittener Kehle. Thiel, an den Seinen zum Mörder geworden, kommt ins Irrenhaus.

Die 1888 in Conrads *Gesellschaft* abgedruckte und seither in vielen hunderttausend Exemplaren verbreitete Novelle gehört seit langem zur Schullektüre und ist, trotz ihres geringen Umfangs von knapp dreißig Seiten, eines der am häufigsten kommentierten Werke von Hauptmann geblieben. Man hat in ihr einen Höhepunkt und zugleich die Überwindung des Naturalismus sehen wollen, einen Markstein in der Geschichte der deutschen Erzählkunst, ein frühes Beispiel für das Eindringen der technisch-industriellen Welt in die Literatur, eine psychologische Fallstudie und vieles mehr. Zu Recht, denn diese (im Untertitel so bezeichnete) «Novellistische Studie» läßt sich von den verschiedensten, auch einander widersprechenden Gesichtspunkten aus durchleuchten. Wenn z. B. der Bahnwärter auch «naturalistisch» gesehen wird als milieugeprägte soziale Randfigur, so ist er, wahrhaft ein Bruder des Büchnerschen Woyzeck, doch zugleich symbolhaft überhöht das Sinnbild der leidenden Kreatur schlechthin. Und wenn die Geschichte eine mustergültige Novelle darstellt, so stößt sie zugleich schon an die Grenzen dieser Gattung als Beispiel eines Erzählens, das sich «nicht als ein Erfinden, sondern als ein Beobachten und ein Erkennen» versteht.[60] Andererseits vermissen wir, wenn die Eisenbahn hier wirklich stellvertretend für das Industriezeitalter ihren Einzug in die Literatur hält, jegliche Stellungnahme zur Problematik des technischen Fortschritts. Hauptmann selber stand ihm wertfrei gegenüber, die meisten seiner Zeitgenossen begrüßten ihn hoffnungsfreudig, wogegen viele unserer eigenen Zeitgenossen in ihm offensichtlich nur mehr eine Gefahr sehen. Was in Thiels ländlich-friedliche Welt einbricht, was hier vorbei«rast» und «-tobt» und «-jagt», ist für Hauptmann ebenso atemberaubend wie für uns

Heutige die Geschwindigkeit von Weltraumraketen: Dampfloks, deren Getöse «lauter und lauter werdend, zuletzt den Hufschlägen eines heranbrausenden Reitergeschwaders nicht unähnlich war». Wenn es auch kaum noch Leser geben dürfte, denen die Hufschläge einer Kavallerieeinheit im Ohr klingen, so gibt es andererseits wohl nur wenige, die sich dem Zauber dieser Prosa verschließen, die Einsicht vermittelt in den geheimen Zusammenhang von Natur- und Seelenschwingungen:

> Die Sonne goß ihre letzte Glut über den Forst [lesen wir gewissermaßen als Begleitmusik zu Thiels ausbrechendem Wahnsinn], dann erlosch sie. Die Stämme der Kiefern streckten sich wie bleiches, verwestes Gebein zwischen die Wipfel hinein, die wie grauschwarze Moderschichten auf ihnen lasteten. Das Hämmern eines Spechtes durchdrang die Stille. Durch den kalten, stahlblauen Himmelsraum ging ein einziges, verspätetes Rosengewölk. Der Windhauch wurde kellerkalt, so daß es den Wärter fröstelte. Alles war ihm neu, alles fremd.[61]

Trotz der Fertigstellung der beiden Novellen und der schon 1885 erfolgten Veröffentlichung von *Promethidenlos* bezieht Hauptmann, der jetzt eine Familie zu ernähren hat, immer noch keine Einkünfte durch seine Feder. Im Gegenteil, die finanzielle Lage droht katastrophal zu werden mit der Nachricht, daß der Verwalter des Thienemannschen Familienvermögens die Depots der Schwestern veruntreut und diese um den größten Teil ihrer Erbschaft gebracht hat. Wie so oft in Hauptmanns Leben erfolgt die Rettung auf dem Fuße und wie durch ein Wunder: Gerade jetzt stirbt die Augsburger Tante seiner Frau und hinterläßt dieser eine stattliche Summe.

Obwohl sich Mary nicht über seine fehlenden Einkünfte beklagt, glaubt er doch in ihrem ohnehin labilen Gemütszustand einen «fortwährenden stummen Vorwurf» zu sehen.[62] Aber vielleicht suggeriert ihm dies auch nur sein schlechtes Gewissen, nachdem er sie in einem Anfall von patriarchalischer Herablassung bedrängt hatte, das Hausmädchen mittags mit am Tisch essen zu lassen. Mary, zu Abstand zum Personal erzogen, sträubt sich dagegen; als sie endlich nachgibt, will das Mädchen seinerseits nicht mehr. Es erzählt die Geschichte jedoch in Erkner, wo man ohnehin über den jungen Schriftsteller den Kopf schüttelt, der vom Geld seiner Frau lebt und aus der Großstadt die absonderlichsten Ideen und Gewohnheiten (darunter ein Abonnement der sozialistischen Wochenzeitschrift *Die Neue Zeit*) mitgebracht hat. Der Argwohn ergreift auch die Behörden, als er im Wald ein Versteck von alten, wie er meint, gestohlenen Kleidern findet und dies demselben Amtsvorsteher von Busse meldet, dem er schon beim Anzeigen des Familienzuwachses unliebsam aufgefallen war. Mit einigen Abstrichen und Hinzufügungen ist die Episode in den *Biberpelz* eingegangen.

Bedenklicher als derartige Plänkeleien ist eine Vorladung, die Hauptmann von dem für Erkner zuständigen Amtsgericht erhält. – Heinrich Lux, ein ehemaliges Mitglied der «Gesellschaft Pacific», muß sich in Breslau gegen den Vorwurf verteidigen, einer Verbindung nahegestanden zu haben, «deren Dasein und Zweck» der Anklageschrift zufolge «vor der Staatsregierung geheimgehalten werden sollte»[63]. Damit will man natürlich nicht die wenigen verbliebenen Ikarier treffen, sondern die als Geheimbund diffamierten Sozialdemokraten, denen Lux ebenfalls angehört.

Alfred Ploetz, Carl Hauptmann, Ferdinand Simon und andere Ex-Ikarier, darunter der später als Mitarbeiter von Thomas Alva Edison bekannt gewordene Physiker Charles Proteus Steinmetz (der als erster Wissenschaftler im Labor einen künstlichen Blitz zündete), studieren in Zürich und können von der deutschen Justiz nicht belangt werden. Gerhart hingegen, der den Angeklagten nur flüchtig kennt und sich längst nicht mehr für utopische Siedlungen in Amerika interessiert, wird nichtsdestoweniger zweimal vor Gericht geladen und muß sich im November 1887 in Breslau über seine Beziehungen zu den Ikariern vernehmen lassen. Zwar will er die Frage des Untersuchungsrichters, ob er die Ansichten seines Freundes Ploetz teile, mit einem lutherisch-trotzigen: «Ich bekenne mich nur zu meinen Ansichten!» beantwortet haben; doch weist vieles darauf hin, daß er große Angst ausgestanden hat und von Glück sagen konnte, ungeschoren davongekommen zu sein.[64]

Relativ ungeschoren, denn es scheint, daß er spätestens zu diesem Zeitpunkt behördlich «erfaßt», d. h. als verdächtig eingestuft wurde und daß dieser Umstand kurz darauf einigen Berliner Journalisten zu Ohren gekommen ist. Wie dem auch sei, Lux wird zu einem Jahr, zwei Mitangeklagte werden zu kürzeren Gefängnisstrafen verurteilt. Hauptmann kommt wie gesagt mit dem Schreck davon, doch ist es ein Schreck, der sein ganzes Leben lang nachgewirkt hat. Obwohl er einen sehr negativen Eindruck von der Rechtsprechung und dem Umgangston der Justizbehörden davonträgt – «Hände aus den Taschen!» hatte ihn der Vorsitzende der Breslauer Strafkammer angeherrscht –, so führt diese Erfahrung doch zu keiner Annäherung an die sozialdemokratische Opposition. Diese Opposition, die einzige Alternative zum Bismarckisch-Wilhelminischen Obrigkeitsstaat, wird in Breslau von keinem geringeren als Wilhelm Liebknecht vertreten, der neben dem Reichstagsmitglied Paul Singer und anderen prominenten Sozialdemokraten als Entlastungszeugen aussagt. Ihnen gilt Hauptmanns Sympathie; aktiv unterstützt hat er sie nicht. «Stand ich dem Sozialismus nahe», schreibt er später, «so fühlte ich mich doch nicht als Sozialisten. Die Einzigkeit meines Wesens war es, auf der ich bestand und die ich gegen alles mit verzweifeltem Mut verteidigte.» Später bewahrt er seine Unabhängigkeit auch gegenüber der sozialdemokratischen Literaturkritik, die sich vom Verfasser der *Weber* ein klares ideologisches Engagement erwartet. Er teilt vollauf die Meinung von Otto Brahm, demzufolge es sehr wohl ein sozialistisches Publikum, aber kein sozialistisches Drama geben könne: «Wo die Partei siegt», prophezeit 1890 der führende Regisseur des deutschen Naturalismus, «stirbt das Kunstwerk.»[65]

Um sich von den Gerichtsstrapazen zu erholen, folgt Hauptmann der Einladung seines Bruders und fährt Ende Januar 1888 mit Mary und den Kindern auf längere Zeit nach Zürich. – Er wohnt bei Carl und Martha in der Freiestraße in Hottingen und stürzt sich in das geistige Leben der Stadt: Ploetz und Simon erzählen von ihren medizinischen Kollegs, Carl von seiner Arbeit bei dem Philosophen Richard Avenarius, der bei ihm auch im Hause verkehrt. Ein anderer Besucher in der Freiestraße ist der Psychiater Auguste Forel, Direktor der Landesheilanstalt Burghölzli. Durch ihn, der ihn die Hypnotisierung von Patienten miterleben läßt, erhält Hauptmann klinische Einblicke in die Symptomatologie und Therapie der Syphilis und des Alkoholismus, dessen soziale Aspekte ihn seit jeher fesseln. Im Fahrwasser von Ploetz wird er vorübergehend sogar zum Abstinenzler.

Noch leben Gottfried Keller und Conrad Ferdinand Meyer. Auf der Straße blickt ihnen Hauptmann ehrfurchtsvoll nach, wagt aber nicht, sie anzusprechen. Um so intensiver verkehrt er mit Altersgenossen wie John Henry Mackay, dem Romanschreiber und Aphoristiker Peter Hille und Karl Henckell, der die ihm in Zürich angetragene Stellung eines Reklamechefs bei der Suppenwürze-Firma Maggi ausgeschlagen und statt dessen einen Freund empfohlen hatte. Diesen Freund lernt Hauptmann kennen: Frank Wedekind, zwei Jahre jünger als er, hat den Posten bei Maggi jedoch schon wieder aufgegeben und zu schreiben begonnen. Auch er bewundert den literarischen Außenseiter Büchner, an dessen unweit von Carls Haus gelegenem Grab man gemeinsam einen Kranz niederlegt (Ludwig Büchner, der in Zürich ansässige Bruder des Dichters, hatte in *Kraft und Stoff* seine materialistisch-darwinistische Weltanschauung erörtert). Hauptmann liest Wedekind aus dem Manuskript eines *Lorenz Lubota* betitelten autobiographischen Romans vor, der von den sexuellen Nöten der Kindheit handelt und als verloren gilt. Der andere revanchiert sich, indem er ein paar schlüpfrige Lieder zur Laute singt, die den prüden Gerhart schockieren, und einige Details aus seiner Familiengeschichte zum besten gibt. Sein Vater, ein spleeniger Arzt, hatte im fernen San Francisco eine viel jüngere Schauspielerin geheiratet, mit der er sich, wie auch mit den Söhnen Frank und Donald, ganze Jahrzehnte hindurch streitet.

Doch so ausgedehnt sein Bekanntenkreis ist, Hauptmann verbringt durchaus nicht alle Zeit im Gespräch. Er besucht Konzerte, fährt auf einem Dreirad in die Umgebung, schwimmt im Zürichsee, geht in Versammlungen der Heilsarmee und trägt bei alledem seine Eindrücke von Personen und Landschaften, seine Erinnerungen an Redewendungen und Gesprächsfetzen und besonders seine literarischen Pläne in das Notizbüchlein ein, das er immer und überall mit sich führt. Mal sind es visuelle Eindrücke wie das Erscheinen des Wanderpredigers Johannes Guttzeit, den er zu Pfingsten 1888 in Zürich sieht und später in der Novelle *Der Apostel* verewigt. Es können aber auch akustische Reminiszenzen sein wie das Wuchten eines Webstuhls, das er beim Vorbeigehen an einem Haus auf dem Weg nach Burghölzli hört und von dem er viele Jahre darauf behauptet, es habe ihm die Idee eingegeben: «Du bist berufen, *Die Weber* zu schreiben. Der Gedanke führte sofort zum Entschluß.»[66] So leicht hat er es sich – und wurde es ihm – in Wirklichkeit natürlich nicht gemacht. Bevor ein Werk wie *Die Weber* entstehen kann, müssen Jugenderinnerungen und Familientradition, Studien und Lektüre, soziale Erkenntnisse und seelische Impulse aktiviert und von dichterischer Gestaltungskraft befruchtet werden.

Dennoch ist der Zürcher Sommer besonders reich an Anregungen oder «Auslösern», zu denen natürlich auch die Lektüre gehört. Er liest viel von und über den mit der Stadt eng verbundenen Ulrich von Hutten sowie Zola und Nietzsche (gegenüber dem er Wagner in Schutz nimmt), ferner Turgenjew, Dostojewski und vor allem Tolstoi, dessen im Bodenständig-Russischen wurzelnde *Macht der Finsternis* wiederum zu einem Erlebnis wird, nicht nur in bezug auf *Vor Sonnenaufgang*, sondern auf seine dichterische Selbstfindung überhaupt. Denn es wird ihm jetzt klar, daß er kein Epigone sein kann im Sinne, in dem der Literaturhistoriker Gervinus einst erklärt hatte, die Dichtkunst habe in Deutschland mit Goethe ihren Höhepunkt erreicht und einen Abschluß gefunden. Demgegenüber besinnt Hauptmann sich auf sein eigenes Erleben und beschließt, dieses von nun an zum Thema seiner Dichtung zu machen:

> Dieser Gedanke stand kaum gefestigt in mir, als ich aus einem Borger, ja Bettler ein recht wohlsituierter Gutsbesitzer geworden war. Ein immer wachsendes inneres, bisher unsichtbares Kapital gewann Sichtbarkeit. Meine Knabenzeit, die mir so gut wie entschwunden war, tauchte wieder auf, und in der Erinnerung an sie machte ich fast von Minute zu Minute neue Entdeckungen ... Der Gasthof zur Krone tauchte auf, das benachbarte Haus Elisenhof, die Brunnenhalle mit ihren Brunnenschöpfern. Die Schwestern der Mutter und der Großvater, somit der ganze Dachrödenshof ... Der Fuhrmann Krause sprach mich an, und der ganze mit Hausknechten, Kutschern, Wagen und Pferden belebte Kronenhof mit seinen Welten Unterm Saal. Die drängende Armut der Hintertreppe und mit alledem der Volksdialekt, der mir, wie ich mit Freuden erkannte, tief im Blute saß. Ich merkte nun, wo ich, schon eh ich die Sexta der Zwingerschule betrat, meine wahrhafte Lehrzeit vollendet hatte.[67]

Mit dem Einsetzen seines dichterischen Selbstverständnisses offenbaren sich zwei charakteristische Züge von Hauptmanns Schaffen, nämlich die starke autobiographische Komponente sowie die verwirrende Vielfalt von Themen und Motiven, die mit- und nebeneinander zur Gestaltung drängen. Nicht zuletzt aus diesem Grund weist seine Produktion fast so viele Fragment gebliebene wie vollendete Werke auf, von den zahlreichen Entwürfen ganz zu schweigen, die nie über ein paar Zeilen oder Szenen hinaus gediehen sind. Von der simultanen Beschäftigung mit den unterschiedlichsten Stoffen rührt überdies die unterschiedliche Inkubationszeit seiner Werke, von denen einige recht zügig, andere hingegen in mehreren Schüben bzw. erst nach einem längeren Reifeprozeß endgültige Form finden. Daraus erklärt sich auch das auf den ersten Blick befremdende Nebeneinander der Gattungen und Stile in seinen Werken, von denen sich die wenigsten auf den Naturalismus oder die Neuromantik oder den Symbolismus festlegen lassen, selbst wenn sie Kennzeichen dieser Stilrichtungen aufweisen und nicht selten sogar impressionistische oder expressionistische Züge tragen mögen.

Nach der Rückkehr aus der Schweiz und von einem längeren Aufenthalt in Hamburg verkehrt Hauptmann wieder mit seinen Berliner Schriftstellerkollegen, vor allem mit Bölsche und Wille, die sich im nahen Friedrichshagen niederlassen, zwischen Berlin und Erkner. Auch die Brüder Hart kehren der Stadt bald den Rücken und wohnen in diesem Vorort, in dem das Leben weniger anstrengend und erheblich billiger ist als im teuren Berlin. Gerade dorthin zieht es jetzt jedoch Hauptmann, der sich nach den Zürcher Erlebnissen nur schwer wieder an die Einsamkeit von Erkner gewöhnen kann. Vorläufig besucht man einander und liest aus den im Entstehen begriffenen Werken vor: Holz und Schlaf Anfang 1889 aus *Papa Hamlet* in Berlin, Hauptmann wenig später auf Besuch in Friedrichshagen aus dem «Säemann», der auf Rat von Arno Holz in *Vor Sonnenaufgang* umgetauft wird.

Im Juni 1889 erscheinen in der Villa Lassen zwei junge Leute, der Berliner Fotograf und Musiker Max Marschalk und sein Freund Emil Strauß, die sich auf einem Ausflug zufällig in Erkner befinden und dem Verfasser des *Bahnwärter Thiel* ihre Aufwartung machen wollen:

> Er lächelte erfreut und beschämt [schreibt Strauß, inzwischen selber ein bekannter Schriftsteller, viele Jahre später über seine erste Begegnung mit seinem zukünftigen Schwager Hauptmann], was ihm gut stand und ihn noch jünger erscheinen ließ, er führte uns ins Zimmer, machte uns mit seiner Frau bekannt, mit der Schwägerin Pin [Martha Hauptmann], dem Bruder Carl, dem Freund Schmidt, dem Maler, und mit Frank Wedekind, der noch einen demokratischen Schnurr- und Knebelbart trug. Wir tranken Tee, schwatzten von Literatur und sozialen Fragen, in denen sich der Reserve-Uniform tragende Carl besonders radikal gebärdete,

> und schließlich las uns Gerhart Hauptmann den ersten Akt des noch nicht vollendeten Dramas *Vor Sonnenaufgang* vor. Ich war hingerissen. «Naturalismus» und «Naturalismen» waren uns ja damals die Hauptsache, und so etwas wie Hauptmanns Vorlesen, so auch im kleinsten ausdrucksvoll und untheatralisch, unrhetorisch, hatte ich noch nicht erlebt.[68]

Mitte September verläßt Hauptmann, den es drängt, am literarischen und besonders am Theaterleben von Berlin teilzunehmen, die Villa Lassen und kehrt in die Stadt zurück. Er schlägt dabei die Mahnung des Regisseurs Alexander Heßler in den Wind, der von seinem Ehrgeiz weiß und ihn in seiner theatralischen Redeweise davon abzubringen sucht:

> Um Gottes willen, Mensch, Sie haben die hübscheste Frau und Kinder, Sie haben die nötige Rente, das nötige Kapital, um Gotteswillen, wer heißt Sie denn diesen blutsauren Weg betreten? Danken Sie Gott, und bleiben Sie, was und wo Sie sind![69]

Hauptmann bezieht eine Sechszimmer-Wohnung in der Schlüterstraße in Charlottenburg, groß genug, um die fünfköpfige Familie – ein dritter Sohn, Klaus, war am 8. Juli 1889 geboren worden – mitsamt dem Dienstmädchen und der Haushälterin aufzunehmen. Schon am Tag nach dem Umzug erreicht ihn ein Schreiben des Theaterdirektors Otto Brahm mit der Nachricht, der Verein «Freie Bühne» habe *Vor Sonnenaufgang* zur Aufführung angenommen. Die frohe Botschaft wird im Freundeskreis mit Champagner begossen, den Arno Holz bei dieser Gelegenheit zum ersten Mal trinkt, im festen Glauben, das gefeierte Stück sei «das beste Drama, das jemals in deutscher Sprache geschrieben worden ist».

DER SKANDALÖSE DURCHBRUCH

I

«Es sind keine zwei Monate», schreibt Theodor Fontane in der *Vossischen Zeitung* vom 21. Oktober 1889, «daß mir das Stück zu Händen kam. Gerhart Hauptmann. Wer war er? Und dann weiter: *Vor Sonnenaufgang. Soziales Drama.* Mit dem Mut einer eben überstandenen Sommerfrische beschloß ich ans Werk zu gehen. Das Büchelchen verkroch sich aber eine Woche lang unter den Papieren, bis es wieder in die Höh kam, und nun las ich es, las es von Anfang bis Ende in einem Zuge durch.»

Wäre Hauptmanns Leben, wäre die Geschichte der deutschen Literatur anders verlaufen, wenn das «Büchelchen» nicht wieder aufgetaucht, sondern vom Schreibtisch heruntergefallen und unbemerkt in Fontanes Papierkorb gelandet wäre? Höchstwahrscheinlich hätte sich *Vor Sonnenaufgang* früher oder später auch ohne die Fürsprache einflußreicher Förderer durchgesetzt. Doch gilt es wiederum zu bedenken, daß Hauptmann nicht nur Dramen schreiben konnte wie kaum ein anderer deutscher Dichter, sondern daß er an den Wendepunkten seines Lebens auch Glück hatte wie kaum ein anderer.

Tatsächlich ist es ein günstiger Zufall, daß Fontane das ihm vom Verfasser zugeschickte Buch liest und, wie er diesen in einem Dankschreiben versichert, sich darüber gleich mit Otto Brahm verständigt, «der mir, als Direkteur der ‹Freien Bühne›, der Mann der Situation zu sein scheint».

Otto Brahm, 1856 als Otto Abrahamsohn geboren und in bescheidenen Verhältnissen aufgewachsen, hatte eine Banklehre absolviert, Germanistik studiert und Theaterkritiken verfaßt; in seiner Begeisterung für die neue Literatur ist er dann selber zum Theater gegangen und hat gerade Ibsens *Gespenster* inszeniert. Als Regisseur befindet er sich unter den nicht weniger als achtzig Interessenten und möglichen «Multiplikatoren», die der frischgebackene, aber längst nicht mehr naive Stückeschreiber mit einem Freiexemplar der Buchausgabe von *Vor Sonnenaufgang* bedenkt. Überdies ist Brahm Chefredakteur der *Freien Bühne für modernes Leben*, einer von dem jungen Verleger Samuel Fischer herausgegebenen Zeitschrift, aus der später *Die neue Rundschau* wird. Damals diente die *Freie Bühne* noch vorwiegend als Publikationsorgan einer dem Pariser Théâtre Libre nachgebildeten Organisation, die im Februar 1889 in einem Restaurant der Reichshauptstadt ins Leben gerufen worden war.

Es ist der Theaterverein «Freie Bühne Berlin», zu dessen Gründungsmitgliedern neben Brahm und Fischer auch der Publizist und ehemalige Schauspieler Maximilian Harden, der spätere Burgtheater-Direktor Paul Schlenther, der mittelmäßige Bühnenautor und hervorragende Übersetzer Ludwig Fulda und einige andere gehören. Sie beabsichtigen, in geschlossenen, d. h. nicht der Zensur unterworfenen Vorstellungen «moderne Dramen von herausragendem Interesse» auf die Bühne zu bringen. Daß diese vorwiegend der neuen Richtung angehören würden, versteht sich von selbst; heißt es doch in der *Freien Bühne*, daß die moderne Kunst, «so sie ihre lebensvollsten Triebe ansetzt, ... auf dem Boden des Naturalismus Wurzel geschlagen» habe.[70]

Wie begrüßenswert das ist, zeigt das Schicksal des *Generalfeldoberst* von Ernst von Wildenbruch. Unter der Leitung von Adolph L'Arronge wird dieses durchaus traditionelle Stück im selben Jahr 1889 am Deutschen Theater in Berlin einstudiert, als ein Allerhöchster Befehl die Aufführung des «Trauerspiels im deutschen Vers» im letzten Moment untersagt. Obwohl es sich bei dem Verfasser um einen entfernten Verwandten des Kaisers handelt – Wildenbruchs Vater war der uneheliche Sohn des Prinzen Louis Ferdinand von Preußen gewesen –, stößt sich S. M. an einigen Zeilen, die gegen das mit den Hohenzollern verbündete Haus Habsburg gerichtet sind. Da die Uraufführung des Hauptmannschen Stückes jedoch privat stattfindet, steht weder ein Donnerwort von oben zu befürchten noch ein Einspruch der preußischen Zensurbehörde, der bis 1918 jedes aufzuführende Theaterstück vorgelegt werden muß. (Der Reichsgewerbeordnung von 1850 zufolge unterlag jede Körperschaft, die durch Veranstaltungen Gewinn erzielte, der Zensur. Theaterstücke im besonderen mußten vierzehn Tage vor der Aufführung in zwei

Verein Freie Bühne.

Sonntag, den 20. October 1889.

Vor Sonnenaufgang.

Soziales Drama in fünf Aufzügen von **Gerhart Hauptmann.**

Krause, Bauerngutsbesitzer	Hans Pagay.
Frau Krause, seine zweite Frau	Louise von Pöllnitz.
Helene, Krause's Tochter erster Ehe	Elsa Lehmann.
Hoffmann, Ingenieur, verheirathet mit Krause's anderer Tochter erster Ehe	Gustav Kadelburg.
Wilhelm Kahl, Neffe der Frau Krause	Carl Stallmann.
Frau Spiller, Gesellschafterin bei Frau Krause	Ida Stägemann.
Alfred Loth	Theodor Brandt.
Dr. Schimmelpfennig	Franz Guthery.
Beibst, Arbeitsmann auf Krause's Gut	Paul Pauly.
Guste, Mägde auf Krause's Gut	Sophie Berg.
Liese, Mägde auf Krause's Gut	Clara Hayn.
Marie, Mägde auf Krause's Gut	Antonie Ziegler.
Baer, genannt Hopslabaer	Ferdinand Meyer.
Eduard, Hoffmann's Diener	Edmund Schmasow.
Miele, Hausmädchen bei Frau Krause	Helene Schüle.
Die Kutschenfrau	Marie Gundra.
Golisch, genannt Gosch, Kuhjunge	Georg Baselt.

Ort der Handlung: ein Dorf in Schlesien.

Regie: Hans Meery.

Nach dem ersten Akt findet eine Pause statt.

Theaterzettel der Uraufführung von «Vor Sonnenaufgang».

identischen Exemplaren dem Polizeipräsidenten vorgelegt werden, der nicht verpflichtet war, Streichungen oder Verbote zu begründen.) Auch haben die Vereinsmitglieder bereits ihren Jahresbeitrag entrichtet, so daß die Sorge um den kommerziellen Erfolg wegfällt. Trotzdem führt die *Sonnenaufgang*-Premiere, am Sonntagnachmittag, dem 20. Oktober 1889, im Lessing-Theater, zu einem der großen Skandale der Bühnengeschichte. Und das aus gutem Grund.

Das in der Gegenwart, also in den 1880er Jahren in einem schlesischen Dorf spielende Drama ist ein vielschichtiges Werk. Auf erster Ebene schildert es das Leben der Bauernfamilie Krause, die dank der unter ihrem Land gefundenen Kohlenlager plötzlich reich geworden ist. Das Familienoberhaupt, der alte Krause, verbringt seine Tage in der Kneipe, aus der er, vollgelaufen, erst frühmorgens nach Hause torkelt – daher der Titel *Vor Sonnenaufgang* (der sich, im Hinblick auf die Figur des Alfred Loth, aber auch ideologisch deuten läßt). Krauses Frau, die Bäuerin, hat die Lebensweise reicher Leute angenommen; das Parvenuhafte in Sprache und Benehmen scheint jederzeit durch. Grotesk als «Dame» aufgedonnert, schlemmt und säuft auch sie und nimmt sich ihren gleichermaßen verkommenen Neffen mit ins Bett. Krauses haben keine Kinder, dem Alten sind aus erster Ehe jedoch zwei Töchter verblieben. Die eine, Martha, ebenfalls Trinkerin, ist mit dem Ingenieur Hoffmann verheiratet und erwartet gerade ihr zweites Kind; das erste war schon als kleines Kind an ererbtem Alkoholismus gestorben. Helene, die andere Tochter, ist Abstinenzlerin. Von ihrer Erziehung bei den Herrnhutern hat sie sich geistige und moralische Wertvorstellungen bewahrt, die ihr die Kraft geben, unter der Fuchtel ihrer Stiefmutter auszuharren. Unter anderm muß sie sich gegen die Nachstellungen sowohl ihres Schwagers Hoffmann als auch ihres eigenen Vaters zur Wehr setzen, der sich im Suff an ihr vergreift: «Bien iich nee a hibscher Moan?» grölt er beim Verlassen des Wirtshauses. «Hoa iich nee a hibsch Weibla dohie hä? ... Hoa iich nee an poar hibsche Madel?»[71]

In diesem von Trunksucht und Inzest gezeichneten Haushalt erscheint, zunächst als Lichtfigur, der Redakteur und Sozialreformer Alfred Loth. Er ist der Hergereiste, der die Krise zum Ausbruch bringt, wie es Anna Mahr in *Einsame Menschen*, Moritz Jäger in den *Webern* und manche andere Hauptmann-Figur in weiteren Stücken tun wird. Ihm verdankt die Handlung ihre Dynamik. Loth und Hoffmann waren Kommilitonen auf dem Gymnasium gewesen. Die

Wiedersehensfreude weicht jedoch bald der Erkenntnis, daß sie sich einander entfremdet, ja, in entgegengesetzter Richtung entwickelt haben. Der eine hat seine Jugendträume von einer besseren Welt vergessen, er hat die reiche Bauerntochter Martha Krause geheiratet und ist zu Geld und Einfluß gekommen. Der andere hat für seine Ideale Opfer gebracht, als er für eine verbotene Vereinigung Geld sammelte, mit dem Gesetz in Konflikt geriet und zwei Jahre Gefängnis absitzen mußte; er nutzte die Zeit, um ein volkswirtschaftliches Buch zu schreiben. Auf der Materialsuche für eine Studie über die Ausbeutung der Grubenarbeiter ist er jetzt unvermutet in dem Dorf gelandet, in dem sein ehemaliger Schulkamerad als Bergwerksleiter zu den Honoratioren gehört. Während Loth den – wie immer beim frühen Hauptmann – sehr präzisen Bühnenanweisungen zufolge mit einem «gleichmäßig ernsten Ausdruck» in die Welt sieht und «ordentlich, jedoch nichts weniger als modern gekleidet» auftritt, hat sich der neureiche, mit «kostbaren Ringen, Brillantknöpfen im Vorhemd und Berloques an der Uhrkette» angetane Hoffmann der Mode verschrieben.

Als die beiden sich gesprächsweise abtasten, kommt die Rede auch auf Loths Junggesellendasein. Es erklärt sich teils aus seiner Tätigkeit als jederzeit verfügbarer Sozialarbeiter und Publizist, teils aus der in dieser Tätigkeit gewonnenen Erkenntnis, daß er wegen der zu erwartenden Kinder nur eine an Körper und Geist gesunde Frau heiraten könne. «Vorzüglich», lacht Hoffmann bei dieser Eröffnung, «dann wird ja wohl vorher eine ärztliche Untersuchung der Braut notwendig werden!» Sobald Loth aber auf den Zweck seines Aufenthaltes zu sprechen kommt, sucht der andere ihn von der Einfahrt in die Grube abzuhalten, bei der mancher Mißstand aufzudecken wäre. Er beruft sich auf die alte Freundschaft und stellt großzügige Wohlfahrtsspenden in Aussicht, falls Loth von seinem Vorsatz absähe. Wenn dieser sich trotzdem nicht davon abbringen läßt, dann hat das zwar mit seinem penetranten Drang zur Weltverbesserung, aber auch mit Helene zu tun. Sie hat sich nämlich in Loth verliebt und sieht in ihm nicht nur den zukünftigen Mann, sondern einen möglichen Erretter:

HELENE, *weinend an Loths Halse, stürmisch.*
Ach, wenn ich doch gar nicht mehr von dir fortmüßte! Am liebsten ginge ich gleich auf der Stelle mit dir!

LOTH.

Du hast es wohl sehr schlimm hier im Hause?

HELENE.

Ach, du! – Es ist ganz entsetzlich, wie es hier zugeht; ein Leben wie – das... wie das liebe Vieh – ich wäre darin umgekommen ohne dich – mich schaudert's.

Loth erwidert ihre Gefühle: «Du bist mir alles in allem!» Trotzdem kommt es, wie es wohl kommen mußte: Kaum haben sich die beiden ihre Liebe eingestanden, als unter Wimmern und Schreien Marthas Wehen einsetzen. Für die Alkoholikerin droht es eine schwierige Geburt zu werden. Der Arzt wird gerufen, Dr. Schimmelpfennig, den Loth ebenfalls aus seiner Studentenzeit her kennt. Während sich die Wöchnerin oben quält, erfährt Schimmelpfennig unten im Wohnzimmer von Loth, daß dieser Helene zu heiraten gedenkt. Er hält es für seine ärztliche Pflicht, dem auf erbbiologische Gedankengänge fixierten Studienfreund zu bestätigen, daß seine Braut einer Trinkerfamilie entstammt und als belastet gelten muß: «Ich kann dir als Arzt noch sagen», fügt er tröstend hinzu, «daß Fälle bekannt sind, wo solche vererbte Übel unterdrückt worden sind, und du würdest ja gewiß deinen Kindern eine rationelle [!] Erziehung geben.» Aber Loth hat schon zuviel gehört. Er macht sich aus dem Staube und hinterläßt Helene einige Zeilen. Sie stürzt ins Zimmer, das er soeben verlassen hat, findet den Zettel, überfliegt ihn in höchster Erregung und schreit: «Zu En-de!» Während Martha ein totgeborenes Kind zur Welt bringt, nimmt Helene einen Hirschfänger von der Wand und ersticht sich. In diesem Augenblick kehrt der Vater aus dem Wirtshaus zurück:

> Man hört nun die schwere Haustüre aufgehen [lesen wir in einer Regieanweisung am Ende des fünften Aktes, in dem die Gestik mindestens so wichtig ist wie das gesprochene Wort] und dröhnend ins Schloß fallen, das Schrittegeräusch des im Hausflur herumtaumelnden Bauern, schließlich seine rohe, näselnde lallende Trinkerstimme ganz aus der Nähe durch den Raum gellen: «Dohie hä? Hoa iich nee a poar hibsche Tächter?»

Melodramatisch und allzu dick aufgetragen? Für den heutigen Geschmack vielleicht. Aber so verstaubt dies und jenes an *Vor*

Sonnenaufgang auch sein mag, in guter Inszenierung – etwa mit einer Helene vom Rang einer Else Lehmann, die die Rolle kreierte und damit ihre Laufbahn als «Deutschlands Else» (Alfred Kerr) begann – könnte das «Schnaps- und Zangenstück», wie die Berliner es nannten, auch heute noch wirken. Bei seiner Geburt stand Ibsen Pate, dessen *Gespenster* Hauptmann kurz zuvor auf der Bühne gesehen hatte, und Zola mit dem Vorwort zu *Thérèse Raquin* und erst recht mit dem Essay *Le Roman expérimental* (1880), demzufolge die Aufgabe des Schriftstellers im klinisch-objektiven Aufzeigen von abnormalen sozialen Vorgängen und deren Auswirkungen auf die Gesellschaft liegt. Außerdem hatte Tolstoi gerade eine ähnliche, durch Alkohol, Inzest und plötzlichen Reichtum zerrüttete bäuerliche Welt in dem Drama *Macht der Finsternis* geschildert. Zu den deutschen Vorbildern gehört die bereits erwähnte Erzählung *Papa Hamlet* von Holz und Schlaf, die zuerst das psychologische und sprachliche Neuland erschloß, in dem auch *Vor Sonnenaufgang* angesiedelt ist. Hauptmann sah in dieser Erzählung einen ersten Versuch, «die Sprechgepflogenheiten der Menschen minuziös nachzubilden durch unartikulierte, unvollendete Sätze, monologische Partien, kurz, den Sprecher, wie er stammelt, sich räuspert, spuckt, in früher unbemerkten Einzelheiten darzustellen»[72]. So ist es nur folgerichtig, daß er sein Drama Holz und Schlaf bzw. dem fiktiven Autor Bjarne P. Holmsen zueignet «in freudiger Anerkennung der durch sein Buch empfangenen entscheidenden Anregung».

Vieles, was in *Vor Sonnenaufgang* eingeht, liegt damals in der Luft: Darwins Abstammungstheorie in ihrer Überarbeitung durch Ernst Haeckel, der allgemeine Fortschrittsglaube des 19. Jahrhunderts, Hippolyte Taines Milieutheorie, die Anfänge des wissenschaftlichen Sozialismus. Anderes stammt aus Hauptmanns eigenem Erleben, von der fortschreitenden Industrialisierung auch vormals ländlicher Gebiete über den mit «Leipziger Geschichte» umschriebenen Breslauer Sozialistenprozeß bis hin zur Gestalt des Alfred Loth, die viele Züge des Freundes Ploetz trägt.

Doch ist das Stück mehr als die Summe seiner Teile. Es verdankt seinen Elan der Offenheit, mit der es ein soziales Problem, den Alkoholismus, in seiner Genese und ohne Beschönigung auch in seinen Auswirkungen schildert. So behandelt es, im Gegensatz zu Goethes *Iphigenie* und Schillers *Jungfrau von Orleans*, Hebbels *Maria Magdalena* und Brechts *Kaukasischem Kreidekreis*, kein universelles, dafür aber ein brandaktuelles Thema. Und diese Behandlung überzeugt um so mehr, als (in Übereinstimmung mit der Dramentheorie des Naturalismus) das entgegengesetzte Prinzip, hier also die totale Abstinenz, nicht durch einen bravourösen Sympathieträger vertreten wird, sondern durch eine Figur wie Alfred Loth. In ihm sind verschiedene geistige Strömungen verkörpert, ohne daß sie sich unbedingt vermischen: die christliche Nächstenliebe und der Vernunftglaube des Humanisten, der klassenkämpferische Impuls des Sozialismus und die altgermanische Ideologie eines Felix Dahn, dessen *Kampf um Rom* Helene ausdrücklich als Lektüre empfohlen wird anstelle des Goetheschen *Werther* («ein Buch für Schwächlinge»). Trotzdem haben wir in Loth, dessen Funktion als handlungsauslösender Sendbote der Außenwelt an Ibsensche Helden oder vielmehr Antihelden erinnert, kein Bündel von Abstraktionen vor uns, sondern einen durchgeformten Charakter. Als geborener Pedant will er das ungewohnte Landleben «durchgenießen», stellt sich aber so spießig an, daß sein Freund Schimmelpfennig kopfschüttelnd feststellen muß: «Ein bissel Humor könnte dir gar nicht schaden!» Vor allem stellt er Hauptmanns geniale Vorwegnahme eines Menschentyps dar, den es im damaligen Deutschland erst in Ansätzen gab, dessen Jünger zur politischen Linken wie zur Rechten in unserem Jahrhundert aber ganze Länder verwüstet haben: Loth ist, in Taschenformat gewissermaßen, der Typ des schmallippig-selbstgerechten Parteitheoretikers und Menschheitsbeglückers, der im Dienste einer Ideologie über Leichen geht.

Ein Publikum, das an die Gesellschaftsdramen von Paul Lindau und Charlotte Birch-Pfeiffer, an Übersetzungen der Lustspiele von Victorien Sardou, an preußisch-patriotische Dramen und allenfalls noch an Klassikeraufguß wie Laubes *Karlsschüler* oder Gutzkows *Königsleutnant* gewöhnt war, mußte durch die Thematik und Sprache von *Vor Sonnenaufgang* aus der Fassung gebracht werden. Man bevorzugte im Theater und als Lesestoff unterhaltsam Bildendes im Stil der weitverbreiteten *Gartenlaube*, die in der Definition und Verbreitung mittelständischer Wertvorstellungen etwa dem heutigen *Reader's Digest* entsprach. Oder die Verse des gerade verstorbenen Emanuel Geibel, der so formschön zu sagen gewußt hatte, «was er dacht' und empfand», oder auch die kunstvoll nachgearbeiteten Novellen eines Dichters, der später zwar einen Nobelpreis erhielt, aber oft verspottet wurde:

Nun also flüstert leise:
Ich singe von Paul Heyse.
....
Gesalbt sind seine Löckchen,
und alle Unterröckchen
beginnen bang' zu zittern,
wenn seinen Duft sie wittern...[73]

Weitaus markigere Töne schlug Wildenbruch in seinem märkisch-dynastischen Drama *Die Quitzows* an, das in Berlin zwischen 1888 und 1890 über hundertmal gespielt wurde. Darin hatte der Hohenzollernsproß bereits versucht, seine epigonal-klassizistische Diktion durch die gelegentliche Einfügung berlinischer Dialektausdrücke zu beleben.

Hauptmann blieb es vorbehalten, das Drama aus dieser Sackgasse herauszuführen, indem er in *Vor Sonnenaufgang* durch den Gebrauch der Umgangssprache, den Verzicht auf Verse, Anleihen bei der Mundart u. ä. m. der seit Jahrhunderten unangefochtenen Modellfunktion der Dichtersprache ein Ende setzte. Es war eine Befreiungstat, die den 20. Oktober 1889 in den Augen eines bekannten Philologen später zu einem Wendepunkt in der Entwicklung der deutschen Sprache machte.[74] Zugespitzt ließe sich sagen, daß die Deutschen an diesem Tag aufhörten, sich die Ausdrucksweise ihrer Dichter zum sprachlichen Vorbild zu nehmen.

Vor diesem Hintergrund können wir den Kontrast ermessen, der zwischen der noblen Agnes herrschte, die in den *Quitzows* im Königlichen Opernhaus zu Berlin deklamiert:

Sieh – diese Träne – wie ein Tropfen Bluts
Aus deinem Herzen quillt sie dir vom Auge –
So trink' ich sie im Kuß und so bewahr' ich
In mir dein heiliges geliebtes Herz...[75]

und der Frau Krause, die, nur wenige Straßen entfernt im Lessing-Theater, in Hauptmanns Alkoholikerdrama eine Magd fortjagt, die mit dem Großknecht geschlafen hat:

Doas Loaster vu Froovulk! Marie! Ma-rie!! unter menn Dache? Weg muuß doas Froovulk!... *Die heulende Magd vor sich hertreibend, aus dem Stall.* Du Hurenfroovulk du! – *Die Magd heult stärker.* – Uuf der Stelle naus! Sich deine sieba Sacha z'samme und dann naus!

Der Skandal ist vorprogrammiert; seit dem Erscheinen der Buchausgabe weiß das Publikum, was es zu erwarten hat, auch wenn einiges gar zu Grelle, wie die Schreie der Wöchnerin, dann doch weggelassen wird. Trotzdem können die Mitglieder des Vereins «Freie Bühne», zumeist mittelständische, darunter auch viele jüdische Intellektuelle, nicht über ihren eigenen Schatten springen. Nachdem es schon geraume Zeit im Zuschauerraum geknistert und der Gynäkologe Dr. Isidor Kastan zu Anfang des zweiten Aktes, als der lüsterne alte Krause nach seiner Tochter Helene grapscht, sich von seinem Sitz erhoben und «Sind wir denn hier in einem Bordell oder in einem Theater?» gerufen hatte, entlädt sich das Gewitter vollends im letzten Akt. Kaum kommt Schimmelpfennig auf die Degeneration der Familie Krause und die daraus resultierenden Schwierigkeiten bei Marthas Entbindung zu sprechen, da springt Dr. Kastan abermals auf, zieht eine vorsorglich mitgebrachte Geburtszange aus der Tasche, schwenkt sie weithin sichtbar über seinem Kopf und wirft sie auf die Bühne. – Ungeheure Aufregung im Publikum, unter dem sich auch Max Liebermann und Richard Dehmel befinden; das Stück kann nur mit Mühe zu Ende gespielt werden. Um die Menge zu beruhigen und zum friedlichen Auseinandergehen zu bewegen, erscheint der Autor vor dem Vorhang. Er sieht dabei so jung und unschuldig aus, daß sich Fontane an einen Satz erinnert fühlt, den er gerade in den Memoiren eines Gerichtsmediziners gelesen hat: «Meine Mörder sahen alle aus wie junge Mädchen.»[76]

Das Echo der Presse ist geteilt, wenn auch überwiegend negativ. «Hier ist der reinste Schmutz», ereifert sich der *Reichsbote*, «und fußtief waten wir das ganze Stück hindurch darin herum.» Heinrich Hart hingegen, der mit seinem Bruder Julius gerade die theoretischen Grundlagen des Naturalismus skizziert hat, ist in der *Täglichen Rundschau* besonders von Hauptmanns Sprache angetan, die «so köstlich frisch, natürlich und lebensvoll ist, wie es das Wesen des Dramas erlaubt.»[77]

Die Geister scheiden sich vor allem an Loth, von dem vielerorts angenommen wird, Hauptmann habe sich seiner als Sprachrohr eigener Überzeugungen bedient. Dabei hatte das bürgerliche Publikum der «Freien Bühne» während des Streitgesprächs zwischen dem

Sozialreformer Loth und dem arrivierten Unternehmer Hoffmann lauthals für den letzteren Partei genommen. Man brauchte kein Reserveoffizier oder Militärpfarrer zu sein, um sich an Loths Behauptung zu stoßen, es sei verkehrt, «den Henker zu verachten und selbst, wie es die Soldaten tun, mit einem Menschenabschlachtungs-Instrument, wie es der Degen oder der Säbel ist, an der Seite stolz herumzulaufen« – eine Aussage, die im Dritten Reich wiederum als so brisant empfunden werden wird, daß die Herausgeber der sogenannten Ausgabe letzter Hand sie mit Hauptmanns Zustimmung stillschweigend gestrichen haben.[78] Immerhin bleibt es bezeichnend für Hauptmann, daß sich die Sympathie des Publikums genauso spontan der anderen Seite zuwenden konnte. Als *Vor Sonnenaufgang* am 9. November 1890 in der (von Bruno Wille und anderen als Gegenstück zur bürgerlichen «Freien Bühne» gegründeten) «Freien Volksbühne Berlin» gegeben wird, erklären sich die überwiegend sozialdemokratischen Zuhörer mit Loth solidarisch. Die Frage, ob der Autor seine eigenen Grundsätze in der einen oder anderen Figur zum Ausdruck gebracht hat, bleibt bei alledem so müßig wie die Frage, ob Goethe sich mit Tasso oder mit Antonio identifiziert habe: Er war der eine wie der andere und zugleich keiner von beiden.

Es dauert noch ein paar Jahre, bis Hauptmann sich endgültig auf der deutschen Bühne etabliert hat. Vorläufig ist er nur ein Dramatiker unter anderen, und *Vor Sonnenaufgang* wird keineswegs so häufig gespielt wie die eigentlichen Erfolgsstücke jener Jahre, wie Hermann Sudermanns *Ehre* oder Max Halbes *Jugend* oder Hauptmanns eigener *Biberpelz*. Trotzdem setzt die Premiere vom 20. Oktober 1889 auch in seinem Leben ein Zeichen. Verleger und Theaterleute interessieren sich von nun an für den jungen Stückeschreiber, der ein so bühnenwirksames Drama mit so dankbaren Rollen verfaßt hat. Schon das nächste Werk, *Das Friedensfest*, wird in Buchform von S. Fischer herausgebracht, mit einer ganz außergewöhnlichen, von Hauptmann (der sich wohl auch seiner Frau gegenüber endlich mal als Geldverdiener erweisen will) in zähen Verhandlungen erreichten Tantieme von 20 Prozent. Noch untrüglichere Beweise eines Durchbruchs sind Verlagsstatistiken – die zweite Auflage von *Vor Sonnenaufgang* erscheint noch im selben Jahr, 1892 sind es bereits sechs – und Parodien. Die erste, *Nach Sonnenaufgang*, sieht Hauptmann selber im Dezember 1889 im sogenannten «Parodietheater» in der Oranienstraße. Ähnlich wie einst die *Freuden des jungen Werthers* von Friedrich

Nicolai endet die Posse mit der Heirat statt dem Selbstmord, indem Loth fragt: «Geld in Masse – immer bei Kasse. Willst du mich, Helene?», und diese auf berlinerisch antwortet: «Dir alleene!»

Hauptmann mag sich dabei amüsiert haben, mehr auf jeden Fall als bei der Lektüre von Conrad Albertis *Im Suff – Naturalistische Spital-Katastrophe* (1890). Alberti, in Hauptmanns Augen ein «Oppositionskriecher» und «jüdischer Antisemit» (der Otto Brahm wegen seines Judentums angegriffen hatte), gehört zu den relativ wenigen Menschen, die er nicht ausstehen kann.[79] Auch in dieser Satire wird das Verhältnis Loth–Helene aufs Korn genommen, auch hier geht es berlinerisch zu, ganz nach dem auf dem Titelblatt angeführten Sprichwort «Die Liebe und der Suff, / das reibt den Menschen uff.» Vielleicht hat Hauptmann sich mit dem Gedanken getröstet, daß parodiert letzten Endes so viel bedeutet wie arriviert.

II

Der *Vor Sonnenaufgang*-Premiere folgen in kurzen Abständen die Uraufführungen zweier anderer Stücke. Damit erweist es sich, daß der so plötzlich ins Rampenlicht geratene junge Mann ein geborener Dramatiker ist, der seinem ersten aufgeführten Werk weitere und ebenbürtige an die Seite zu stellen vermag. Übrigens ist die Frage, ob Hauptmann mit *Vor Sonnenaufgang* nicht nur ein Zufallstreffer gelungen sei, eigentlich schon im Frühjahr 1890 mit einer sehr positiven Rezension des nächsten Stückes beantwortet. Otto Brahm hat *Das Friedensfest* als Vorabdruck in der *Freien Bühne* gebracht und vergleicht den Verfasser dieser «Familienkatastrophe», wie das Stück im Untertitel benannt ist, nun ohne weiteres mit Ibsen.

Die Uraufführung findet am 1. Juni statt, wiederum unter dem Patronat des Vereins «Freie Bühne». Daß auch sie erfolgreich verläuft, hat der Autor weniger dem zum Duzfreund avancierten Regisseur Brahm zu verdanken als dessen Starschauspieler, der in letzter Minute von einem Wiener Gastspiel zurückgekehrt ist und seine Rolle nicht einmal gelesen hat:

> Erst in seiner Garderobe überflog er den Text so ungefähr [berichtet später der gutmütige Hauptmann] und betrat die Bühne, ohne

> nur eine einzige Probe mitgemacht zu haben. Als er nach dem letzten Akt die Bühne verlassen hatte, drückte er sich mit beiden Fäusten die Schläfe, und ich hörte ihn sagen:
> «Kinder, Kinder, habt ihr eine Ahnung, was ich in diesen anderthalb Stunden durchgemacht habe.» Er hatte sich in der Tat jedes einzelne Wort aus dem Souffleurkasten herausholen müssen. Die meisten aber gingen auf seine freie Erfindung zurück.[80]

Doch ist Josef Kainz mit seiner souveränen Mimik und seiner hellen, quasi federnden Stimme ein so begnadeter Künstler, daß er in der Rolle des Wilhelm Scholz auch unvorbereitet wahre Beifallsstürme entfesseln kann. – Was das neue Drama von dem vorangegangenen unterscheidet, ist die strenge, an Schillers *Braut von Messina* gemahnende und Hauptmanns eigenes Spätwerk vorwegnehmende klassische Form. Im *Friedensfest* herrscht Einheit der Zeit, des Ortes, der Handlung; es gibt praktisch keinen Dialekt und trotz der Erwähnung von Erkner keine Bindung an eine bestimmte Lokalität. Dafür lastet über dem ganzen die Aura eines dumpfen Fatums, eines von den Göttern verhängten Fluches.

Das Stück beruht im wesentlichen auf den gelegentlichen Bemerkungen, die Frank Wedekind im Zürcher Freundeskreis und bei einem späteren Besuch in Berlin über seine Familienverhältnisse hatte fallen lassen. Einiges mag auch von Max Müller stammen, dessen Vater ebenfalls ein medizinischer Sonderling gewesen war. Hauptmann macht daraus die Tragödie des an der Schwelle zum Greisenalter stehenden Dr. med. Fritz Scholz, eines Haustyranns, der seine erheblich jüngere Frau, seine Söhne Robert und Wilhelm sowie die Tochter Auguste jahrelang malträtiert hat. Als Wilhelm eines Tages zufällig mithört, wie der Vater gegenüber einem Stalljungen seine Frau und die Mutter seiner Kinder des Ehebruchs bezichtigt, ohrfeigt er den Alten, woraufhin beide, Vater und Sohn, das Haus verlassen. Diese Vorgeschichte wird durch kunstvoll in den Dialog eingeflochtene Rückblenden nachgeliefert. Die Handlung als solche setzt damit ein, daß die beiden Männer einige Jahre später, ohne voneinander zu wissen und ausgerechnet zu Weihnachten (daher der ironische Titel *Das Friedensfest*), wieder nach Hause kommen zu Frau Scholz, die mit dem zynischen Robert und der altjüngferlich-säuerlichen Auguste in der Villa verblieben war. Der Alte, heruntergekommen und an Verfolgungswahn leidend, zieht sich schmollend ins

Obergeschoß zurück, während Wilhelm von seiner Braut Ida bewogen wird, sich doch endlich mit dem Vater zu versöhnen.

Bei dem für diesen völlig unerwarteten Wiedersehen wirft Wilhelm sich ihm tatsächlich zu Füßen und erheischt Vergebung für die Ohrfeige. Der Alte hebt ihn auf und verzeiht ihm, doch ist der wiederhergestellte Familienfriede nur von kurzer Dauer. Bei der Bescherung macht der andere Sohn, Robert, sich über die Weihnachtsstimmung lustig, die Ida verbreitet im Bestreben, die verbleibenden Spannungen zu entschärfen. Kaum ist man mit dem Absingen von *Ihr Kinderlein kommet* zu Ende, da entfährt ihm auch schon der Ausdruck «Kinderkomödie!». Ein Wort gibt das andere, im Nu schlägt die Rührseligkeit in Gereiztheit um. Den Alten trifft der Schlag, die Hinterbliebenen überhäufen einander mit Vorwürfen, bei fallendem Vorhang schreitet Wilhelm mit seiner Ida «aufrecht und gefaßt» einer ungewissen Zukunft entgegen.

Das ist alles recht deutlich aus dem Stoff gefertigt, den der jugendlich-arglose Wedekind vor seinen Zuhörern ausgebreitet hatte, vom streitbaren Vater über die symbolschwere Ohrfeige bis zur Tätigkeit des einen Sohnes als Reklamechef. Das Äußere dieses Sohnes wiederum («mittelgroß, schmächtig, im Gesicht hager und blaß... Schnurr- und Kinnbart») ähnelt auffallend dem des etwa dreißigjährigen Wedekind. Dieser rächt sich an Hauptmann, indem er in seiner Komödie *Die junge Welt* den Dichter Franz Ludwig Meier auftreten läßt, einen bartlosen Jüngling in Jaegerscher Normalkleidung, der mit dem Notizblock in der Hand seinen vertrauensseligen Freunden lauscht und ihre Mitteilungen «Wort für Wort, stenographisch gewissermaßen, seinem Theaterpublikum als realistische Delikatesse vorsetzt»[81]. In der ursprünglichen Fassung des Stückes, *Kinder und Narren*, war die Persiflage noch um vieles schärfer ausgefallen und auch der Erfolg von *Vor Sonnenaufgang* verulkt worden:

> Tolstoi [heißt es dort über Hauptmann alias Meier] hatte ihm zum Muster gedient. Tolstoi nennt sein Drama «Die Macht der Finsternis», Meier nennt es «Vor Hellwerden»... Man war geblendet. Das Wiederaufblühen der deutschen Literatur schien verbürgt.

Hauptmann wiederum mokierte sich bei anderer Gelegenheit über Wedekinds «Darminhaltstücke»[82]. Trotz dieser und anderer Scharmützel verkehrten die beiden weiterhin miteinander und hüteten sich, ihre häufigen Meinungsverschiedenheiten in offene Feindschaft ausarten zu lassen.

Wer Menschen realistisch darstellen will, besonders auf der Bühne, auf der sie ja sprechen und sich bewegen müssen, wird sich bewußt oder unbewußt wohl immer an Modelle halten. Und wer beim Schreiben so tief aus Selbsterlebtem schöpft wie Hauptmann, wird auch vor der eigenen Familie nicht haltmachen. Beim dritten seiner «großen», für die Literatur- und Theatergeschichte bedeutsamen Stücke, bei *Einsame Menschen* (1891), drängt sich die Modellsuche auf, obwohl sie zum Genuß des betreffenden Werkes nicht mehr beiträgt als beispielsweise der Befund der positivistischen Goethe-Forscher, daß Charlotte von Stein das Urbild der Iphigenie gewesen sei. Wenn Hauptmann von den Eltern des Johannes Vockerat sagt, er habe sie «in Onkel und Tante Schubert geschenkt erhalten», dann weist er auf einen Tatbestand hin, der weit über *Einsame Menschen* hinausreicht. Für das Gesamtwerk läßt er sich in der Feststellung zusammenfassen, daß Hauptmann zwar keinen ihm bekannten Zeitgenossen direkt nachgezeichnet, wohl aber praktisch jeder von ihm erschaffenen Figur Züge verliehen hat, die nicht nur aus dem Leben im allgemeinen gegriffen sind, sondern aus der Persönlichkeit bzw. aus den Lebensumständen eines spezifischen Mitmenschen.

Das ist besonders in *Einsame Menschen* der Fall, dem Drama, in dem sich der Dichter am dichtesten an seine Familie heran- bzw. sich diese am rigorosesten vom Leibe geschrieben hat. Auch ist dieser Aspekt das Interessanteste an dem Stück geblieben, zu dessen Ideengehalt der Kritiker und Hauptmann-Freund Alfred Kerr schon 1910 zu Recht bemerkt hat: «Hie Darwin–Haeckel, dort Gottesfurcht: Das ist heute kein Kampfgegenstand mehr.»[83] Dagegen gilt das Abkonterfeien der eigenen Frau oder des Bruders oder des besten Freundes bis zum heutigen Tage nicht nur als «Kampfgegenstand», sondern als Schlüssel zur Psyche des Schreibenden.

Einsame Menschen ist die Tragödie des jungen Johannes Vockerat, der in seinem gutbürgerlich eingerichteten Haus am Müggelsee an einem naturwissenschaftlichen Buch laboriert und halb an seiner eigenen Zerfahrenheit und Überreiztheit zugrunde geht und halb am Unverständnis der Mitwelt. Seine larmoyante und vom Wochenbett geschwächte Frau Käthe sorgt sich nur um das Kind. Sein Vater, ein Gutspächter von robustem Gottvertrauen und einer raumfüllenden, das jeweils Gesagte mit einem «tja!» absegnenden Jovialität, versteht

Johannes ebensowenig wie die auf häusliche Wohlanständigkeit bedachte Mutter oder sein Studienfreund, der verkrachte Maler Braun. Es gibt überhaupt nur einen Menschen, mit dem der an seiner Arbeit und am Sinn des Lebens verzweifelnde Privatgelehrte reden kann: die russische Studentin Anna Mahr, die wegen fortschrittlicher Überzeugungen die Heimat verlassen mußte und als Hausgast vorübergehend bei dem jungen Ehepaar Vockerat wohnt. Mit ihr diskutiert Johannes seine Arbeit und die bevorstehende geistige und gesellschaftliche Wende in der Welt, die auch die Gleichberechtigung der Frau herbeiführen wird und damit die Möglichkeit einer wirklichen, durch keine bürgerlichen Vorurteile beengten Seelenfreundschaft zwischen den Geschlechtern:

> Seit sie hier ist, erlebe ich gleichsam eine Wiedergeburt. Ich habe Mut und Selbstachtung zurückgewonnen. Ich fühle Schaffenskraft, ich fühle, daß das alles geworden ist unter ihrer Hand gleichsam. Ich fühle, daß sie die Bedingung meiner Entfaltung ist. Als Freundin, verstehst du wohl. Können denn Mann und Weib nicht auch Freunde sein?

Doch der welterfahrene Braun, der die Russin bei Vockerats eingeführt hatte, sieht tiefer:

> Hannes! Nimm mir's nicht übel, du hast den Dingen niemals gern nüchtern ins Auge gesehen.

Mit einem verräterischen Kuß, nach dem sie sich nur mit Mühe von Johannes losreißt, verläßt Anna das Haus. Sie empfindet Mitleid mit der stumm leidenden Ehefrau und weiß, daß man in revolutionären Zeiten ohnehin nicht seinen privaten Gefühlen leben darf, sondern diese dem gesellschaftlichen Fortschritt zum Opfer bringen muß. Käthe und die alten Vockerats, die, sehr gegen den Willen ihres Sohnes, die Studentin ihrerseits herauskomplimentiert haben, sitzen am Abend ihrer Abreise zusammen. Sie atmen auf, als Braun in höchster Aufregung ins Zimmer stürzt und nach dem Freund fragt: «Ich habe so ein Gefühl, als ob man um alles in der Welt Hannes jetzt nicht allein lassen dürfte.» Im Nu springt seine Besorgnis auf die anderen über, man eilt hinaus in den nächtlichen Garten, aber es ist zu spät. Johannes Vockerat, der nicht mehr an Gott und noch nicht

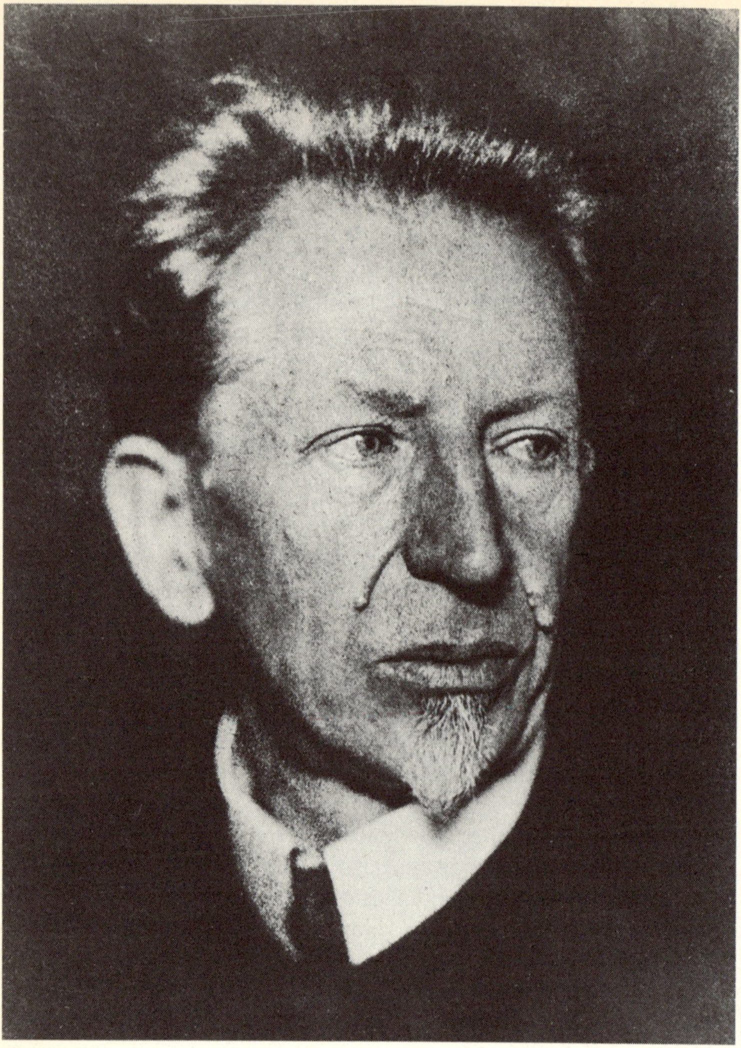

Carl Hauptmann, aufgenommen von Hugo Erfurth (um 1910).

recht an die Naturwissenschaft glaubt, der weder mit seiner Freundin Anna Mahr leben darf noch ohne sie leben kann, hat sich im Müggelsee ertränkt.

Gerhart hatte sich von seinem Bruder die Erlaubnis erbeten, sich aus dessen Leben und Wesen das eine oder andere für seinen Helden zu «borgen». Tatsächlich ist in die Figur des Johannes Vockerat vieles von Carl Hauptmann eingegangen, von der Reizbarkeit im täglichen Umgang mit Freunden und der Familie über das Haeckel-Bild an der Wand des Arbeitszimmers bis zur Unzufriedenheit mit dem angestrebten Ziel. Nicht nur droht Carls Ehe damals in die Brüche zu gehen; er arbeitet zwar noch an der 1893 veröffentlichten *Metaphysik in der modernen Physiologie*, ahnt aber bereits, daß die Literatur seinem rhapsodischen, um künstlerischen Ausdruck bemühten Geist gemäßer ist als die Naturwissenschaft. In anderem wiederum erinnert Vockerat an Gerhart selber, so in der ablehnenden Haltung gegenüber der zu Anfang des Stückes zelebrierten Kindestaufe (Hauptmann läßt seine Söhne erst taufen, als sie von ihren Schulkameraden als «Heiden» gehänselt werden). Genauso tragen die alten Vockerats Züge von Gustav und Julie Schubert, der Maler Braun von Ferdinand Simon und Hugo Ernst Schmidt, der die Taufe vollziehende Pastor Kollin von verschiedenen Geistlichen, deren salbungsvolle Art schon den Landwirtschaftseleven in Lohnig und Lederose abgestoßen hatte.

Aufschlußreicher als derartige Übereinstimmungen ist der vom Dichter selbst erwähnte Umstand, daß das geheime Vorbild der Käthe Vockerat, nämlich Carls Frau Martha, geb. Thienemann, «mit keinem Zug in das Werk gelangt»[84]. Was hat Hauptmann bewogen, den unglücklich verheirateten Bruder so unmißverständlich nachzuzeichnen, die Schwägerin hingegen nicht nur auszusparen, sondern durch die eigene Frau zu ersetzen? Denn es ist nicht die energische Martha, sondern die schüchterne Mary, die sich hier von ihrem Mann versichern läßt, daß er sie nicht «fressen» will:

JOHANNES. Wie steht's mit dem Essen, Käthchen?
FRAU KÄTHE, *unsicher*. Draußen auf der Verandah, dacht' ich.
JOHANNES. Wie denn? Ist gedeckt draußen?
FRAU KÄTHE, *zaghaft*. Ist dir's nicht recht? Ich dachte ...
JOHANNES. Käthel, nicht so zimmtig tun! Ich fress' dich nicht auf. – – Das ist mir wirklich schrecklich.

KÄTHE, *gezwungen, fest.* Ich hab' draußen decken lassen.

JOHANNES. Na ja! Natürlich! – Es ist ja sehr gut so. – Als ob ich 'n Menschenfresser wäre!

Als Hauptmann dies schrieb, war seine Ehe, anders als die des Bruders, durch keinen Außenstehenden gefährdet. Haben wir hier ein Beispiel des bei ihm so wichtigen Antizipierens vor uns, seiner Gabe der Vorausschau, die an jene frühen Zeiten gemahnt, als ein Dichter noch ein *vates* war, ein Prophet oder Seher? Ahnt er, was seiner eigenen Ehe bevorsteht, und bestraft er in der Gestalt des jungen Vockerat vorwegnehmend sich selber für alles, was er Mary im Verlauf der nächsten Jahre antun wird? Haben wir in diesem Stück, das ihm zeitlebens eines der liebsten aus seiner Feder bleibt, eine «diskrete Irreleitung»[85] vor uns, oder spielt der Dichter des Sowohl-Als-auch hier eine seiner Rollen durch, indem er den Ehebruch probt? Das dem Stück lammfromm vorangestellte Motto: «Ich lege das Drama in die Hände derjenigen, die es gelebt haben» gibt darüber keine Auskunft. Die Familienkonstellation klärt hingegen vieles, was dem Text nicht zu entnehmen ist und dennoch zu diesem auch heute noch interessierenden Stück gehört, mit dem z. B. im September 1985 die Saison im Volkstheater Wien eröffnet wurde.

III

Hauptmanns wachsender Dichterruhm schlägt sich nicht nur in ständig steigenden Auflageziffern, einem immer weiter reichenden kritischen Echo und der Erschließung neuer Bühnen nieder:

Vor Sonnenaufgang hat seine Premiere im Lessing-Theater, *Das Friedensfest* im Ostendtheater, *Einsame Menschen* im vornehmen Residenztheater; mit *Kollege Crampton* entwächst der Dichter 1892 der Schirmherrschaft des Vereins «Freie Bühne» und erobert sich das Deutsche Theater Berlin, neben dem Burgtheater die führende Bühne der deutschsprachigen Welt. Wie bei anderen Menschen, denen solches widerfährt, löst der plötzliche Erfolg, der «Durchbruch», auch bei ihm Veränderungen im Verhältnis zu seinen Nächsten aus. Die Eltern, besonders der Vater, der Georg im Hamburger Kaffee-Importgeschäft zur Hand geht, sind stolz auf ihren Jüngsten und betrachten ihn fortan als eigentliches Haupt der Familie. Zwar ist ihm die Schwester Charlotte, die zeitweise bei Carl und Martha wohnt, noch immer nicht sonderlich gewogen; doch freut sich Georg, inzwischen Vater von sechs Kindern, über jeden Besuch des Bruders und der Schwägerin. Diese, die schöne und etwas geheimnisvolle Mary, in die fast alle Freunde ihres Mannes ein wenig verliebt sind, hatte fünf Jahre zuvor einem armen und ziellos dahintreibenden Studenten ihre Hand gegeben und ist nun die Frau eines berühmten und von vielen Menschen umschwärmten Dichters.

Anders liegen die Dinge für Carl Hauptmann. Er weiß sich selber im Besitz dichterischer Gaben, er hat dem Bruder bei dessen ersten literarischen Gehversuchen geholfen und zuletzt noch zu *Vor Sonnenaufgang* telegrafisch als zur «ersten Tat für die Unsterblichkeit» gratuliert. Zugleich sieht sich Carl jedoch auf dem Gebiet übertroffen, auf dem er sich immer dringender ebenfalls betätigen möchte. Nachdem er die Gelegenheit hatte vorübergehen lassen, an einer völkerkundlichen Expedition nach Brasilien teilzunehmen, verliert er vollends das Interesse an der naturwissenschaftlich-philosophischen Laufbahn, für die er zunächst prädestiniert schien (noch 1896, als sein erstes Schauspiel *Marianne* bereits erschienen war, ist er in Zürich als Nachfolger seines Lehrers Avenarius im Gespräch). Der vorherrschenden, mechanistischen und positivistischen Forschungsrichtung kann er wenig abgewinnen; statt dessen drängt es ihn nach Berlin, wo er Anschluß an das literarische Leben zu finden hofft und ihn im S. Fischer Verlag auch findet. Damit gerät der Akademiker und Reserveoffizier ins Fahrwasser des jüngeren Bruders, der nichts von alledem erreicht und Carl dennoch weit hinter sich gelassen hat.

Carl und Martha haben keine Kinder, können also leicht umziehen. Kaum ist seine Frau nach Berlin vorausgereist, da lernt der ruhelose Ehemann im Seminar bei Avenarius eine junge polnische Studentin kennen. Josepha Krzyzanowska, Urbild der Anna Mahr in *Einsame Menschen* (auf die auch Ibsens Rebekka West in *Rosmersholm* [1886] und andere literarische Vorgänger abgefärbt haben, während Hauptmanns Heldin ihrerseits mehrere Frauenfiguren im dramatischen Werk Anton Tschechows beeinflußt), stammt aus vornehmem Hause, hat sich aufgrund ihrer sozialistischen Überzeugungen von ihrer Familie getrennt und will Naturwissenschaftlerin werden. Zu diesem Zweck ist sie – wie vor ihr schon die Russin Louise von Salomé, die spätere Lou Andreas-Salomé – nach Zürich gegangen, an eine der wenigen Universitäten, die bereits Frauen zum Studium zulassen. Carl unternimmt mit Josepha eine Fußtour durch die Zentralschweiz. Bevor sie nach Berlin reist, trägt er ihr auf, sich bei Martha zu melden; er besteht darauf, daß Frau und Geliebte sich duzen, und führt Josepha später auch beim Bruder und der Schwägerin ein. – Wir wissen nicht, was die konventionell erzogene, aber keineswegs beschränkte Mary über diese frühe Emanzipierte gedacht hat. Aber es liegt nahe, daß die Gefährdung der Ehe ihrer Schwester auch ihr Sorgen bereitet, und das um so mehr, als Gerhart sich begeistert zeigt von dieser exotischen «jungen Dame von Güte, Geist und Entschlossenheit, die, durchaus nicht als Schönheit anzusprechen, doch bestrickenden Reiz ausübte... und eine ungesuchte, wunderbar kluge und klare Überlegenheit» an den Tag legte.

Sie ist ganz sein Typ – oder einer seiner Typen –, diese Nachfahrin der russischen Generalstochter (auch sie hatte Anna geheißen, der Name verdichtet sich bei Hauptmann bald zur Chiffre für unerfüllte Liebe), in die sich der Schüler während der Sommerferien verliebt, und jener Malja aus Dorpat, deren hellwacher Geist dem Capri-Besucher so imponiert hatte. Josepha Krzyzanowski heiratet später einen Arzt, wandert mit ihm nach Amerika weiter und verschwindet aus dem Gesichtsfeld der Brüder Hauptmann. Daß sie in der Tat eine ungewöhnliche Frau war, erhellt neben ihrem Fortleben in *Einsame Menschen* und in mehreren Werken von Carl Hauptmann auch ihr Abschiedsbesuch bei den Brüdern und ihren Ehefrauen in Schreiberhau. Bei dieser Gelegenheit fließt viel Alkohol, wobei Josepha tapfer mithält, bis Gerhart, hingerissen von so viel weiblicher Kameradschaftlichkeit, mit großer Geste das Glas, aus dem er ihr zugetrunken hat, in den Kamin schmettert. Damit wähnt er einer jener slawischen Sitten zu folgen, die Angehörige prosaischerer Völker so faszinieren. Doch weist ihn die junge Frau spöttisch zurück, indem sie «O nein!» ruft und lachend auf ihre Bergstiefel weist: «Ein wahrer Kavalier trinkt bei uns aus den kleinen Schühchen der Angebeteten!»[86]

Für das Leben von Gerhart Hauptmann, der sich anfangs auf Marthas Seite geschlagen und dem Bruder die Leviten gelesen hatte, bleibt dessen in *Einsame Menschen* tragisch verbrämter Seitensprung zunächst ohne Bedeutung. Später, nachdem er ähnliches durchgemacht hat, nennt er die eigene Handlungsweise vorgegeben durch die des Bruders, so als handle es sich bei Heirat und Ehetrennung nicht um freie Entscheidungen, sondern um dem menschlichen Willen nicht zugängliche Kettenreaktionen:

> Drei Brüder hatten drei Schwestern geheiratet [wird es dann heißen], der Abfall des einen von dieser so ungewöhnlichen und so schönen Trinität konnte nur ihren Verfall bedeuten. Ich spürte bereits das Gift einer eiternden Wunde, das in mich drang, sah es gleichsam auch Mary ins Blut treten, binnen kurzem alles vergiften, die Zukunft, ja sogar die schöne Vergangenheit.[87]

Bevor es dazu kommt, rücken die beiden Familien noch einmal eng zusammen. Kaum haben sich Carl und Martha in Berlin eingerichtet, da unternehmen sie mit Gerhart und Mary und dem aus Hamburg zurückgekehrten Vater eine Fußwanderung durch das Riesengebirge. In Mittel-Schreiberhau entdecken sie ein großes, altes Bauernhaus, das ihnen sofort gefällt; es ist von einem ausgedehnten Park mit Wiesen und Buchen umgeben und hat sogar einen Forellenteich. Das Anwesen ist zum Verkauf angeboten, die Brüder und Schwestern greifen zu und beschließen, einer plötzlichen Eingebung folgend, zusammenzuziehen und sich hier anzusiedeln. Gesagt, getan: Der mit den Geschäftsusancen vertraute Vater leitet die Verhandlungen und drückt den Preis auf 12500 Mark herunter. Obwohl es nur ein umgebautes Bauernhaus ist und keine Gründerzeit-Villa wie die meisten Neubauten im florierenden, besonders von Berlinern bevorzugten Kurort Schreiberhau, vervielfältigt sich der Wert des Anwesens in wenigen Jahren. Als Gerhart um die Jahrhundertwende vorübergehend unter finanziellen Druck gerät, kann er seinen Anteil am Haus mit einer Hypothek von 60000 Mark belasten. Durch Hinzufügung eines zweiten Stockwerkes mit durchgehendem Altan wird das Gebäude erweitert und so unterteilt, daß die beiden Ehepaare, in getrennten Räumlichkeiten und mit jeweils eigener Küche, separate Haushalte führen und doch unter einem Dach wohnen können. Und wenn es trotzdem einmal eng wird, dann können sie hinausgehen in den dreißig Morgen großen Besitz, der viel Baumbestand und eine Anzahl urtümlicher Granitblöcke aufweist und dazwischen immer wieder weite Ausblicke bietet, hinüber zum Eulenberg mit seiner katholischen Kirche, auf einsame Bauernhöfe und auf den Kamm des Riesengebirges am Horizont. Der Umbau wird von Gerhart überwacht, der sich einen kleinen Pavillon aus Holz errichten läßt, in dem er von den Kindern ungestört arbeiten kann.

Als erstes kommt *Kollege Crampton* an die Reihe, die Trinkerkomödie um den Breslauer Malprofessor James Marshall und Hauptmanns erstes Erfolgsstück in finanzieller Hinsicht. Es bringt – wie könnte es anders sein bei der Aufarbeitung gerade dieses Lebensabschnittes – erneut viel Selbsterlebtes, wie etwa die Behauptung des jugendlichen Frechdachses Max Strähler, der seinem Lehrer Crampton versichert: «Das bißchen Kunst, was wir heutzutage in Deutschland haben, das macht mir nicht bange, damit kann ich schon konkurrieren.» Genau das hatte sich auch der Kunstschüler Hauptmann gedacht, dessen Mutter eine geborene Straehler war. – Das mitten in der Arbeit an den *Webern* niedergeschriebene Stück ist kein Beitrag zur Weltliteratur, enthält aber eine große komische, später von Albert Bassermann ins Tragikomische vertiefte Rolle, eben die des Professors Crampton. Es wurde vom Premierenpublikum freundlich aufgenommen und von Otto Erich Hartleben noch im selben Jahr durch einen hinzugefügten sechsten Akt parodistisch verlängert.

Hauptmann arbeitet in Schreiberhau aber vor allem an den «schlesischen» Stücken, an den *Webern* und an *Hanneles Himmelfahrt.* Doch bleibt er nie lange dort wohnen und zieht nach wenig mehr als drei Jahren zurück nach Berlin, während Mary mit den Kindern nach Dresden geht. Noch vorher führen ihn wiederholte Reisen von Schreiberhau nach Wien, wo *Einsame Menschen* Ende 1891 als erstes seiner Stücke im Burgtheater gegeben wird, und nach Berlin. Dort trifft er sich mit Brahm und S. Fischer und läßt sich vom alten Fontane in die Potsdamer Straße einladen, um «am Sonntag 6 Uhr bei uns den bekannten Löffel Suppe zu essen»[88]. In diesen Jahren muß der Dichter, der ziemlich unvermittelt wenn noch nicht in die «feine», so doch in die literarisch interessierte Berliner Gesellschaft aufgestiegen ist, bisweilen Lehrgeld zahlen wie auf dem Empfang nach der Aufführung von Ibsens *Gespenstern* durch die «Freie Bühne», auf dem der Kritiker und Lustspielautor Paul Lindau mit dem Glas in der Hand auf ihn zutritt, um ihm zum Erfolg von *Vor Sonnenaufgang* zu gratulieren. Aus irgendeinem Grunde zeigt Hauptmann ihm die kalte Schulter, woraufhin der andere eine vernichtende Kritik des Stückes veröffentlicht (später werden sie dennoch Freunde). Eine andere Lektion ergibt sich aus Begegnungen mit Männern wie Henrik Ibsen, Johannes Brahms und Richard Strauss, nämlich die Erkenntnis, daß von einem bestimmten Bekanntheitsgrad an der Begriff der Freundschaft einem Wandel unterliegt. «An die Stelle der Freunde von früher», lesen wir im autobiographischen Fragment *Zweites Vierteljahrhundert*, «mit denen mich reine Neigung verband, traten zunächst Geschäftsfreunde. Ich sage: zunächst. Denn wenn sich mancher Geschäftsfreund später zum Freunde entwickelt hat, so war dies zunächst nicht vorauszusehen. Ich habe Geschäftsfreund in keinem degradierten Sinne gesagt. Es ist aber nicht zu leugnen, daß Dr. Paul Schlenther und Dr. Otto Brahm, die mir den Weg zur Bühne öffneten, es nur meines Dramas wegen getan haben. Um meinetwegen sicherlich nicht.»

Die Versuchung liegt nahe, diese Äußerung von ihrem Datum her zu interpretieren. Sie stammt aus dem Jahre 1938, als der Ausdruck «Geschäftsfreund», wenn er einen Juden betraf, tatsächlich oft in «degradierendem Sinn» gebraucht wurde. Doch war Hauptmann beileibe kein Antisemit. Auch schlägt die Enttäuschung über einige Freunde aus den frühen Jahren schon in den Tagen zu Buche, von denen hier die Rede ist. Als z. B. Adalbert von Hanstein, der ihn einst in den Verein «Durch!» eingeführt hatte, unter einem Pseudonym in einer *Berliner Zeitung* eine abfällige Kritik des *Friedensfestes* veröffentlicht, macht sich der erboste Autor Anfang 1891 in einem Epigramm Luft:

> Wir gingen mitsammen Hand in Hand,
> solange wir schritten durch flaches Land.
> Dann stieg ich bergauf und ließ dich allein;
> nun wirfst du Kiesel hinter mir drein.

Erkundungsfahrten führen in diesen Jahren an die Schauplätze des einen oder anderen unter den vielen Dramen, die zur gleichen Zeit in ihm reifen. Im Frühling 1891 fährt er zweimal ins Eulengebirge, um mit alten Webern zu sprechen, die sich noch an den Aufstand vom Juni 1844 erinnern. Im folgenden Jahr geht die Reise nach Franken, wo *Florian Geyer* spielen wird.

So bleibt wenig Muße für Schreiberhau, obwohl sich inzwischen Freunde wie John Mackay und Bruno Wille ebenfalls dort angesiedelt haben. Wilhelm Bölsche wird sogar Ehrenbürger des Ortes, dessen Bürgermeister einmal verkündet haben soll, es gäbe in ihm alles «außer Seeraub»[89]. Eine nette Übertreibung. Mit dem Rückgang der seit alters her etablierten Glasindustrie – das im Riesengebirge spielende Drama *Und Pippa tanzt!* trägt ja den Untertitel «Ein Glashüttenmärchen» – läßt man eben nichts unversucht, um den Fremdenverkehr anzukurbeln. Man preist die landschaftliche Schönheit des Kurortes an, seine klimatischen Vorzüge und den im übrigen Deutschland noch wenig gepflegten Wintersport. Darunter versteht man in erster Linie die Abfahrten mit den sogenannten «Hörnerschlitten», wie sie Fontane in dem Berliner Gesellschaftsroman *Die Poggenpuhls* (1896) schildert, von der Neuen Schlesischen Baude herab ins Tal, aber auch schon das Skifahren: «Der Kühnste von allen ist Hauptmann», berichtet ein anderer Schlesier, der Kritiker und Dramaturg Felix Hollaender. «Die Schlittenfahrt ist für ihn nur ein harmloses Wagnis. Am wohlsten fühlt er sich, wenn er mit seinen Schneeschuhen die Berge hinunterjagt... Wer ängstlich ist, dem fährt ein leiser Schrecken durch die Glieder, wenn er den Schneeschuhläufer gleichsam von den Bergen herabfliegen läßt.»[90] Neben dem sommerlichen Schwimmen bleibt das Skilaufen viele Jahre lang ein von Hauptmann gern betriebener Sport, für den er sich die «Schneeschuhe» eigens aus Norwegen besorgt hat.

Trotz allem überläßt Gerhart, der Haupteigentümer bleibt, dem Bruder seinen Anteil an Haus und Grundstück schon im Herbst 1894. Carl Hauptmann, nicht Gerhart, findet in Schreiberhau die Heimat, der er, von wenigen Reisen abgesehen, bis ans Lebensende treu bleibt. Hier schreibt er das im Riesengebirge spielende Bauerndrama *Ephraims Breite* und die dramatische Dichtung *Die Bergschmiede*, hier verfaßt er das grobianische *Rübezahlbuch*, in dem der schlesische Berggeist von allem rationalistisch-ironischen Beiwerk gereinigt wird, mit dem ihn einst der Aufklärer Johann Karl August Musäus versehen hatte. Diese Werke wirken in vielem «schlesischer» als etwa die *Versunkene Glocke* des Bruders, die eine weniger angeborene als angelesene Vertrautheit mit den Legenden und Überlieferungen dieses Landstrichs verrät. Tatsächlich hatte Gerhart, als er 1891 aus der Schlüterstraße nach Schreiberhau zog, nach den im großstädtischen Berlin verbrachten Jahren seine Heimat fast vergessen.

Er entdeckt sie jetzt in Schreiberhau wieder, langsam und auf zwei Ebenen. Im Kreatürlichen wird die Wiederentdeckung durch das Erleben der Riesengebirgs-Landschaft gefördert, deren «suggestive und alles durchdringende Kraft» sich ihm nur zögernd offenbart; im Geistigen durch die Belebung dieser Landschaft mit Gestalten aus den (meist vorchristlichen) schlesischen Sagen, wie sie ihm in den Sammlungen entgegentreten, die er jetzt liest. Darunter befinden sich Jacob Grimms *Deutsche Mythologie* und Hoffmann von Fallerslebens *Schlesische Volkslieder*. Über beide dürfte sich Hauptmann mit dem Lehrer Wilhelm Winkler unterhalten haben, der einen Fremdenführer für die Umgebung verfaßt hat und überhaupt gern die Honneurs von Schreiberhau macht. Neben den im wesentlichen realistischen *Webern* und dem *Fuhrmann Henschel* gehören die Märchendramen *Die versunkene Glocke* sowie *Und Pippa tanzt!* zu den Werken, in denen die spezifisch in Schreiberhau gewonnene Vertrautheit mit dem Land und den Menschen und den Märchen seiner Heimat zu voller Blüte gelangt. Und wenn zumindest die Märchendramen nur noch in der Literaturgeschichte weiterleben, nicht aber auf der Bühne, dann hat das neben anderem gewiß auch mit ihrer Verwurzelung in einer Erde zu tun, die für die nachgewachsenen Generationen nicht mehr unbedingt als deutsch gilt und denen der schlesische Dialekt nicht mehr vertraut klingt.

«NU JA JA! – NU NEE NEE!»

I

Das Jahr 1893, das Hauptmann in Berlin, zum Teil in Schreiberhau und auf Reisen verbringt, bezeichnet den ersten, weithin sichtbaren Höhepunkt seines Schaffens und einen Höhepunkt der deutschen Literatur. Denn es hat niemals zuvor und auch nicht danach einen Dichter gegeben, der in einem einzigen Jahr drei Werke auf die Bühne bringt, die, ein jedes auf seine Art, so bahnbrechend wirkten wie *Die Weber*, *Der Biberpelz* und *Hanneles Himmelfahrt*.

Die Anfänge der *Weber* reichen tief in Hauptmanns Jugend zurück, in die eigene Familiengeschichte. «Deine Erzählung vom Großvater», heißt es in der dem Stück vorangestellten Widmung an den Vater Robert Hauptmann, «der in jungen Jahren, ein armer Weber, wie die Geschilderten hinterm Webstuhl gesessen, ist der Kern meiner Dichtung geworden.» Das klingt pietätvoll und ist es auch, doch bleibt es bezeichnend für den Naturalisten Hauptmann, daß er sehr genaue Studien in Büchern und vor Ort betreibt und das Familiäre und Persönliche im Faktischen aufgehen läßt. Die Erinnerung an den Großvater, an die junge Weberin auf dem Lande bei Neapel, an das Wuchten des Webstuhls, das er in Zürich auf dem Weg zur Kantonalirrenanstalt Burghölzli gehört hatte – alle diese Impulse hätten sehr leicht verpuffen oder ganz andere Werke auslösen können. Was *Die Weber* von den meisten anderen Dramen nicht nur der deutschen Literatur unterscheidet, ist weniger die emotionale Bindung des Autors an die Thematik seines Stückes, als die Authentizität, mit der er dieses Stück vor uns ausbreitet, und das Augenmaß, das er dabei walten läßt. Darin liegt, nebenbei gesagt, auch der Grund, weshalb der politisch belanglose Weberaufstand von 1844 überhaupt in die Geschichte eingegangen ist. Anders als Shakespeares *Julius Caesar* oder Goethes *Egmont* oder Schillers *Jungfrau von Orleans* oder Brechts *Leben des Galilei* stellt er kein Thema dar, das auch ohne dichterische Überhöhung in unserem Bewußtsein weiterleben würde. «Wieso ist so ein kleines lokales Ereignis durch mein Drama über die Welt gegangen?» fragt Hauptmann selber einmal rhetorisch, um sogleich hinzuzufügen: «Weil irgend etwas in vielen Ländern Gemeinsames darin mitschwang.»[91]

Die Bücher, aus denen er sich über den Weberaufstand unterrichtete, sind bekannt. Es sind die Augenzeugenberichte von Alexander Schneer und Wilhelm Wolff aus den Jahren 1844 bzw. 1845 sowie Alfred Zimmermanns *Blüte und Verfall des Leinengewerbes in Schlesien* (1884). Ihnen hat er nicht nur den allgemeinen Verlauf der Ereignisse entnommen, sondern auch zahllose Einzelheiten bis zu Personennamen wie Ansorge und Hornig und lokalen Anspielungen wie den Ruf der Bielauer als eines unternehmungslustigen Völkchens (weshalb er den aufrührerischen Bäcker aus Langenbielau kommen läßt). – Doch beruht die «Wahrheit», deren Wiedergabe als das oberste Gesetz des Naturalismus galt und die hier auf jeder Seite unmißverständlich durchschlägt, auf mehr als nur Familientradition und Bücherstudium. Sie geht auch auf Hauptmanns Vertrautheit mit der Gegend zurück, in der das Stück spielt. Gerade zu der Zeit, als er in Schreiberhau die *Weber* in Angriff nimmt, haben sich die Lebensbedingungen der Landbevölkerung im Eulengebirge im Gefolge der Mißernte von 1890 wieder einmal so verschlechtert, daß man vielerorts darüber spricht und durch Sammlungen, wohltätige Veranstaltungen und dergleichen Abhilfe zu schaffen sucht. Auch literarisch beschäftigt man sich damit, etwa bei der Feier des 1. Mai 1891, zu der Bruno Wille ein Festspiel über das Weberschicksal liefert, mit einem Prolog von Karl Henckell. Durch diese eher zufälligen Übereinstimmungen erhalten die *Weber* einen zusätzlichen aktuellen Bezug, der ihre Wirkung über die eines bloß historischen Dramas hinaushebt.

Über die Reise, die Hauptmann Anfang 1891 mit Mary ins Eulengebirge unternimmt, sind wir durch die Aufzeichnungen eines Journalisten informiert, von dem er sich ins Weberdorf Langenbielau und dessen Umgebung begleiten läßt. Max Baginski schreibt freilich für den *Proletarier aus dem Eulengebirge* und muß später wegen irgendeines Verstoßes gegen das Pressegesetz sogar ins Gefängnis. Er sieht das alles also mit anderen Augen als der um diese Zeit schon betont bürgerliche Dichter. Doch läßt gerade das Eingeständnis des politischen Meinungsunterschieds, mit dem er seinen Bericht schließt, diesen um so glaubwürdiger erscheinen:

> Der Eindruck, den ich beim ersten Zusammentreffen mit Hauptmann empfing [schreibt Baginski, dem der Verfasser von *Vor Sonnenaufgang* längst kein Unbekannter mehr ist], war etwa dieser: Kein Mann des leichten gesellschaftlichen Verkehrs. Diskret, fast scheu, schweigsam. Versunkener schwerer Träumer, dabei doch nicht irrezuführender Beobachter des Menschlichen und Allzumenschlichen. Nicht Goethe, eher Hölderlin.[92]

Man sieht, der Redakteur ist ein gebildeter Mann. Vor allem aber kennt er sich in der Gegend aus (eben deshalb hat Hauptmann sich ihn durch einen gemeinsamen Bekannten, den späteren Reichstagsabgeordneten August Kühn, als Führer empfehlen lassen), und er verabredet mit dem Gast nun einige gemeinsame Ausflüge in die von den Hauswebern bevölkerten Dörfer, während Mary im Gasthof in Reichenbach bleibt. Bei den Hauswebern sind die Verhältnisse weitaus kritischer als in den um Langenbielau vorherrschenden Fabrikwebereien, die den Arbeitern zumindest ein Existenzminimum bieten.

Auf den Streifzügen, die die beiden im Verlauf der nächsten Tage nach Peterswaldau, Steinseifersdorf und in andere Webersiedlungen unternehmen, besuchen sie Familien, die im tiefsten Elend leben und sich in nichts von denen unterscheiden, die wir in den *Webern* kennenlernen. Sie sind unterernährt und haben weder Brot noch Kartoffeln in ihren Hütten, die sie auch mitten im Gebirgswinter nicht heizen können, weil es an Holz und Kohle fehlt. Die Kinder liegen nackt auf Lumpen, die als Lagerstatt dienen; manche leiden an Ausschlag, doch läßt sich weit und breit kein Arzt sehen. Und wenn einer käme, könnte er auch nur verschreiben, was nicht zu erhalten ist: Nahrung, Wärme, Hoffnung. Hauptmann tritt in diese Behausungen, so Baginski, «weder als ein kühler Beobachter noch als ein Samariter ein. Der Mensch kam zum Menschen. Kein Herabsteigen zum armen Lazarus. Auf diesem Wege, so schien es mir, schritt er sicherer einher, als auf den Wegen des konventionellen Verkehrs.»

Bevor sie auseinandergehen und Hauptmann nach Berlin zurückkehrt, fragt der Journalist den Dichter, welche Wirkung er sich von einem Theaterstück über diese Zustände verspräche: Baginski ahnt, daß das Stück im großen und ganzen schon fertig ist und es sich bei den Recherchen im Webergebiet mehr um Details der Örtlichkeiten und Landschaften handelt. Der Reiche, erwidert Hauptmann, müsse sich im Innersten betroffen fühlen von der Darstellung eines derartigen Elends. Wenn es ihm als Dichter gelänge, das «tatkräftige Mitleid» des Publikums zu erwecken, dann wäre bereits etwas für die Weber getan; ihn selber, zum Beispiel, habe der Gedanke an das Elend der Massen manchmal so gepeinigt, daß er nicht in Ruhe habe essen können. Der Redakteur, im Gegensatz zum Dramatiker ein politisch motivierter Mann und im heutigen Sprachgebrauch ein Aktivist, kann sich dieser Ansicht nicht anschließen. Gerade im Appell an das Mitgefühl des Zuschauers wird Bertolt Brecht später eine «monumentale Schwäche [und] etwas ganz und gar Unrealistisches in der Haltung des Stückeschreibers» erblicken.[93]

An der Authentizität, der «Wahrheit» der in diesem Theaterstück geschilderten Zustände, ist gewiß nicht zu zweifeln. Ein Blick auf die dramatische Haltung zeigt, wie es mit dem Augenmaß beschaffen ist, mit dem Hauptmann die Wahrheit zur Dichtung umformt. Dabei bedient er sich des berühmten Weberlieds, von dem auch Heine, Freiligrath und andere Dichter des Vormärz Fassungen hinterlassen haben, als eines Leitmotivs, das in jedem Akt erwähnt und mehrfach sogar auszugsweise gesungen wird. Zwei von Hauptmann nicht wiedergegebene Strophen, die schon bei Alfred Zimmermann zu dem nunmehr *Das Blutgericht* betitelten Lied gehören, entsprechen der Handlung des ersten Aktes. Nicht durch Zufall, sondern weil die Begutachtung der gelieferten Ware seit jeher zu den wichtigsten Motiven der Weber-Geschichte zählt und deshalb auch in Carl Wilhelm Hübners im Krisenjahr 1844 entstandenen Gemälde *Die schlesischen Weber* abgebildet ist.[94] Hält man dies aus mehreren Genreszenen bestehende Bild neben die Blätter, die Käthe Kollwitz zu Hauptmanns Drama schuf, dann gewinnt man einen guten Einblick in den Wandel unserer Kunst und erst recht unserer sozialen Auffassungen in der zweiten Hälfte des 19. Jahrhunderts.

Kommt nun ein armer Weber an,
die Arbeit wird besehen,
findt sich der kleinste Fehler dran,
wirds ihm gar schlecht ergehen.

Erhält er dann den kargen Lohn,
wird ihm noch abgezogen,
zeigt ihm die Tür, und Spott und Hohn
kommt ihm noch nachgeflogen.

Wir befinden uns in Peterswaldau am Fuß des schlesischen Eulengebirges, im Kontor des Textilfabrikanten Dreißiger. Dort liefern die Weber gerade die zu Hause fertiggestellte Arbeit ab und werden, je nach Gewicht und Qualität des Gewebes, vom Expedienten und dem Kassierer entlohnt; der eine ruft den Namen und die Summe aus, der andere übergibt dem betreffenden Arbeiter das Geld. Die beiden, «Handlanger des Kapitals» wenn man so will, vermeinen an der abgelieferten Ware immer wieder Webfehler, unzureichendes Gewicht und andere Mängel feststellen zu müssen, so daß die Weber meist nur einen Teil des ihnen zustehenden Lohns erhalten. Obendrein sind diese beim Fabrikanten, der ihnen von Zahltag zu Zahltag das Garn stundet, ohnehin permanent verschuldet.

Schon in diesem ersten Akt bilden die Weber, unter denen auch Frauen und Kinder sind, bei aller Individualisierung doch dem Aussehen und der Sprache nach eine Einheit:

> Die Männer [lesen wir in der ersten Bühnenanweisung] einander ähnelnd, halb zwerghaft, halb schulmeisterlich, sind in der Mehrzahl flachbrüstige, hüstelnde, ärmliche Menschen mit schmutzigblasser Gesichtsfarbe: Geschöpfe des Webstuhls, deren Knie infolge vielen Sitzens gekrümmt sind.

Diese soziale und ökonomische Macht (die sich, da die Arbeiter noch nicht organisiert sind, ihrer Stärke nicht bewußt ist) wird nun mit dem Unternehmer konfrontiert. Der fettleibig-asthmatische Dreißiger ist der Repräsentant eines Wirtschaftssystems, das den Werktätigen als bloßes Mittel zum Zweck betrachtet. Durch die Ausbeutung seiner Arbeiter hatte sein historisches Urbild, der Peterswaldauer Parchentfabrikant Zwanziger, tatsächlich in kurzer Zeit ein Vermögen zusammengebracht, das 1844 auf 230000 Taler geschätzt wurde. Mit dem Auftreten des jungen Bäcker, der als einziger unter den Webern nicht um Geld *bittet*, sondern seinen vollen Lohn *fordert*, ist der dramatische Knoten geschürzt.

Hauptmann schreckt nicht vor groben Wirkungen zurück, etwa

indem er einen ausgemergelten Weberjungen im Kontor vor Hunger ohnmächtig umfallen oder einen Alten erzählen läßt, wovon er sich zuletzt ernährt hat:

> Mir sein halt gar blank derheeme. Da hab' ich halt unser Hundl schlacht'n lassen. Viel is ni dran, a war o halb d'rhungert. 's war a klee, nettes Hundl. Selber abstechen mocht' ich'n nich. Ich konnt' mer eemal kee Herze nich fass'n.

> (Wir zitieren hier und im folgenden aus dem vom Dichter selbst dem Hochdeutschen angenäherten Text. In der ursprünglichen Dialektfassung hatte sich das so gelesen: «Mer sein halt goar blank derheeme. Do hoa ich halt inse Hundla schlachta loon. Viel iis ni droa, a woar o hoalb d'rhingert. 's woar a klee nette Hundla. Salber oabsteche mucht' ich a nee. Iich kunnt' mer eemol kee Herze ni foassa.»)

Doch weiß der Dichter genau, was er uns zumuten kann und was, wie bei manchem Drama aus der Zeit des Expressionismus, ein Zuviel an Emotion und Protest gewesen wäre. Den Streit zwischen Bäcker und Dreißiger z. B. bricht er in dem Augenblick ab, in dem er in Tätlichkeiten überzugehen droht. Zu Recht: ein verbaler Schlagabtausch zwischen Arbeiter und Unternehmer – besonders wenn dieser, undenkbar bei Dickens oder Zola, den anderen erst einmal nach Feldwebelart durch Anbrüllen und «Maul halten!» zurechtzustauchen sucht – ist dramatisch; ein physischer könnte allzu leicht ins Lächerliche abgleiten.

Die weitere Aktabfolge des atemlos auf seinen Höhepunkt (also auf Dreißigers Flucht vor den aufgebrachten Webern, auf die Plünderung seines Hauses und der Fabrik und die Wiederherstellung der «Ordnung» durch rasch herbeigerufenes Militär) zueilenden Dramas beleuchtet die Zustände von verschiedenen Seiten. Im zweiten und fünften Akt sind wir in den Hütten der Weber, im vierten in Dreißigers Villa. Der dritte spielt im Kretscham, d. h. in der Dorfschenke, also auf sozusagen neutralem Boden. Dort lernen wir den Gastwirt, einen Handelsreisenden, den Schmied, den Tischler und einige andere kennen, die von der Auseinandersetzung zwischen Arbeitnehmern und -gebern, wie es heute heißen würde, nicht direkt betroffen sind. Der handwerkliche Mittelstand empfindet allenfalls

Plakat von Emil Orlik zu einer Aufführung der «Weber» (1897).

Mitleid mit den hungernden Webern, sieht aber keinen Grund, sich mit ihnen solidarisch zu erklären. Das gleiche trifft auf die Bauern zu, auf deren Land die Weber wohnen, und sogar auf die Färber, die doch ebenfalls Fabrikarbeiter mit Stundenlohn sind. Die Tragik der Weber als Heimarbeiter liegt ja nicht nur in dem Umstand, daß die fortschreitende Industrialisierung sie überflüssig gemacht hat, sondern in ihrer überzeugend demonstrierten Isolierung von andern Werktätigen. – Im übrigen stellt die Wiedergabe des Gasthausmilieus hier wie in anderen Stücken von Hauptmann eine Glanzleistung dar.

Die Weber ist kein Kriegsdrama und kein Gesellschaftsstück, keine Haupt- und Staatsaktion und erst recht keine Liebesgeschichte. Im Gegenteil: Anders als sein Vorbild Zola in seinem Sozialroman *Germinal* hat Hauptmann die Funktion gerade des Sexuellen als Ablenkung und Trost der Unterdrückten ausgespart. Vielmehr ist das Drama auf einem vom Standpunkt der Bühnenwirksamkeit aus denkbar unergiebigen Boden angesiedelt, nämlich dem der Volkswirtschaft. Deren nicht psychologisch, sondern technisch und ökonomisch bedingte Gesetzmäßigkeiten skizziert Hauptmann in so feiner Dosierung, daß wir genau wissen, was vor sich geht, und uns doch niemals geschulmeistert fühlen. Eher beiläufig rechnet uns der alte Ansorge vor, was er alles an Steuern und sonstigen Abgaben zu zahlen hat, bis ihm schließlich nicht mehr genug zum Leben übrig bleibt. Seine berühmt gewordene Redewendung «Nu ja ja! – Nu nee nee!» ist zugleich bezeichnend für die ambivalente Grundeinstellung Gerhart Hauptmanns, der instinktiv alle Probleme, die sich ihm stellten, unter dem Gesichtspunkt «Nu ja ja! – Nu nee nee!» betrachtete.

Ein anderer Weber klagt, er werde aufgerieben zwischen dem Bauern, dem er Miete für die primitive Unterkunft zu zahlen, und dem Edelmann, dem er als Gutsherrn Naturalleistungen zu entrichten hat. Dreißiger sieht das naturgemäß alles von der Warte des Unternehmers aus: «Das Ausland hat sich gegen uns durch Zölle verbarrikadiert. Dort sind uns die besten Märkte abgeschnitten, und im Inland müssen wir ebenfalls auf Tod und Leben konkurrieren.» Sein Gegenspieler Bäcker vertritt den Standpunkt der Weber: «Von hier aus geh mer nach Bielau nieber», erklärt er nach der Plünderung der Dreißiger-Villa und auf dem Weg zu der eines anderen Fabrikanten, «zu Dittrichen, der de die mechan'schen Webstiehle hat.»

Erst jetzt also, am Ende des vierten Aktes, fällt das Stichwort, das den gemeinsamen Nenner der in den *Webern* angezeigten ökonomischen Veränderungen enthält, von der Erfindung der Spinnmaschine (1768) bis zur Überproduktion, also bis zu einem Angebot an Textilien, das die Nachfrage bei weitem übersteigt: «Das ganze Elend kommt von a Fabriken.» Auch vom weiteren historischen Hintergrund wird nur das allernötigste angedeutet, und zwar im Wirtshaus. Dort hängt ein Porträt von König Friedrich Wilhelm IV. von Preußen, und dort hören wir, im Kontrast zu dieser Verkörperung des monarchischen Gedankens, auch den einzigen Hinweis auf das epochemachende Ereignis, ohne welches der Weberaufstand 1844 und erst recht der von 1793 nicht stattgefunden hätte. Auf die Bemerkung eines Webers, es wäre besser, wenn der sich anbahnende Konflikt friedlich gelöst werden könnte, antwortet der Schmied:

> Wo wär' aso was im guden gangen? Is etwa ei Frankreich im guden gangen? Hat etwa d'r Robspier a Reichen de Patschel gestreechelt? Da hiß bloß: Allee schaff fort! Immer nuf uf de Giljotine! Das muß gehn, allong sangfang. De gebratnen Gänse kommen een ni ins Maul geflog'n.

Der Weberaufstand von 1793, der auf Breslau übergegriffen hatte und nicht durch Zufall mit dem Höhepunkt der Französischen Revolution einherging, war ideologischer Natur gewesen und somit um vieles gefährlicher als der von 1844, der als ein spontaner und politisch unartikulierter Aufschrei der geschundenen Menschen gelten muß. Zumindest haben ihn die Zeitgenossen so gesehen, etwa Wilhelm Wolff, der von einem Vivat auf einen «guten» Fabrikherrn, oder der Korrespondent der Augsburger *Allgemeinen Zeitung*, der von Schutzwachen berichtet, die die aufsässigen Weber vor den Häusern der ihnen wohlgesonnenen Unternehmer aufgestellt hatten.[95] Wer so handelt, will nicht die bestehende Gesellschaftsordnung umstürzen, sondern ein paar Ausbeutern eine Lektion erteilen. Indem Hauptmann sich für die Schilderung des späteren Aufstands entscheidet und diese Wahl durch den Untertitel «Schauspiel aus den vierziger Jahren» betont, entscheidet er sich auch gegen eine ideologische oder gar revolutionäre Interpretation der von ihm geschilderten Ereignisse. Wie um dies hervorzuheben, lenkt er am Ende des Stückes unser Augenmerk auf den alten Hilse, den einzigen wirklichen Sympathieträger dieses Dramas, in dem die Masse ansonsten wichtiger ist als der individuelle «Held».

Oscar Wilde, der *Die Weber* 1898 in Paris sah, fühlte sich an ein *public meeting*, eine öffentliche Versammlung erinnert und meinte, das Stück sollte eigentlich «Der Triumph der Statisten» heißen.[96] Und tatsächlich herrscht hier ein solches Kommen und Gehen, daß nur eine einzige Person, der alte Baumert, in jedem Akt auf der Bühne erscheint. Andererseits vermittelt uns gerade diese Karussell-Technik das Gefühl, an einer sich fortentwickelnden Handlung beteiligt zu sein; fast könnte es scheinen, als wisse der Dichter selber nicht, wie sie enden wird. Mit der Kühnheit eines Schiller, der am Ende des *Wilhelm Tell* eine wichtige Figur, den Johannes Parricida, zum ersten Mal auf die Bühne bringt, stellt Hauptmann im letzten Akt der *Weber* eine neue Gestalt so überlebensgroß vor uns hin, daß das ganze Werk dadurch einen anderen, einen unerwartet versöhnlichen Schluß erhält. Denn der alte Hilse ist ein gottesfürchtiger und königstreuer Mann, der im Krieg einen Arm verloren hat und das Ansinnen der Aufrührer, bei der Plünderung und beim Kampf gegen das anrückende Militär mitzumachen, empört von sich weist. Er erkennt sehr wohl, daß auch er ausgebeutet worden und daß seine mehr als vierzigjährige Arbeitsleistung nicht ihm selber, sondern den Fabrikanten zugute gekommen ist. Im Gegensatz zu den anderen vertraut er jedoch auf die himmlische Gerechtigkeit und rät seinem Sohn, der nicht recht weiß, ob er zu Hause bleiben oder mitmachen soll, sich gleichfalls darauf zu besinnen: «Das Häufel Himmelsangst und Schinderei da, das ma Leben nennt, das ließ man gerne genug im Stiche. – Aber dann, Gottlieb! dann kommt was – und wenn man sich das auch noch verscherzt – dernachert is 's erscht ganz alle.»

Von den Aufständischen wird er dennoch respektiert, von Bäcker ebenso wie von den übrigen Webern, vom Lumpensammler Hornig und sogar von Moritz Jäger, der als Offiziersbursche bei den Preußen gedient hat und sich nun großmäulig zum militärischen Anführer der Rotte aufspielt. Im alten Hilse und in ihm allein ist das Weben nämlich noch nicht gänzlich zur Fron geworden, sondern hat sich noch einen Hauch der häuslich-handwerklichen Würde bewahrt, die ihm von Homers Penelope bis zu Goethes Gretchen innewohnte. (Die Wirkung des Stückes beruht unter anderm darauf, daß es nicht im städtischen Proletariat spielt, sondern in einem ländlich-patriarchalischen, zur Zeit der Uraufführung schon nostalgisch verklärten Milieu.)

So überragt der alte Hilse die anderen Weber um Haupteslänge, und der Tod gerade dieses Unschuldigen gehört denn auch zu den großen «Toden» der Theatergeschichte:

STIMME, *vom «Hause».* Geht vom Fenster weg, Vater Hilse!

DER ALTE HILSE. Ich nich! Und wenn ihr alle vollends drehnig werd! *Zu Mutter Hilse mit wachsender Ekstase.* Hie hat mich mei himmlischer Vater hergesetzt. Gell, Mutter? Hie bleiben mer sitzen und tun, was mer schuldig sein, und wenn d'r ganze Schnee verbrennt. *Er fängt an zu weben. Eine Salve kracht. Zu Tode getroffen, richtet sich der alte Hilse hoch auf und plumpt vornüber auf den Webstuhl. Zugleich erschallt verstärktes Hurra-Rufen. Mit Hurra stürmen die Leute, welche bisher im Hausflur gestanden, ebenfalls hinaus. Die alte Frau sagt mehrmals fragend:* Vater, Vater, was is denn mit dir? *Das ununterbrochene Hurra-Rufen entfernt sich mehr und mehr. Plötzlich und hastig kommt Mielchen ins Zimmer gerannt.*

MIELCHEN. Großvaterle, Großvaterle, se treiben de Soldaten zum Dorfe naus, se haben Dittrichens Haus gestirmt, se machen's aso als wie drieben bei Dreißigern. Großvaterle!? *Das Kind erschrickt, wird aufmerksam, steckt den Finger in den Mund und tritt vorsichtig dem Toten näher.* Großvaterle!?

MUTTER HILSE. Nu mach ock, Mann, und sprich a Wort, 's kann een'n ja orntlich angst werd'n.

Dieser Tod berührt uns. Spätestens von diesem Augenblick an wissen wir, daß die Weber nicht oder jedenfalls nicht in erster Linie Opfer der profitgierigen Unternehmer, sondern des technischen Fortschritts sind. Mit dem Tod des alten Hilse wird uns des weiteren vor Augen geführt, daß die Gewalttätigkeit ihren eigenen Gesetzen unterliegt und den Schuldlosen ebenso leicht trifft, ja, leichter treffen kann als den Schuldigen. – In der letzten Theaterkritik, die wir überhaupt aus seiner Feder haben, bemerkt Theodor Fontane, daß Hauptmann durch diesen letzten Akt ein als Revolutionsstück konzipiertes Werk als Anti-Revolutionsstück ausklingen lasse. Er tut dies nicht aus dramaturgischen oder gar politischen, sondern aus psychologischen Gründen. Somit haben wir in den *Webern* keinen Aufruf zur politischen Aktion vor uns, vielmehr geht es, wie in *Vor Sonnenaufgang*, um das Aufzeigen sozialer Mißstände mitsamt den Folgen, die sich daraus ergeben.

Im Kaiserreich der frühen neunziger Jahre sieht man das natürlich anders. Sofern man dem Establishment angehört, fühlt man sich angegriffen und verunsichert von diesem Herrn Hauptmann, der weder eine wilde Mähne noch einen Rauschebart trägt und sich dennoch gesellschaftskritischer gebärdet als mancher linker Intellektueller oder Verkünder einer neuen Heilslehre. Die (noch illegalen) Sozialdemokraten, durch Bismarcks Entlassung und die bevorstehende Aufhebung des Sozialistengesetzes ermutigt, haben bei der Reichstagswahl von 1890 mit anderthalb von sieben Millionen Stimmen und 35 Mandaten gerade einen beträchtlichen Machtzuwachs erreicht. 1890 wird zum ersten Mal der Erste Mai gefeiert. Im folgenden Jahr erklärt August Bebel auf dem Erfurter Parteitag der Sozialdemokratie, die bürgerliche Gesellschaft arbeite «so kräftig auf ihren eigenen Untergang los, daß wir nur den Moment abzuwarten brauchen, in dem wir die ihren Händen entfallene Macht aufzunehmen haben».

In dieser Atmosphäre reicht Adolph L'Arronge, der bei Hauptmanns Vorlesung der *Weber* im Freundeskreis ausgerufen hatte: «Das

Stück schreit nach der Bühne!», das Manuskript beim Polizeipräsidium Berlin als der zuständigen Zensurbehörde mit dem Ersuchen ein, es ihm als Leiter des Deutschen Theaters zur Aufführung freizugeben. Schon nach zwei Wochen, am 3. März 1892, kommt der Bescheid, die Genehmigung zur öffentlichen Aufführung könne «aus ordnungspolizeilichen Gründen» nicht erteilt werden. Besonders die «zum Klassenkampf aufreizende Schilderung des Charakters des Fabrikanten im Gegensatz zu derjenigen der Handwerker», aber auch die Deklamation des Weberliedes und die Plünderung bei Dreißiger haben das Mißfallen des Polizeipräsidenten Ernst Freiherr von Richthofen erregt. Nachdem eine dem Hochdeutschen nähergebrachte, um eine Strophe des Weberliedes gekürzte Bühnenbearbeitung von der Zensur ebenfalls beanstandet worden ist, greift Hauptmann, der inzwischen gegen das Urteil Berufung eingelegt hat, auf die «Freie Bühne» zurück und überläßt ihr das in Buchform bereits erschienene Werk zur Aufführung.

Unter der Schutzherrschaft der «Freien Bühne», also im Rahmen einer privaten Veranstaltung, werden die *Weber* am 26. Februar 1893 im Neuen Theater in Berlin uraufgeführt. Die kritische Meinung ist geteilt. Einige Rezensenten empfinden das Stück als übertrieben und melodramatisch; andere, darunter der bedeutende linksradikale Kritiker und Literaturwissenschaftler Franz Mehring, halten es für die herausragende Leistung des gesamten deutschen Naturalismus. Einigkeit besteht hingegen darüber, daß die *Weber* wegen ihres revolutionären und klassenkämpferischen Potentials einerseits noch auf lange Sicht Schwierigkeiten mit den Behörden haben werden, und daß andererseits der Autor trotz seiner offenkundlichen Sympathie für die Unterdrückten nicht als Sozialdemokrat eingestuft werden könne. Ferner glaubt man allgemein, daß der Applaus der bürgerlichen Premierenbesucher – Franz Mehring spricht abschätzig von «Börse und Presse» – keine Rückschlüsse auf die Wirkung des Dramas in einer öffentlichen Vorstellung und vor einem weniger homogenen Publikum erlaube.

Die nächstfolgende Aufführung der *Weber* gehört zu den kleinen Paradoxien der Literaturgeschichte. Ausgerechnet dieses für das damalige Theater so ganz untypische Stück ist nämlich das erste deutsche Bühnenwerk, das nach dem Krieg von 1870/71 in Paris gespielt wird. Unter dem Titel *Les Tisserands* erleben die *Weber* am 29. Mai 1893 ihre französische Premiere im (privaten) Théâtre Libre des naturalistischen Regisseurs André Antoine, der selbst den alten Hilse spielt. Hauptmann freut sich über die vielen guten Kritiken und schickt sie an Bölsche und andere Freunde. Mit Recht ist er stolz darauf, daß Antoine erklärt hat, «sowas wie die *Weber* könne in Frankreich keiner».

Nach allerlei juristischen Manövern gelingt es Hauptmanns Anwalt im Oktober, das Verbot der *Weber* im Kgl. Preußischen Oberverwaltungsgericht rückgängig machen zu lassen. Das Stück wird freigegeben, aber nur für das Deutsche Theater, von dem die Behörden zu Recht annehmen, daß es wegen der hohen Eintrittspreise kaum von «Ballonmützen» (Arbeitern) besucht wird. Doch bevor diese Hochburg des bürgerlichen Bühnenpublikums, an der Brahm gerade im Begriff ist, L'Arronge als Direktor abzulösen, mit ihrer Inszenierung fertig ist, preschen die Sozialdemokraten vor und belegen das Drama ihrerseits mit Beschlag. Noch im Oktober wird es vor den Mitgliedern der von Bruno Wille begründeten «Neuen Freien Volksbühne» gespielt; sie ist ein Ableger der jetzt von Mehring geleiteten «Freien Volksbühne», an der man die *Weber* im Dezember gibt. Beide Aufführungen finden also in privatem Rahmen statt, unter großem Beifall auch dieses Arbeiter- und Angestelltenpublikums, dem für einen monatlichen Mitgliedsbeitrag von fünfzig Pfennig alle vier Wochen am Sonntagnachmittag eine Theateraufführung geboten wird.

Erst im Herbst des folgenden Jahres, am 25. September 1894, kommt das Deutsche Theater mit der ersten öffentlichen Aufführung der *Weber* zum Zuge. «Eine Theaterpremiere, die so viel Staub aufgewirbelt hat wie die Erstaufführung der Hauptmannschen *Weber*», berichten die *Hamburger Nachrichten* vom 1. Oktober, «haben wir in Berlin lange nicht erlebt.» Unter den Anwesenden sieht man den alten Fontane, Paul Schlenther als Theaterkritiker der freisinnigen *Vossischen Zeitung*, Hermann Sudermann («ein Mann mit wunderschönem Bart, auch ein berühmter Schriftsteller») und den Germanisten Erich Schmidt («den von allen Damen vergötterten schönen Mann, dessen Vorlesungen gestürmt werden, doch nur vom anderen Geschlecht»), und was im geistigen Berlin sonst noch Rang und Namen hat.[97] Konservative Politiker oder Würdenträger sind nicht erschienen, dafür ist die Opposition prominent vertreten. Man kommt auf seine Kosten; Beifall durchrauscht wiederholt das Haus, der Dichter wird herausgeklatscht und bedankt sich artig. Das lange Warten auf diesen Abend, die dramatische Bühnenhandlung, das unterschwellige Knistern im zum Teil parteipolitisch motivierten Publikum tragen zum Erfolg der Aufführung bei. Die Besetzung tut das ihre, zumal die jugendlichen Aufrührer von zwei ganz großen Schauspielern gegeben werden: Josef Kainz spielt Bäcker, Rudolf Rittner den Moritz Jäger.

Der Streit um die *Weber* liegt bald ein Jahrhundert zurück, der Lärm ist längst verstummt. Beim Durchsehen zeitgenössischer Kritiken können wir uns jedoch unschwer in diese Premiere zurückversetzen, in der sich das Publikum vergewissern wollte, ob das Stück am Ende tatsächlich, wie die Behörden behaupteten, «ein höchst aufreizendes Bühnenwerk sei, dessen öffentliche Aufführung unter gewissen Verhältnissen sehr wohl geeignet ist, den Klassenhaß zu erregen und die öffentliche Ordnung zu gefährden». Einem gekürzten Bericht aus dem sozialdemokratischen *Vorwärts* stellen wir ein paar Sätze aus einer rechtsgerichteten Zeitung gegenüber:

> Das Theater... bis auf den letzten Platz ausverkauft. Die Premierentiger hofften auf einen Skandal. Es ging nämlich das Gerücht, «die Sozialdemokraten» wären in hellen Haufen herangezogen, um dem sozialistischen «Parteidichter Gerhart Hauptmann» ihre Huldigungen darzubringen und ihn vor den Angriffen des empörten Bürgerpublikums zu schützen. Aber es fand nichts dergleichen statt. Im Parkett saßen Paul Singer und der alte Liebknecht, die keine Veranlassung gefunden hatten, die angeblich herbeigerufenen sozialdemokratischen Hilfstruppen zur Attacke vorgehen zu lassen. Die Aufführung entfesselte nämlich einen einstimmigen, gewaltigen, geradezu rasenden Beifall.

Beifall gab es gewiß – aber war er einstimmig? Auf jeden Fall berichtet der Korrespondent des als Revolverblatt gefürchteten *Kleinen Journals* über dieselbe Vorstellung:

> Mit Trampeln und Radau hat die Sozialdemokratie gestern Abend ihren Einzug in das Deutsche Theater gehalten und dank der geschickten Arrangements der im Parquet sitzenden Festordner Singer und Liebknecht mit ihrer rothen Fahne einen Sieg erfochten. Die Vertrauten der Partei... brüllten ihrem neuen Nationaldichter Hauptmann jubelnd zu, und das vornehme Haus in der Schumannstraße erdröhnte zum ersten Male seit seinem Bestehen

> von dem Gepolter schmutziger Stiefel... Die Salonrevolutionäre, die als Schwiegersöhne mehrfacher Millionäre sich alljährlich den Luxus eines Durchfalls bei einer freisinnigen Wahl leisten können, die Dichter, denen der wahrhaft vornehme Ton eines anständigen Vorderhauses zeitlebens ein unergründliches Geheimnis bleiben wird, die Damen mit den gefärbten Haaren und den Brillanten in den Ohren – sie Alle klatschten mit der Rothen Brüderschaft und erbrachten den unumstößlichen Beweis ihrer Feigheit, ihrer Unkenntnis und ihrer geistigen Inferiorität.

(Eine ähnliche «Rezeption» erfährt später in Heinrich Manns Roman *Im Schlaraffenland* [1900] ein Drama, das unmißverständlich den *Webern* nachgezeichnet ist: es wird gerade von der satten Bourgeoisie gefeiert, gegen die sich das Bühnengeschehen wendet. Der Autor macht dabei beides, das Stück wie das Publikum, zur Zielscheibe seines Spottes.)

Mit der Aufführung im Deutschen Theater ist der Streit um die *Weber* noch lange nicht beendet. In Hannover z. B. darf das Drama erst 1896, in Leipzig erst 1902 auf öffentlicher Bühne gegeben werden. In Österreich findet die erste öffentliche Aufführung 1903 in Graz, in Rußland 1904 in Moskau statt, nachdem 1897 bei einer von Arbeiterschauspielern in der Nähe von Wilna veranstalteten Aufführung das Publikum von Kosaken auseinandergetrieben worden war.[98] Inzwischen hat Wilhelm II., der das Stück prinzipiell ablehnt und über eine von Brahm ausgerechnet auf Kaisers Geburtstag, den 27. Januar, angesetzte Aufführung verärgert ist, längst die sogenannte Kaiserloge im Deutschen Theater, die Proszeniumsloge zur Rechten der Bühne, gekündigt und das Hofmarschallamt angewiesen, das kaiserliche Wappen daraus zu entfernen. – Nicht wenigen Zeitgenossen erscheint diese Reaktion übertrieben und infantil. Zweifellos wäre es vom taktisch-politischen Standpunkt aus klüger gewesen, Hauptmann gar nicht zur Kenntnis zu nehmen, anstatt ihn durch allerlei kleinliche Schikanen wie die demonstrative Kündigung der Loge im Deutschen Theater und später die wiederholte Verweigerung des Schiller-Preises zum vaterlandslosen Gesellen zu stempeln, der er in Wahrheit gar nicht war. Und doch war Wilhelm II. von seinem Instinkt gut beraten, denn die *Weber* galten nun einmal, ohne daß ihr Schöpfer es beabsichtigt hätte, als ein subversives Politikum. Dabei konnte der Kaiser gar nicht wissen, daß Marx den ersten Band des *Kapitals* just jenem Wilhelm Wolff («meinem unvergeßlichen Freunde, dem kühnen, treuen, edlen Vorkämpfer des Proletariats») gewidmet hatte, aus dessen Arbeit über den Weberaufstand sich Hauptmann informierte, oder daß Lenin, der die *Weber* 1895 in Berlin sah, sie von seiner Schwester ins Russische übersetzen ließ.

Doch geht auch Hauptmann nicht gänzlich ungeschoren aus dem Kampf um dieses Stück hervor, das in den ersten fünfzig Jahren nach seiner Drucklegung in mehr als 250 Auflagen verbreitet und somit, allerdings als Lesedrama, zum populärsten aller seiner Werke geworden ist. So wie Goethe einst als Dichter des *Werther* galt, so wird Hauptmann im Bewußtsein eines großen Teils des Publikums fortan als Schöpfer der *Weber* weiterleben und dadurch literarische, moralische und auch politische Erwartungen auslösen, die er nicht immer erfüllen kann oder erfüllen will.

Wollte man aus seinem gesamten Œuvre *ein* Stück zur Aufnahme in eine Anthologie der zehn oder zwanzig bedeutendsten Dramen der Weltliteratur auswählen, dann wäre dies *Die Weber*. Die Vielfalt der dargestellten Menschentypen, ihre individuell pointierte Sprache und ihr Zusammenwirken in der Masse (die hier praktisch zum ersten Mal in der Theatergeschichte zum Handlungsträger wird) hinterlassen beim Zuschauer, ja selbst beim Leser, einen unauslöschlichen Eindruck.

II

Der Biberpelz, im Frühjahr 1893 bald nach der Uraufführung der *Weber* vollendet, ist in vielem deren Gegenstück. Gewiß, es sind Werke desselben Autors, dem beim einen wie beim anderen das Mitgefühl für die Armen und Zukurzgekommenen, ein unbeirrbares Gefühl für soziale Gerechtigkeit und ein sicherer Blick für die Bretterfestigkeit seiner Schöpfungen die Feder geführt haben. Und doch möchte man fast meinen, der Dichter des Sowohl-Als-auch habe bewußt den Raum der dramaturgischen Möglichkeiten durchmessen, um zu sehen, wie weit er in der entgegengesetzten Richtung gehen könne. Ist im einen Stück die Masse der Held, so wird das andere von *einer* Rolle getragen, von der Mutter Wolffen, die zu den einprägsamsten Charakterrollen des gesamten deutschen Theaters zählt. Dort haben wir es mit einem historischen Drama zu tun, hier mit einem Lustspiel aus der Gegenwart, d.h. aus den späten achtziger Jahren des 19. Jahrhunderts. Während die *Weber* in Schlesien und auf dem Lande spielen, ist der *Biberpelz* an der Peripherie der Großstadt Berlin angesiedelt, deren Nähe stets zu spüren bleibt. Einem weitgehend auf Quellenstudium beruhenden Werk steht ein anderes gegenüber, das sich aus Selbsterlebtem nährt. Und wenn Verbot und Triumph der *Weber* sozusagen mit Pauken und Trompeten vor sich gegangen waren, so macht der *Biberpelz* anfangs weit weniger von sich reden als Hauptmanns andere frühe Dramen.

Nach Streichung eines für den Handlungsablauf ohnehin belanglosen Satzes – «Jesus sprach zu seine Jünger: wer keen Löffel hat, ißt mit de Finger» gibt die junge Adelheid patzig als Bibelspruch zum besten – wird die Aufführungserlaubnis anstandslos erteilt. Das Polizeipräsidium hat um so weniger Einwände gegen das neue Stück, als nicht damit gerechnet wird, «daß das öde Machwerk mehrere Aufführungen erleben dürfte». Man sieht den Beamten förmlich vor sich, wie er diese Formulierung (sie steht im offiziellen Gutachten) händereibend seinem Schreiber diktiert; und zunächst schaut es auch so aus, als sollte er recht behalten. Aus irgendeinem Grunde zündet die Premiere am 21. September 1893 im Deutschen Theater so wenig, daß L'Arronge das Stück nach wenigen Vorstellungen vom Spielplan absetzt.

Vielleicht lag es am offenen Ende, am Fehlen eines fünften Aktes; vielleicht lag es auch an Else Lehmann, die an diesem Abend die Rolle der Frau Wolff kreierte. Hauptmann bewunderte diese Schauspielerin wie kaum eine andere. Er schrieb ihr eine ganze Reihe von berühmt gewordenen Rollen auf den Leib, von der Helene Krause in *Vor Sonnenaufgang* über Frau Adeluz in *Schluck und Jau* und Hanne Schäl in *Fuhrmann Henschel* bis zur Titelgestalt der *Rose Bernd*. Auch hat er das Wesen ihrer Ausstrahlung, ihrer «begnadeten Jugend», in einer unvergeßlichen Momentaufnahme festgehalten, in der er schildert, wie «die Else» während einer Probe im Residenztheater einem zufällig anwesenden Hofbeamten eine Postkarte auf den Rücken legt, die sie in der Pause gerade jemandem schicken will, und der würdige alte Herr sich «folgsam und geschmeichelt» als Schreibunterlage mißbrauchen läßt.[99] Die Mutter Wolffen wird später eine Glanzrolle von Else Lehmann sein; für die Uraufführung hatte der Dichter sich jedoch eine andere Schauspielerin gewünscht, die dann nicht abkömmlich war.

Aus welchem Grunde auch immer, die Premiere geht sang- und klanglos vorüber. Der in seinem Selbstvertrauen erschütterte Autor zieht sich auf ein paar Tage nach Putbus auf Rügen zurück, damals eine verträumte Fürstenresidenz mit Theater und Schloßgarten, in der er sich seit langem heimisch fühlt. Er ist so verstimmt, daß er zuerst nicht einmal zur Hochzeit des Verlegers und Duzfreundes Sami Fischer kommen will, aus Furcht, die anderen Gäste mit seiner schlechten Laune anzustecken. Als er schließlich doch erscheint, kontrastiert seine deprimierte Miene mit der stillen Schönheit von Mary, deren «dunkle Haare, dunkle Augen, dunkler Teint» in Hedwig Fischers Erinnerung von großen goldenen Ohrringen untermalt wurden.

Über dem Presserummel, der die Uraufführungen seiner Stücke begleitete, vergißt man oft, daß Hauptmann so verletzlich war wie nur wenige andere Dichter. Nach Jahrzehnten noch klagt er, einige Journalisten hätten ihm anläßlich der *Vor Sonnenaufgang*-Premiere ein Leben unter Prostituierten und Zuhältern angedichtet. Im Februar 1895 erklärt ein Redner während einer Debatte, die im Preußischen Abgeordnetenhaus über das Verbot der *Weber* stattfindet, der Verfasser des Dramas gehöre «hinter Schloß und Riegel»; auch diese Bemerkung trifft ihn schwer. Im Fall des *Biberpelz* war es noch zu verschmerzen, daß sich der Theaterkritiker des *Kleinen Journals* auf Hauptmanns Gebrauch des Dialekts einschoß. Schwerer wog der von Friedrich Spielhagen und anderen ernstzunehmenden Rezensenten vorgebrachte Einwand, das Stück habe keinen richtigen Schluß. Tatsächlich waren in der Uraufführung zahlreiche Zuschauer in Erwartung des fünften Aktes auf ihren Sitzen verblieben.

Der *Biberpelz* besteht bekanntlich aus zwei ineinander verzahnten Handlungssträngen: den Diebstählen der Mutter Wolffen, die den Rentier Krüger erst um eine Fuhre Brennholz und dann um seinen Biberpelz erleichtert, und der Gesinnungsschnüffelei des Amtsvorstehers Baron von Wehrhahn, der sich um die sozialdemokratischen Ansichten des Schriftstellers Dr. Fleischer mehr kümmert als um die Eigentumsdelikte, die vor seiner Nase begangen werden. Der eine Handlungsstrang ist seiner Natur nach komisch, der andere trägt stark satirische Züge; gemeinsam ist beiden das offene Ende. Statt einer in sich abgerundeten Handlung, wie sie etwa ein Schillersches Drama aufweist oder ein Lustspiel von Molière, enthält der *Biberpelz* eine Anzahl von Episoden, die sich beliebig vermehren oder weiterspinnen ließen. Wir müssen annehmen, daß Wehrhahn auch in Zukunft Mitbürger bespitzeln läßt, die ihm suspekt vorkommen, während Mutter Wolffen fortfahren wird, hier und dort ein bißchen zu stibitzen, um sich und ihre Familie voranzubringen. Wer weiß, ob die ältere Tochter – hübsch ist sie ja und aufgeweckt – nicht doch noch den Aufstieg ins Bürgertum schafft?

Das Fehlen eines kathartischen Endes, an dem die Tugend belohnt oder zumindest das Laster in seine Schranken gewiesen wird, hat den Zeitgenossen zu schaffen gemacht und die Kritiker bis in unsere Tage hinein beschäftigt. Schon unter dem Premierenpublikum mag sich mancher verstohlen umgeschaut haben angesichts des unverhofften Lustgewinns, der ihm aus dem Widerspruch zwischen der sympathischen Mutter Wolffen und der von ihr vorgelebten Moral oder vielmehr Unmoral erwuchs. Die Reichen können, so scheint es, ruhig bestohlen und die Behörden hinters Licht geführt werden, solange es der eigenen Familie hilft und niemand dabei ernstlich zu Schaden kommt. Das darf doch nicht wahr sein, das spricht ja dem sittlichen wie dem dramatischen Gesetz hohn! – Im Bestreben, das Paradox aufzulösen, hat man Lustspiele von ähnlicher Thematik zum Vergleich herangezogen, von Molières *Tartüff* bis zu Gogols *Revisor*. Oft ist es Kleists *Zerbrochener Krug* gewesen, in dem ebenfalls die Fragwürdigkeit einer patriarchalischen Rechtsprechung dargelegt, im Gegensatz zum *Biberpelz* aber der Schuldige bestraft wird. Man hätte besser getan, sich an Riccaut de la Marlinière in Lessings *Minna von Barnhelm* zu erinnern, dessen Gewohnheit des *corriger la fortune* beim Kartenspiel der Praxis von Mutter Wolffen bei allen sonstigen Unterschieden recht nahe kommt, oder auch an Zuckmayers *Hauptmann von Köpenick*, der als berlinernder Sympathieträger und Gesetzesbrecher mit preußischem Ethos aus demselben Holz geschnitzt ist wie Hauptmanns Waschfrau.

Doch sind dies literarhistorische Erwägungen, die uns hier nicht zu beschäftigen brauchen und die sich vor der lapidaren Bühnenwirklichkeit der Mutter Wolffen alias Zugehfrau Heinze aus Erkner verflüchtigen wie Nebel vor der Sonne. «De bist eben tumm und mußt ooch tumm bleiben», sagt sie zu ihrem Mann in einem Gedankengang, der sich in der Tat nur nach Auffahren von schwerem ethischen Geschütz widerlegen läßt:

«Hier hat kee Mensch von stehln gered't. Wer halt nich wagt, der gewinnt ooch nich. Und wenn de erscht reich bist, Julian, und kannst in der Eklipage sitzen, da fragt dich kee Mensch nich, wo de's her hast. Ja, wenn ma's von armen Leiten nähme! Aber wenn mer nu wirklich – und gingen zu Kriegern und lad'ten de zwee Meter Holz uff a Schlitten und stellten se drum'n bei uns in a Schuppen, da sein die Leite noch lange nich ärmer.»

Doch bezieht die Lebensphilosophie der Mutter Wolffen ihre dramatische Durchschlagskraft nicht nur aus dem Elan, mit dem sie vorgetragen wird. Bekanntlich beruhen fast alle Figuren in diesem Stück auf Menschen, die Hauptmann, von dem selbst viel in die Gestalt des Dr. Fleischer eingegangen ist, in der frühen Erkner-Zeit getroffen und deren Äußeres, deren sprachliche und andere Eigenheiten er sich sorgfältig notiert hatte. Womöglich noch genauer als die handelnden Personen sind aber ihre Lebensbedingungen wiedergegeben. Ein Beispiel mag genügen. Als man um 1900 Erhebungen über die Länge des Arbeitstages von Berliner Dienstmädchen anstellte, erwies es sich, daß die Hälfte der Befragten mehr als 16 und nur zwei Prozent weniger als 12 Stunden am Tag arbeitete; die 1918 aufgehobene Preußische Gesindeordnung hatte überhaupt keine festen Arbeitsstunden für Hausangestellte gekannt.[100]

In diesem Licht erscheint Krügers Ansinnen an Leontine Wolff, spätabends noch Holz einzuräumen, als ein im Rahmen der damaligen Gesetze und Gebräuche zumutbarer Auftrag und nicht als die Schinderei, zu der sie erst Leontine und dann ihre Mutter aus taktischen Gründen aufblasen. Zahlreiche Details dieser Art erwekken den Eindruck, daß die Mutter Wolffen ihre Umwelt nicht nur durch die Stärke ihrer Persönlichkeit überragt, sondern erst recht durch ihre Lebens- und Sachkenntnis. Und *wie* sie alle anderen überragt! Sie ist ihnen so überlegen, daß man in ihr die Schrittmacherin einer besonders aggressiven Variante der Frauenemanzipation gesehen hat («Ihr Männer habt immer a großes Maul, und wenn's derzu kommt, da kennt er nischt leisten. Ich arbeit' euch dreimal in a Sack un wieder raus, euch alle mitnander») und zugleich eine Vorform der beim späten Hauptmann so wichtigen mythischen Urmutter, der Schöpferin und Bewahrerin des Lebens schlechthin. Wem das zu hochtrabend klingt, der mag sich die matriarchalische Komponente ihres Wesens dadurch plausibel machen, daß er Mutter Wolffen rein soziologisch als eine Frau aus der Unterschicht betrachtet, die durch ihre Tüchtigkeit den vom Mann und den Kindern bereits verlorengegebenen Familienverband zusammenhält: eine Konstellation, die heutzutage bei Gastarbeitern und unter den Schwarzen der amerikanischen Gettos anzutreffen ist.

Eine solche Figur bietet auch im Mimischen die verschiedensten Interpretationsmöglichkeiten, und es dauert denn auch trotz des kümmerlichen Erfolgs der Premiere nicht lange, bis sich die Mutter Wolffen und mit ihr das ganze Stück auf der Bühne durchgesetzt haben. Den Ausschlag gibt (ausgerechnet beim *Biberpelz*, in dem berlinert und Schlesisch und Sächsisch, aber kein Wort Österreichisch gesprochen wird) die Inszenierung von 1897 im Deutschen Volkstheater in Wien. Im September 1902 wird die Komödie im Deutschen Theater zum hundertsten Mal unter Otto Brahm gegeben und mitten im Weltkrieg von Max Reinhardt neu inszeniert, mit einer Besetzung, die sich wie ein Verzeichnis der deutschen Schauspielerelite aus der ersten Hälfte unseres Jahrhunderts liest: Max Pallenberg und Emil Jannings, Else Lehmann und Camilla Eibenschütz, Werner Krauß und Eduard von Winterstein, Johanna Terwin und Else Eckersberg. Seit etwa 1950 ist der *Biberpelz*, der zwischen 1928 und 1949 dreimal verfilmt wurde, das meistgespielte Stück von Gerhart Hauptmann.

Es bleibt die Frage, warum dieser das Lustspiel mit dem vierten Akt und so abschloß, daß weder die Wolffen wegen ihrer Diebstähle bestraft noch Wehrhahn wegen Amtsmißbrauches zur Rechenschaft gezogen wird. Zwar hat er das im offenen Ende implizierte «Wird fortgeführt» später mit dem *Roten Hahn* eingelöst, in dem wir der Mutter Wolffen und anderen Personen aus dem *Biberpelz* wiederum begegnen. Doch weist nichts darauf hin, daß er von Anfang an beabsichtigt hätte, zwei Stücke über dieses Thema zu schreiben und sie mit annähernd denselben Personen zu versehen. Da Hauptmanns Aussagen zum eigenen Werk weder zahlreich noch sonderlich ergiebig sind, können wir darüber nur spekulieren.

Sollen wir mit Franz Mehring den Grund für die fehlende Katharsis in der Gesellschaftsstruktur des Wilhelminischen Deutschland suchen, in dem Menschen wie Wehrhahn und Mutter Wolffen bei aller Individualisierung nur auswechselbare Gestalten darstellen, deren Verstöße gegen das Gesetz «systemimmanent» und deshalb, anders als etwa im *Zerbrochenen Krug*, innerhalb der bestehenden Gesellschaftsordnung gar nicht zu ahnden sind? Oder erklärt sich das

Fehlen des fünften Aktes aus einer kompositionellen Schwäche des Stückeschreibers, der schon den *Webern* einen unerwarteten Schlußakt hinzugefügt hatte und im folgenden Drama, *Hanneles Himmelfahrt*, den bereits geschriebenen dritten Akt streichen wird? – In erster Linie liegt das offene Ende des *Biberpelz* wohl in Hauptmanns eigener Veranlagung begründet, die ihn dem Tragischen nach Möglichkeit ausweichen und immer wieder, wie den alten Ansorge, neben dem «Nu jaja!» auch das «Nu nee nee!» bedenken läßt. Sein ideales Drama, hat er einmal gesagt, habe «keine Lösung und keinen Abschluß»[101].

Der *Biberpelz* ist das einzige seiner Stücke, dem Hauptmann eine Fortsetzung gegeben hat. Die Geschichte der Mutter Wolffen, die nach dem Tod ihres Mannes einen Flickschuster geheiratet hat und jetzt Frau Fielitz heißt, wird im *Roten Hahn* weitergeführt, einer Tragikomödie in vier Akten, an der Hauptmann erstaunlicherweise zur gleichen Zeit arbeitet wie an *Michael Kramer*, *Der arme Heinrich* und *Veland*. Der *Rote Hahn* wird am 17. November 1901 im Deutschen Theater uraufgeführt, hat aber trotz glänzender Besetzung – Max Reinhardt, Rudolf Rittner, Luise von Poellnitz, Oscar Sauer, Albert Bassermann sind dabei – nicht weniger Premierenerfolg als der *Biberpelz*. Erst Ida Orloff hat dem Stück zum Durchbruch verholfen, als sie 1941/42 im Berliner Rose-Theater, zuletzt vor dem greisen Hauptmann selber, die Fielitz spielte.

Frau Fielitz alias Mutter Wolffen ist nicht mehr die urwüchsige Proletarierin aus dem *Biberpelz*, sondern eine Kleinbürgerin, deren Aufsteigermentalität vor nichts haltmacht. Vom «Original» zur bloßen Versicherungsbetrügerin herabgesunken, steckt sie ihr eigenes Haus in Brand, baut sich mit dem ergaunerten Geld ein neues und stirbt, vom dramatischen wie vom psychologischen Standpunkt aus recht unvermittelt, am Schlagfluß und mit einer Geste, die wohl den Drang zum sozialen Emporkommen versinnbildlichen soll:

Dr. Boxer. Was ist denn, Frau Fielitz? Was haben Sie denn? Was machen Sie denn immer so mit den Händen?

Frau Fielitz *greift in eigentümlicher Weise mit beiden Händen hoch über sich.* Ma langt... Ma langt... Ma langt immer so.

Dr. Boxer. Nach was denn?

Frau Fielitz, *wie vorher*. Ma langt... ma langt nach was. *Die Arme fallen ihr herunter, sie schweigt.*

Aus dem Schriftsteller Dr. Fleischer, der im *Biberpelz* die sozialdemokratische Kontrastfigur zum Junker Wehrhahn abgab, ist im *Roten Hahn* der jüdische Arzt Dr. Boxer geworden. Er trägt Züge von Hauptmanns Freund Dr. Georg Ashelm und vom späteren Schwager des Dichters, dem S.-Fischer-Verlagslektor Moritz Heimann. Dr. Boxer hat die Welt umsegelt und entdeckt nun, daß das enge, fortschrittsfeindliche Vaterland, das er vor Jahren verlassen hat, unverändert geblieben ist. An ihm entzündet sich denn auch des Amtsvorstehers ganze Abneigung gegen die neue Zeit. Doch ist der in seiner Borniertheit komische Baron aus dem *Biberpelz* hier nur noch ein gewöhnlicher Scharfmacher vom Typ, den linke Ideologen später gern als «präfaschistisch» bezeichnen werden: «Nächstenliebe! Christlicher Geist! Hosen stramm und den Hintern versohlt!» lautet sein Patentrezept gegen alles, was die staatstragenden Pfeiler von Thron und Altar bedrohen könnte. Überhaupt ist die Kritik am Obrigkeitsstaat hier um vieles schärfer und aktueller und das Lustspielhafte dementsprechend weniger ausgeprägt als im *Biberpelz*. Wenn Hauptmann sich dort gegen das zum Zeitpunkt der Premiere bereits aufgehobene Sozialistengesetz wandte, so kämpft er hier gegen die Flottenpolitik als eine der groteskesten Fehlinvestitionen des kaiserlichen Deutschland, gegen den sich regenden Antisemitismus und, vor allem in der Urfassung des Stückes, gegen die Lex Heinze. (Aufgrund eines Verfahrens gegen den Berliner Zuhälter dieses Namens werden im Sommer 1900 einige Paragraphen des Strafgesetzbuches neu formuliert, die sich u. a. gegen die Verbreitung unzüchtiger Schriften richten und von vielen als Beeinträchtigung der freien Meinungsäußerung aufgefaßt werden.) Im Maße, in dem Wehrhahn und Mutter Wolffen alias Frau Fielitz an dramatischer Zündkraft einbüßen, tritt somit Dr. Boxer als Sprachrohr der «fortschrittlichen» Kräfte in den Vordergrund, wobei auch Auswüchse des Kapitalismus wie der Bodenspekulation gegeißelt werden. – In Brechts 1951 unternommenem Versuch, die zwei Hauptmann-Stücke zu einem einzigen Werk zusammenzuschweißen, ist für Dr. Boxer kein Platz. Seine Funktion als Ideologieträger übernimmt der ehemalige Polizist Rauchhaupt, den Brecht mit dem Bewußtsein eines klassenkämpferischen Arbeiters versieht, was freilich weder mit dem Geist der beiden Stücke noch mit den Auffassungen ihres Schöpfers übereinstimmt.

Es ist viel über die Gründe gerätselt worden, die Hauptmann, dem es doch nie an neuen dramatischen Einfällen mangelte, zur Wiederaufnahme des *Biberpelz*-Themas bewogen haben mögen. Die Frage ist um so schwerer zu beantworten, als auch der *Rote Hahn* nicht das am vorangegangenen Stück beanstandete, offene Ende «nachliefert». Zwar stirbt die Heldin am Ende, doch entschläft sie mit nichts Schlimmerem als Angst und einem schlechten Gewissen. Sie wird auch diesmal nicht bestraft, obwohl sie doch nicht nur ein paar kleine Diebstähle, sondern eine Brandstiftung mit Versicherungsbetrug auf dem Kerbholz hat. Aber inzwischen ist Mutter Wolffen schon eine Institution, ein Liebling des Volkes geworden, der einfach nicht bestraft werden darf.

III

Die deutsche Literatur kennt kaum ein anderes Werk, an dem sich die Geister so scheiden wie an *Hanneles Himmelfahrt*. Der junge Ernst Barlach sah darin «lauterste, wunderbarste, innigste deutsche Poesie!», und Lion Feuchtwanger verfiel selber in den Hannele-Ton mit seinem Befund, es habe, «seitdem der deutsche Minnesang verklungen, keiner mehr so kinderliebe, inbrunstzitternde, sonnenäugige, glockenklare Verse» geschrieben wie der Verfasser dieses Stückes, der sich hier als «echtester Hauptmann» offenbart. Doch kaum ist die Premiere über die Bühne gegangen, da stimmt die politische Linke in seltener Harmonie auch schon mit der Rechten überein in der Ablehnung dieser Dichtung. Mehring hält sie für «verheuchelten Mystizismus zu Ehren der ausbeutenden und unterdrückenden Klassen», während der vom nächsten Jahr an amtierende Reichskanzler Chlodwig Fürst zu Hohenlohe-Schillingsfürst darin ein so «gräßliches Machwerk, sozialdemokratisch-realistisch, dabei von krankhafter sentimentaler Mystik» erblickt, daß er nach der Aufführung im Feinschmecker-Restaurant Borchardt Zuflucht nehmen muß, um sich «durch Champagner und Kaviar wieder in eine menschliche Stimmung zu versetzen»[102]. Man könnte fast an der menschlichen Urteilskraft und an der Kompetenz der Literaturkritik verzweifeln angesichts so divergierender Ansichten über ein und dasselbe Werk, zumal die «Fachleute» unter den Premierenbesuchern sich ähnlich widersprüchlich äußern: Gustav Freytags qualifizierte Zustimmung wird durch Fontanes verhaltene Kritik aufgewogen.

Geschmackssache? Zum Teil gewiß, denn Literatur ist neben anderm wohl auch Geschmackssache. Doch lehrt ein Blick auf Musik und bildende Kunst, daß eine schwärmerisch-visionäre Religiosität, wie wir sie am Ende von Mahlers *Sinfonie Nr. 2* oder in den Bibelillustrationen von Fritz von Uhde (den sich Hauptmann als Illustrator von *Hanneles Himmelfahrt* wünschte) antreffen, in den Jahren vor der Jahrhundertwende häufig ist. Nicht das Religiöse am neuen Stück stößt das Publikum ab, das schon den Bahnwärter Thiel und den Weber Hilse als gottesfürchtige Männer schätzen gelernt hat, sondern die Verbildlichung der Halluzinationen des sterbenden Hannele zu den Gestalten des Stiefvaters, der Mutter, des Todesengels, bis hin zu dem mit der Christusfigur einswerdenden Lehrer, die sämtlich zu musikalischer Begleitung auf der Bühne agieren. (Um den möglichen Vorwurf der Blasphemie auszuräumen, wird das in der Erstausgabe von 1893 *Hannele Matterns Himmelfahrt* genannte Werk im Jahr darauf in einer «Neufassung» in *Hannele. Traumdichtung in zwei Teilen* umbenannt und erhält erst 1896 den endgültigen Titel *Hanneles Himmelfahrt.*)

Der erste Teil, in dem das vom brutalen Stiefvater mißhandelte Mädchen, das sich im winterlichen Dorfteich ertränken wollte, vom Lehrer gerettet und zur Pflege in ein Armenhaus getragen wird, ist als Milieustück angelegt und entsprach, nicht zuletzt wegen der Verwendung des Dialekts, recht genau den Erwartungen, die man an den Verfasser der vorausgegangenen naturalistischen Dramen geknüpft hatte. Mit der Erscheinung des Maurers Mattern jedoch, von der ein «fahles Licht ausgeht, welches den Umkreis um Hanneles Bett erhellt», verlassen wir den Boden der Wirklichkeit und befinden uns – wo? Beim Aschenbrödel oder dem Schneewittchen, die beide ihre Spuren im Drama hinterlassen haben? In der psychopathologisch gefärbten Phantasie eines kranken Mädchens, das seinen Stiefvater fürchtet, die Mutter vermißt und seinen Lehrer liebt? In einer mystisch überhöhten Welt, in der die Religion tatsächlich Opium für das Volk darstellt? In Hauptmanns ureigensten Wunsch- und Angstvorstellungen? Wohin auch immer die mitten im Stück vorgenommene Kursänderung führt, sie findet vor einem darauf nicht vorbereiteten Publikum statt, dem noch die Gewehrschüsse aus dem fünften Akt der *Weber* und die ganz und gar nicht überirdische Stimme der Mutter Wolffen im Ohr hallten. Erst nach geraumer Zeit setzt sich die Erkenntnis durch, daß der Ablauf der Handlung durch den Wechsel der Stilhöhe und der emotionalen Dichte eher gefördert als beeinträchtigt wird und daß Hauptmanns mit diesem Stück einsetzende Märchendichtung genausogut als Fortsetzung des Naturalismus mit anderen Mitteln gelten kann wie eine Absage an diesen.

So wird die Uraufführung, die am 14. September 1893 im Königlich Preußischen Schauspielhaus Berlin unter der Intendantur von Hauptmanns Breslauer Jugendbekanntem Graf Bolko von Hochberg stattfindet, allgemein als Enttäuschung verbucht. Dabei standen die Zeichen gut, denn man hatte viel von dem neuen Werk erwartet und konnte sich auch über die Aufführung nicht beklagen, in der Adalbert Matkowsky, ein vielerprobter Romeo und Hamlet, den Lehrer Gottwald spielte und die erfahrene Paula Conrad das Hannele. Zwar war sie mindestens doppelt so alt wie die vierzehnjährige Titelgestalt, doch gehört Hauptmanns Hannele mit Shakespeares Julia und Goethes Gretchen zu den Rollen, in denen jungfräuliche Unschuld, erwachende Sinnlichkeit und ein intuitives Weltverstehen eine auf den Brettern nur selten verwirklichte Verbindung eingehen. – Es wäre wohl zu einem Fiasko gekommen, wenn Hauptmann den dritten Akt, der in dem von Hannele imaginierten Himmel ihre Hochzeit mit dem Lehrer/Heiland schildert, nicht gestrichen bzw. einen Teil davon in den zweiten Akt übernommen hätte. Der Dramaturg des Schauspielhauses, Felix Hollaender, hatte ihm bei einer Lesung dazu geraten. Daß Hauptmann sich dazu bereit erklärte, zeugt von einer bei erfolgreichen Bühnendichtern seltenen Bereitschaft, kritische Einwände gelten zu lassen. Immerhin wird es ihn einige Überwindung gekostet haben, das selbsterlebte Geschehen auch dieses Dramas noch einmal umzuschichten: Die Rettung des Polizistensohnes Albrecht Kessler, den der junge Gerhart aus dem Teich gezogen und dessen Schwester einen Selbstmordversuch unternommen hatte; der Tod des Vetters Georg, und die darauf beruhende Vision der an die Maria gemahnenden schönen Frau mit dem Knaben; das ihrem verkommenen Vater abgekaufte kleine Mädchen, das die Schuberts in Lederose als Pflegekind zu sich ins Haus nahmen – all das mag sich mit Eindrücken von verwahrlosten Kindern in Weberdörfern, Reminiszenzen aus Volksmärchen und der Lektüre schlesischer Mystiker vermischt haben, um in *Hanneles Himmelfahrt* seinen dichterischen Ausdruck zu finden.

Ist das Spiel vom armen Hannele nun wirklich so deutsch, wie es die eingangs zitierten Stellungnahmen von Barlach und Feuchtwanger andeuten und wie es Freytag in seiner Besprechung ausführlicher darlegt: «Gerade dieser Zug, das Verhältnis der liebenden Jungfrau zum Bräutigam Christus, ist uralt und deutsch. Es klingt bereits aus den Gedichten der sächsischen Nonne Hroswith im zehnten Jahrhundert; zur Zeit der Minnesänger ist die Schilderung des Brautlagers einer Gottgeweihten im Himmel für uns von sehr befremdlicher Ausführlichkeit, sogar in den Liedern der Pietisten vom Anfang des vorigen Jahrhunderts; die Spuren davon sind noch heute in alten Liedern zu finden, welche das Volk singt.»[103] Oder haftet diesem Thema heutzutage, wo «das Volk» längst keine alten Lieder mehr singt, eine Peinlichkeit an, die z. B. den Germanisten Walther Killy bewog, den Schluß von *Hanneles Himmelfahrt* als abschreckendes Beispiel von «Himmelsbalsam» in seine Anthologie *Deutscher Kitsch* aufzunehmen? Wir lassen die Frage offen und stellen lediglich fest, daß Hauptmann in diesem einen Jahr den Deutschen eines ihrer großen Dramen, eines ihrer nicht sehr zahlreichen Lustspiele sowie eine Märchendichtung geschenkt hat, die in ihrer unauflöslichen Synthese von Realismus und Mystik vielleicht «typisch deutsch», ihrem Verfasser aber auf jeden Fall so wesensnah ist, daß er von nun an immer wieder zu dieser Gattung zurückkehren wird.

«WARUM TATEST DU NICHT DAS UNMÖGLICHE?»

I

Nach der Uraufführung von *Hanneles Himmelfahrt* trifft man sich, wie bei Premieren üblich, zum geselligen Beisammensein. Hauptmann ist diesmal selber Gastgeber, denn es gilt, einige extra aus Paris angereiste Gäste willkommen zu heißen, darunter André Antoine, der die französischen Bühnenrechte erwirbt, und den Übersetzer Jean Thorel. Mary, der *Hannele* gewidmet ist, hat sich nach Schreiberhau zurückgezogen; sie mag den Lärm und Trubel des Theaterlebens nicht und sorgt sich um die zu Hause gebliebenen Kinder. Da bittet ihr Mann eine gemeinsame Bekannte zu sich an die Festtafel. Es ist die neunzehnjährige Violinschülerin Margarete Marschalk, deren Bruder die Bühnenmusik zu dem soeben aus der Taufe gehobenen Stück verfaßt hat.

Die Familien verkehren gelegentlich miteinander, seit Max Marschalk Hauptmann im Sommer 1889 in Gesellschaft von Emil Strauß in Erkner besucht hatte. Inzwischen ist sein Vater gestorben, ein in Amerika wie in Deutschland erfolglos gebliebener Kaufmann und Börsenmakler, der eine Kusine geheiratet hatte. Er hinterließ ihr eine bescheidene Rente; die Reste des Vermögens reichten aber nicht aus, um das Fortkommen der fünf Kinder zu gewährleisten. Max, Jahrgang 1863 und somit fast so alt wie Hauptmann, versucht sich anfangs als Maler und Musiklehrer über Wasser zu halten und eröffnet dann ein Fotoatelier in der Friedrichstraße, im selben Gebäude, in dem das von der Theaterwelt frequentierte «Café National» liegt. Die Schwestern helfen ihm dabei und gehen später ihre eigenen Wege. Eine bleibt ledig, eine andere wird die Frau von Emil Strauß; Gertrud, die dritte, ist zunächst mit einem Bruder des Malers Walter Leistikow vermählt und heiratet in zweiter Ehe den

Fischer-Verlagslektor Moritz Heimann. Margarete, 1874 geboren und damit die jüngste, ist begabt und ambitioniert genug, um von dem Direktor der Kgl. Hochschule für Musik in Berlin, dem berühmten Geiger Joseph Joachim, als Schülerin angenommen zu werden. Nach einigen Jahren verkauft der Bruder das Atelier und widmet sich ebenfalls ganz der Musik, als Komponist und als Konzertkritiker der *Vossischen Zeitung*.

Als Hauptmann sie im Hotel «Friedrichshof» zu Tisch führt, ist ihm Margarete keine Fremde mehr. Vielmehr kennt er sie und ihre Geschwister seit einiger Zeit. An diesem Abend und den darauffolgenden Tagen entdeckt er, daß sich Max Marschalks kleine Schwester inzwischen zu einer faszinierenden jungen Frau entwickelt hat. Margarete weiß, was sie will. Sie ist munter, gesellig und wohltuend unbeschwert. Nicht nur in der Musik ausgebildet, sondern (bei Mädchen noch eine Seltenheit) auch im Turnen, Eislaufen und Schwimmen trainiert, stellt sie mit ihrem lebhaften Temperament und ihrer gertenhaften Schlankheit das genaue Gegenteil der schwermütig-junonischen Mary dar.

Kaum ist Hauptmann aus Berlin nach Schreiberhau zurückgekehrt, da erzählt er Mary, der eine gewisse Veränderung in seinem Wesen nicht entgangen ist, von seiner neuen Liebe. Man führt eine «moderne» Ehe und ist seit langem übereingekommen, keine Geheimnisse voreinander zu haben; überdies hat Hauptmann, wie er einmal schreibt, «unter anderen Schwächen auch die, nichts Wesentliches verbergen zu können»[104]. Die Ehefrau errät sehr bald, um wen es sich handelt, tut aber so, als könne sie nicht verstehen, wie ein so «unbedeutendes und oberflächliches» Mädchen einen Mann wie ihn zu fesseln vermöge; vielleicht weiß sie es wirklich nicht. Er hingegen, wiederholt in die Enge getrieben im Verlauf dieser aufgeregten Tage und schlaflosen Nächte, ist jedesmal glücklich, wenn von der Geliebten die Rede ist, und sei's auch nur im Bösen. Mary wirft ihm vor, er habe an ihr immer nur die Schwächen gesehen und nie ihren wahren Wert erkannt. Um sie vom Gegenteil zu überzeugen, geht er mit der weinenden Frau die Stationen des gemeinsam erlebten Glücks durch: «Weißt du noch, wie du dich über die Gartenmauer herunterlehntest, mit dem schwarzen, seidigen Haar und dem bleichen Gesicht und in jenem Jäckchen, das wir Zebra nannten, weil es weich und gestreift wie das Fell eines Zebras war? Weißt du noch, wie lange ich winkte, sooft ich Abschied nahm?» Das macht alles nur noch schlimmer, auch für ihn selber; aber er weiß sich Mary gegenüber im Unrecht und bestraft sich aus freien Stücken, im Glauben, damit *ihr* Los zu erleichtern. Mit den Gedanken ist er indessen nicht bei Marys schwarzem Haar, sondern auf der Post des Nachbardorfes, wo er alle paar Stunden nachfragt, ob denn nicht ein Brief aus Berlin eingetroffen sei. Als es soweit ist, reißt er das Kuvert auf, überfliegt die Zeilen und traut seinen Augen nicht: «Dein Eigentum» hat Margarete statt ihres Namens daruntergesetzt. (Zu anderen Malen unterzeichnet sie mit «Deine Hilde» nach der jungen Hilde Wangel in Ibsens *Baumeister Solness*, die ihrem Geliebten zu bedenken gibt: «Daß einer nach seinem eigenen Glück nicht greifen darf. Nach dem eigenen Leben nicht! Bloß weil jemand dazwischensteht, den man kennt!»[105])

Mit dem Brief der Freundin in der Brusttasche schlendert der eben noch besorgte Ehemann in so übermütiger Stimmung nach Hause, daß seine Frau, nicht ahnend, wo die plötzliche gute Laune herkommt, aufatmet. Vielleicht verschwindet das Unheil so unvermutet, wie es aufgetaucht war? Mit einbrechender Nacht – in diesen kurzen Wintertagen wird es schnell dunkel in den schlesischen Bergen – kehren die Sorgen zurück. Mary kann kein Auge zumachen und nimmt schließlich ein Schlafmittel; Gerhart benutzt die Gelegenheit und zieht in ein anderes Zimmer, unter dem Vorwand, durch seine Gegenwart die Wirkung der Tablette nicht beeinträchtigen zu wollen. Am nächsten Morgen veranstalten die Eheleute, in Trauer ob der verschwendeten Jahre, ein Autodafé, bei dem sie ihre Liebesbriefe verbrennen. Die Kinder, nicht wissend, was da in Flammen aufgeht, haben ihren Spaß am lodernden Brand. Sie jagen dem einen oder anderen Papier nach, das der Wind halbverkohlt davongetragen hat, und übergeben es abermals dem Feuer.

Beim Zusammenleben in einem Haus kann es nicht ausbleiben, daß Carl von der Liebschaft des Bruders erfährt. Er versucht sie ihm auszureden, indem er an sein Familiengefühl appelliert und vor der Gefährdung des gemeinsam errichteten Hauswesens warnt. Doch ist Gerhart so voll vom eigenen Glück, daß er die Worte des anderen kaum vernimmt.

Bald hält er es zu Hause nicht mehr aus und zieht nach Berlin, wo er sich in einem möblierten Zimmer einrichtet. Das Bild der Geliebten hat sich in seiner Einbildung inzwischen so gesteigert, daß er fürchten muß, von der Wirklichkeit enttäuscht zu werden. Als er Margarete wiedersieht, verscheucht ihr Anblick im Nu seine Zweifel:

> Sie ist eher groß als klein. Sie beugt das kindliche Haupt nicht nach vorn, wenn sie grüßt, sondern wirft es zurück, so daß ihre großen, trotzigen Augen kühn hervorstrahlen mit einem graden, entschlossenen Blick. Ihr Händedruck ist bieder und fest. Man fühlt den Freund, nicht, wie bei manchen Frauen, nur das Weib in der molluskenhaften weichen Hand. Ein Geist des Vertrauens geht von ihr aus, der von mir als eine neue Schönheit empfunden wird.

Das klingt nach Emanzipation, nach neuer Weiblichkeit, nach «Frau als Kamerad»: nach Werten, die bald auch von der Jugendbewegung vertreten werden. Hauptmann fühlt sich auf jeden Fall verjüngt und vom nutzlosen Grübeln erlöst. Er will künftig weniger über den Sinn des Lebens nachdenken und keine tiefgründigen Bücher mehr lesen. In dieser Verfassung erreicht ihn ein Brief von Mary. Sie bittet ihn, eine Probezeit von sechs bis acht Wochen einzulegen, in denen er weder sie noch die andere sehen würde. Käme er dann zu ihr und den Kindern zurück, so sollte alles vergeben und vergessen sein. Wenn er sich aber für Margarete entscheiden sollte, dann würde sie, Mary, sich damit abfinden.

Diesem Vorschlag kann er sich nicht verschließen. Er fährt nach Zürich und verbringt Weihnachten 1893 teils allein im Hotel, teils bei Ferdinand Simon und dessen Frau. Hauptmann wird vom Selbstmitleid geschüttelt und vom Mitgefühl für Mary, die die Feiertage mit den halbverwaisten Kindern im verschneiten Schreiberhau erlebt. Er fragt sich, warum er ausgerechnet zu Weihnachten, dem Familienfest, aus der Gemeinschaft der Menschen ausgestoßen sei. Zugleich empfindet er sich als auserwählt und von einer Leidenschaft erfüllt, von deren Weihe und Macht gewöhnliche Sterbliche nichts ahnen.

In langen Gesprächen mit Simon und anderen sucht er sich selber zu beweisen, daß das Leben mit zwei Frauen die einzige ihm gemäße Daseinsform sei: «Mündige Menschen mit dem Recht auf Persönlichkeit müssen die Freiheit haben», fordert er, «zu zweien, zu dreien, zu vieren zusammenzutreten.» Unter Berufung auf das Goethesche «Stirb und werde!», als Sinnbild der durch Margarete erfahrenen Neugeburt, malt er sich die Trennung von Mary aus und sieht darin die Grundlage einer dauernden guten Beziehung zu den Seinen. Müßte ihn die Seligkeit, die ihm im Zusammenleben mit der Geliebten zuteil würde, nicht erst recht zu einem treuen Freund seiner Frau und guten Vater seiner Kinder machen? Und könnte Margare-

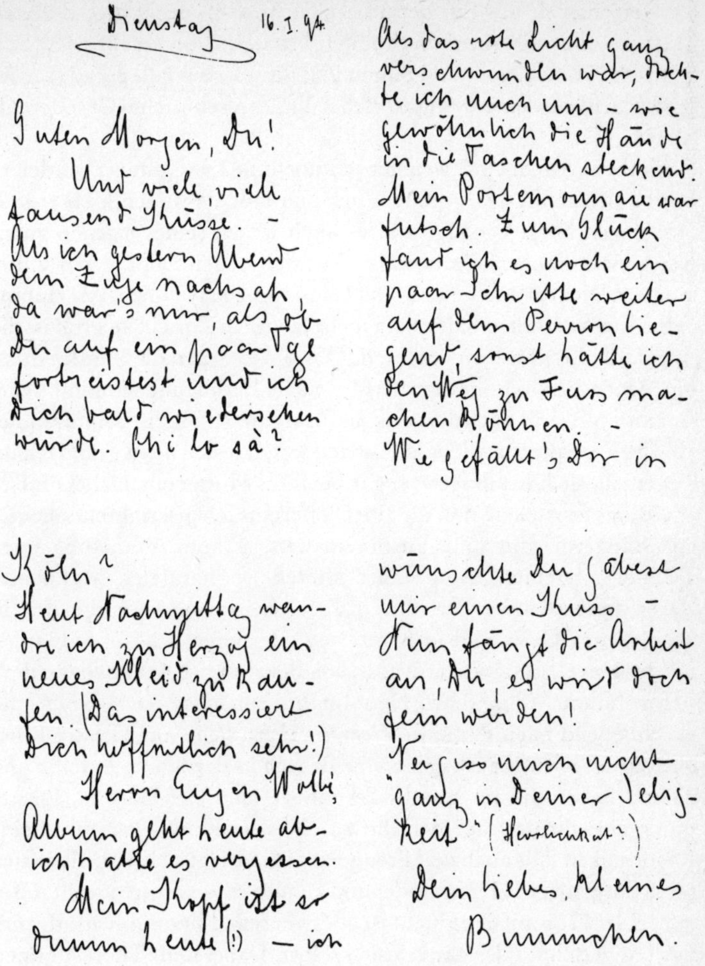

Dienstag 16. I. 94.

Guten Morgen, Du!

Und viele, viele tausend Küsse. –
Als ich gestern Abend dem Zuge nachsah, da war's mir, als ob Du auf ein paar Tage fortreistest und ich Dich bald wiedersehen würde. Chi lo sà?
Als das rote Licht ganz verschwunden war, drehte ich mich um – wie gewöhnlich die Hände in die Taschen steckend. Mein Portemonnaie war futsch. Zum Glück fand ich es noch ein paar Schritte weiter auf dem Perron liegend, sonst hätte ich den Weg zu Fuss machen können. –
Wie gefällt's Dir in Köln?
Heut Nachmittag wandre ich zu Herzog ein neues Kleid zu kaufen. (Das interessiert Dich hoffentlich sehr!)

Herrn Eugen Wolff's Album geht heute ab – ich hatte es vergessen.

Mein Kopf ist so dumm heute (!) – ich wünschte Du gäbest mir einen Kuss –
Nun fängt die Arbeit an, Du, es wird doch fein werden!
Vergiss mich nicht „ganz in Deiner Seligkeit" (Herrlichkeit?)

Dein liebes, kleines

Bummchen.

Brief von Margarete Marschalk an Gerhart Hauptmann vom 16. 1. 1894 – zehn Jahre vor ihrer Eheschließung.

tes Geigenspiel, das ihn bezaubert, nicht auch der schwermütigen Mary zu ein paar heiteren Stunden verhelfen? So ergeht er sich in Wunschträumen, während Simon und dessen ebenfalls gerade anwesender Schwiegervater August Bebel ihm kopfschüttelnd Gesellschaft leisten.

Ähnliche, wenn auch weniger sentimentale Erwägungen werden in Berlin angestellt. Margaretes Vormund läßt sie wissen, daß er sich ihretwegen Sorgen macht und es auch wegen seines eigenen guten Rufes nicht billigen könne, falls sie es sich in den Kopf setzen sollte, mit dem Dichter unter einem Dach zusammenzuwohnen. Als Hauptmann davon erfährt, hält es ihn nicht länger in Zürich: zu groß ist die Angst, die Freundin zu verlieren. Obwohl es gegen die Verabredung mit Mary verstößt, telegrafiert er nach Berlin und kündigt seine Ankunft mit dem nächsten Zug an. Margarete holt ihn vom Bahnhof ab. Ihr Verhalten, stellt er aufatmend fest, hat sich nicht geändert; im Gegenteil, sie führt ihn jetzt sogar bei ihrer Mutter ein. Dabei muß er allerdings feststellen, daß die alte Dame, eine lebenserfahrene ehemalige Sängerin, durchaus nicht angetan ist vom Verhältnis ihrer Tochter mit einem zwölf Jahre älteren, verheirateten Mann und Vater dreier Kinder. Die übrige Zeit verbringen die Liebenden in abgelegenen Cafés und in Konzerten oder beim Schlittschuhlaufen auf der Havel, in ständiger Angst, von Bekannten gesehen zu werden.

Im Januar 1894 fährt Hauptmann zunächst nach Köln und anschließend nach Paris, wo *Hanneles Himmelfahrt* am Théâtre Libre einstudiert wird. Es ist sein erster Besuch in der Stadt; Antoine und Thorel haben ihn im Hotel «Terminus» nahe der Gare St. Lazare untergebracht und nehmen ihn zu ein paar Empfängen mit. Seine Rastlosigkeit fällt auch den Freunden auf. Sie legt sich erst, als er sich seine Sorgen vom Herzen redet und zugibt, er wisse nicht recht, ob er vor seiner Frau auf der Flucht ist oder vor seiner Freundin, die ihn mit Briefen verfolgt, oder gar vor sich selbst. Dabei muß Thorel dolmetschen, denn Hauptmann versteht wenig Französisch und der Theatermann kein Deutsch.

Kaum hat er sich in Paris eingelebt, da erreicht ihn ein Schreiben von Mary, das ihm das ganze Ausmaß des drohenden Verlustes vor Augen führt:

> Liebe Maus, wie wir uns ... trennten, war ich der festen Zuversicht, Du würdest den Konflikt für beide Teile von uns glücklich

lösen. Seitdem bin ich an Hoffnung ärmer geworden. Die Wahl Deines Aufenthaltes zeigte mir, daß Deine Leidenschaft vollkommen Herrschaft über Dich gewonnen hat. Deine Briefe halten mich im Unklaren (ich weiß nicht, ob mit Absicht) über das, was Du zu tun gedenkst, welchem Ziel Du zusteuerst. Das martert mich alles so, daß ich das Leben nicht länger ertragen kann, ohne dabei zugrunde zu gehen; darum muß ich mich herausreißen, was ich auch angefangen habe zu tun. Seit fünf Tagen bin ich mit den Kindern hier in Hamburg. Morgen früh 9 Uhr führt uns der Zug nach Cuxhaven, 11¼ fährt der Dampfer Fürst Bismarck ab, der uns zu Plötzlich [Ploetz] nach Amerika bringen soll... Sorgen brauchst Du Dich in keiner Weise um uns. Das Schiff ist das größte und beste, was die Paketfahrt besitzt. Es reisen ja so viele Menschen; warum sollen wir nicht auch glücklich hinüberkommen?... Maus, leb wohl, meine besten Wünsche werden immer um Dich sein. Erwacht in Dir die Sehnsucht nach uns, so komm hinüber. Dein sind wir und werden es bleiben.

Maus.[106]

Von Schreiberhau aus hatte Mary an Alfred Ploetz telegrafiert, der mit seiner Frau in Meriden, einer kleinen Stadt im US-Bundesstaat Connecticut, als Arzt tätig ist und sofort antwortet, daß er sie und die Kinder vom Pier abholen würde.

Hauptmann ist vor den Kopf geschlagen: Das hat er nicht erwartet. Am wenigsten jetzt, wo er sich, dem Wunsch seiner Frau folgend, von Margarete wieder getrennt hat. Nach einer Nacht, die ihn zum ersten Male im Leben dem Selbstmord nahe bringt, sagt er alle Termine ab. Die Premiere von *Assomption d'Hannele Mattern* findet am 1. Februar ohne ihn statt (er wird auch später niemals eines seiner Stücke in Übersetzung aufgeführt sehen). Er beschließt, nach Southampton zu reisen, das Schiff dort abzufangen und die Seinen entweder zur Rückkehr nach Deutschland zu überreden oder mit ihnen gemeinsam nach Amerika zu fahren. Als sich herausstellt, daß er die «Fürst Bismarck» nicht rechtzeitig erreichen kann, bucht man ihm einen Kajütenplatz auf dem nächsten Passagierdampfer nach New York; es ist die «Elbe» des Norddeutschen Lloyd, auf der er sich am 24. Januar einschifft. Daß er pünktlich in Southampton ankommt, verdankt er dem Duzfreund Thorel, der ihm die Sorge um Schiffsverbindungen und Fahrpläne abgenommen hat.

Die überstürzte Reise von Paris nach New York ist eine der wenigen Kurzschlußhandlungen im Leben von Gerhart Hauptmann. Sie geschieht unter dem Schock der Entdeckung, daß seine Frau mit den Kindern nach Amerika aufgebrochen ist, ohne ihn zu fragen oder auch nur rechtzeitig davon in Kenntnis zu setzen. Mary hat ihren Abschiedsbrief der Schwester Martha hinterlassen mit dem Auftrag, ihn erst dann einzuwerfen, wenn ihr Mann sie nicht mehr an der Reise hindern könne. Was muß sich in ihr – so mag es ihm in jener Nacht im Hotel «Terminus» durch den Kopf gegangen sein – an Verzweiflung und Lebensangst, aber auch an Liebe und Haß angestaut haben, um sie zu diesem Schritt zu bewegen? Was würde die menschenscheue und unerfahrene Frau in New York tun, falls Ploetz aus irgendeinem Grund daran verhindert wäre, sie am Pier abzuholen? Oder wenn eines der Kinder unterwegs erkrankte? Entführt sie dem Vater nicht seine Söhne, setzt sie ihm mit dieser Handlung nicht die Pistole auf die Brust? Ist das juristisch überhaupt zulässig, um vom Menschlichen ganz zu schweigen? Wenn er andererseits in Paris bliebe und den Seinen nicht übers Meer folgte, in welchem Lichte würde er dann vor Mary, vor den Kindern, vor der Familie und vor allem vor sich selber erscheinen?

Doch damit nicht genug. Er hatte schon als Kind unter einer Zwangsvorstellung gelitten und auf dem Piano vom Kampf phantasiert, «den ein Schiff im Seesturm kämpfte, in dem es dann schließlich mit Mann und Maus unterging»[107]. Sollte sich der Alptraum, der vielleicht auf ein Bild in der elterlichen Wohnung zurückging, jetzt bewahrheiten? In seinem Tagebuch schlagen sich diese Ängste in Versen nieder, denen in ihrer Holprigkeit etwas Rührendes anhaftet:

> Auf grauem Meere Weib und Kind,
> geworfen vom sausenden Winterwind.
> Wer trieb sie hinaus, wer warf sie hinein.
> Es schien eine Tat der Verzweiflung zu sein.

Hat seine Frau diese Gefahr, wenn auch beschwichtigend, nicht eben noch in ihrem Brief erwähnt? (Aus gutem Grund, denn mit dem Untergang oder Brand eines Schiffes ist vor dem Ersten Weltkrieg weit eher zu rechnen als heutzutage mit dem Absturz eines Linienflugzeugs. Auf einer anderen Atlantik-Überquerung bricht auf der «Fürst Bismarck» ein Feuer aus, das sich gerade noch eindämmen läßt; einer der Offiziere, die sich dabei hervortun, findet bei einem Brand auf der «Imperator» den Tod. Die «Elbe», auf der Hauptmann seiner Familie nachreist, wird im folgenden Jahr von einem englischen Schiff gerammt und versinkt in wenigen Minuten mit 378 Menschen. Bei einem Feuer, das später auf dem Pier in Hoboken, wo Mary mit den Kindern an Land gegangen war, ausbricht und auf die angelegten Schiffe überspringt, kommen fast die gesamten Besatzungen der «Saale», «Bremen» und «Main» des Norddeutschen Lloyd ums Leben. Erst nach dem Untergang der «Titanic» im April 1912 einigen sich die Schiffahrtsgesellschaften zumindest darauf, daß genug Rettungsboote mitgeführt werden, um im Notfall sämtliche Passagiere und Besatzungsmitglieder aufnehmen zu können.)

Wie unangenehm, ja, bedrohlich die Überfahrt sein kann, erfährt nicht Mary, sondern ihr Mann am eigenen Leibe. Die «Elbe» gerät in einen der Stürme, die im Winter über den Nordatlantik fegen. Die Wellen gehen so hoch, daß die Schraube öfters aus dem Wasser herausragt und den ganzen Schiffsrumpf erzittern läßt. Hauptmanns Gepäck wird in der Kabine festgezurrt, er selber muß sich bei jedem Schritt festhalten, um nicht umgeworfen zu werden. Mitten in der Nacht überkommt ihn der Aberglaube, das Schiff sei gefährdet, weil es einen Schuldigen an Bord führe: ihn selber, der sich an Frau und Kindern versündigt hat! Um die Götter zu versöhnen und den Fluch abzuwenden, erwägt er, Margaretes Fotografie zu zerreißen, sich auf Deck zu schleichen und die Schnitzel dem Sturm zu opfern.

Wenigstens bleibt ihm die Seekrankheit erspart, unter der die meisten Mitreisenden leiden. Schon wegen der winterlichen Kälte wagen sich nur wenige an die Luft. Gerade dort aber, am Heck stehend und in Fahrtrichtung gewendet, gehen ihm beim Anblick der öden Gewässer und unter dem mal das Gesicht peitschenden, mal in Masten und Tauwerk stöhnenden Wind mancherlei Bilder durch den Sinn, die vom Trivialen zum Erhabenen reichen:

> Vor ihm bebte das mächtige Schiff [lesen wir im Roman *Atlantis*, in dem diese Reise beschrieben wird]. Der Qualm seiner beiden Schornsteine wurde mit der Bewegung der Luft von den Mündungen fort auf das Wasser gedrückt, und man sah einen melancholischen Zug von Gestalten, Witwen in langen Kreppschleiern, händeringend, in stummen Klagen, wie in eine unendliche Dämmerung der Verdammnis davonwandern ... Er stellte sich vor, was

alles hinter den Wänden dieses rastlos gleitenden Hauses vereinigt war, wieviel Suchendes, Fliehendes, Hoffendes, Bangendes sich darin zusammengefunden hatte; und mit dem allgemeinen großen Staunen wurden in seiner Seele wieder einmal jene noch immer ohne Antwort gebliebenen großen Fragen wach, die mit Warum? und Wozu? den dunklen Sinn des Daseins berühren.[108]

Unter den wenigen seefesten Passagieren ist einer, der zum Freund wird und Hauptmanns Lebensweg später noch einmal kreuzt: der Zirkusartist Carl Hermann Unthan. Ohne Arme, nur mit flossenartigen kurzen Stümpfen an den Schultern zur Welt gekommen, tritt er als Kunstschütze auf, indem er, sitzend, mit den Beinen das Gewehr vor die Augen bringt, zielt, und mit dem großen Zeh abdrückt. Er führt mit unglaublich geschickten Füßen auch noch verschiedene andere Aktivitäten vor, die normale Menschen mit den Händen verrichten wie das Rasieren oder Maschineschreiben oder Geigespielen oder das Anzünden einer Zigarre. Im Krieg 1914–18 wird man Unthan, dem Hauptmann in *Atlantis* ein Denkmal setzt, in Militärspitälern gebrauchen, um den Amputierten durch sein Beispiel eines erfolgreichen, auf keine Hilfe angewiesenen Krüppels neue Hoffnung zu geben.

Als die «Elbe» mit dreitägiger Verspätung in New York eintrifft, wartet Ploetz mit Ivo und Eckart am Pier. Mary hat sich entschuldigen lassen. Von der Überfahrt erschöpft und selber erst seit ein paar Tagen im Lande, ist sie mit ihrem Jüngsten, dem kaum fünfjährigen Klaus, in Meriden geblieben. Hauptmann ist enttäuscht. Wenn er ihr auf die Nachricht von ihrer Einschiffung hin blind über das Meer gefolgt ist, stellt er bei sich fest, dann hätte sie wohl die kurze Anreise aus Connecticut auf sich nehmen können. Im Trubel des Wiedersehens mit Ploetz und den beiden Söhnen werden die stillen Vorwürfe jedoch vergessen. Man hat sich viel zu erzählen und verbringt die Nacht in einem New Yorker Hotel, um am nächsten Morgen nach Meriden zu fahren.

Pauline Ploetz hat ihren Mann als Medizinstudentin in Zürich kennengelernt und hilft ihm jetzt in der Praxis. Sie empfängt erst Mary und die Kinder, alsdann Gerhart mit offenen Armen und bringt sie bei sich im Haus unter, in einem geräumigen Schlafzimmer mit fünf Feldbetten und einer abgeschirmten kleinen Kochnische. Auch ein Anthrazitofen ist vorhanden, denn es ist ein strenger Winter, draußen liegt tiefer Schnee. Darüber befindet sich ein Dachgeschoß, in dem Hauptmann arbeiten kann. Mary hat es liebevoll mit Schreibpapier, Bleistiften und sogar mit Blumen versehen.

Seine Arbeit besteht freilich aus wenig mehr als Vorstudien zu den Dramen, mit denen er sich in Gedanken schon trägt, zu *Florian Geyer* und der *Versunkenen Glocke*. Allzuoft ertappt er sich beim Entwerfen von Briefen an Margarete Marschalk, die er nicht abschickt. Nach der Wiedersehensfreude mit den aufgeregten Kindern und der wortlos-innigen Versöhnung mit Mary ist die Wunde sogleich wieder aufgebrochen. Während seine Frau, wenn nicht glücklich so doch beruhigt, an die Schwiegereltern schreibt, daß «Gerhart zu unseren Gunsten resigniert» habe und sie sich nun beide bemühten, «vom Leben nichts Unmögliches zu verlangen»[109], sehnt er sich schon wieder nach der Freundin. Wie wird sie wohl auf den Brief reagieren, in dem er ihr aus Southampton die Gründe seiner Reise nach Amerika dargelegt hat? Wird sie «verstehen» und sich in Geduld üben oder gar ihrerseits resignieren? Oder wird sie ihn wegen seiner Schwäche verachten und sich aus Abenteuerlust oder verletzter Eitelkeit dem nächstbesten Mann an den Hals werfen? Er weiß noch aus Berlin, daß sie neben den Geigenstunden auch Schauspielunterricht nimmt. In eifersüchtigen Momenten stellt er sich vor, sie könnte den Verführungskünsten eines Bühnen-Romeos erliegen. So schwankt er im Geiste hin und her zwischen Berlin und Meriden, zwischen dem Argwohn, «der Mund eines anderen könnte entweihen, was der meine genossen, und womöglich Früchte pflücken, die zu rauben ich mir versagt hatte»[110], und dem erneuten Gefühl der Geborgenheit bei Frau und Kindern. Da er sich nicht entscheiden kann, verbrämt er die masochistischen Anwandlungen mit allerlei Reflexionen über die Institution der Ehe – selbst die seiner Eltern erscheint ihm jetzt im Licht einer nicht enden wollenden Selbstverleugnung – und über das Recht, nein: die Pflicht der «freien Liebe», sich gegen die überlebten Moralbegriffe der Kirche durchzusetzen. Nach außen ist er der mit seinem Weibe wiedervereinte Ehemann, der mit den Kindern spielt und Freund Ploetz auf seinen Krankenbesuchen begleitet. Zieht er sich aber zur Arbeit auf sein Zimmer zurück, dann holt er hinter verschlossener Tür das seidene Tuch hervor, das ihm Margarete zum Abschied geschenkt hat mit der Auflage, es nächst seinem Herzen zu tragen. Der Anblick des kleinen Fetischs inspiriert ihn beim Schreiben; andererseits hat er beim Auskleiden im gemeinsamen Schlafraum Mühe, das Tuch vor den Blicken seiner Frau und Kinder verborgen zu halten.

Wie es bei lange ersehnter Post öfter geht, erweist es sich, daß ihr Brief, als er endlich eintrifft, von einer ganz anderen als der tragisch verdüsterten Stimmung getragen wird, in die *er* sich mittlerweile hineingesteigert hat. *Sie* schreibt vom Leben in Berlin, sachlich und unbeschwert, und scheint in seinem plötzlichen Aufbruch nach Amerika eher einen kleinen Ausflug zu sehen als ein in Seelenqual durchlittenes Abenteuer. Keinerlei Vorwurf wird ihm gemacht und kein Versprechen abverlangt. Das eine wäre so unnötig gewesen wie das andere, denn der Brief, der neben einem getrockneten Veilchen auch eine in Seidenpapier aufgehobene Haarsträhne enthält, trägt die Unterschrift, die ihm längst wie ein Widerhaken im Herzen sitzt: «Dein Eigentum.»

II

Als Hauptmann 1894 in New York eintrifft, haben die Deutschen die Iren als zahlenmäßig stärkste Volksgruppe unter den Einwanderern überholt. Unter den 700 000 Männern, Frauen und Kindern, die allein im Jahre 1882 in Amerika ankommen, befinden sich 500 000 aus den deutschsprachigen Ländern. Die Freiheitsstatue wird 1886 aufgestellt, die Durchgangsstation Ellis Island, an der täglich bis zu 8000 Menschen abgefertigt werden, 1892 in Betrieb genommen. Hauptmann, der als Besucher einreist, betritt die Vereinigten Staaten also in einem historischen Augenblick, in dem sich eine Flut von Einwanderern ins Land ergießt. Warum bleibt nicht auch er?

Er erwägt es eine Zeitlang, entscheidet sich aber bald dagegen. Nicht wegen seines Dilemmas als Mann zwischen zwei Frauen; im Gegenteil, das ließe sich, die Geschichte kennt manches Beispiel dafür, vielleicht gerade durch die Auswanderung mit der einen oder anderen lösen. Doch hat er, im Gegensatz zu Ploetz, keinen in der Neuen Welt verwertbaren Beruf. Sein «Werkzeug» ist das Wort, und das bedeutet bei ihm unweigerlich: die Muttersprache. Wenn man sich Hauptmann kaum anders denn als *deutschen* Dichter vorstellen kann, dann hat das auch damit zu tun, daß er – im Gegensatz etwa zu Zeitgenossen wie dem Polen Joseph Conrad, dem Russen Vladimir

Nabokov, dem Iren Samuel Beckett und der Dänin Tania Blixen – nie in die Lage kam, sich zumindest vorübergehend in einer anderen als der Muttersprache ausdrücken zu müssen. Von Hauptmann hingegen erklärt ein New Yorker Zeitungsreporter unumwunden: «He speaks no English.» Er selber beklagt um diese Zeit mehr sein schlechtes Französisch[111], das er lesen, aber nur mit größter Mühe schreiben oder gar sprechen kann, und wird später trotz langer Aufenthalte im Lande auch Italienisch nur radebrechen. (Nicht, daß es darauf ankäme. Es gibt viele große Männer, mit Winston Churchill angefangen, die keine Fremdsprache zu erlernen vermochten, während andererseits die Hotelportier-Fertigkeit des In-vielen-Sprachen-Parlieren-Könnens häufig überschätzt wird. Es kommt ja darauf an, *was* einer zu sagen oder zu schreiben hat.)

In der Sprache liegt wohl auch der Grund für die auf den ersten Blick befremdende Tatsache, daß man von dem in Deutschland schon berühmten und nun auch in Paris gespielten Dramatiker in Amerika kaum Notiz nimmt. Er berichtet zwar den Eltern, die dortigen Zeitungen hätten nach seiner Ankunft «Alarm geschlagen», aber die Wirklichkeit sieht anders aus und sowohl die ins Auge gefaßte *Hannele*-Lesung als auch eine geplante Amerika-Rundreise finden nicht statt. Die angelsächsische Mehrheit im Lande, die vor kurzem noch dem zu einer Vortragsreise aus London herübergekommenen Oscar Wilde zugejubelt hat, kann mit dem deutschsprachigen Dichter wenig anfangen. Die meisten Deutschen aber haben, wie andere Einwanderer auch, Wichtigeres zu tun, als einem Dichter aus der Heimat zu lauschen: Sie wollen so schnell wie möglich Englisch lernen. Ferner mag die Langsamkeit, die den literarischen Austausch über den Atlantik vor der Verbreitung der drahtlosen Medien kennzeichnete, eine Rolle gespielt haben. Das naturalistische Drama (soweit es überhaupt aus Europa eingeführt werden mußte) bürgert sich auf der amerikanischen Bühne erst im zwanzigsten Jahrhundert ein, also mit etwa derselben Verspätung, mit der die amerikanische Short Story bei uns «ankommt».

Durch Ploetz, der Verbindungen zur *New Yorker Volkszeitung* hat, erfährt man dort von Hauptmanns Ankunft. Er wird von einem Reporter aufgesucht und unterhält sich mit diesem im Hause des Arztes, der dem Zeitungsbericht zufolge «im Handumdrehen eine Tasse duftigen Mokkas gebraut hatte und auch persönlich uns Gesellschaft leistete». Ebenso gemütlich verläuft ein Interview mit

Charles Henry Meltzer in der *New York World*, das am 18. Februar erscheint. Die Impresarios Carl Josef und Theodor Rosenfeld, die den Dichter aus Berlin kennen, wollen *Hanneles Himmelfahrt* in New York aufführen, also ein nur teilweise naturalistisches Stück, mit dem auch das deutsche Publikum seine Schwierigkeiten hatte. Mit der Übersetzung wurde Meltzer beauftragt, der sich in Hauptmanns Gedankenwelt schon ein wenig auskennt und gezieltere Fragen stellen kann als das obligate «And how do you like America?». Meltzer möchte zum Beispiel wissen, warum seine Stücke keine Helden im eigentlichen Sinne des Wortes und oft auch nur wenig Handlung aufweisen (Hauptmann antwortet, daß auch die Wiedergabe rein seelischer Vorgänge, ohne viel äußeres Geschehen, zur Aufgabe des Dramatikers gehört), und inwieweit das Mitleid das auslösende Moment beim Schreiben der *Weber* gewesen sei (am Anfang recht fühlbar, später habe die Freude am dramatischen Schaffen die ethische Motivierung überschattet).

Als Darstellerin des Hannele haben die Rosenfelds ein fünfzehnjähriges Mädchen vorgesehen. Die Nachricht wird dem Vorsitzenden der Gesellschaft zum Schutze der Jugend zugespielt, einem Commodore Elbridge T. Gerry, der in einem Brief an den Oberbürgermeister von New York sogleich ein Verbot der Aufführung zu erwirken sucht. Er beruft sich dabei sowohl auf die Minderjährigkeit der Schauspielerin als auch auf das Stück als solches, das wegen des Erscheinens einer den Heiland darstellenden Figur auf der Bühne ohnehin «anstoßerregend und ... im Gegensatz zu allem öffentlichen Anstand» sei.[112] Die Presse spielt den Fall hoch, der Skandal ist da, wobei es unwichtig ist, ob ein Rivale der beiden Impresarios ihn angezettelt oder, wie auch behauptet wurde, die geschäftstüchtigen Brüder ihn selber inszeniert haben. Hauptmann, vom *New York Herald* zur Rede gestellt, erklärt, Christus träte in seinem Stück nicht als Person auf, sondern nur als eine vom fiebernden Hannele wahrgenommene Erscheinung. Das wird jedoch als Haarspalterei zurückgewiesen, wie auch die Feststellung der Rosenfelds, die Schauspielerin sei nicht fünfzehn, sondern bereits fünfzehn Jahre und drei Monate alt und überdies die einzige finanzielle Stütze ihrer verwitweten Mutter.

In einer vom Magistrat anberaumten Verhandlung, bei der auch der Dichter zugegen ist, stoßen die Parteien nebst ihren Anwälten hart aufeinander: hier der alte Commodore, ein dürrer alter Yankee mit Raubtiergesicht, der die Plazierung junger Mädchen auf der

Bühne als Teufelswerk landfremder Freibeuter darstellt und «im Namen des guten Geschmacks, im Namen der öffentlichen Moral und im Namen der amerikanischen Sittlichkeit» dagegen Einspruch erhebt als jemand, «der in diesem Lande geboren und aufgewachsen ist»; dort der wenige Tage zuvor eingebürgerte Jude Theodor Rosenfeld, der im Eifer des Gefechts mit der Faust auf den Tisch schlägt und in den Saal schreit: «Ich bin auch ein amerikanischer Bürger, und ich verlange mein Recht!» In der Mitte der Oberbürgermeister Thomas F. Gilroy, aus irisch-katholischer Familie. Dieser mit allen Wassern gewaschene Kommunalpolitiker erklärt, er befürworte zwar prinzipiell die Freiheit des künstlerischen Ausdrucks, könne sich nach Anhörung beider Seiten aber nicht der Einsicht verschließen, daß das Auftreten einer den Heiland darstellenden Figur sowohl den öffentlichen Anstand als auch die religiösen Gefühle der jungen Schauspielerin verletzen würde. Zu seinem Leidwesen sähe er sich deshalb außerstande, die Aufführungserlaubnis für dieses Stück zu erteilen, gegen das nun einmal Einspruch erhoben worden sei.

Hauptmann, der, wie gesagt, dabei ist, ohne viel Englisch zu verstehen, schildert diese denkwürdige Konfrontation später in *Atlantis* (wo sich der Bürgermeister, aus Gründen, die im Roman angelegt sind und uns hier nicht zu beschäftigen brauchen, *gegen* den Antragsteller entscheidet). Ein kurzer Auszug aus dieser Schilderung zeigt, wie genau er auch ohne Sprachkenntnisse herauszuhören vermag, worauf es im New York der Jahrhundertwende ankommt, in dem hinter dem Aushängeschild des «Schmelztiegels» die verschiedenen Einwanderergruppen einander einen verzweifelten Kampf um ihre soziale Anerkennung liefern:

> Die Journalisten [die eben die Erklärung des Bürgermeisters vernommen haben] grinsten vielsagend. Der heimliche Haß des irischen Katholiken und Mayors gegen den eingesessenen Puritaner englischer Herkunft war zum Durchbruch gekommen. Der Yankee erhob sich und drückte diesem Feinde mit kalter Würde die Hand. Dann schritt er aufgerichtet davon, und seinem zweiten, ganz anders gearteten Gegner gelang es nicht, ihm noch zum Abschiede, wie er vorhatte, seinen ganz anders gearteten Haß ins Auge zu blitzen, da dieses Auge ihn vollkommen übersah.

Nach dieser Niederlage bringen die Rosenfelds *Hanneles Himmelfahrt*, mit einem fünfundzwanzig- statt fünfzehnjährigen Hannele, in einer Privatvorstellung vor ungefähr zweihundert geladenen Gästen auf die Bühne. Einige Kritiker äußern sich positiv, die tonangebende *New York Times* hingegen lehnt das Stück in Bausch und Bogen ab, «nicht wegen der Beleidigung der religiösen Gefühle, sondern weil es krankhaft, hysterisch, unverständlich und unbeschreiblich langweilig und töricht ist»[113]. Auch eine später genehmigte öffentliche Aufführung findet keinen großen Anklang.

Um diese Zeit ist Hauptmann, dem das Desinteresse der Amerikaner weniger nahegeht als die Zensurschwierigkeiten in Deutschland, schon im Begriff, in die Heimat zurückzukehren. Wenn seine Ehe unter der Oberfläche auch weiterhin brüchig bleibt, so ist doch der Zweck der Reise erreicht, die Versöhnung mit Mary:

> Liebes Mausele [schreibt er ihr aus New York, während sie mit den Kindern in Meriden geblieben ist], wieder muß ich Dir sagen, daß ich eng, auf engste mit Dir verbunden bin. Ich weiß, was ich an Dir habe und werde immer fortan bei Dir und zu Dir stehen, wenn Du mich nicht von Dir stößt. Das aber wirst Du nicht tun. Küsse die Jungens und sei selbst innig geküßt von Deinem durch feste innere Bande mit Dir verknüpften
>
> Gerhart[114]

Nach einem kurzen Besuch in Washington geht die Familie Hauptmann am 3. Mai 1894 an Bord der «Auguste Viktoria», eines «Doppelschraubers», wie der um die Sicherheit seiner Familie besorgte Dichter mit Befriedigung feststellt, der sie nach Hamburg bringen soll. Ploetz, den es nach Aufhebung des Sozialistengesetzes ebenfalls wieder nach Deutschland zieht, fährt mit. Seine Frau wird nachkommen, sobald die Praxis in Meriden aufgelöst und das Haus verkauft ist.

Amerika, das Hauptmann 1932 noch einmal kurz besucht, bleibt Episode in seinem Leben und spielt mit wenigen Ausnahmen (etwa in dem späten Drama *Dorothea Angermann*) auch im Werk keine Rolle. Ob man seine Aufzeichnungen in den Tagebüchern nachliest oder in *Atlantis* oder im *Buch der Leidenschaft*, man merkt den betreffenden Seiten an, daß sie von einem Touristen stammen und nicht von einem Einwanderer, der dort Zuflucht und Zukunft sucht. Hauptmann äußert sich weder als «Beiunski», dem drüben nichts recht ist im

Vergleich zu «bei uns» zu Hause, noch als hundertzehnprozentiger Amerikaner, der, womöglich zu leitender Stellung aufgestiegen, die rückständigen Europäer in teutonisch zischendem Englisch abkanzelt. Statt dessen legt er eine menschlich ansprechende Ausgeglichenheit an den Tag, wie sie unter den Emigranten, soweit diese eine Wahl hatten, später Carl Zuckmayer zeigen wird. Er betrachtet Amerika etwa so, wie er Italien betrachtet: als Land, in dem eine Lebensform herrscht, die ihm in einigem mehr, in anderem weniger zusagt als die heimische. So haben es ihm zum Beispiel die guten Manieren der Amerikaner angetan. Er kontrastiert mit augenscheinlicher Zustimmung das sachliche Benehmen des Schaffners im Zug von New York nach Meriden, eines «Herrn in Zivil, ... der einen durchaus gebildeten Eindruck machte», mit dem «Apachengebrüll» der Beamten in Deutschland, «wo jeder Schaffner jedem Reisenden mit unbeholfener und roher Umständlichkeit die Fahrkarte abforderte»[115]. Dagegen mißfällt ihm die Hektik der New Yorker und ihr Hang zur Übertreibung, den er unter der Chiffre «Humbug» geißelt.

Hauptmanns Kenntnis von Amerika ist fragmentarisch geblieben und in jeder Hinsicht beschränkt: geographisch auf einige Städte an der atlantischen Küste, gesellschaftlich auf den Umgang mit ein paar Deutschen und Deutschamerikanern, geistig auf das wenige, was einem auch ohne Sprachkenntnisse zugänglich ist. Er hat weder die alte Kultur der Südstaaten und Neu-Englands kennengelernt, noch die im Vergleich zu Europa so riesigen Ausmaße des Kontinents. Um so bemerkenswerter bleibt unter diesen Umständen die Formel, in der er das Thema «Amerika» zusammenfaßt: «Wir müssen erst alle amerikanisiert und dann zu Neueuropäern werden.» Prophetische Worte, sie stehen im 1912 veröffentlichten Roman *Atlantis*.

III

Auf der «Auguste Viktoria» zieht Mary viele Blicke auf sich. Der tänzerisch schwebende Gang, die vollschlanke Figur und das reiche, blauschwarze Haar verleihen ihr eine südländische, fast schon kreolische Note, die durch den Goldschmuck noch verstärkt wird. Was alle gefangennimmt, ist der von Hauptmanns Freunden oft hervorgehobene Kontrast zwischen ihrer exotischen, an Carmen gemahnenden

Erscheinung und der schüchternen Liebenswürdigkeit ihres Wesens. Mary ist glücklich, wenn sie die Rückreise mit der Überfahrt nach New York vergleicht, als sie allein mit den Kindern einem ungewissen Schicksal entgegenfuhr und so erschöpft in Meriden ankam, daß sie, ohne sich auszuziehen, aufs Bett sank und viele Stunden lang schlief.

Mit Stolz vermerkt Hauptmann, daß auch auf ihn etwas vom Licht dieser Frau abfällt: «Siehst du nicht», mahnt Ploetz bei einem Rundgang an Deck, «wie du von allen Seiten beneidet wirst?» Er sieht es und fragt sich, ob die eheliche Liebe vielleicht erst jetzt richtig aufblüht, da die Frau von der Freude über die Rückkehr des Gatten und das ihr dargebrachte Opfer erfüllt und der Mann durch die Selbstüberwindung geläutert ist.

Von Hamburg, wo Georg Hauptmann, der dem wirtschaftlichen Zusammenbruch nahe ist, die beiden vom Pier abholt, fährt Mary mit den Kindern nach Schreiberhau weiter und Gerhart, der dort zu tun hat, nach Berlin. «Alle wittern einen Ehekonflikt», hatte ihm Margarete schon im Februar, als er eben erst drüben angekommen war, über den Berliner Caféhausklatsch berichtet, «alle sagen schmunzelnd: où est la femme?»[116] In der Hauptstadt kursieren die abenteuerlichsten Gerüchte über seinen Aufbruch nach Amerika und die ebenso unvermittelte Rückkehr. Brahm sucht das «Gemunkele», wie er es nennt, durch rigoroses Schweigen abzublocken. Schlenther tut das gleiche auf seine Art durch die Bekanntmachung, Hauptmann sei nach Amerika gefahren, um dort den *Florian Geyer* zu beenden. Daß sich Meriden dazu besser eigne als Schreiberhau oder Berlin, wagt er freilich nicht hinzuzusetzen.

Beim ersten Wiedersehen mit Margarete – und dies ist natürlich der wahre Grund für den Umweg über Berlin – hält bei Hauptmann noch die Euphorie der Schiffsreise vor. Er mokiert sich ein wenig über die «überschlanke, ziemlich eckige» junge Frau, die ihn am Lehrter Bahnhof erwartet, und gebraucht in seinen Aufzeichnungen sogar das böse Wort «Tant de bruit pour une omelette». Es sind nicht nur ihre knabenhaften Formen, die er mit ernüchtertem Auge wahrnimmt, es ist nicht einmal die fast verletzende Unbekümmertheit, mit der sie über seine Amerikareise hinweggeht. Was ihn schockiert, ist vielmehr die Nötigung, sich abermals vor Freunden und Bekannten verstecken zu müssen. Gar zu schnell ist aus dem Familienvater, der mit seiner schönen Frau am Arm den Speisesaal der «Auguste Viktoria» betrat, ein etwas angejahrt wirkender Liebhaber geworden, der sich mit seinem Mädchen in die dunklen Ecken von Restaurants und die abgelegenen Lauben von öffentlichen Parks verdrückt. Denn dieser Liebhaber hat gleich drei Kreuze zu tragen: das schlechte Gewissen des Ehemanns-auf-Abwegen, die Sorge des Bürgers um seinen Leumund und die Angst des Deutschen vor der Obrigkeit. Was würde geschehen, fragt er sich, während er ganz gesittet neben seiner Freundin auf einer Bank im Pankower Park sitzt und ein Schutzmann vorüberschreitet, wenn dieser, «in dessen durchbohrendem Auge unschwer die Worte ‹Ich werde Sie aufschreiben!› oder gar ‹Ich sollte Sie arretieren!› zu lesen sind», dies wirklich täte? «Möchte er einen doch arretieren!» fährt Hauptmann tapfer bei sich fort, und fügt hinzu: «Anders ist, was einem jungen Mädchen aus guter Familie damit angetan werden kann.»[117] Er also ist der Hasenfuß und nicht Margarete. Hatte sie ihn nicht schon am Anfang ihrer Beziehung mit dem brieflichen Vorwurf geneckt: «Ach, Du, warum hast Du mich nicht mit Dir genommen? Warum hast Du mich nicht entführt wie ein Unhold? Warum tatest Du nicht das Unmögliche?» – Im übrigen hätte er sich keine Sorgen zu machen brauchen, denn es wäre einem Polizisten auch nicht im Traume eingefallen, den distinguierten Herrn zu belästigen, den eine Aufnahme von 1896 just auf einer solchen Bank zeigt, mit Stehkragen und Halsbinde, im doppelreihigen Winterpaletot mit samtbesetztem Kragen, in der behandschuhten Rechten einen steifen dunklen Hut, in der Linken den Spazierstock. Ein Dichter, gewiß, mit ausgesprochen hoher Stirn und leidgeprüfter Miene; vor allem aber ein Bürger, mehr noch: ein Herr.

In Schreiberhau findet er Thorel vor, der gerade zu Gast ist und sich über die wiedergefundene Harmonie im Familienkreis freut. Als das Gespräch der Eheleute eines Tages auf Margarete kommt, fragt Gerhart, was wohl aus ihr werden würde. «Nun, Gott», meint Mary dazu, «sie wird einen Pastor oder den jungen Arzt heiraten, vielleicht einen Gutsbesitzersohn. Lange ledig bleiben wird sie nicht.» Gerhart, vom Teufel geritten, fügt salbungsvoll hinzu: «Je eher, je besser!» – und ist sich sofort darüber im klaren, daß er gelogen hat. Der bloße Gedanke, Margarete könne einem anderen gehören, versetzt ihn in Phantasien, in denen er sich als Mörder jedes Mannes sieht, der ihr zu nahe kommt. Zu Marys und Thorels Verwunderung reist er so plötzlich wieder ab, wie er aus Berlin eingetroffen ist. Er trifft sich mit Margarete in Bromberg, wo sie, sehr einfach gekleidet und mit einem schlecht verschnürten Pappkarton als einzigem Gepäckstück, aus dem Zug steigt, und wandert mit ihr im milden Frühsommer von Dorf zu Dorf. Sie hat ihre Geige mitgebracht; es fehlt nicht viel, und die beiden würden zu fahrenden Bettelmusikanten, die auf ländlichen Hochzeiten aufspielen und im Gasthaus auch mal vor den Honoratioren etwas zum besten geben. Auf dieser Wanderschaft verbringen sie ihre erste oder zumindest eine denkwürdige Liebesnacht miteinander: «Hat jemand diese Macht nie erlebt», schreibt er später mit der mal christlichen, mal klassizistischen Metaphorik, mit der man derlei verbrämte, «so ist er nur in den kindlichen Eros von Eleusis, aber nicht in die ganzen Mysterien eingeweiht... Wie durch ein läuterndes Feuer ist mein Wesen... gereinigt und befreit worden. Es herrscht ein anderer Geist in mir, dessen innerster Kern fortan unangreifbar ist. Denn nicht einmal Götter vermögen es ungeschehen zu machen, wenn man die Frucht vom Baume des Lebens genossen hat.»[118]

Hauptmann ist besonnen und wohl auch rücksichtsvoll genug, vor der Rückkehr zu seiner Frau ein paar Tage Alleinsein einzulegen. Doch trägt er das Unheil bei sich in Form eines Paares zart duftender Damen-Glacéhandschuhe, die Margarete gehören. Mary, vielleicht auf der Suche nach einem Schlüssel, findet sie in der Tasche seines Paletots und weiß sofort, daß er sie wiederum betrogen hat. Obwohl sie um der Kinder willen noch immer zur Weiterführung der Ehe bereit ist, verläßt sie das Haus und mietet sich eine Wohnung in Dresden. Gerhart, der Margarete jetzt nicht mehr aufgeben kann, bringt seine Frau zur Bahn und denkt noch lange an ihr «schönes dunkles Haupt, wie es, umgeben von den blonden Scheiteln unserer Kinder, aus dem Coupéfenster sah». Er möchte sich scheiden lassen, um die Freundin heiraten zu können. Mary ist verzweifelt – «Ach ja, Mausel, kämpfen, kämpfen, kämpfen, das weiß ich schon», klagt sie in diesen Monaten, «ich bin aber des Kampfes müde, er kommt mir so hoffnungslos vor» –, verweigert aber ihre Einwilligung. Sie baut auf die Wirkung der Zeit und die Möglichkeit, daß seine Gefühle sich doch noch einmal ändern.

Im Spätsommer 1894 wird der Haushalt in Schreiberhau aufgelöst. Gerhart fährt nach Berlin und lebt einstweilen in einer kleinen, einer Pension abgemieteten Wohnung in der Boothstraße im Grunewald, aus der er später in die Trabener Straße umzieht. Mit Ausnahme einer Hypothek, die bei Gerhart verbleibt, übernimmt Carl den gesamten Besitz in Schreiberhau; nur ein paar Möbel werden nach

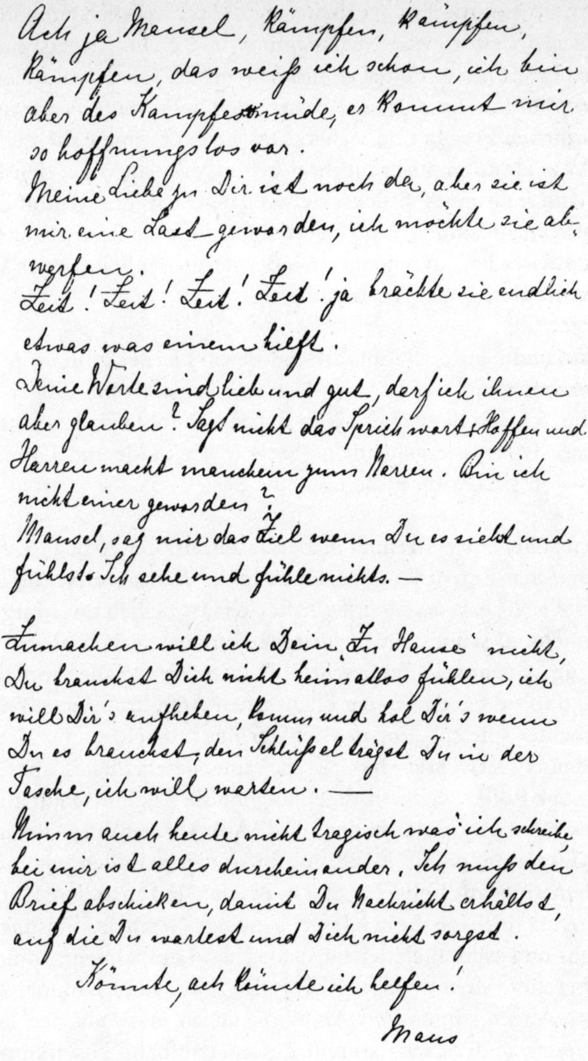

Ach ja Mausel, kämpfen, kämpfen,
kämpfen, das weiß ich schon, ich bin
aber des Kampfes müde, es kommt mir
so hoffnungslos vor.
Meine Liebe zu Dir ist noch da, aber sie ist
mir eine Last geworden, ich möchte sie ab-
werfen.
Zeit! Zeit! Zeit! Zeit! ja brächte sie endlich
etwas was einem hilft.
Deine Worte sind lieb und gut, darf ich ihnen
aber glauben? Sagt nicht das Sprichwort: Hoffen und
Harren macht manchen zum Narren. Bin ich
nicht einer geworden?
Mausel, sag mir das Ziel wenn Du es siehst und
fühlst. Ich sehe und fühle nichts. —

Zumachen will ich Dein „Zu Hause" nicht,
Du brauchst Dich nicht heimatlos fühlen, ich
will Dir's aufheben, komm und hol Dir's wenn
Du es brauchst, den Schlüssel trägst Du in der
Tasche, ich will warten. —
Nimm auch heute nicht tragisch was ich schreibe
bei mir ist alles durcheinander. Ich muß den
Brief abschicken, damit Du Nachricht erhältst,
auf die Du wartest und Dich nicht sorgst.
Könnte, ach könnte ich helfen!
Maus

Brief von Mary Hauptmann an ihren Mann (1894) mit dem Geständnis: «... ich bin aber des Kampfes müde.»

Dresden transportiert. Dort richtet sich Mary häuslich ein und stellt auch Gerhart ein eigenes Schlafzimmer und einen Arbeitsraum zur Verfügung. Er kommt öfter zu Besuch, um die Kinder zu sehen und sich mit ihr zu besprechen, denn sie bleibt seine Vertraute in geschäftlichen Fragen und vielem, was sich auf seine Arbeit bezieht. (Charlotte Hauptmann traut ihrer Schwägerin sogar zu, den Erfolg oder Mißerfolg eines Stückes schon lange vor der Uraufführung voraussagen zu können.) Auch verbinden ihn viele Erinnerungen mit der Stadt Dresden, an seinen ersten Besuch an der Seite seines Vaters und an die Zeit seiner Verlobung:

> Sooft ich die kurze Bahnfahrt von Berlin hierher hinter mir habe, unterliegt mein Wesen einer Veränderung. Ich bin jünger als in Berlin, ich bin deutscher als in Berlin, ich fühle Boden unter den Füßen. Irgendwie geht meine Seele in die Stadt und Landschaft über und wiederum diese in meine Seele.

Meistens hält er sich freilich in Berlin auf, bei der Arbeit an *Florian Geyer* und den Entwürfen, aus denen später *Die versunkene Glocke* und *Michael Kramer* hervorgehen. Er trifft sich fast täglich mit Margarete, die manchmal schon zum Frühstück kommt. Auch begleitet er sie gern zum Schauspielunterricht, bei dem sie solche Fortschritte macht, daß sie bei der ersten öffentlichen Aufführung der *Weber* die Wirtstochter spielen kann, die sich der Zudringlichkeit des Handelsreisenden zu erwehren hat. Es ist eine bescheidene, aber nicht unwichtige Rolle, bei deren Besetzung ihr die Bekanntschaft mit dem Dichter nicht geschadet haben wird. Auf Anraten ihres Regisseurs geht Margarete, da sie Erfahrung in so vielen Rollen wie möglich erwerben muß, ans Lobe-Theater in Breslau und an andere Häuser in der Provinz, bis eine drohende beiderseitige Netzhautablösung ihrer Bühnen- und bald auch der musikalischen Laufbahn ein vorzeitiges Ende bereitet. Mehr denn je ist die junge Frau, die sich immer wieder um ihre Augen sorgen und Ärzte aufsuchen muß, auf den Freund angewiesen; andererseits kommt dessen Laufbahn von nun an viel von der Energie und Umsicht zugute, mit der sie bisher die ihrige betrieben hatte. Vorläufig lebt Hauptmann in engem Kontakt mit ihr in Berlin und während der Sommerferien in Vitte auf Rügen, wo er ihr einen Teil der *Versunkenen Glocke* diktiert (bei anderen Partien des Stückes hatte Mary noch in Schreiberhau als Schreibkraft gedient).

Zwischendurch fährt er wiederholt nach Dresden und Reinbek bei Hamburg, wo Georg mit seinem Importgeschäft jetzt Bankrott macht.

Der einst so joviale, stets zu Scherzen aufgelegte Mann, inzwischen Vater von sechs Kindern, wirkt vorzeitig gealtert; er ist aufgeschwemmt und kurzatmig und hat mit dem Herzen zu tun. Die Mitgift seiner Frau, Marys Schwester Adele, ist längst durch Fehlspekulationen verlorengegangen. Sogar das gute Einvernehmen mit dem inzwischen nach Schlesien zurückgekehrten Vater ist gestört, seit Georg dem alten Herrn vorgeworfen hat, er habe ihn damals seinen eigenen Interessen geopfert und zur Unzeit nach Salzbrunn zurückbeordert, anstatt ihm die Freiheit zu lassen, sich in Hamburg ordentlich zu etablieren. Nach Art vieler Gescheiterter sucht Georg die Schuld also bei anderen, so wie dies später, in humoristischer Art und in bezug auf Gerhart, ein alter Salzbrunner tut, der die Eltern des Dichters noch gekannt hatte: «Ju, ju, die Hauptmannschen!» erklärt dieses Original den Journalisten, die ihn nach Salzbrunns großem Sohn ausfragen, «wenn der Alte besser gewirtschaftet und seinen Gasthof nicht hätte aufgeben müssen, dann brauchte der Gerhart nicht zeitlebens Stücke zu schreiben!»

Im Sommer 1897 versuchen Georgs Geschäftspartner und die Banken, ihre Forderungen bei Gerhart als dem finanzkräftigsten der Brüder einzutreiben. Seine Unterstützung allein, so lassen sie durchblicken, könne Georg vor dem Falliment retten und den guten Ruf der Familie bewahren. Doch Hauptmann bleibt hart. Er hat selber Kinder und trägt die Verantwortung für seine Frau und für die andere, jüngere Frau, die er heiraten möchte und die im Gegensatz zu Mary kein eigenes Vermögen besitzt.

In diesen Monaten, da er das Familienhaupt spielt und spielen muß, verschlechtert sich endgültig auch sein Verhältnis zu Carl. Bei jedem Besuch in Schreiberhau öffnen sich alte Wunden: bei Carl die Überzeugung, von dem – wie er meint: leichtfüßigen und oberflächlichen – Jüngeren überflügelt worden zu sein, bei Gerhart der Zwiespalt zwischen der Liebe zum Bruder und der Nötigung, sich immer wieder gegen dessen mit kleinen Pedanterien gewürzte Moralpredigten zu behaupten. Carl entwirft zum Beispiel eine ganze Reihe von Vorschriften für den Verkehr miteinander, als seien sie nicht Brüder, sondern zwei x-beliebige Schriftsteller, die zufällig im selben Haus wohnen: Ich will ihm nichts zeigen, beschließt er bei sich, er soll meine Sachen lesen wie jeder Fremde, ich werde es mit seinen Sachen genauso halten. «Gedrucktes gegen Gedrucktes, nicht anders.»[119] Gerhart will von einer solchen Regelung nichts wissen. Er liest etwas von Carl und lobt es, dann aber drängt es ihn, die Meinung des Bruders über die gerade in Arbeit befindliche *Versunkene Glocke* zu hören, die er ihm vorliest, ohne auf viel Verständnis oder gar Zustimmung zu stoßen. Vielmehr muß er sich sagen lassen, er glaube, wie der Glockengießer Heinrich, nur mehr an Lebensgenuß und habe sein Kunstziel aus den Augen verloren. Ein Wort gibt das andere, bis es so weit ist, daß er ein paar Tage lang Carls Zimmer überhaupt nicht mehr betritt. Am Ende versöhnt man sich wieder, aber ein ungutes Gefühl bleibt zurück. Jeder glaubt, vom anderen ausgenutzt worden zu sein.

Frieden findet Gerhart nur bei seiner Mutter, die mit dem Vater jetzt in Warmbrunn in einem Häuschen wohnt, das er den Alten gekauft hat. Ihr kann er alles anvertrauen, was ihn bisweilen so bedrängt, daß er nächtelang nicht schläft – ein Gefühl des Ausgeliefertseins, das er mit dem eines Tieres vergleicht, dessen Bau in seiner Abwesenheit vermauert worden ist, so daß es den Jägern und Hunden preisgegeben ist, wenn es in letzter Minute nicht doch noch irgendwo unterschlüpfen kann. Der über siebzigjährigen Marie Hauptmann, die auf ein entbehrungsreiches Leben an der Seite eines gescheiterten Hoteliers und nun auch als Mutter eines gescheiterten Kaufmanns zurückblickt, erzählt der jetzt seinerseits gefährdete dritte Sohn vom furchtbaren Hinundhergerissensein zwischen zwei Frauen – der einen, über die er mit monomanischer Eifersucht wacht, wenn sie mal an einer Provinzbühne gastiert, und der anderen, bei der er, wenn gerade keine Post gekommen ist, besorgt anfragt:

> Liebe gute Maus,
> was macht Ihr? Warum hört man so wenig von Euch? Seid Ihr gesund? Am Sonntag hattet Ihr mich noch lieb. Habt Ihr mich heut auch noch lieb? Liebe gute Menschen! Entzieht mir Eure Liebe nicht. Ich hab sie immer nötig. Ich denke viel an Euch unter der Arbeit; und daß ich mit für Euch arbeiten darf ist mein Glück. Wiedersehen im Freien, Frischen. Schreibt mir doch. Das gute treue Mausgesicht wiederzusehen und die Jungensbande um mich zu haben ist meine frohe Aussicht...[120]

Die Sympathie der Mutter gilt zuerst Mary und schließt Margarete, zögernd, erst später ein. Gerhart klagt über das vielfach belastete Verhältnis zu den Brüdern, die ihm so zusetzen, daß er sich manchmal als das Zugpferd oder Lasttier der ganzen Familie empfindet. Nach den wenig überzeugenden Premieren des *Biberpelz* und des *Hannele*, um vom Mißerfolg des *Florian Geyer* ganz zu schweigen, hat er zum ersten Mal seit Jahren auch berufliche Sorgen. – Marie Hauptmann versteht wenig vom Theater und mag es vielleicht nicht einmal. Aber das ist nicht wichtig. Wichtig ist, daß die Frau, die ihn als Kind mit: «Gerhart, steh auf!» geweckt hatte, «die Vögelchen singen schon, die Sonne scheint, es ist Sünde, zu schlafen, da alles so herrlich ist!», ihm jetzt ohne viel zu fragen mit der gichtigen Hand über den Kopf fährt: «Mein guter Junge, du tust mir ja leid.»[121]

Beim letzten großen Familientreffen der Hauptmanns, Weihnachten 1897, versucht man noch einmal, die Risse im Gebäude zu kitten. Gerhart lädt die gesamte Familie nach Schreiberhau ein, denn in seiner Berliner Wohnung ist kein Platz für so viele Menschen. Carl, der eigentliche Hausherr, seit Gerhart ihm seinen Anteil am «Schreiberhäusl» verkauft hat, fühlt sich von der weltmännisch-großzügigen Geste des Bruders wieder mal in den Hintergrund gedrängt und reagiert entsprechend sauer. Seine Stimmung verschlechtert sich, als drei große Kisten angeliefert werden; sie kommen aus Berlin und enthalten Kaviar, Sekt, Konserven und Süßigkeiten, von Margarete liebevoll ausgewählt auf Gerharts Wunsch und Rechnung. Georg und Adele kommen aus Reinbek mit den Kindern, nachdem sich Georg unterwegs in Warmbrunn mit dem Vater ausgesöhnt hatte. Dann treffen die Eltern ein. Vater Hauptmann, alt und wegen Georgs Bankrott besorgt, sucht wie immer die äußere Haltung zu wahren, während die Mutter sich über die vielen Ehen grämt, die kaputtgehen, wohin sie auch blickt. Carl, der Kinder haben möchte, kommt mit Martha nicht aus und wird sich bald zwischen Frau und Freundin in derselben Lage befinden wie jetzt Gerhart. Georg streitet sich mit der um seine Gesundheit bangenden Adele, die wegen Geldmangels in Reinbek den Haushalt allein führen muß. Kaum ist er in Schreiberhau eingetroffen, als er auch schon einen Herzanfall erleidet; Gott sei Dank ist Ploetz da, der als Arzt erste Hilfe leisten kann. Doch kriselt es auch zwischen Alfred und Paula Ploetz, so daß unter den Anwesenden nur bei Lotte Hauptmann und ihrer ebenfalls eingeladenen Busenfreundin Mathilde Jaschke die richtige Weihnachtsstimmung aufkommt. Den anderen mag es zumute gewesen sein, als wohnten sie nicht einer Weihnachtsfeier, sondern einer Aufführung von Gerharts dramatischer «Familienkatastrophe» *Das Friedensfest* bei.

Zu den wenigen relativ unbeschwerten Erlebnissen dieser Jahre gehört die dreimonatige Reise, die Hauptmann Anfang 1897 nach Italien führt. Jetzt holt der Autodidakt manches nach, was er beim ersten Italienaufenthalt von 1883/84 verpaßt oder nur kurz gestreift hatte. Zum Beispiel entdeckt er für sich Florenz und Venedig, wobei seine Reaktionen, ob auf den Michelangelo der Medici-Gräber oder die Tausendundeine-Nacht-Atmosphäre der Lagunenstadt, sich mit denen von Zeitgenossen wie Rilke, Thomas Mann und Hofmannsthal decken. Es findet damals, in Hauptmanns späterer Formulierung, ein ganzer «Zug des deutschen Geistes nach Venedig» statt, dem er sich in *Und Pippa tanzt!* und im gleichzeitig entstehenden Romanfragment *Der Venezianer* anschließt. Ähnlich zeitbedingt sind andere Eindrücke, etwa von den ephebenhaften Jünglingsstatuen in den Uffizien, die heute kaum noch jemand beachtet, die in den Tagen von Aubrey Beardsley und Oscar Wilde aber einem weitverbreiteten Geschmack am Androgynen entsprachen. Spezifisch für Hauptmann mutet hingegen die Bewunderung für Adolf von Hildebrand und Ludwig von Hofmann an; er macht dem Bildhauer seine Aufwartung in Florenz und trifft sich mit dem Maler, einem lebenslangen Freund, in einem römischen Café. Zusammen mit Böcklin, dem «erstaunlich talentierten» Stuck[122] und einigen anderen Künstlern der Jahrhundertwende in Deutschland sind dies die Männer, die ihm den Blick auf Rodin und Cézanne, später auch auf Matisse und Picasso, kurz: auf die großen Schöpfer der Moderne versperren. Hauptmanns Anteilnahme am künstlerischen Geschehen seiner Zeit reicht bis ungefähr zur Berliner Secession, von deren Mitgliedern Max Liebermann, Lovis Corinth, Leo von König und Emil Orlik er auch porträtiert wird. Was danach kommt, nimmt er mit wenigen Ausnahmen nicht mehr zur Kenntnis. Glaubt er mit Hofmann, daß die Malerei «für uns Deutsche eine Kunst bleibt, in der wir ausländische Vorbilder nie erreichen werden»?[123] – Auf jeden Fall zehrt er in der Kunst wie in der Architektur und Musik sein Leben lang von dem, was er als junger Mann kennengelernt hat.

Wie jede Bildungsreise – und eine solche ist es, er fährt mit dem Baedeker in der einen Hand und einer deutschen Ausgabe von Hippolyte Taines *Voyage en Italie* in der anderen – dient auch diese vor allem der Selbstfindung. So kommt ihm sein Deutschtum südlich der Alpen klarer zu Bewußtsein als zu Hause; er sucht nach Definitionen und findet in Chiffren wie «Sebaldusgrab» und «Faust» ein Gegengewicht zum Lateinisch-Romanischen. Und wenn er in seinem Reisetagebuch notiert: «Die Sünde wider den heiligen Geist ist nicht so schwer wie die wider den heiligen Leib: die letzte Sünde schließt die erste ein», dann dürfen wir darin mehr sehen als die seit Winckelmann, Heinse und Goethe obligate Verbeugung des deutschen Italien-Pilgers vor der Diesseitigkeit und Leichtlebigkeit des Südländers. In dem Befund steckt auch ein Stück Selbstbiographie und eine Fußnote zur Literaturgeschichte, denn er bildet eine Keimzelle des *Ketzer von Soana*, also der 1918 veröffentlichten Erzählung, deren Schauplatz in den norditalienischen Bergen Hauptmann auf dem Rückweg nach Deutschland besucht.

Man liest seine Aufzeichnungen über die Reise mit gemischten Gefühlen. Mal mit Ungeduld, weil die Route Venedig–Florenz–Rom–Sorrent schon von so vielen anderen bereist wurde, daß es kaum noch Neues dazu zu sagen gibt, im Gegensatz zur gerade fertiggestellten Küstenstraße nach Amalfi, die er als einer der ersten Touristen beschrieben hat. Ein andermal mit Neugierde, wenn beispielsweise Veroneses *Christus im Hause Levis* Reflexionen über das Jesus-Drama weckt, mit dem er sich seit Jahren trägt. Und ein weiteres Mal mit nachhaltiger Verwunderung über die Naivität, die ihn auch im Alter von fünfunddreißig noch auszeichnet. In welchem anderen Tagebuch eines Reisenden, der mit seiner Geliebten schon sechs Wochen unterwegs ist, fände man die verschämte Frage:

> Warum soll ich denn eigentlich lügen und verhehlen, daß M.G. [Margarete] hier ist? Eben guckte sie herein, mit einer Gitarre im Arm, lachend, ich ging und sie sang und spielte mir?[124]

Daher kommt denn auch die Ernüchterung im schönen Traum der Italienreise in der Mitte des Lebens: Das Dilemma reist mit. Margarete verbringt einen ganzen Monat mit ihm in Sorrent, und Mary, der er nach Amerika gefolgt war, folgt ihm nun nach Italien, in Begleitung ihrer Schwester Olga und mit dem mehr oder minder ausgesprochenen Wunsch, ihm dort zu begegnen. In Florenz kommt es um ein Haar dazu: Die Frau erfährt vom Portier, daß sie soeben im selben Hotel übernachtet hat, in dem ihr Mann mit seiner Geliebten abgestiegen ist. Doch fehlt Mary das Herz, die Begegnung herbeizuführen. Sie hinterläßt ihm einen Brief, zieht mit der Schwester in ein anderes Hotel und kehrt bald darauf zu den Kindern nach Schreiberhau zurück.

IV

Wie fühlt, was schreibt ein Dichter, der sich nicht zwischen zwei Frauen entscheiden kann, aber ebensowenig zum Junggesellen, zum Lebemann oder gar Bohemien geschaffen ist? Schreibt er sich das alles vom Herzen und läßt es, etwa in einem autobiographischen Roman, ein für allemal hinter sich? Oder bricht er in die entgegengesetzte Richtung aus und wirft sich auf ein Thema, das so weit wie möglich von den Leidenschaften entfernt ist, die sein Privatleben beherrschen? Verzettelt er seine Energien im Ringen um eine Entscheidung, oder flüchtet er im Gegenteil in die Arbeit, um an nichts anderes mehr denken zu müssen? – Fragen, die schwer zu beantworten sind. Denn die menschliche und erst recht die schöpferische Psyche ist keine Rechenmaschine, der man Daten eingeben und «Lösungen» entnehmen kann; und auch jedem Kunstwerk, und sei es sogar aus der wissenschaftsgläubigen Epoche des Naturalismus, haftet etwas Inkommensurables an. Deshalb tragen auch Hauptmanns Werke viele Spuren des großen Widerstreits in seinem Innern, ohne daß sich aus diesem Konflikt sein merkwürdiger dichterischer Schaffensprozeß erklären ließe.

Seine Beschäftigung mit dem Florian-Geyer-Stoff weist zunächst alle Merkmale einer Flucht aus der Gegenwart ins Vergangene auf und aus der Privatsphäre in die Politik, auch wenn dieser Held letzten Endes nicht an der geschichtlichen Entwicklung, sondern an etwas sehr Privatem scheitert: an einer spezifischen Veranlagung, die ihn zum Bruder des Dichters stempelt.

Zu keinem anderen seiner Stücke betreibt dieser so ausführliche Quellenstudien wie zu *Florian Geyer*. Er bezieht sich dabei hauptsächlich auf die *Geschichte des großen deutschen Bauernkrieges* von Wilhelm Zimmermann, arbeitet aber auch zahlreiche andere Bücher durch und besucht zweimal Franken und das nördliche Bayern, um das Lokalkolorit so wirklichkeitsnah wie möglich zu treffen. Ursprünglich war die Handlung so breit angelegt, daß daraus eine Trilogie hätte werden können nach dem Vorbild des Schillerschen *Wallenstein*; unter den liegengebliebenen Entwürfen findet sich eine Reihe von Szenen, in denen Geyers häusliche Umstände – es sind die eines Mannes zwischen zwei Frauen – geschildert werden. Das fertige Stück, mit dem Untertitel «Die Tragödie des Bauernkrieges», entspricht dem letzten Teil der geplanten Trilogie. Entsprechend der Länge des Exposés dauert auch die Inkubationsperiode länger als bei den Dramen, die wir bisher von ihm kennengelernt haben; ganz zu schweigen von zwei anderen literarischen Auseinandersetzungen mit dem Bauernkrieg von 1525, *Götz von Berlichingen* und *Michael Kohlhaas*, mit denen sich Goethe bzw. Kleist nicht annähernd so schwer getan haben wie Hauptmann mit diesem Stück, das ihm trotzdem mißlingt.

Otto Brahm hatte das Unheil wohl kommen sehen und in letzter Minute vor der Uraufführung des *Florian Geyer* am 4. Januar 1896 die Auspeitschung der Bauern im fünften Akt gestrichen. Zu Hauptmanns maßloser und lange währender Enttäuschung fällt das Stück dennoch durch an jenem Abend, in der Erinnerung von Maximilian Harden, «dem trostlosesten, den ich je in einem ernsten Schauspielhause erlebt habe». Auch andere Dramen, beileibe nicht nur dieses Dichters, scheitern bei der Premiere, um sich später um so glanzvoller zu behaupten. Bei *Florian Geyer* stimmt es jedoch nachdenklich, daß Jahre vergehen müssen, ehe der richtige Schauspieler die Titelrolle übernimmt. Hauptmann, der seine besten Rollen einem bestimmten Schauspieler bzw. einer Schauspielerin auf den Leib zu schreiben pflegte, kann sich diesmal nicht zwischen drei verschiedenen Männern entscheiden: zwischen Josef Kainz, Rudolf Rittner und dem erheblich älteren Emanuel Reicher, der den Robert Scholz im *Friedensfest* kreiert hat und nun den Florian Geyer übernimmt. Dafür erweist er sich jedoch als der falsche Mann. Der richtige kommt erst 1904 zum Zuge: Rittner, der bei der Premiere den Schurken Schäferhans gespielt hatte, der Geyer am Ende hinterrücks ermordet. In diesem letzten Auftritt spielt Rittner, obwohl keineswegs heldenhaft von Statur, die Titelrolle so hinreißend, daß ein wenig davon in dem bekannten Gemälde von Lovis Corinth nachklingt, das den weidwunden Mann in seiner Todesstunde zeigt, allein, in der Rechten das Schwert und in der Linken die zerfetzte Fahne, angesichts der Meute, die ihn gestellt hat und die er jetzt mit einem «Her! Her!» zum Kampf fordert. Gewiß hat es auch andere gute Geyer-Darsteller gegeben wie

Eugen Klöpfer oder Ewald Balser, der die Rolle 1942 im Burgtheater zur Feier von Hauptmanns achtzigstem Geburtstag spielte.

Trotzdem erstickt das Drama unter dem Gewicht des Historischen, dem im Lauf der langen Entstehungsgeschichte vielleicht allzuviel Aufmerksamkeit geschenkt wurde. «Nachdem ich eben [Goethes] *Götz* gelesen hatte», meint August Strindberg 1902 in einem Brief an seinen deutschen Übersetzer, «konnte ich mich mit *Florian Geyer*, den Sie mir sandten, nicht befreunden, kämpfe mich aber durch. Der ist gut gearbeitet, aber der Geist fehlt! Der ist so sorgfältig studiert, daß man wünschte, er wäre schlechter. Ein Kunstwerk soll etwas nachlässig sein, unvollkommen wie ein Naturerzeugnis.»[125] Man merkt *Florian Geyer* in der Tat an, daß er «sorgfältig studiert» ist. Und so bleibt der Held, trotz der letzten Szene, ein Schwätzer, kein Kämpfer; ein entscheidungsschwacher Mann, der eher in die Ereignisse hineingezogen wird, als daß er sie lenkte. Rudolf Presber bringt das in seiner Parodie zum Ausdruck, in der Florian dem Briefträger, der ihn über den Bauernkrieg auf dem laufenden hält, versichert: «Mich triffst *immer* hier. Ich rühr mich nicht. Ich sitz' bloß gepanzert auf meinem Hintern und red'.»[126]

Gewiß liegt die Sympathie des Verfassers eindeutig auf der Seite der Unterdrückten, der Masse, die wieder den eigentlichen Handlungsträger bildet. Während aber die in den *Webern* dargestellte, von der fortschreitenden Industrialisierung ausgelöste Verelendung ganzer sozialer Gruppen für uns noch ein brisantes Problem darstellt, liegt der Bauernkrieg, auch und gerade in seiner ideologischen Verknüpfung mit der Reformation, zu weit zurück, als daß wir uns mit seinen Protagonisten auf der einen oder anderen Seite identifizieren könnten. Hauptmann hat das gefühlt und der religiösen und sozialen Thematik eine weitere aufoktroyiert, die es in dieser Form um 1525 gar nicht gab: die patriotische. Sie kommt in dem bekannten Aufschrei: «Der deutschen Zwietracht mitten ins Herz!» zum Ausdruck, mit dem Florian Geyer, halb Ritter, halb Bauer, den symbolischen Messerstich in einen Kreidekreis vollzieht, der seine Zugehörigkeit zur Sache der Bauern kundtun soll. Das zündete beim bildungs- und besitzbürgerlichen Publikum von Anno dazumal nun doch, das dabei an Kulturkampf und Sozialistengesetz und Flottenvorlage gedacht haben mag.

Heute, da die deutsche Zwietracht längst auf der Landkarte festgeschrieben ist, klingt das nach hohlem Theaterdonner in einem ohnehin melodramatischen Stück, in dem Ritter in blecherner Rüstung über die Bretter stampfen und einander in einer altertümelnd-grobianischen Sprache anreden, vor deren Gebrauch schon Brahm und andere Freunde gewarnt hatten:

> Grübelt Ihr in der Nasen, Meister? Wollen Euch die Grillen nit steigen? Potz Leichnam Angst, Meister, was tut's, wenn ein Wirt zur Hölle fährt? Angepichtes Bier und schweflichten Wein gewohnet er, so wird ihm hernach Pech, Schwefel und Feuer nichts nit anhaben.

Man braucht kein Pennäler zu sein, um solche Reden, die einst markig klangen, heute nur noch ulkig zu finden. Die Zeit, die vieles von Hauptmann frisch erhalten hat, ist über den *Florian Geyer* fast so unbarmherzig hinweggegangen wie über die *Versunkene Glocke.*

Aus der Depression, die ihn nach dem Mißerfolg dieses Stückes überkommt, wird er durch einen Brief aus Wien erlöst, einen jener wohldosierten und wohldatierten Glücksfälle, an denen sein Leben so reich ist:

> Euer Hochwohlgeboren!
> Das von der philosophisch-historischen Classe der kaiserlichen Akademie der Wissenschaften statutenmäßig niedergesetzte und kundgemachte Preisgericht hat laut Mittheilung vom 8. Jänner 1896 den am 15. Jänner 1896 zur Vertheilung bestimmten, von weiland Franz Grillparzer «für das relativ beste dramatische Werk, welches im Laufe des letzten Trienniums auf einer namhaften deutschen Bühne zur Aufführung gelangt und nicht schon von einer anderen Seite durch einen Preis ausgezeichnet worden ist», gestifteten Preis im Betrage von zweitausend vierhundert Gulden ö.W. in Silber Ihrem Drama *Hannele* zugesprochen usw.[127]

Hauptmann bedankt sich um so artiger für die Auszeichnung, als sie ihm gerade jetzt zuteil wird, «wo ich mehr dann je einer Aufrichtung und Stärkung bedarf». Dabei steht der schlimmste Schlag ihm noch bevor. Im Oktober lehnt Wilhelm II. es ab, Hauptmann den ihm aufgrund vieler Empfehlungen zugedachten Schiller-Preis zu verleihen: «Natürlich weiß Ich», soll S. M. bei dieser Gelegenheit erklärt haben, «daß Gerhart Hauptmann der bedeutendste Dichter unserer

Zeit ist. Aber Ich kann ihm nun einmal die *Weber* nicht verzeihen.» Der Germanist Erich Schmidt tritt daraufhin aus der Jury aus, während der Schiller-Preis für 1896 Ernst von Wildenbruch zugesprochen wird; dieser wiederum läßt die Summe von rund 3500 Mark der Deutschen Schillerstiftung zukommen. Beides, sowohl die Verleihung des Grillparzer-Preises (in der Folgezeit für *Fuhrmann Henschel* und *Der arme Heinrich*) als auch die Verweigerung des Schiller-Preises durch den Kaiser, wird sich zweimal wiederholen.

Wir wissen nicht, was Hauptmann von Grillparzer schon kannte bzw. ob er sich erst jetzt – bei seiner schönen und entwaffnenden Naivität durchaus plausibel – gewissermaßen aus Dankbarkeit dessen 1827 erschienene Novelle *Das Kloster bei Sendomir* vornahm. Auf jeden Fall schreibt er vom 31. Januar bis zum 3. Februar 1896, also innerhalb von vier Tagen im Kontrast zur vierjährigen, freilich immer wieder unterbrochenen Genese des *Florian Geyer*, das Drama *Elga*. Es bleibt zunächst liegen und wird später in der *Neuen Rundschau* veröffentlicht, mit dem Vermerk: «Der Entwurf ist durch eine Novelle von Grillparzer angeregt.» Anfang März 1905 hat es im Lessing-Theater seine Premiere. Der unermüdliche Rittner gibt den Mönch alias Graf Starschenski, Irene Triesch die dämonische Elga.

Statt der vertrauten Konstellation des Mannes zwischen zwei Frauen haben wir hier eine Frau, die mit zwei Männern «spielt» – denn Elga ist launisch und so unberechenbar wie ein schönes wildes Tier. Obwohl sie sich über die Leiche des von ihrem Mann erdrosselten Liebhabers wirft und den Mörder verflucht, sind ihr im Grunde beide gleichgültig. Dabei ist es gerade das Naturhaft-Amoralische an ihr, das sie in den Augen der Männer so unwiderstehlich macht – auch in denen von Hauptmann, der zu seiner Mutter ähnlich über seine Geliebte (auch wenn diese kein Vamp war) gesprochen haben mag wie Starschenski zu der seinen über Elga:

> Mutterchen, Mutterchen, es liegt uns im Blut! Sinnieren, Grübeln, Sorgen und Bangen liegt uns im Blut. Und siehst du, ihr Blut ist leicht: deshalb lieb' ich sie so!

Das Stück ist ein «Reißer», dem man sowohl die Eile der Niederschrift anmerkt als auch die seelische Not, der es entsprang. Hier, so möchte man sagen, hat Hauptmann sich wirklich etwas vom Herzen geschrieben, nämlich die Einsicht in die Knechtschaft des Mannes in

«Rautendelein». Umschlagbild zu einer Ausgabe der «Versunkenen Glocke» mit Bildern des Worpsweder Künstlers Heinrich Vogeler (1898).

den Händen der Frau – oder vielmehr des «Weibes», denn Elga ist eine recht genaue Zeitgenossin von Wedekinds *Lulu*, aber auch von Lovis Corinths *Salome*, Gustav Klimts *Judith* und Franz von Stucks *Sünde*. Er kann nicht wissen, daß ihm in Ida Orloff binnen kurzem eine wirkliche Elga begegnen wird.

Im Gesamtwerk kommt *Elga* der Stellenwert zu, den *Emilia Galotti*, *Clavigo* und *Kabale und Liebe* in dem von Lessing, Goethe und Schiller einnehmen. In diesen Stücken will auch einmal der Bühnenroutinier zu seinem vollen Recht kommen und ein Stück auf die Bretter «hinlegen», in dem eine durch Alters- bzw. Standesunterschiede gefährdete Liebe konsequent und, sofern dies in der deutschen Literatur möglich ist, ohne viel weltanschaulichen Ballast durchgespielt wird.

Anders als über die von der Forschung vernachlässigte *Elga* sind über die *Versunkene Glocke* ganze Regale an Sekundärliteratur zusammengeschrieben worden, obschon «die Fülle des Geschriebenen in keinem Verhältnis zur geringen Qualität des Werkes» steht.[128] Herbe Worte aus der Feder eines Germanisten, der sein Leben der Erforschung von Hauptmanns Werken gewidmet hat! Doch drücken sich andere, die sich mit dem Stück heutzutage beschäftigen, ähnlich aus, ob sie die *Versunkene Glocke* allenfalls als «Niederschlag ... weltanschaulicher Erkenntnisse des Dichters» anstatt als Kunstwerk gelten lassen oder in ihr das Resultat eines Wettstreits zwischen Hauptmann und dem damals so erfolgreichen Hermann Sudermann sehen und achselzukkend hinzufügen: «Sie [die *Glocke*] war auch danach.»[129] Wie auch immer: Der zeitgeschichtlich-biographische, auf gewissen Übereinstimmungen von Leben und Werk beruhende «Einstieg», der bei vielen Werken dieses Dichters naheliegt und sich bei einigen geradezu aufdrängt, erweist sich bei diesem als Rettung. Er allein kann uns noch einen Weg zur *Versunkenen Glocke* bahnen, die zur Zeit ihres Erscheinens Hauptmanns größter Erfolg war und heute museal wirkt. Nicht nur aus germanistischer Sicht.

Wir sahen schon, daß Hauptmann sich in Amerika mit einem Dramenentwurf befaßte, der eine Vorstufe zur *Glocke* darstellt. Dieses Stück, von dem ein beträchtlicher Teil erhalten ist, sollte den Titel *Der Mutter Fluch* (mit der Mutter ist die Sonne gemeint) tragen. Es handelt von einem König namens Heinrich, Ehemann einer christlichen Prinzessin und Vater dreier Kinder; er ist krank und melancholisch, unternimmt einen Selbstmordversuch und wird von einem heidnischen Mädchen gerettet, das seinerseits auf dem Scheiterhaufen sterben muß. In diesem und einem späteren, *Helios* betitelten Fragment mit ähnlicher Thematik baut der wundersam errettete König neben Gymnasien und anderen Gebäuden auch einen Tempel, der in einem utopischen Staatswesen dereinst als Heiligtum eines nicht-christlichen, dem Sonnengott gewidmeten Kultes dienen soll. –

Erst im dritten Anlauf entsteht, im Frühjahr 1896 in Mendrisio bei Lugano und später in Berlin und auf Rügen, die *Versunkene Glocke*, die wir kennen. Sie wird am 2. Dezember 1896 im Deutschen Theater uraufgeführt, mit Josef Kainz und Agnes Sorma in den Hauptrollen.

Aus dem König ist ein Künstler geworden, der Glockengießer Heinrich, der mit seiner Frau Magda und seinen beiden Kindern in den schlesischen Bergen lebt und seiner Arbeit nachgeht, bis sein Meisterstück, eine für die Bergkapelle bestimmte Glocke von besonders schönem Klang, auf dem Transport dorthin zu Schaden kommt und in einem tiefen See versinkt. Ein heidnischer Elementargeist, der bocksbeinige und ziegenbärtige Waldschrat, hat das Unglück verursacht, um dem verhaßten Pfarrer und der ganzen glockenbimmelnden Christenheit eins auszuwischen, denn

> man [wollte] das Ding – es sei nicht zu denken –
> hoch in den Turm der Kapelle henken [*sic*!],
> mit eisernem Schlägel es täglich schlagen,
> alle guten Erdgeisterlein gänzlich zu Tode plagen.

Heinrich, der sich beim Sturz der Glocke verletzt hat, wird von der kindlich-jungfräulichen Elfe Rautendelein gepflegt, in die er sich verliebt. Dank ihrer Pflege gesundet der von seiner Familie und anderen Menschenkindern verlorengegebene Mann und erlebt eine zweite, schaffensfrohe Jugend. Sie beflügelt ihn bei der Arbeit an einem neuen und größeren Meisterwerk, einem Glockenspiel, das in einem Tempel hoch in den Bergen aufgestellt werden soll. Im entscheidenden Augenblick wird Heinrich jedoch an sich selbst irre. Unter dem Einfluß des Dorfpfarrers, der ihn in seiner Werkstatt im Gebirge aufsucht und vor dem heidnischen Rautendelein warnt, aber auch aus Anhänglichkeit an seine ihm blind ergebene Ehefrau und aus eigener Unzulänglichkeit gerät er ins Grübeln, ob er wirklich ein vollblütiger, zu Großem bestimmter Künstler ist oder doch nur ein gewöhnlicher Sterblicher. Als ihn die Nachricht von Magdas Tod erreicht – sie hat sich vor lauter Kummer im Bergsee ertränkt, demselben, in dem die verunglückte Glocke ruht und jetzt zu tönen anfängt – und seine verwaisten Kinder mit einem Tränenkrüglein vor ihm erscheinen, weist er das Rautendelein mit einer Verfluchung von sich und stirbt, von Christen *und* Heiden verlassen und sich selber untreu geworden:

Gewiß ist dies nur: sei ich wer auch immer,
Held oder Schwächling, Halbgott oder Tier –
ich bin der Sonne ausgesetztes Kind,
das heimverlangt; und hilflos ganz und gar,
ein Häuflein Jammer, grein' ich nach der Mutter,
die ihren goldnen Arm sehnsüchtig streckt
und nie mich doch erlangt...

Die Anklänge an Hauptmanns eigenes Leben sind unüberhörbar: die Bindung sowohl an Frau und Kinder wie an eine unbekümmert-naturnahe Geliebte, die ihn zu neuen Taten beflügelt. Zweifel an der eigenen Künstlerschaft, die sich im Gefolge der lauen Aufnahme des *Florian Geyer* einstellten, dürften ebenso einen Niederschlag gefunden haben:

Ja, mein Werk war schlecht:
die Glocke, Magda, die hinunterfiel,
sie war nicht für die Höhen – nicht gemacht,
den Widerhall der Gipfel aufzuwecken...

wie die Qual der Ehefrau, die dem Gescheiterten alles geben kann außer dem Elixier einer zweiten Jugend:

O Heinrich, Heinrich!
Wüßt' ich, wonach du lechzest, aufzufinden:
den Brunnen, dessen Wasser Jugend gibt –
wie gern lief' ich mir die Sohlen wund.
Ja, fänd' ich selber in dem Quell den Tod –
wenn er nur deinen Lippen Jugend brächte.

Der antichristliche Affekt überrascht uns bei Hauptmann so wenig wie die durch Landschaftschilderung, Verwendung lokaler Sagen und das Auftreten einer schlesisch sprechenden Hexe angezeigte Verwurzelung im heimatlichen Boden. Der Untertitel «Ein deutsches Märchendrama» kommt nicht von ungefähr, und Hauptmann ist denn auch von Anfang an davon überzeugt, daß sich das Stück zum Beispiel für die französische Bühne nicht eigne (es wird trotzdem übersetzt und erleidet als *La cloche engloutie* in Paris Schiffbruch).

Zu Hause ist die *Versunkene Glocke* so beliebt, daß sie am Deutschen

Theater ungewöhnlich hohe Kasseneinnahmen erzielt: über 60000 Mark im ersten Spielmonat, wovon 10 Prozent auf den Autor entfallen. Schon wenige Monate nach der Premiere spricht der Verfasser einer gegen Hauptmann gerichteten Streitschrift vom «märchenhaften Erfolg» des Stückes, dessen Grund er in der vom Glockengießer angeblich verkörperten «Libertinage in der geschlechtlichen Liebe [und] ‹Herrenmoral der blonden Bestie›» erblickt, «für welche die Schwachen nur Dreck an den Schuhsohlen der Starken und Genialen sind»[130]. (Eine Reihe zeitgenössischer Komponisten hat das offenbar nicht so eng gesehen. Das vor allem choreographisch und operndramaturgisch durchaus reizvolle Werk ist mehrfach vertont worden; am bekanntesten bleibt Ottorino Respighis Oper, die 1927 im Städtischen Theater Hamburg erfolgreich uraufgeführt wurde.)

In der Tat hat nicht nur viel Prometheisches und Faustisches von Goethe, sondern auch viel Dionysisches von Nietzsche auf den Glockengießer Heinrich abgefärbt; daneben, bis ins Detail hinein, auch manches von Ibsens Peer Gynt. Shakespeare mag bei einigen Szenen aus dem Geisterreich, Wagner bei alliterierend-raunenden Wortprägungen Pate gestanden haben. Das entspricht alles vollauf dem Erwartungshorizont eines Publikums, das sich durch das Durcheinander von Kunst und Religion (die bei Hauptmann auch anderswo ineinander übergehen), von altgermanischer Mythologie und jugendstilhafter Niedlichkeit, mediterranen Sonnentempeln und schlesischen Wäldern, heidnischer Berg- und christlicher Talwelt, von altem Ernst Haeckel und jungem Sigmund Freud keinen Augenblick in seinem Kunstgenuß stören läßt. Gerade weil diese überwiegend großstädtischen und gutbürgerlichen Abonnenten den Theaterbesuch wieder genießen wollen, begrüßen sie in der *Versunkenen Glocke* auch Hauptmanns Abkehr vom Naturalismus; daß sie nur vorübergehend ist, weiß niemand und ahnt der Dichter vielleicht selber nicht. Man hatte die «soziale Frage» pflichtgemäß auch auf der Bühne zur Kenntnis genommen und sehnt sich jetzt danach, nicht mehr schokkiert, sondern unterhalten, in der Richtigkeit der eigenen Anschauungen bekräftigt und zumindest für einen Abend in eine andere, bessere, vor allem poetischere Welt versetzt zu werden. Was könnte im Jahre 1896 – in dem der Kaiser das «Krüger-Telegramm» abschickt, Otto Lilienthal bei einem Probeflug ums Leben kommt und der Reichstag das Bürgerliche Gesetzbuch annimmt – realitätsferner und, zumindest zur Zeit, da die *Gartenlaube* blühte, poetischer sein als Rautendeleins

> Nehmt mich auf in euren Kranz!
> Ringelreigenflüstertanz.
> Silberelfchen, liebes Kind!
> schau, wie meine Kleider sind.
> Blanke Silberfädelein
> wob mir meine Muhme drein ...?

Gemäß seiner Gewohnheit, an mehreren, auch sehr divergierenden Werken zur gleichen Zeit zu arbeiten, läßt Hauptmann der *Versunkenen Glocke* ein Stück folgen, das wieder im Naturalismus beheimatet ist: *Fuhrmann Henschel*. Wiederum tritt hier eine Dreiecksbeziehung in den Vordergrund, in dem schon im *Bahnwärter Thiel* angeschlagenen Motiv des Mannes, der nach dem Tod seiner ersten Frau das Leben nicht mehr zu bewältigen vermag, sich wieder verheiratet und durch die Hartherzigkeit der zweiten Frau zum Mörder bzw. Selbstmörder wird. Diese (später durch die Aufwertung des Mannes zum Künstler vertiefte) Konstellation dürfte in Hauptmanns Psyche weiter zurückreichen als Kindheitserinnerungen an den Fuhrmann Krause, an dessen Familienmahlzeiten der kleine Gerhart hatte teilnehmen dürfen, oder an den eigenen Vater. Denn Robert Hauptmann, der im September 1898 gestorben war, erfährt im neuen Drama eine Auferstehung in der Gestalt des hart am Bankrott vorbeiwirtschaftenden Gasthofpächters Siebenhaar: «Er ist auf das sorgfältigste gekleidet», heißt es in einer Bühnenanweisung, «schwarzer Tuchrock, weiße Weste, helle englische Beinkleider» – das ist der Vater Hauptmann, wie er leibte und lebte.

Auch kehren wir mit *Fuhrmann Henschel* aus Polen, dem Schauplatz der *Elga*, und aus dem alttestamentarischen Mesopotamien des unvollendet gebliebenen, erst 1921 veröffentlichten *Hirtenliedes*, einer Nachdichtung des Rahel-Stoffes, heim nach Schlesien. Zunächst in der Sprache; bevor sich das in Mundart geschriebene Schauspiel auf der Bühne durchsetzen kann, muß es, wie einst die *Weber*, der Schriftsprache angenähert werden. Schlesisch ist aber auch die irrational-mythische Geisteshaltung des grüblerischen Fuhrunternehmers, der seiner sterbenden Frau versprochen hat, die Magd Hanne Schäl nicht zu heiraten, dies aber doch tut und nun seinen familiären und geschäftlichen Niedergang mal als Strafe für diesen Wortbruch, mal als unverdienten Schicksalsschlag hinnimmt.

Ob *Fuhrmann Henschel* ein Drama von antiker Größe ist, wie Thomas Mann noch 1952 meinte, bleibe dahingestellt. Es ist auf jeden Fall ein sorgfältig gearbeitetes Stück, das kaum Leerlauf enthält und sich auf der Bühne immer wieder bewährt hat. Zuerst bei der Premiere am 5. November 1898, bei der das Zusammenspiel von Else Lehmann als Hanne und Rudolf Rittner als Henschel hinreißend gewirkt haben muß, aber auch 1916 an der Volksbühne Berlin, mit Lucie Höflich und Eduard von Winterstein, der den Fuhrmann einmal als *die* Rolle seines Lebens bezeichnete. Es wird heute noch oft gespielt und ist auch verfilmt worden. – Finanziell war *Fuhrmann Henschel* ebenfalls ein Erfolg. Im Premierenmonat erzielte Hauptmann allein mit diesem Werk eine Einnahme von 7343 Mark; es ist unter allen erhaltenen Tantiemenabrechnungen die höchste Summe, die eines seiner Dramen in einem Monat an Honorar abwirft. Noch 1904 berichtet ihm Paul Jonas, der Justitiar der Freien Bühne und sein Berater in Finanzfragen, von einem Angebot von 4000 Mark für die Erlaubnis, das Stück vier Monate lang im Berliner Schiller-Theater geben zu dürfen.

Natürlich hat Hauptmann, wie es seine Art war, diese Bühnenwerke nicht fein säuberlich eines nach dem anderen niedergeschrieben. In den Monaten, in denen er Fertiges wie das historische Drama *Florian Geyer*, das Märchenstück *Die versunkene Glocke*, die Traumsequenz *Elga* und das naturalistische Schauspiel *Fuhrmann Henschel* hinausgehen läßt, also zwischen Anfang 1896 und Ende 1898, beschäftigt er sich schon mit weiteren, zum Teil erst viel später abgeschlossenen Dichtungen (darunter *Der arme Heinrich*, *Und Pippa tanzt!* und *Peter Brauer*) sowie einigen anderen, die Fragment bleiben wie das *Hirtenlied*, das versifizierte Jesus-Drama oder eine Version der mittelalterlichen Sage *Kunigunde vom Kynast* als Teil einer in Schlesien spielenden Trilogie *Walenzauber*.

Das ist dem Umfang nach etwa soviel wie das gesamte dramatische Werk Heinrich von Kleists: eine ungeheure, in ihrer geistigen Vielfalt höchst imposante, in der dichterischen Qualität freilich auch sehr ungleiche Arbeitsleistung, erbracht von einem Mann, der außerdem die Last einer zerbrechenden Ehe, eines aus dem Leim gehenden Familienverbandes, wirtschaftlicher Sorgen und kritischer Anfechtungen zu tragen hat. Er trägt sie nur mit der Hilfe von Margarete, die dennoch in keinem einzigen Werk als klar umrissene Person erscheint; sie ist immer nur «die Andere» oder «die jüngere Frau». Während Mary Thienemann und Ida Orloff in zahlreichen Abwandlungen in Hauptmanns *Werk* weiterleben, hat Margarete Marschalk ihn am nachhaltigsten im *Leben* beeinflußt. Zweifellos war ihr das bekannt. Und wenn es sie, wie anzunehmen ist, bisweilen kränkte, so hat sie ihre Enttäuschung doch ebenso für sich behalten wie manchen anderen Schmerz. Vielleicht hat ihr Mann, zur Zeit der Eheschließung immerhin über vierzig, gerade die Reserve geschätzt, durch die sich Margarete von ihren launischen und leidenschaftlichen Rivalinnen unterschied.

DIE DEUTSCHE VENUS

I

Im Oktober 1899 teilt Margarete dem Freund mit, daß sie ein Kind erwarte. Er beschließt darauf, ihr ein Haus zu bauen, in dem auch er wohnen kann, wohl voraussehend, daß sich die ihm so teuere Fiktion, es könne bei einer freien Liebesbeziehung bleiben, nicht mehr lange aufrechterhalten läßt. Seine Wahl fällt auf Agnetendorf, unweit von Schreiberhau im Riesengebirge. Es ist ihm von Wanderungen her vertraut, eine Gemeinde von etwa eintausend Einwohnern, zumeist Glasschleifern und Holzfällern, inmitten einer elementaren Landschaft gelegen, an deren Wäldern, Bergbächen und verstreuten Felsbrocken oder «Wiesensteinen» sich die jahrtausendelange Einwirkung von Wind und Wetter ablesen läßt. Hauptmanns Grundstück, durch dichte Bewaldung gegen neugierige Blicke abgeschirmt, liegt an der Straße, die an einem Wildbach, der Agnete, entlang von Hermsdorf herauf nach Agnetendorf führt, an der Burgruine Kynast vorbei.

Hauptmann nimmt sich Hans Grisebach zum Architekten, ein Mitglied der Berliner Akademie der Künste und Erbauer zahlreicher Wohn- und Geschäftshäuser im epigonalen Renaissance-Stil jener Jahre. – Warum beauftragt er nicht einen großen Baumeister? Zwar arbeitet Hermann Muthesius um diese Zeit noch in London, doch sollte man meinen, daß Männer wie Peter Behrens oder August Endell oder Alfred Messel einem so berühmten und auch zahlungskräftigen Bauherrn nur allzugern ein repräsentatives Landhaus hingesetzt hätten. Ist ihnen Agnetendorf zu abgelegen, während Grisebach immerhin auch in Livland und Schleswig-Holstein Häuser entwirft? Hegt Hauptmann, der sich seit Schreiberhau auf Baustellen auskennt und mit Pausen und Kostenvoranschlägen umgehen kann, gar zu eigenwillige Vorstellungen von dem Heim, das er sich für die Freundin wünscht? Oder befürchtet er, daß «Haus Wiesenstein» am Ende nur ein weiteres Blatt im Lorbeerkranz eines prominenten Architekten abgeben könnte, anstatt den Stempel *seiner* Persönlichkeit zu tragen?

Wie auch immer, Grisebach entwirft den «Wiesenstein», zu dem im Mai 1900 der Grundstein gelegt wird, und überwacht die Arbeiten in engem Kontakt mit Hauptmann. Dieser mietet sich in Agnetendorf ein und besucht Margarete in der benachbarten Siedlung Hain. Sie unternehmen lange Spaziergänge und verabreden, sich bei gutem Wetter auf halbem Wege zu treffen. Als er eines Morgens vergebens auf dem gewohnten Waldpfad nach ihr Ausschau hält, ahnt er, warum sie ihm diesmal nicht entgegengekommen ist, und kehrt besorgt in sein möbliertes Zimmer zurück. Ein Bote bringt schließlich die erlösende Nachricht: Ein Junge, Benvenuto – «der Willkommene» – getauft und in der Familie bald «Buzzi» genannt, kommt am 1. Juni 1900 in Hain zur Welt als Gerharts vierter Sohn und erstes Kind von Margarete (ihr zweiter Sohn, Gerhart Erasmus, stirbt 1910 zwei Tage nach der Geburt). Der Vater leidet mit ihr, so wie er einst mit Mary gelitten hat. Ein dreifaches, aus tiefster Seele angestimmtes *Te Deum laudamus!* ist sein Dank für das «Mysterium» auch dieser Geburt, von der sogleich die Freunde unterrichtet werden: «Lieber Herr Fischer», heißt es in einem Brief an den Verleger, dessen Frau gerade ihr zweites Kind erwartet, «Sie sollen wissen, daß ich Vater eines lieben vierten Sohnes geworden bin, der eine andere Mutter hat als die anderen drei: gratulieren Sie mir, denn es herrscht große Freude darob in meiner Seele!»[131]

Gleichzeitig mit dem «Wiesenstein» läßt Hauptmann in Dresden-Blasewitz, in der Hochuferstraße nahe der Elbe, ein Haus für Mary und ihre Kinder bauen. Klaus ist jetzt zehn, Eckart zwölf und Ivo, das «Ivkele», dreizehn; alt genug nach Ansicht des Vaters, um in die wahren Familienverhältnisse eingeweiht zu werden, was anläßlich eines Treffens am Genfersee geschieht. (Mary hat lange geglaubt, die Ehe könne gerettet werden, wenn man sich in der Schweiz niederließe, anstatt in dem verhaßten Berlin; doch will ihr Mann davon nichts wissen.)

Die doppelte Bautätigkeit strapaziert Hauptmanns Mittel auf das äußerste. Er muß beim Theaterverlag Bloch eine Hypothek aufnehmen, läßt sich von S. Fischer einen hohen Vorschuß auf einen noch zu schreibenden Roman auszahlen und verbraucht seine Tantiemen, sobald sie auf sein Konto überwiesen sind. Es handelt sich um beachtliche Summen. Im Jahre 1899 kann Hauptmann mit einem durchschnittlichen Monatseinkommen von 8300 Mark allein vom Deutschen Theater rechnen; dazu kommen die Erträge von Buchveröffentlichungen, Übersetzungen, Aufführungen außerhalb von Berlin und anderes mehr. Bei sich selber rechtfertigt er das eine Bauvorhaben mit dem anderen: Erst wenn er der Familie, die er verlassen, ein neues Heim geschaffen hat, kann er getrost in das seine ziehen.

Daran ändert sich auch nichts, als Mary ihm immer noch die Scheidung verweigert. Sieht sie in Margaretes Schwangerschaft, wie Hauptmann es ihr unterstellt, wirklich nur einen «raffiniert ertüftelten Schachzug», durch den die Rivalin sich den kinderlieben und in bürgerlichen Verhaltensmustern befangenen Mann ein für allemal gefügig machen will?[132] Hat Mary damit einen Sachverhalt erraten, vor dem der hilflose Vater resolut die Augen schließt? Wir können es nicht wissen und begnügen uns mit der Feststellung, daß sich die unglückliche Ehe noch einige Jahre hinschleppt und erst am 9. Juli 1904 vom Landgericht in Berlin geschieden wird. Wenig später, am 18. September, heiratet Hauptmann Margarete Marschalk, die in den Augen der Öffentlichkeit, auch wenn er es nicht wahrhaben will, seit langem als seine Lebensgefährtin gilt. Unter seinen Freunden hatten einige sie sofort, andere – z. B. Otto Brahm und Ludwig von Hofmann – erst nach einigem Zögern akzeptiert. Als es dann soweit ist, meldet er in seiner Ordnungsliebe den Entschluß auch denen, die weitab wohnen und sich vielleicht nicht einmal sonderlich dafür interessieren: «Lieber Freund Mahler», lesen wir in einem Schreiben an den damaligen Kapellmeister, «sei mit Deinem Hause von ganzem Herzen gegrüßt und wisse, daß wir, meine gute Freundin und ich, neulich in die Register des Staates als ‹Eheleute› eingetragen worden sind.»[133]

Mary bleibt in Dresden-Blasewitz in dem Haus, das nun in ihren Besitz übergeht. Sie reist ein wenig, engagiert sich für den Pazifismus und die Liga für Menschenrechte und nimmt nach wie vor, wenn auch nur aus der Ferne, Anteil an Gerharts Triumphen und Niederlagen. Aber nichts tröstet sie über die Leere hinweg, die mit seinem Weggehen in ihr Leben eingebrochen ist. Mary altert vor der Zeit und stirbt, vierundfünfzigjährig, im Oktober 1914 an einem Herzschlag während eines Besuchs bei Ivo in Hamburg.

Hauptmann hat es sich nicht leicht gemacht mit seiner Scheidung, die den Schlußstrich unter eine fast zehn Jahre währende Agonie zieht, aber auch unter eine Ehe, in deren Verlauf seine Frau ihm drei Söhne geboren hatte. Er kann sich mit dem Gedanken trösten, daß er getan hat, was in ihm lag, und daß das weitere Zusammenleben mit der zunehmend eigenbrötlerischen und langen Depressionen ausgesetzten Frau ihn mehr Kraft kostete, als er aufzubringen vermochte. Trotzdem leidet er immer wieder an dem Bewußtsein, schlecht gehandelt zu haben an diesem Menschen, dem er einmal alles verdankt hat:

> O Mary, Mary, was hast du getan,
> du Liebliche, mich so emporzuheben:
> mich Hungerleider, Nichtsnutz, Scharlatan!

So schreibt er in einem Versepos, von dem er glaubt, es werde länger überleben als irgendein anderes seiner Werke: in dem im Spätherbst 1914, also unmittelbar nach Marys Tod begonnenen, nie vollendeten und erst 1942 veröffentlichten *Großen Traum*. Im Thema und Versmaß an die *Göttliche Komödie* gemahnend, schildert es den Weg des Dichters, der sich im Traum von verschiedenen Doppelgängern durch das Reich der Toten führen läßt. Dabei begegnet er seiner ersten Frau, aufgebahrt in einer Grabkapelle und mit einem für sie uncharakteristisch abweisenden Gesichtsausdruck:

> Auf ihrem Antlitz lagen alle Schmerzen
> gleichwie in grauen Marmor eingeschlagen,
> von einem Trotz gebunden, hart und erzen.

Diese Verse aus dem ersten Gesang lassen sich auf verschiedene Weise interpretieren. Hauptmann selber, der nach Hamburg geeilt war und die Leiche im Totenhaus betrachtet hatte, glaubte in den Zügen der Verstorbenen eine Anklage gegen die Welt zu sehen, gegen das Leben und alle seine Täuschungen. Ivo hingegen erklärte die drohende Miene damit, daß er der Sterbenden, die zu ersticken schien, die obere Zahnbrücke entfernt hatte, die er dann nicht wieder einsetzen konnte. Die Germanisten und Biographen, pietätvoller als der leibliche Sohn, interpretieren das «harte» Gesicht der Toten gern im Lichte des nächstfolgenden Motivs im *Großen Traum*, nämlich des

Mary Hauptmann, geb. Thienemann, die erste Frau des Dichters.

Margarete Hauptmann, geb. Marschalk, seine zweite Frau.

Mit ihr lebte Gerhart Hauptmann von 1901 bis zu seinem Tod (1946) in Haus «Wiesenstein», Agnetendorf im Riesengebirge.

Massensterbens von 1914–18.[134] Recht haben alle, der reumütige Gerhart, der beim Tod anwesende Ivo und die Gelehrten, die sich auf einen Nachtrag stützen können, in dem drei Krieger an Marys Grab wachen. Es liegt nahe, in ihnen Ivo, Eckart und Klaus zu sehen, die alle drei im Krieg waren und ihrer Mutter, wäre sie lange genug am Leben geblieben, gewiß viel Sorge bereitet hätten. Bezeichnend bleibt, daß sie die lange Reihe der Verstorbenen eröffnet, deren Schatten in dieser Dichtung aufgerufen werden.

Hauptmanns lebenslange Reue äußert sich zunächst sporadisch und eher unspezifisch. In dem 1907 unter dem Eindruck der Liaison mit Ida Orloff verfaßten Lustspiel *Die Jungfern vom Bischofsberg* versetzt er sich zum Beispiel, in aller Unschuld, im Geist ins Hohenhaus zurück und in die Zeit der Brautwerbung um Mary. Kaum hat der Dichter des Sowohl-Als-auch seine zweite Ehe geschlossen und durch eine neue Liebschaft bereits wieder aufs Spiel gesetzt, da besingt er auch schon die heiteren Umstände, die zur ersten Ehe geführt hatten! Nach Marys Tod aber verdichten sich die Gewissensbisse zu einem Schuldbewußtsein, das die Erinnerung an antike Dramen wachruft. In der Tat verschmilzt die Verstorbene in Hauptmanns mythischer Vorstellungswelt jetzt zusehends mit Persephone, der Göttin der Unterwelt. Begünstigt wird diese Metamorphose durch die Blutarmut und Blässe der Gattin; in der kleinen Hexameter-Dichtung *Mary* (1923 begonnen, erst 1939 als Ganzes veröffentlicht) finden wir diese ausdrücklich als «chthonische Lilie des Abgrunds» bezeichnet:

> Denn sie gaben dich nie ganz frei, jene unteren Mächte,
> auch solange du hier und im Lichte der Sonne gewohnt hast.

Überhaupt wird die im *Großen Traum* begonnene Entrückung der ersten Frau ins Totenreich in *Mary* weitergeführt. Dort stattet der alternde Dichter dem Hohenhaus einen Besuch ab, jenem «elbtalbeherrschenden Landhaus», wie es mit homerischer Metaphorik genannt wird, vor dem ihm die junge Marie Thienemann vierzig Jahre zuvor mit dem ihr eigenen schwebenden Gang entgegengekommen war. In Hauptmanns Altersdichtung wird sie vollends zu einer schicksalhaften Figur.

Doch blieb die «Wiedergutmachung» an der ersten Frau nicht auf die dichterische Verherrlichung der Toten beschränkt. Hauptmann hat Mary auch im Leben nach Kräften unterstützt, indem er ihr das Dresdner Haus übermachte, ihre Mitgift zurückerstattete und monatliche Zahlungen an sie und die Söhne leistete. In einem 1932 an Ivo gerichteten Schreiben erinnert sich der Anwalt, der Mary bei der Scheidung vertreten hatte, an die von beiden Seiten an den Tag gelegte Rücksichtnahme und Großzügigkeit:

> Ihre Frau Mutter verlangte nicht einen Pfennig mehr, als ihr rechtlich zukam, und auch Ihr Herr Vater ... stand unentwegt auf dem Standpunkt, daß Ihrer Frau Mutter alles zuteil werden solle, was ihr rechtlich zukam ...
> Wir Rechtsanwälte sind sonst gewohnt, daß geschiedene Ehegatten meist voneinander sehr übel denken und reden. Über die Lippen ihrer Frau Mutter kam aber kein unerfreuliches Wort gegen Ihren Herrn Vater; vielmehr sagte sie mir einmal wörtlich: «Es ist ein großes Unglück, das mich getroffen hat, aber ich muß anerkennen, daß mein Mann ehrlich gekämpft hat; das Gefühl war aber allzu mächtig; es war eben Schicksal.»[135]

II

Mit Margarete und dem einjährigen Benvenuto bezieht Hauptmann den Wiesenstein im August 1901. Von Reisen, den gelegentlichen Aufenthalten in Berlin und Ferien in Italien und auf Hiddensee abgesehen, verbringt er dort die zweite Hälfte seines Lebens.

Das Haus ist vom Keller bis zum Dach auf die Bedürfnisse seiner Bewohner abgestimmt, vom gekachelten, als Schwimmbecken für Margarete entworfenen Souterrain – es dient später als Archiv und enthält heute, da aus dem Wiesenstein ein Erholungsheim für polnische Kinder geworden ist, wiederum Duschräume – bis hinauf zum dicken runden Turm, in dem Hauptmann hoch über den Bäumen ein kleines Arbeitszimmer hat. (Umweltbewußt zu einer Zeit, als man das Wort noch gar nicht kennt, will er die Tannen und Fichten nicht kappen lassen, die ihm im Lauf der Jahre den Blick auf die Schneekoppe verdecken: «Was gepflanzt ist», bestimmt er, «soll auch wachsen.») Mittelpunkt des Hauses ist die riesige, sich über zwei Stockwerke erstreckende Halle, in deren Mitte die aus Italien mitgebrachte, lebensgroße Figur eines knienden Engels mit erhobener Rechter steht. Die Halle, an deren Schmalseite eine Treppe hinauf zur Galerie mit David d'Angers' Goethe-Büste führt, wird von einem Bronzekandelaber erleuchtet und einem gewaltigen Kamin geheizt. Im Jahre 1922 schmückt der schlesische Maler Johannes Avenarius die fensterlose Hauptwand mit Fresken; unter dem Goethe-Motto «Wen du nicht verlässest, Genius!» stellen sie neben dem Hannele und anderen Gestalten aus Hauptmanns Werken mythologische Motive, wie die Musen, den Jungbrunnen, die Himmelsleiter, dar.

Über die Qualität dieser Wandmalereien sind die Meinungen geteilt. Ein prominentes Mitglied des Hauptmannschen Hofstaats aus den dreißiger Jahren schreibt dazu zwar: «Deutsche Phantasie, deutsches Märchen raunt und flüstert von den Wänden»[136], doch kann man sich durchaus fragen, warum ausgerechnet Avenarius, seines Zeichens Professor an der Staatlichen Kunstschule für Textilindustrie in Plauen, für diese Arbeit herangezogen wird anstatt Max Liebermann oder Lovis Corinth, Leopold von Kalckreuth oder Max Slevogt oder ein anderer unter den bedeutenden Malern, mit denen Hauptmann, damals sechzig und auf der Höhe seines Ruhms, seit Jahren verkehrt. Sie hätten sich ihm freilich nicht mit Bückling und Kratzfuß genähert wie Avenarius, der sich auch für ein Exlibris (in Form eines Stempels) empfiehlt und bis 1945 mit Hauptmann in Verbindung bleibt. Teilt dieser vielleicht mit Goethe eine gewisse Schwäche für liebedienerische Mediokrität?

Von der Halle geht man in den Salon mit Corinths Porträt von Margarete, das sie stehend zeigt, unterm Kinn die Stradivari, die ihr Mann ihr geschenkt hat. In einer Nische steht ein Flügel, auf dem die Verlegersgattin Hedwig Fischer oder ein anderer Hausgast die Hausherrin begleitet; anderswo sieht man ein Schilfrohr aus dem Avon (der Shakespeares Heimatstadt Stratford durchfließt), einen Ölzweig aus Olympia und andere Reiseerinnerungen, daneben auch Holzschnitzereien, steinzeitliche Waffen und ähnliche Zeugnisse einer lebenslangen Sammelleidenschaft. In späteren Jahren hängen im Salon Stilleben und Seelandschaften von Ivo, der bei Corinth und Ludwig von Hofmann studiert hat und sich nach einem längeren Aufenthalt in Paris zu einem bedeutenden Vertreter des Pointillismus entwickelt. Hauptmanns eklektischem Geschmack entsprechend wird jeder Raum anders dekoriert. Sein eigenes Porträt, gemalt von Leo von König, hängt über dem Biedermeier-Sofa im Frühstückszimmer. Im Eßzimmer ist in einer Vitrine die von Hauptmann selbst verfertigte Wachsbüste des jungen Benvenuto zu besichtigen. Im Arbeitszimmer hängt ein Selbstporträt von Ivo, aufgrund dessen sein Vater ihm das Studium der Malerei ermöglicht hatte. In der Bibliothek steht eine Kopie des Wagenlenkers von Delphi, die toten Augen auf das von der Zimmerdecke herabhängende Holzmodell eines Auslegerboots aus der Südsee gerichtet. Der Hauseingang wird von einem grimmig zur Seite blickenden Terrakottalöwen aus Italien bewacht.

Das Turmzimmer benutzt Hauptmann nur zum Lesen und Meditieren. Seine schriftstellerische Arbeit verrichtet er in der holzgetäfelten und sehr geräumigen Bibliothek oder im großen Arbeitszimmer nebenan. Dort diktiert er, am Pult stehend oder auf und ab schreitend und im Alter auch mal auf dem Sofa ruhend, seine Werke einem Sekretär in die Feder. Begonnen hatte das mit dem alten Turnlehrer, der 1882 das Drama *Germanen und Römer* zu Papier brachte. Später sprangen mal dieser, mal jener Freund, dann Mary und schließlich auch Margarete ein, wenn gerade kein «Freiwilliger» und keine Bürokraft zu finden war. Auf dem abgelegenen Wiesenstein, auf dem man sich, anders als in Berlin, nicht einfach jemand zum Diktat kommen lassen kann, wird zuerst das Hauspersonal eingesetzt. Das Faktotum Albert Birke muß sich dazu bequemen und auch Edith Cox, Benvenutos englische Nurse. Da Miss Coxens Deutsch und vielleicht auch ihre Allgemeinbildung zu wünschen übrig lassen, leistet sie sich viele, darunter auch amüsante Fehler wie «sissifus» für Sisyphus.[137] Immerhin arbeitet sie, mit Unterbrechungen, von 1907 bis Kriegsausbruch 1914 im Haus und schreibt unter anderm den gesamten *Emanuel Quint* nieder. In den zwanziger und dreißiger Jahren werden diese Aufgaben ausgebildeten Hilfskräften übertragen, der Sekretärin Elisabeth Jungmann, dem Archivar Ludwig Jauner und dem Bibliothekar Erhart Kästner, dem nachmaligen Verfasser des *Zeltbuch von Tumilad* (1949).

Ein weiterer Arbeitsplatz, wenn man so will, ist Hauptmanns Schlafzimmer. Es ist erheblich kleiner als das von Margarete, die auf lange Zeit ihren kleinen Sohn bei sich behält, und ähnelt einer einfenstrigen Dienstbotenkammer mit Bett, Tisch und Schrank. Da Hauptmann mit zunehmendem Alter immer schlechter schläft und sich eigentlich nur im Nachmittagsschlaf erholt, gewöhnt er es sich an, in ruhelosen Stunden seine Traumvisionen und Nachtgedanken auf die Tapete am Kopfende des Bettes zu kritzeln. Eine überraschend rationelle Arbeitsweise für einen Dichter, der mehr als einmal das Träumen als die wahrhaft schöpferische Tätigkeit bezeichnet hat: «Die übrige Zeit, die ich im Wachen mit der Gestaltung eines Werkes verbringe, ist eigentlich nur dazu da, um einen Schatten dessen festzuhalten, was ich im Traum erdacht und erfaßt habe.»[138]

Bald stellen sich die ersten Gäste auf dem Wiesenstein ein. Unter ihnen befindet sich Otto Brahm, der im Turmgemach untergebracht wird und die weite Aussicht auf die Täler und den Kamm des Riesengebirges genießt. Ihm sagt besonders die Ungezwungenheit des täglichen Umgangs mit den Hausgenossen zu, im Vergleich zu der gereizten Stimmung, die wegen des schwelenden Bruderzwists in Schreiberhau geherrscht hatte. Doch kommt natürlich auch «Zarle» zu Besuch, mit der Mutter, der nun verwitweten Marie Hauptmann; sie wohnt jetzt in Warmbrunn und erhält eine kleine Leibrente von Gerhart. Ihr ältester Sohn, Georg, ist im Sommer 1899 dem längst erwarteten Herzschlag erlegen (seinem Andenken wird der *Arme Heinrich* gewidmet). Fast zur gleichen Zeit stirbt Gerharts Malerfreund von der Breslauer Kunstakademie, Hugo Ernst Schmidt oder «Schmeo», den eheliche Schwierigkeiten in den Selbstmord treiben. Auch diese Verluste, und erst recht der Tod seines Vaters und Margaretes Mutter, werden Hauptmann zum Bau eines eigenen, einen Neubeginn symbolisierenden Heimes angeregt haben.

Im Lauf der nächsten Jahre finden sich einstige Studienfreunde auf dem Wiesenstein ein wie der Pianist Max Müller und der Arzt Max Simon, literarische Kampfgenossen wie Wilhelm Bölsche und Johannes Schlaf und so unterschiedliche Dichterkollegen wie Ludwig Fulda aus München, Hugo von Hofmannsthal aus Wien und der schlesische Dorfschullehrer Hermann Stehr. Es kommen Maler wie Ludwig von Hofmann und Otto Mueller, der «Zigeunermüller». Angehörige der höchsten Gesellschaftskreise melden sich an wie Harry Graf Kessler und Helene von Nostitz, Schauspieler wie Albert Bassermann und Rudolf Rittner, Musiker wie der Pianist Árpád Sándor und der Komponist Eugen d'Albert, «Geschäftsfreunde» wie der Verleger Samuel Fischer und der Regisseur Paul Schlenther, der bereits 1899 die erste größere Monographie: *Gerhart Hauptmann. Sein Lebensgang und seine Dichtung* vorgelegt hat. So wird der Wiesenstein ein Treffpunkt für Besucher, die sich von der Gastfreundschaft des Hausherrn und seiner Frau – die zwar nicht kochen, wohl aber repräsentieren und einem Haushalt vorstehen kann – angezogen fühlen und ihrerseits den Dichter in seiner schlesischen Klause über das Leben «draußen» auf dem laufenden halten. Diese Gäste der ersten Jahre, viele von ihnen selber Künstler und illustre Persönlichkeiten, unterscheiden sich deutlich von den Freunden und Gefährten des alten Hauptmann.

Unmerklich zunächst, dann immer eindeutiger bildet sich auf dem Wiesenstein eine eigene Lebensform heraus, die in ihrer täglichen Wiederkehr bald so wohlreguliert wirkt wie der Ablauf der Stunden in einer kleinen Residenz. Der Hausherr erhebt sich als erster, früh am Morgen. Pflegte er als junger Mann zu dieser Tageszeit zu arbeiten, so nimmt er jetzt als erstes ein Bad, im Sommer in dem Teich, der zum weitläufigen Park des Wiesenstein gehört. Dann drängt es ihn nach körperlicher Betätigung. Er übt sich im Speerwerfen, treibt Gymnastik und spaltet Holz, im Bademantel oder auch nackt; als er dabei einmal von einem Hausgenossen überrascht wird, sagt er: «Na, Herr von Hülsen, vergucken Sie sich nur nicht!»[139] Bei schlechtem Wetter ergeht er sich in der hölzernen, mit einem Strohdach bedeckten Wandelhalle, die er sich zu diesem Zweck hat bauen lassen. Gelegentlich kutschiert er auch mal herauf nach Kiesewald, einem Gebirgsdorf, in dem er eine kleine, von einem Pächter verwaltete Landwirtschaft mit einer Blockhütte, einem Kartoffelacker und ein paar Ziegen unterhält. Auf Hiddensee, wo er den Sommer verbringt, und an der italienischen Riviera schwimmt er frühmorgens weit ins Meer hinaus. Durch eine solche Lebensführung entwickelt sich der als Jüngling eher schmalbrüstige und lungenschwache Dichter – ein Glückskind auch hierin – im Lauf der Jahre zu einem kräftigen und vitalen Mann von unerschütterlicher Gesundheit.

Gegen neun wird gefrühstückt, reichlich und gemächlich, ohne Zeitung, in Gesellschaft von Margarete. Dann bricht er, zumeist in Knickerbockern und solidem Schuhwerk, auf zum sogenannten Produktivspaziergang. Die Hunde warten ungeduldig, wenn er unterwegs anhält und etwas in das mitgenommene Notizbuch schreibt: einen Gedanken, eine Erinnerung, manchmal auch nur ein Wort oder eine an sich selbst gerichtete Ermahnung. Sofern Hauptmann überhaupt systematisch reflektiert und Punkte «abhakt», tut er dies unterwegs beim Durchdenken der Werke, die er gerade in Arbeit hat. Es sind immer mehrere auf einmal; was nicht gedeiht, wird zurückgestellt und später wieder aufgenommen oder nach wenigen Szenen abgebrochen und vergessen.

Das Mittagessen findet gegen zwei statt, meist ohne Wein. Dann legt er sich hin, nicht auf eine Chaiselongue oder einen Liegestuhl, sondern ausgezogen ins Bett, und schläft fest bis etwa fünf Uhr. Nach der Jause (sie wird im Salon eingenommen, Gerhart trinkt den von Margarete auf einem alten Spirituskocher bereiteten Kaffee, ihr selber serviert das Mädchen Tee mit Gebäck) macht sich der Hausherr an die Arbeit. Am späten Nachmittag, wenn andere Leute Feierabend machen, «erntet» dieser Dichter, was ihm seit dem vorausgehenden Tag im Traum und auf dem Spaziergang, im Gespräch und aus Büchern zugewachsen ist. Er hält beim Diktat ein Buch in der Hand, etwa einen Gedichtband von Goethe, ohne es jedoch aufzuschlagen, und spricht, langsam und auch mal ein Wort suchend, im großen und ganzen aber doch so, daß der Text nur noch geringfügig geändert werden muß. (Zumindest nach seiner eigenen Meinung, die Verlagslektoren sind oft anderer Ansicht.) Das ist sogar bei Hexametern und anderen Versen der Fall, die er leicht skandierend von sich gibt, ohne sich zu verhaspeln, was ihm eher bei komplizierten logischen Beweisführungen unterläuft. – Es ist eine eigenartige Schaffensweise, gleichweit entfernt von Thomas Manns morgendlicher Schreibtischfron und Rilkes ruhelosem Warten auf «die Stunde».

Zum Abendessen erscheint man in Gesellschaftskleidung, Margarete am liebsten in Weiß, Gerhart im schwarzen Rock mit Weste und Halsbinde. Man weiß, was man sich schuldig ist, vor allem nach der Ehrendoktorwürde von Oxford (seit 1905 läßt sich Hauptmann gern mit «Herr Doktor» anreden) und erst recht dann nach dem Nobelpreis. Auch die Gäste wissen es und verhalten sich entsprechend, wenn sie, bis in den späten Abend hinein, im kleinen gotischen Eßzimmer beim Wein zusammenbleiben und dem Hausherrn lauschen, wie er mit melodischer, nicht sehr lauter Stimme und karger, aber wirkungsvoller Gestik aus einem Manuskript vorliest. Die lange Reihe der vorgetragenen Werke wird im Oktober 1901, bald nach dem Einzug auf dem Wiesenstein, mit dem *Roten Hahn* eröffnet und setzt sich fort bis zur *Atriden-Tetralogie* kurz vor Ende des Zweiten Weltkriegs. – Margarete, anders als einst Mary, bleibt auf und lenkt auch mal die Unterhaltung, wenn er allzusehr abschweift, oder, vom Andrang der Bilder und Gesichte überwältigt, den Faden verliert und in aller Unschuld fragt: «Was sagte ich eben?» Sie trinkt wenig, raucht aber schon als junge Frau, in Tagen, als «man» das noch nicht tut. Es fällt ihm nicht ein, sie davon abzuhalten; im Gegenteil, er hatte ihr schon 1894, auf dem Weg nach Paris, von Köln aus ein ganzes Postpaket mit Zigaretten geschickt. Und sie wiederum kennt ihren Mann zu gut, um ihm jemals seine Freude an der «ritterlichen Kunst des Zechens», wie er es nennt, im geringsten schmälern zu wollen.

Zweifellos hat Margarete das Leben auf dem Wiesenstein weitgehend mitgeformt, so wie sie schon am Entwerfen des Hauses und Parks beteiligt gewesen war. Man vermeint ihren Einfluß vor allem in der Betonung der formellen Aspekte des gemeinsamen Lebens zu verspüren, von Einzelheiten der Innenausstattung bis hin zum Diener, der beim Abendessen in weißer Jacke aufträgt. Das Ambiente des Wiesensteins, seine eigenartige, nicht restlos überzeugende Mischung von heimischer Gemütlichkeit und geistigem Anspruch, jenes Nebeneinander von Gartenzwerg und Goethe rührt zum Teil gewiß von der Frau her, die, von Haus aus mittellos und durch das Augenleiden an einer eigenen Laufbahn verhindert, sich im Alter von dreißig an der Seite von Deutschlands berühmtestem Dichter und als Herrin eines großen Besitzes sieht. «Was macht Ihr Haus? Ihr Schloß? Ihre Burg? Ihr Cottage?» fragt sie im Vollgefühl des Arriviertseins die Freundin Hedwig Fischer, deren Mann sich in Berlin ein Haus von großbürgerlichem Zuschnitt bauen läßt: «Was von alledem wird es? Bauen Sie nur einen großen Tanzsaal und laden Sie mich zum Einweihungsball ein!»[140]

So dient der Wiesenstein, halb Burg halb Schloß, auch der Selbstdarstellung des künstlerisch tätigen Menschen, der sich, aus einfachen Verhältnissen stammend, in einer von Adligen und Industriekapitänen geprägten Gesellschaft durchgesetzt hat. Dabei fällt auf, daß viele dieser Männer Häuser bewohnen, die der Jahrhundertwende in Stil und Bauart den Rücken kehren und statt dessen in die Vergangenheit weisen. Während Hauptmann sich hinter die Eisengitter und pseudo-mittelalterlichen Granitquader des Wiesenstein zurückzieht, richtet sich Sudermann in einem friderizianischen Landschloß in der Mark ein, Franz von Lenbach in einer quasi-toskanischen und Franz von Stuck in einer neuklassizistischen Villa in München; Hofmannsthal, durchaus kein Aufsteiger, bezieht ein Rokokoschlößchen in Rodaun bei Wien. Finden sie so wenig Geschmack an der Gegenwart, haben sie so wenig Vertrauen in die

Zukunft? Oder ist der unbehauste Rilke der hellhörigste von allen, als er wenige Jahre vor 1914 schreibt: «Wer jetzt kein Haus hat, baut sich keines mehr»?

Doch bevor diese Gefahr durch die erneute Begegnung mit einer Frau eintritt, die ihn vom ersten Augenblick an fasziniert – Ida Orloff, seine «deutsche Venus» – schreibt er noch einige Stücke, die abermals die ganze Bandbreite dieses produktivsten unter den großen Bühnendichtern der Neuzeit aufweisen. Außer der Tragikomödie *Der rote Hahn*, auf die in Verbindung mit dem *Biberpelz* bereits eingegangen wurde, sind es, in Hauptmanns eigener Bezeichnung, jeweils eine Komödie, ein Drama, eine deutsche Sage (wobei nicht feststeht, ob er damit einen Untertitel im Sinn hatte oder eine Gattungsbezeichnung) und ein Schauspiel.

III

Im Spätherbst 1899, den er mit Margarete in Vitte auf Hiddensee verbringt, schreibt Hauptmann die Komödie *Schluck und Jau*. Wie in so vielen anderen Werken stammen auch hier einige Figuren aus seinem Bekanntenkreis; es sind die Titelhelden, die mitsamt dem von ihnen gesprochenen Dialekt zwei ortsbekannten Salzbrunner Landstreichern nachgestaltet wurden.

Eine höfische Jagdgesellschaft, die gerade ins Schloß zurückreitet, trifft auf die beiden Vagabunden und beschließt, sich mit ihnen einen Spaß zu machen. Jau, sternhagelvoll, soll zur Abwechslung die Rolle des Fürsten übernehmen; man bringt ihn ins Schloß, wo er in einem Himmelbett aufwacht, umgeben von Lakaien, die ihm jeden Wunsch von den Lippen ablesen. Als er aber Miene macht, sich durch allerlei willkürliche Handlungen tatsächlich als «Ferscht» aufzuführen, wird er mit Hilfe eines Schlaftrunks wieder in den Landstreicher zurückverwandelt, den man aus dem Straßengraben aufgelesen hatte. Mit einem «Kumm, Briederla, kumm! mir gehn nieber eis [ins] Wirtshaus» tröstet er sich und den Kumpanen Schluck, der das Spiel von Anfang an durchschaut und als Fürstin verkleidet daran teilgenommen hat.

Hier tritt uns eine phantastische Welt entgegen, wie wir sie im Traum erleben und in psychologischen Fallstudien oder auch in

Werken wie *Tausendundeine Nacht*, das Hauptmann 1897 in Italien, und Shakespeares *Der Widerspenstigen Zähmung*, das er schon als junger Mann gelesen hatte. Auf einer anderen Vorlage, einem Lustspiel des Dänen Ludvig Holberg, dürfte die Herausarbeitung des Motivs vom kleinen Mann beruhen, der sich, vom Glück oder Zufall hochgespült, sogleich als Tyrann entpuppt. Doch füllt Hauptmann diese alten Schläuche durchweg mit neuem Wein, etwa indem er Charaktere zeichnet, in denen das vertraute Spiel von Schein und Sein über das bloß Groteske hinausgeführt und ins Tragikomische erhoben wird. Das ist besonders bei dem Höfling Karl der Fall, auf dessen Vorschlag der ganze Mummenschanz inszeniert wird. Als der Fürst, Jon Rand, ihn mit Ländereien belohnen will, winkt Karl ab:

> Besitz ist Last: trag du die Last, Kamerad!
> Hab dreißig Oxhoft Wein in deinem Keller –
> fünf Kannen machen dich betrunken, Jon!
> Laß vierzig Eber schlachten – eine Keule
> bezwingst du kaum, nicht mehr. Hab hundert Schlösser,
> so wirst du bald ein Gast in allen sein,
> so gut wie ich, der keines hat. Je weniger
> du hast, je mehr ist dir's zu eigen, Jon.

Obwohl Hauptmann meint, ein bühnengerechtes Stück geschrieben zu haben, macht er sich Sorgen wegen der Premiere. Der Verfasser, dem (zumindest in der Meinung des Publikums) mehrere Stücke hintereinander mißlungen sind, braucht die Selbstbestätigung des Erfolgs, so wie der zweifache Bauherr und Ernährer bald zweier Familien das Geld braucht, das dieser ihm bringen soll. Selten hat er so dem Abend entgegengefiebert, an dem er sich mit einer neuen Schöpfung der Öffentlichkeit stellen muß. In der Nacht vor der Uraufführung findet er keinen Schlaf; er steht in aller Herrgottsfrühe auf, macht Licht in der ganzen großen Wohnung im Grunewald und braut sich einen Tee. Wie ein Soldat vor der Feuertaufe denkt er an die Seinen und sieht im Hinblick auf Margarete und das ungeborene Leben in ihr sogar sein Testament durch. «Sind es nicht Schlachten», fragt er sich im Gedanken an die Masse, die bald ins Theater strömen wird, «vor denen man immer wieder steht und die man immer wieder durchkämpfen muß?» Und als die Premiere vom 3. Januar 1900 schiefgeht und die Schlacht verloren ist, kommt er sich, kaum nach

Gerhart Hauptmann und sein dramaturgischer Berater und Regisseur Otto Brahm (um 1895).

Hause zurückgekehrt und noch festlich gekleidet, vollends wie ein Geschlagener vor: «Bei gewissen Hinrichtungen ist... nicht nur der Scharfrichter im Frack, sondern auch der Verurteilte.»[141]

Julius Harts Urteil: «Hauptmann ist tot, es lebe Shakespeare!» gibt die Reaktion des Publikums wieder, das Hauptmann dieses Werk nicht «abnehmen» will, mit dem er sich genau zwischen den naturalistischen Stuhl und den des Märchenerzählers gesetzt hat. Die Wunde eitert noch lange und trübt schließlich auch das Verhältnis zu Brahm. Kaum hat dessen Rivale Max Reinhardt 1907 die Kammerspiele des Deutschen Theaters übernommen, da will Hauptmann ihm auch schon die Aufführungsrechte an *Schluck und Jau* übertragen. Vom berühmten *Sommernachtstraum*-Regisseur verspricht er sich mehr für sein shakespearisierendes Stück als vom wackeren Emil Lessing, unter dessen Regie die Uraufführung stattgefunden hatte. Auch verfügt Reinhardt jetzt über eine Drehbühne, die der Komödie mit ihrem häufigen Schauplatzwechsel sehr zugute kommen würde und die dem Lessing-Theater fehlt. Dessen Direktor, Hauptmanns alter Kampfgenosse Brahm, weigert sich resolut, sein alleiniges Recht zur Aufführung im Raum Berlin mit der Direktion Reinhardt zu teilen, «die seit ihrem 1. Tage», wie er erbost schreibt, «in skrupellosester Weise mich zu schädigen und arm zu machen gesucht hat»[142]. Hauptmann reagiert seinerseits pikiert auf diese Absage; obwohl ihre Zusammenarbeit bis zu Brahms Tod andauert, will sich das alte Vertrauensverhältnis nicht wieder einstellen. – Erst in den dreißiger Jahren, als Männer wie Heinrich George und Eugen Klöpfer den Jau spielen und Max Pallenberg den Schluck, erwirbt sich diese Tragikomödie eine Beliebtheit, die bis heute fortdauert. Im Oktober 1985 wird sie in einer Inszenierung von Rudolf Noelte in Bonn und, unter Betonung vermeintlicher klassenkämpferischer Aspekte, fast zur gleichen Zeit an der Ostberliner Volksbühne gegeben.

Die Frage nach der Aktualität des Stückeschreibers Hauptmann stellt sich erst recht bei dem 1900 erschienenen und im Gegensatz zu *Schluck und Jau* durchweg auf der Wirklichkeit fußenden Drama *Michael Kramer*. Über lange Strecken hinweg meint man, ein Stück aus unseren Tagen zu lesen bzw. anzusehen, eines jener Familiendramen, in denen sich hinter jeder zweiten Aussage eine «zwischenmenschliche Kommunikationsstörung», sprich: die Entfremdung von der Mitwelt offenbart. Ob die Mutter sich mit ihrer ledigen, berufstätigen und noch dazu rauchenden, nach damaligen Begriffen also voll emanzipierten Tochter streitet:

FRAU KRAMER. Michaline, du bist eben gar keine Frau! ... Du sprichst wie'n Mann! Du denkst wie'n Mann! Was hat man denn da von seiner Tochter?

oder ob ein Ehemann in Michalines Gegenwart seine Frau zurechtweist, die ihn gerade «meinen Mann» genannt hat:

LACHMANN. Mein Mann! Ich bin nicht dein Mann. Der Ausdruck macht mich immer nervös.

FRAU LACHMANN. Na haben Sie so was schon gehört!

LACHMANN. Ernst heiss' ich, Alwine! Merk dir das mal! Meine Kohlenschaufel, das kannst du sagen. Mein Kaffeetrichter, mein falscher Zopf, aber sonst: Sklaverei ist abgeschafft!

FRAU LACHMANN. Aber Männe...

LACHMANN. Das ist auch'n Hundename.

FRAU LACHMANN. Nu sehn Se: da hat man nu so einen Mann. Tun Sie mir nur den einzigen Gefallen: heiraten Sie um keinen Preis...

ob der Bruder sich von der älteren Schwester Geld borgen will:

ARNOLD. Pump mir mal lieber eine Mark.

MICHALINE. Ich kann dir's ja borgen, warum denn nicht. Ich muß mir nur schließlich Vorwürfe machen, daß ich...

ARNOLD. Schieb ab! Kratz ab, Michaline! Eure Knietschigkeit kennt man ja doch.

oder schließlich als frustrierter Teenager schon am Frühstückstisch sein «Ekelhaft öde und lang ist so'n Tag» mault und die besorgte Mutter abwimmelt:

ARNOLD. Spiel dich doch bloß nicht so schrecklich auf, Mutter! Was du für 'ne Ahnung hast, möcht' ich bloß wissen...

FRAU KRAMER. Das ist ja recht schön, das muß man wohl sagen: wie du mit deiner Mutter verkehrst. –

ARNOLD. Dann laßt mich doch bitte gefälligst in Ruh'! Was kläfft ihr denn immer auf mich ein! Das ist ja reinwegs gradezu zum Verrücktwerden...

das alles könnte, so meint man, praktisch unverändert ins Familien-Fernsehen übernommen werden. Generationskonflikt, Selbstfindung der Frau, Künstlerproblematik, pubertäre Sexualität – was wäre wohl zeitgemäßer, was «relevanter» als diese Themen? Und doch steht an wenig sichtbarer Stelle eine Feststellung, die uns stutzen läßt: «Sie müssen uns schon entschuldigen, nicht wahr», sagt die als sympathisch geschilderte Michaline Kramer, als Herr und Frau Lachmann unerwartet zu Besuch kommen, «es sieht noch ein bißchen polnisch hier aus.» Der Satz ist ernst gemeint, schlimmer noch: er ist gar nicht «gemeint», in dem Sinne etwa, in dem das «Tut nichts! Der Jude wird verbrannt» des Patriarchen in *Nathan der Weise* gemeint, d. h. dialektisch als Argument eingesetzt ist und zur größeren Abschreckung wiederholt wird. Man kann sich, man wagt sich keine Wiederbelebung eines Geisteshabitus vorzustellen, in dem das Wort «polnisch» – im Theater, nicht am Stammtisch – so verwendet würde (ein Sachverhalt, aus dem Christa Wolf in einem Roman das folgende Fazit gezogen hat: «Sie [ein in der DDR geborenes Mädchen] kennt... nicht den Ausdruck ‹polnische Wirtschaft›. Muß sie das kennen? Bruder Lutz... gibt eine knappe Erklärung, wiederholt das Wort ‹früher›»...[143]). So zeigt *Michael Kramer* trotz aktuellster Thematik sein Alter, ohne daß es deswegen ein schlechtes Stück wäre oder uns nichts mehr zu sagen hätte.

Es handelt bekanntlich vom Konflikt zwischen zwei Männern, zwei Generationen, zwei Kunst- und Lebensauffassungen. Michael Kramer, Mallehrer an einer städtischen Kunstschule, ist ein biederer und vom Arbeitsethos durchdrungener Mann, ehrlich genug, um einzusehen, daß ihm das Talent zum kreativen Künstler fehlt. Auch seine Tochter Michaline, die sich durch das Erteilen von Privatstunden durchs Leben schlägt, und sein ehemaliger Schüler Lachmann müssen durch Fleiß wettmachen, was ihnen an Begabung, geschweige denn Berufung abgeht. Diese besitzt allein Kramers Sohn Arnold; aus ihm könnte, wenn er sich zusammennehmen und arbeiten würde, ein großer Maler werden. Doch leidet der zu allem Unglück auch häßliche und verwachsene Junge so an sich und der Umwelt, daß er nichts zustande bringt und nur noch vor sich hin vegetiert. Den Tag über schläft er, die halbe Nacht sitzt er in einer Kneipe, wo er der

Wirtstochter mit schiefen Komplimenten zusetzt und schließlich die ganze Stammtischrunde gegen sich hat. Als er sich bei diesen als spießig geschilderten Honoratioren Respekt verschaffen will, indem er mit einem Revolver herumfuchtelt, werfen sie ihn kurzerhand hinaus, woraufhin er Selbstmord begeht.

Dem in der Literatur der Jahrhundertwende so beliebten Vater-Sohn-Konflikt ist hier die Bürger-Künstler-Antithese übergeordnet, die damals auch Wedekind, Thomas Mann, Hesse, Rilke und viele andere fesselte. Wenn sie auf uns etwas verstaubt wirkt, dann mag das weniger an der Sache liegen als an Hauptmanns Perspektive, in der zwar das Credo des alten Kramer «Kunst ist Religion» als ein für alle Zeiten unverrückbarer Leitsatz proklamiert wird, andererseits aber Beethoven und ausgerechnet Böcklin gleichberechtigt nebeneinanderstehen als Repräsentanten des höchsten Künstlertums. Die Zeitgenossen hat das weniger geniert, und für Rilke wurde *Michael Kramer* sogar zum Schlüsselerlebnis. Hauptmann hatte ihn und seine Freundin Lou Andreas-Salomé zu einer Probe ins Deutsche Theater einladen lassen, Rilke revanchierte sich mit einer Widmung im *Buch der Bilder* und indirekt auch im *Stundenbuch*, in dem mehrere Gedichte, die sich mit unseren Begriffen vom Eigentum und mit dem Vater-Sohn-Verhältnis befassen, offensichtlich von *Michael Kramer* beeinflußt sind. Noch deutlicher verlaufen die Verbindungslinien zwischen Hauptmanns eigenen Erfahrungen auf der Kunstschule und diesem dem Andenken des Breslauer Kommilitonen Hugo Ernst Schmidt gewidmeten Stück.

Wie fast alle Werke des Naturalisten Hauptmann bietet auch *Michael Kramer* eine Sprach- und Dialogführung von unübertroffener Lebensnähe sowie eine Anzahl von «Bombenrollen». Hier ist es vor allem die des Titelhelden, besonders im letzten Akt, in dem der Alte den aufgebahrten, von einer gefühllosen Welt in den Tod getriebenen Sohn beklagt, der im Grunde größer war als er selber. Bei der Premiere hat Reinhardt die Rolle kreiert, am 21. Dezember 1900, während Oscar Sauer den Lachmann spielte und Friedrich Kayssler den jungen Arnold. Einige der besten deutschen Schauspieler sind ihm nachgefolgt in einer Reihe, die über Werner Krauß und Paul Wegener bis in die Gegenwart führt, zu Erich Ponto, Werner Frank und Will Quadflieg.

Ganz anders verläuft die Bühnengeschichte eines weiteren Werkes aus dieser Schaffensphase, des *Armen Heinrich.* Sie beginnt ausnahmsweise nicht in Berlin, sondern in Wien, wo diese «deutsche Sage» am 29. November 1902 in dem von Schlenther geleiteten Hofburgtheater mit mäßigem Applaus uraufgeführt wird. Bei Hauptmanns Wahl des Standorts spielte wohl die Hoffnung eine Rolle, daß man sich in Wien besser auf die neuromantische Stimmungslage des Dramas verstehen würde als im Deutschen Theater Berlin, das unter Brahm starr im Zeichen des Naturalismus verharrte.

Doch kann sich der *Arme Heinrich* auch in Wien nicht auf dem Spielplan halten. Nachdem Brahm ihn dennoch für sein Theater übernommen hatte, schrieb er einmal, der *Arme Heinrich* habe «eine Gemeinde, aber kein Publikum der Vielzuvielen»[144], als ihn der ungeduldig auf häufigere Aufführungen drängende Hauptmann verdächtigte, die gerade übersetzte *Monna Vanna* von Maeterlinck (deren Heldin publikumswirksam fast einen Akt lang nackt auf der Bühne verweilt) öfter angesetzt zu haben als sein Stück. Diesen Vorwurf kann Brahm anhand von Statistiken unschwer entkräften. Mit seiner Einschätzung des *Armen Heinrich* behält er jedoch recht; das Werk kann sich auf der Bühne nicht durchsetzen, obwohl es zu den Lieblingsdichtungen von Thomas Mann und Josef Kainz gehört. Dieser betrachtet den Heinrich als die schönste aller seiner Hauptmann-Rollen, jener spricht von dem Stück als einem «Poem von Glanz, Fall und Wiederaufrichtung» und versichert dem Dichter, es sei ihm von allen seinen Werken am innigsten ans Herz gewachsen.[145] In dem Roman *Die Erwählte* hat Mann später ein verwandtes Thema behandelt.

Für den heutigen Leser entbehrt die Legende vom aussätzigen Ritter, der durch den dargebotenen Opfertod der Jungfrau Ottegebe geheilt wird und sie zur Frau nimmt, der psychologischen Plausibilität, weil Hauptmann den eigentlichen Beweggrund der Handlung, nämlich die Schuld und Sühne des Helden, kaum erwähnt. Anders als im unmittelbaren literarischen Vorbild, der mittelhochdeutschen Verserzählung des Hartmann von Aue, leidet sein Held lediglich aufgrund von Gottes unerforschlichem Ratschluß; das ist traurig, aber nicht dramatisch. Anders auch als in Hans Pfitzners Oper (1891–93) erleben wir seine Läuterung nicht auf der Bühne, sondern erfahren davon nur aus einem Bericht. So bleibt die Sprache vielleicht das Lebendigste am *Armen Heinrich.* Weniger wegen ihrer etwas überladenen «Schönheit» wie in der vielgerühmten Schilderung der

Zaubergärten Azzahras (bei der um die Jahrhundertwende so beliebten Evozierung südlicher Paradiese hält man sich dennoch am besten an Hofmannsthal oder Stefan George), als wegen ihres Erfindungsreichtums in der Wiedergabe komplexer innerer Vorgänge. Der von aller Welt gemiedene, dem Zusammenbruch nahe Aussätzige, der die liebende Ottegebe weggeschickt hat und mit dem Ausheben seines eigenen Grabes beschäftigt ist, gibt sich z. B. mit folgenden Sätzen Rechenschaft über sein Tun:

> Ich bin nicht einsam. Nein! Die Einsamkeit
> erschlägt mein Herz nicht! Kein Ersticken – nein! –
> begraben im harten Eiskristall des Raums!
> Ich bin nicht einsam. – Schweigen: rein. Kein Laut!
> Kein Scherbenrasseln! Keine klappernde Schelle! –
> Weltmeer: – frei! – Alle Höhn und Tiefen rein,
> weit, stumm im Glanz! – Was fehlt mir? Nun ans Werk!

Es ist das Neue, der Expressionismus, der sich mit seinem Pathos, seiner aufgebrochenen Syntax und seinen emphatischen Satzzeichen hier um zehn Jahre «verfrüht» zu Wort meldet.

Parallel zur Entstehung des *Armen Heinrich* verlaufen Hauptmanns Bemühungen um das gleichfalls im Mittelalter angesiedelte Drama *Kynast*. Schon der Schüler Gerhart hatte vor seinem Bruder Theodor Körners Ballade von der schönen Kunigunde deklamiert, die als Herrin der Burg Kynast von dem Freier verschmäht wird, der als einziger den von ihr geforderten Mauerritt entlang des Abgrunds überlebt hat. Zu Hauptmanns wie zu Körners Zeiten war die Raubritterburg nur mehr eine verfallene Ruine unweit von Agnetendorf. Der Legende zufolge hatten dort aber Turniere und Sängerkriege stattgefunden wie einst auf der Wartburg. Im geplanten Drama sollte deren Herr, der kunstfreudige Landgraf Hermann von Thüringen, mit dem Armen Heinrich, Ulrich von Lichtenstein (dem der alte Hauptmann eine schwache Komödie widmen wird) und anderen unter den Freiern auftreten, die sich um Kunigundes Hand bewerben; die Nähe zu Wagners *Tannhäuser* läßt sich nicht übersehen. Wenn *Kynast*, in dem der dichtende Ritter als Idealtyp des Mannes gefeiert werden sollte, trotz dieser klaren Zielsetzung und mehrfacher Ansätze nicht über einige Bruchstücke hinaus gedeiht, dann mag dies wiederum auf Hauptmanns persönliche Umstände zurückzuführen sein. Höchstwahrscheinlich bezeichnet Kunigundes Mahnung an die versammelten Sänger: «Die eheliche Liebe besingt keiner von euch!»[146] die psychologische Schwelle, die er bei seinen wiederholten Versuchen, die Welt der Minnesänger im Drama einzufangen, nicht zu übertreten vermag.

In einer für seine Schaffensweise überaus aufschlußreichen Wende taucht Hauptmann jetzt unvermutet aus dem Mittelalter auf, um sich in dem Schauspiel *Rose Bernd* ganz dem eigenen Erleben und der Gegenwart anheimzugeben. Im April 1903 wird er als Geschworener nach Hirschberg berufen, wo sich eine fünfundzwanzigjährige Kellnerin und Landarbeiterin wegen Kindesmordes und Meineids vor Gericht zu verantworten hat; Hauptmann stimmt für Freispruch, der in zweiter Instanz rückgängig gemacht wird. Das aus so unmittelbarem Anlaß verfaßte Stück, an dem er noch während der Gerichtsverhandlungen zu arbeiten beginnt, kann schon am 31. Oktober aufgeführt werden, in erstklassiger Besetzung mit Else Lehmann als Rose, Rudolf Rittner als Flamm und Albert Bassermann als Streckmann. Zum Ausklang des gelungenen Abends hält kein Geringerer als Hugo von Hofmannsthal die Festrede (wie um den Reichtum des damaligen Theaterlebens zu dokumentieren, war seine Nachdichtung der Sophokleischen *Elektra* am Abend zuvor in Reinhardts Kleinem Theater uraufgeführt worden, vor einem so begeisterten Publikum, daß sich der neidische Brahm die Bemerkung: «Was will der Hugo mit der neuen Elektra? Wozu? Die alte war noch ganz gut!» nicht verkneifen konnte[147]).

Anfang 1904 wird *Rose Bernd* in Hauptmanns Gegenwart auch im Wiener Burgtheater gegeben. Nachdem an einem der folgenden Abende aber die Erzherzogin Marie Valerie «während der Aufführung demonstrativ das Theater verlassen», wie der *Berliner Lokalanzeiger* vom 1. März meldet, «und das Damenpublikum in den Logen und im Parkett seinem Mißfallen an dem Stück deutlich Ausdruck gegeben hatte», muß es vom Spielplan abgesetzt werden. – Der Grund der erzherzoglichen Entrüstung ist leicht zu erraten. Rose Bernd, ein heißblütiges und hübsches Bauernmädchen, wird von dem verheirateten Dorfschulzen Flamm verführt. Sie ist ihm hörig und erwartet ein Kind, entschließt sich auf Drängen ihres ahnungslosen Vaters aber dennoch zur Heirat mit dem frömmelnden Buchbinder Keil. So könnte sich alles noch einrenken, wenn der Wüstling

Streckmann, der mit seiner dampfgetriebenen Dreschmaschine von Gut zu Gut zieht, Rose nicht beim Liebesspiel mit Flamm belauscht und erpreßt hätte, sich ihm ebenfalls hinzugeben. Die Sache wird ruchbar, es kommt zu einer Gerichtsverhandlung, bei der Rose alles bestreitet. Von Scham und ihrem schlechten Gewissen überwältigt, tötet sie ihr eben zur Welt gekommenes Kind und wird von Gendarmen abgeführt.

So ist *Rose Bernd*, in straffer Szenenfolge und schlesischer Mundart aufgeführt, auf erster Ebene die Geschichte einer von den Männern verfolgten jungen Frau, die keine Mutter hat und bei der Familie nicht den nötigen Rückhalt findet. Zugleich ist es aber auch soziale Anklage, eine Anprangerung der noch nahezu feudalen Gesellschaftsordnung auf dem Land; Flamm, der wie Streckmann das Mädchen als Freiwild betrachtet, wird nicht zufällig als «Leutnant» bezeichnet und damit einer bestimmten Schicht zugeordnet. In der Nachfolge von Heinrich Leopold Wagners *Kindermörderin*, Goethes *Faust* und Hebbels *Maria Magdalena* gehört *Rose Bernd* zu den Stücken, in denen das arme Mädchen als Opfer und Lustobjekt der «besseren Kreise» erscheint; daher wohl Brechts Meinung, es sei «unsere Sache, die in dem Stück verhandelt wird, unser Elend, das gezeigt wird»[148]. Und schließlich enthält das Werk auch unüberhörbare Anklänge an Selbsterlebtes wie den wenig schönen, dem auf der Schwelle zur Scheidung stehenden Dichter aber aus dem Herzen gesprochene Befund der Frau Flamm: «A Weib kann sechzehn Jahre jinger sein, aber ni drei oder vier Jahre älter.»

Sprache und Metaphorik sind dem Stoff angepaßt. Wenn der Wüstling Flamm, dessen erheblich ältere Frau an einen Rollstuhl gefesselt ist, Rose küßt und dabei sagt: «Wo soll schließlich 'n Kerl wie ich hin damit?», dann glaubt man zu wissen, daß er weniger an die Liebe denkt als an einen bestimmten Körperteil. Beim berühmten letzten Satz des Dramas, Keils mitfühlendem «Das Mädel... was muß die gelitten han!», wird man an eine Fähigkeit erinnert, die Hauptmann mit Shakespeare und anderen ganz großen Dramatikern teilt – an seine Fähigkeit, den emotionalen Inhalt eines ganzen Handlungsablaufes in einem einzigen Satz lapidar wiederzugeben wie in dem ebenfalls vielzitierten «A jeder Mensch hat halt 'ne Sehnsucht!», mit dem der dritte Akt der *Weber* endet.

Keine Tragödie ohne ihr Satyrspiel. Als Epilog zu *Rose Bernd* sei vermerkt, daß die TOBIS-Filmgesellschaft 1940 auf den Gedanken kommt, das Stück der NS-Ideologie anzupassen. Der Schriftsteller Erich Ebermayer, Sohne eines bekannten Juristen und mit prominenten Nazi-Funktionären wie Fritz Todt und Philipp Bouhler verwandt, andererseits aber mit Klaus Mann und Gerhart Hauptmann befreundet, erstellt eine Fassung, in der Roses Kind nicht getötet und sie nicht der Justiz überantwortet wird. Statt dessen heiratet sie, gleichgeschaltet, den vitalen Flamm, dessen sieche Ehefrau zu seiner Mutter umfunktioniert wird. Brigitte Horney hatte sich schon zur Übernahme der Titelrolle bereit erklärt, doch dann untersagte Goebbels das Projekt mit der Begründung, daß deutsche Mütter «freudig» zu gebären hätten.[149] – Ähnliches wird von der Komödie *Schluck und Jau* berichtet, die 1937 verfilmt werden sollte, wobei Heinrich George, der Intendant des Schiller-Theaters, für die Rolle des Schluck vorgesehen war. Goebbels winkte jedoch ab, indem er feststellte: «Wenn ich diese beiden Sauf- und Pennbrüder auf der Straße treffen würde, dann würde ich sie kurzerhand dem Reichsführer SS zur Weiterbehandlung übergeben. Sie gehören ins KZ, aber nicht auf die Filmleinwand.»

Eine mehrfach kolportierte Geschichte, die sogar stimmen mag.

IV

Ida Orloff – Hauptmann nannte sie Idinka, sie selbst bevorzugte den Namen Iduschka – wurde 1889 in St. Petersburg geboren als Tochter eines dort ansässigen hessischen Brauereibesitzers namens Weißbeck. Als dieser auf der Rückkehr von einer Geschäftsreise nach St. Louis über Bord fiel und ertrank (so will es zumindest die Familienüberlieferung), heiratete seine Witwe, eine stattliche und noch junge Heidelbergerin, den österreichischen Offizier Georg Edler von Siegler-Eberswald. Die nächsten Jahre verbrachte sie mit ihren Kindern Lisa, Rudolf und Ida in verschiedenen, zumeist tristen kleinen Garnisonsstädten in Ungarn und Kroatien, wo ihr Mann gerade seinen Dienst versah. Einen einigermaßen geregelten Schulunterricht erhielten die Kinder nur während der Zeit, die die Familie in Sarajewo wohnte. Dort wurde Idinka, die in ihrer Jugend zu Depressionen neigte und einmal versucht hatte, sich in einem Teich zu ertränken, in einer Klosterschule untergebracht. Daher vielleicht ihre lebenslang gehegte Überzeugung, sie hätte eigentlich Nonne werden sollen. Nicht aus Gründen des Glaubens, denn sie war Protestantin und hatte es deshalb im Kloster nicht leicht, sondern weil die katholische Kirche ihrer Meinung nach über ein so schönes Zeremoniell verfügte.

Georg von Siegler-Eberswald starb 1905 im damals österreichischen Riva am Gardasee; dort war sein Grab noch nach dem Zweiten Weltkrieg zu besichtigen, bis die Italiener es im Zug der *italianizzazione* einebneten. Sein Tod erledigte das von ihm in die Wege geleitete Verfahren, die Kinder, die seine Frau in die Ehe gebracht hatte, in aller Form zu adoptieren und ihnen seinen Namen zu geben. Dieser hatte einen guten Klang, denn die Familie war fest im österreichisch-ungarischen Staatsdienst verwurzelt; ein Bruder von Georg war Senatspräsident, ein anderer Feldmarschalleutnant und Kommandeur der k.u.k. Kadettenschulen. Für die Mädchen wäre die Namensänderung vielleicht von Vorteil, für den jungen Rudolf wohl ausschlaggebend gewesen. Als athletischer und blendend aussehender Kavallerieoffizier hätte er bei solchen Verbindungen gewiß einen höheren Dienstgrad erreicht als den eines Rittmeisters.

Zur Zeit, da ihr Stiefvater starb, besucht Idinka, die schon als Kind zur Bühne strebte und sich in der Familie durchzusetzen wußte, in Wien gerade die von dem Hofschauspieler Albert Heine geleitete und von einer «Hohen Statthalterei konzessionierte» Schauspiel- und Opernschule Otto. Durch ihre Freundin Tilly Newes lernt sie jetzt Karl Kraus und Egon Friedell kennen, die sich gerade bemühen, die *Büchse der Pandora* ihres Freundes Frank Wedekind in Wien aufzuführen. Bei den bestehenden Zensurverhältnissen muß das natürlich in privatem Rahmen geschehen, doch bietet die Beschaffung einer Bühne weniger Schwierigkeiten als die Besetzung der Rollen. Zwar hat man bereits einen Star gefunden, Adele Sandrock, die die Gräfin Geschwitz spielen wird. Aber es dauert lange, bis man sich über die anderen Rollen einigt. Bei der Aufführung im Trianon-Theater spricht Kraus schließlich ein paar einleitende Worte und übernimmt dann, wie auch Friedell, selber eine kleine Rolle. Tilly, die sich anfangs geniert hatte, spielt die männermordende Lulu und wird am Ende, zur Straßendirne heruntergekommen, von Jack the Ripper umgebracht; Wedekind ist extra aus München angereist, um in dieser Rolle aufzutreten. Idinka spielt die junge Kadega di Santa Croce am Abend jenes 29. Mai 1905, der das Leben der beiden Freundinnen in neue Bahnen lenkt: Tilly verliebt sich in Wedekind, heiratet ihn und wird ihn um mehr als ein halbes Jahrhundert überleben, während Idinka einen solchen Eindruck auf den Zuschauer Otto Brahm macht, daß er sie nach Berlin holt.

Nach seinem gerade erfolgten Umzug vom Deutschen ins Lessing-Theater ist Brahm bemüht, die von seinem Vorgänger geerbte Schauspieltruppe durch neue Gesichter aufzufrischen. Da sowohl Ibsens *Wildente* als auch Hauptmanns *Versunkene Glocke* und *Hanneles Himmelfahrt* auf dem Programm stehen, hält er besonders nach begabten Anfängerinnen Ausschau, die eventuell in Rollen wie Hedwig bzw. Rautendelein und Hannele hineinwachsen könnten. Idinka, die sich inzwischen den Künstlernamen Orloff zugelegt hat – man gibt sich damals gern russisch, im Roman und Theater und Ballett, und sie stammt ja tatsächlich aus St. Petersburg –, scheint dem erfahrenen Regisseur das Zeug zu einer solchen Schauspielerin zu haben. Er spricht bei ihrer Mutter vor, der nunmehr verwitweten Baronin von Siegler-Eberswald, legt ihr nahe, mit ihrer minderjährigen Tochter nach Berlin zu übersiedeln, und bringt gleich einen Vertragsentwurf mit.

Die beiden Frauen nehmen sich eine möblierte Wohnung in der Thomasiusstraße in Moabit; zu mehr wollen die Einkünfte einer Offizierswitwe und einer Nachwuchsschauspielerin nicht reichen. Von dort fährt Idinka im selbstgeschneiderten Kleid jeden Tag ins Lessing-Theater zur Arbeit. Als Hauptmann zu einer Probe erscheint, wird sie ihm von Brahm vorgestellt. Sie setzt sich neben ihn, man wechselt ein paar belanglose Worte im Parkett, während auf der Bühne weitergeprobt wird. Sie freut sich, den ihr von vielen Abbildungen her vertrauten Mann nun auch persönlich kennenzulernen, und denkt sich weiter nichts dabei; für eine Sechzehnjährige ist ein Herr von zweiundvierzig zunächst einmal ein alter Mann. Er aber, der zum zweiten Mal verheiratete Dichter, in ganz Deutschland gefeiert und auch im Ausland schon so berühmt, daß ihm die Universität Oxford soeben ihren Ehrendoktor verliehen hat, ist dem «schönen jungen Kind, das den goldenen Haarschwall bis zu den Knien fließen läßt», von Stund' an verfallen:

> Sofort erkannte ich, ein von Gott mit Gewalt über Leben und Tod ausgestatteter Engel hatte neben mir Platz genommen, dessen bloßes Wort, dessen bloßer Wink mich widerstandslos knechtete.

> Es war nach dieser Begegnung, als ich meinem Freund K. einen lädierten Eindruck machte und als ich mich, meinen weit schlimmeren, hoffnungslosen Zustand erkennend, unter die Räder eines Wagenmonstrums des Linden-Verkehrs werfen und allem Schrecklich-Unausweichlichen damit ausweichen wollte.[150]

Da die Verzauberung sich auch auf seine Arbeit erstreckt und ihn immer von neuem zur Stellungnahme zwingt, gilt die Begegnung mit Ida Orloff zu Recht als das «dichterisch ergiebigste persönliche Erlebnis Hauptmanns»[151].

Was war geschehen? Versuchen wir, es uns zu vergegenwärtigen, wobei wir uns sowohl auf die Berichte von Zeitgenossen stützen als auch auf Hauptmanns eigene Erinnerungen bzw. seine Bemühungen, sich diese vom Leibe zu schreiben. Er tut dies zunächst auf der Ebene des unmittelbaren Erlebnisses, wie es sich in Tagebucheintragungen und Briefen niederschlägt, und sehr bald auch im Werk. Diese Verarbeitung oder auch Verdrängung beschäftigt ihn bis an sein Lebensende. Sie reicht, um hier nur die wichtigsten Titel aufzulisten, von den für Ida Orloff geschriebenen Dramen *Und Pippa tanzt!* (1906) und *Kaiser Karls Geisel* (1908) über die Romane *Atlantis* (1912), *Phantom* (1922), *Wanda* (1928) und *Im Wirbel der Berufung* (1936) bis hin zu zwei Prosawerken, die erst nach dem Tod von Gerhart und Margarete Hauptmann veröffentlicht werden können: die Fortsetzung des *Buchs der Leidenschaft*, die 1966 als *Neue Leidenschaft*, und die Erzählung *Siri*, die 1967 mit dem Untertitel «Selbstbekenntnisse eines jungen Humanisten» erscheint.

Aufnahmen aus der Zeit, da Hauptmann Idinka kennenlernt, zeigen eine junge Frau mit edel geschnittenem Gesicht: lebhafte große blaue Augen, blendend weiße Zähne, ein kräftiges Kinn mit Grübchen und eine gerade Nase mit ausgesprochen schmalem Rücken. Das Haar, das sie gern offen trägt, ist honigfarben und sehr lang, die volle und nicht sehr große Figur durch Schwimmen, Tanzen, Reiten und Fechten gestrafft. Auch, ja gerade, wenn wir die Imponderabilien des Geschmacks und der erotischen Signalwirkung berücksichtigen, entspricht Idinka vom Körperlichen her, und erst recht kraft ihres oft als «elbisch» oder «elfenhaft» geschilderten Temperaments, einer bereits vom jungen Hauptmann gehegten Wunschvorstellung des Weiblichen. War nicht schon der angehende Sextaner auf den Bruder eifersüchtig gewesen, der die entzückende kleine Anna Hausmann mit dem «offenen, bis über den Gürtel wallenden Haar» durch das sommerliche Salzbrunn führen durfte? Hatte sich der Landwirtschaftseleve nicht in Anna Grundmann mit der «geraden, kleinen, griechischen Nase» und dem «Berenikekinn» verliebt, um von der «schwellenden Brust» ganz zu schweigen, die im Epos *Anna* noch das Blut des alten Dichters schneller kreisen läßt? War der Dresdener Kunstschüler nicht einem Geheimbund beigetreten, dessen Mitglieder nur blonde und blauäugige Frauen heimführen wollten, und war er dann nicht selber ein wenig überrascht gewesen, als er sich in die schwarzhaarige Mary verliebte? Auf jeden Fall ist er auf diesen Frauentyp seit jeher fixiert und schafft ihn im Werk beinahe zwanghaft nach, in Kindfrauen wie dem träumenden Hannele, dessen «lange rote Haare offen ... herabhängen», wie dem feenhaften Rautendelein, das beim Elfentanz ausruft:

> Nimm in acht mein goldnes Haar:
> schwing ich's hoch – so tu es auch! –,
> ist's ein seidenroter Rauch.
> Hängt es über mein Gesicht,
> ist's ein Strom von Gold und Licht –,

wie Ottegebe mit ihrem aschblonden, «mit rotgoldnen und gelbgoldnen Glanzfäden untermengten» Haar.

So nimmt es nicht wunder, daß ihn diese in seinem Triebleben längst präsente Erscheinung gefangennimmt und daß Idinkas Haar noch in *Siri* ebenso leitmotivisch aufleuchtet wie die dem Hohelied Salomos entliehene Evozierung «O ihr Gazellen, süße Zwillinge!», die an einer Stelle mit dem kontrapunktischen Zusatz: «Und darüber dies betörend reine Kindergesicht» versehen wird.

Siri, die Geschichte eines verheirateten Privatdozenten, der trotz der Aussicht auf eine vielversprechende Laufbahn wegen seiner Liebe zu einer blutjungen, unmißverständlich der Idinka nachgezeichneten Schauspielerin um ein Haar alles verloren hätte, weist auch auf eine andere Art der Anziehung hin, die diese auf den Verfasser ausübt: «Zum ersten Male wirkt vielleicht die Macht des Artnahen auf mich», bedenkt Hauptmann, den wir in diesem Fall ohne weiteres mit dem Ich-Erzähler gleichsetzen können, «da ich mich bisher – meine Frau hat blauschwarzes Haar und dunkle Augen – zu anderen Typen mehr hingezogen gefühlt habe.» Es ist eines der zahlreichen, im Spätwerk versteckten Komplimente an die längstverstorbene Mary (denn sie, nicht die brünette Margarete, gehörte zum dunklen Typ) und insofern auch ein Kompliment an Hauptmann selber, als die Geschichte 1938/39 niedergeschrieben wurde und damit zu einer Zeit, in der Begriffe wie «arteigen» mit allerlei Nebenbedeutungen besetzt waren, auf die sich der Erzähler wohlweislich nicht einläßt. Wie wichtig gerade dieser Gesichtspunkt in bezug auf Idinka jedoch ist, erhellt eine Tagebuchnotiz vom 18. April 1906:

> Was mich an ihr so anzieht, ist das Rassenverwandte. Ich habe nie eine Frau meiner Rasse umarmt, und die Vorstellung, ohne das gelebt zu haben, aus der Welt gehen zu müssen, ist mir schwer erträglich. Der blonde Flaum, der milchweiße Leib, das blaue Auge.[152]

Nun gut, letzten Endes ist das ja Privat- bzw. Geschmackssache. Nur haben wir es hier, wie bei Goethes Faust, mit einem übersinnlichen, sinnlichen Freier zu tun, der keine Ruhe findet, bis er die sexuelle Knechtschaft zum «Mysterium» überhöht hat:

> Es ist seltsam, wie mit dieser Nacktheit sofort die Erinnerung an alles Deutsche, alle naiven deutschen Meister auftaucht. Die schwarzbraunen, vor Alter dunklen Holzskulpturen der Krafft, Riemenschneider etc. haben diesen weißen Leib; er leuchtet durch alles hervor wie etwas Reines und Heiliges. Von ihm aus kann man ihre Kunst erst ganz verstehen. Das war das Erlebnis.

Wenn dies die körperliche Anziehung umschreibt, die die junge Idinka auf den im reifen Mannesalter stehenden Dichter ausübt, so ist das auslösende Moment dieser Faszination nicht nur im Physischen zu suchen; denn Hauptmann hatte, wir sahen es bereits, schon in jungen Jahren ein Auge für schöne Frauen. Idinkas Faszination, die ihm immer wieder zu schaffen macht, beruht vielmehr auf dem Kontrast, den er zwischen ihrer engelhaften und durch ein quecksilbriges Temperament betonten Jugend sieht und ihrer – wie er meint – geradezu dämonischen Triebhaftigkeit.

Doch zurück zum September 1905, als von blondem Flaum und milchweißem Leib noch keine Rede ist. Die Aufführung von *Hanneles Himmelfahrt* findet am 19. September im Lessing-Theater statt. Am nächsten Morgen ist Ida Orloff, die sich neben Else Lehmann (Schwester Martha) und Oscar Sauer (Lehrer Gottwald) als Hannele durchgesetzt hat, das Tagesgespräch in Berlin. Den Herbst und Winter hindurch, in dem sie auch in der *Wildente* und anderen Stücken von Ibsen, Hauptmann und später auch Sudermann auftritt, läßt sie sich feiern und genießt ihren jungen Ruhm in vollen Zügen. Man bietet ihr Rollen an und führt sie in die feinsten Restaurants, obwohl sie seltsamerweise gemeinsame Mahlzeiten als unappetitlich empfindet und lieber allein gegessen hätte. Sobald es sich herumgesprochen hat, daß sie Tiere über alles liebt, schenkt ihr ein Verehrer einen kleinen Affen; von anderen erhält sie einen Hund und ein Kolibri-Pärchen. Aus Wien kommt sie der Jugendfreund Karl Satter besuchen, ein Jurastudent und Schauspielschüler aus reicher Familie. Im Frühjahr 1906 erscheint auch ihr Bruder, verbotenerweise in voller Montur als k.u.k. Leutnant, denn es gilt, eine mit den Kameraden abgeschlossene Wette zu gewinnen. Da Auslandsreisen in Uniform den Mitgliedern von Militärmissionen und Angehörigen des Hauses Habsburg vorbehalten sind, hält ihn die Wache am Anhalter Bahnhof für einen Erzherzog und tritt ins Gewehr, woraufhin Rudolf schleunigst in einer Droschke verschwindet und sich zur Schwester ins ganz und gar nicht feudale Moabit fahren läßt. Der Kollege Rittner macht ihr den Hof, auch Frank Wedekind spricht vor, der seine in Berlin gastierende Tilly besucht und eine Zeitlang dort bleibt. Der eifersüchtige Hauptmann wähnt, daß sogar der eingefleischte Junggeselle Brahm Idinkas Charme erlegen sei. Er selbst hat, geschäftliche Angelegenheiten vorschützend, mit seiner Frau inzwischen den Wiesenstein verlassen und eine möblierte Wohnung in der Stadt bezogen. Margarete ist gebürtige Berlinerin und kehrt gern dahin zurück.

Wochen vergehen, ehe er Idinka abermals auf einer Probe besuchen kann. Bald gestattet sie ihm, sie nach Hause zu begleiten. In der unscheinbaren Wohnung wartet die Baronin auf ihr Kind, das nun unvermutet mit einem Herrn eintritt, der älter ist als sie, die Mutter. Doch hat sie in Rußland und in der ganzen Donaumonarchie gelebt und kennt Gerichte, wie sie der verwöhnte Besucher noch nie vorgesetzt bekommen hat. Er stiftet die Weine, mit denen er sich auskennt, Idinka deckt den Tisch und bestreitet den Hauptteil der Unterhaltung, wenn die Mutter mal in der Küche hantiert oder sich taktvoll auf ihr Zimmer zurückzieht. Dann erzählt sie im Plauderton von den jungen Offizieren, von denen sie schon als Halbwüchsige umschwärmt wurde, als ihr Vater, der Oberst, die Garnison kommandierte (in seinen Erinnerungen befördert ihn der Dichter kurzweg zum General). Sie berichtet von den Statisten, die ihr im Theater nachstellen, und schildert die Schauspiel- und Opernschule Otto in solchen Farben, daß ihr etwas betulicher Zuhörer darin ein «Nest des Leichtsinns und der Verlotterung» sehen muß. Da er wenig sagt, kommt sie auch auf ihre Ängste zu sprechen, auf das Gefühl der Heimatlosigkeit, ja, des Verlorenseins, das sie schon wiederholt an den Rand des Selbstmords getrieben habe. Zwischendurch erwähnt sie auch mal den Wunsch, in lauer Sommernacht einfach auf die Straße zu gehen und sich dem erstbesten Mann hinzugeben – wobei offenbleibt, ob sie das auch schon getan hat.

Dem Gast stehen die Haare zu Berge. Flunkert sie, um sich interessant zu machen und älter, als sie in Wirklichkeit ist? Oder ist sie tatsächlich verderbt und verloren? Verspürt sie tatsächlich ein solches Bedürfnis nach körperlicher Liebe oder hält sie sich daran fest wie an einem Rettungsring, der sie aus dem Elend der heimatlosen Halbwaisen ziehen soll? Wie verträgt sich eine solche Lebensauffassung mit der engelhaften Unschuld dieses Gesichts? Ist sie bemitleidenswert oder verabscheuungswürdig, Heilige oder Hure, wie man damals gern sagte? Oder ist sie nur eine verfrühte Emanzipierte, die mit völlig ruhigem Gewissen fragt: «Was ist denn mein Vorleben? Man sagt, ich sei ein schlechtes Mädchen. Wäre ich ein Junge, man würde sagen, daß ich ein fescher Junge sei.»

Während Idinka in diesem Winter 1905/06 von einem Bühnenerfolg zum andern eilt, leidet Hauptmann, wie er noch nie an der Liebe gelitten hat. Vor allem fühlt er sich ehemüde. Er hat jetzt zwanzig Jahre, wenn auch mit Unterbrechungen und nicht immer mit derselben Frau, im Familienverband verbracht, die meiste Zeit auch noch mit Kindern. Als er sich mit Margarete ausspricht – nicht sofort wie damals bei Mary, aber doch nach einigen Wochen –, ist sie klug genug, ihm keine Szene zu machen. Sie gibt sich verständnisvoll und vertraut darauf, daß die Zeit die nahezu tödliche Wunde heile, die ihrer Ehe nun geschlagen ist. Inzwischen müssen die beiden mit einem gemeinsamen Schlafzimmer vorliebnehmen, denn die Wohnung ist eng. Erwacht er aber zufällig in der Nacht, dann ist ihm, als läge er neben einer fremden Frau. Denkt er an Agnetendorf, so erscheint ihm selbst der Wiesenstein, eben noch sein Stolz und seine

Ida Orloff im Jahre 1905 als Schauspielerin am Berliner Lessing-Theater.

Freude, nur noch als ein «Steinhaufen, eine drückende, quetschende, begrabende Last». Er erwägt, ob er ihn nicht verkaufen und sich scheiden lassen soll, um mit Idinka, die von alledem nichts ahnt, als Pflanzer in Afrika zu leben. Dann denkt er wieder an die beiden Familien, die auf ihn angewiesen sind, an seine bürgerliche Stellung und die mit ihr verbundenen Annehmlichkeiten, an die er sich längst gewöhnt hat und ohne die er wohl nicht mehr leben könnte. Kaum sind diese Sorgen abgeklungen, da steigert sich der sonst so friedfertige Mann wiederum in eine absurde Vorstellung hinein. Er hat irgendwo gehört, Idinka haben einen Verlobten, und meint jetzt, dieser oder ein anderer etwaiger Nebenbuhler müsse sich ihm stellen: «Er muß mir vor den Lauf des Revolvers!»[153]

Ein paar Monate hindurch ist Hauptmann so leidenschaftlich, wie er sonst nur schreibt.

Vieles davon schlägt sich in einer seiner schwierigsten Dichtungen nieder, dem Ende 1905 verfaßten Märchendrama *Und Pippa tanzt!*. In seinen Gestalten lassen sich objektivierte Aspekte einer Persönlichkeit erkennen, die mit sich selbst im Kampf liegt und unter dem Druck der Begegnung mit Idinka zu zersplittern droht. – Schauplatz der Handlung ist wiederum das Riesengebirge mit seiner Glasindustrie und seinem eigenbrötlerischen, zum Mystischen neigenden Menschenschlag; daneben, nur als Vorstellung, Venedig und Murano als Herkunftsort der Glasbläserkunst und Heimat von Pippa, die es nach dem Tod ihres Vaters in den Süden zurückzieht wie eine zweite Mignon. Wir lernen diesen Vater kennen, der beim Kartenspiel im Dorfwirtshaus betrügt und von den anderen Glasarbeitern umgebracht wird, sowie einen ebenfalls nach dem Leben gezeichneten, genüßlerischen Glashüttendirektor; sodann, der Märchensphäre entliehen, den alten Huhn mitsamt seinem Gegenspieler, dem an Figuren von Eichendorff oder E.T.A. Hoffmann erinnernden Handwerksburschen Michel Hellriegel; und schließlich Wann, einen mit übernatürlichen Kräften ausgestatteten alten Einsiedler faustischen Zuschnitts (als Typ ist er in dem kurz zuvor geschriebenen Romanfragment *Der Venezianer* vorgebildet).

Den Prozeß der Objektivierung oder, wenn man so will, der Katharsis hat Hauptmann später selbst geschildert:

> Nehmen wir an, ein Mann von dreiundvierzig Jahren verliert sich in diesem Sinn an ein Mädchen von siebzehn. Der Mann, der anderweitig gebunden ist, hat seine Leidenschaft im Sinne eines Kampfes gegen diese Leidenschaft behandelt. Er will zwar ihr Objekt besitzen, nicht aber von ihm besessen werden. Er will im Besitz davon freiwerden. Das Werk *Pippa tanzt* ist in diesem Bestreben ein dichterischer Befreiungsversuch.[154]

Im Drama spiegelt sich dieser Kampf in dem Verhältnis der verschiedenen Männer zu Pippa, der tänzerischen Kindfrau mit dem «offenen, blonden und schweren Haar». Dem Vater, der sie wie einen Tanzbären gegen Entgelt im Wirtshaus auftreten läßt, gilt sie als Einnahmequelle. Die Anteilnahme des Glashüttendirektors äußert sich hingegen in dem Seufzer: «Oh, ihr Gazellen, süße Zwillinge!» Für ihn ist sie das ersehnte, aber (zum Teil wegen seiner eigenen Hemmungen) unerreichbare Geschlechtsobjekt. Der alte Huhn, ein ungeschlachter Naturmensch, entführt sie auf seine Hütte und bewahrt sie dort, unberührt, als Heiligtum und Sinnbild eines höheren Wesens. Aus dieser Haft wird sie von Hellriegel befreit, einem Träumer und reinen Tor, der sie auf seine jugendlich-unbekümmerte Weise liebt und mit ihr nach Venedig ziehen will. Der einzige, der darüber steht, ist Wann, der «Herr im Spiele». Er besiegt den alten Huhn im Zweikampf, so wie er längst auch seine eigene Leidenschaft bezwungen hat:

> Ich bin ein Arzt, der selber litt und selber sich
> die Wunde heilte, die in seiner Seite brennt

wird er im Fragment bleibenden *Galahad*-Drama sagen, in dem Hauptmann den Stoff wieder aufnimmt. *Und Pippa tanzt!* endet in Wanns eingeschneiter Baude auf dem Gebirgskamm, wo das Mädchen ein letztes Mal zur Musik von Hellriegels Okarina tanzt. Sie stirbt mitten im Tanz – an Erschöpfung? An der «Welt»? An den Männern? –, während Hellriegel, erblindet, aber zielstrebig im Geist, allein nach Italien weiterzieht und (sofern wir diesem «Glashüttenmärchen», wie es im Untertitel heißt, überhaupt einen realistischen Schluß geben wollen) irgendwo in den verschneiten Bergen erfriert.

Ein dichterisches Werk ist keine Gleichung, die aufgehen und ein Problem «lösen» muß. Wenn man trotzdem fragte, wer unter den Männern Hauptmann sei, dann müßte die Antwort lauten: Etwas von ihm steckt in jedem. Das vielschichtige Drama wäre in seiner künstlerischen Intention – im Gegensatz zur psychologischen der Selbstbefreiung – gewiß leichter aus der Perspektive des Rückblicks zu verstehen, vorausgesetzt, daß Hauptmann die Werke vollendet hätte, in denen das Pippa-Motiv weitergesponnen wird. (Das ist vor allem im Dramen-Fragment *Galahad* bzw. *Die Gaukelfuhre* der Fall, in dem ein von Pippa im Grab geborener Sohn von Wann aufgezogen und im Lauf der Welt unterwiesen wird. In verschiedenen Entwürfen dieses Dramas und im ebenfalls unvollendeten Roman *Der neue*

Christophorus heißt dieser Sohn mal Galahad, mal Erdmann, mal Merlin; wenn diese Namen Anleihen bei ganzen Sagenkreisen bezeichnen, dann weisen weitere Einzelheiten auf Parzifal und Faust, Kaspar Hauser und Till Eulenspiegel und noch andere Vorbilder hin. Kurz vor seinem Tod hat sich Hauptmann den *Neuen Christophorus* noch einmal vorgenommen, ohne daß es ihm gelungen wäre, das Material auch nur annähernd durchzugestalten. Vieles spricht dafür, daß er darin, ähnlich wie im *Großen Traum*, ein alles krönendes Alterswerk sah: seinen *Faust* oder seine *Wanderjahre*.)

Dem Publikum von 1906 sind diese späteren Verzweigungen des *Pippa*-Stoffes natürlich unbekannt. Es muß sich mit der Handlung zufriedengeben, die Hauptmann auf die Bühne gestellt hat, und weiß nicht viel anzufangen mit diesem Durcheinander von Vers und Prosa, Dialekt und Hochdeutsch, Märchen und Wirklichkeit, Vulgärsprache und holder Dichtung, von «Haut doch dem Oas 'n Schädel ein!» und «In blauen Fluten spiegeln Marmorblumen sich, / und weiße Säulen zittern im smaragdnen Grund». Unter den Premierentigern sieht vielleicht der bühnenerfahrene Maximilian Harden am klarsten, wenn er Walther Rathenaus Mutter berichtet, das Stück als ganzes sei verfehlt, enthalte aber «allerliebste Sächelchen»[155]. Auch die meisten Hauptmann-Forscher haben sich an *Pippa*, die kaum noch gespielt wird, die Zähne ausgebissen oder zu Gemeinplätzen Zuflucht genommen wie in der Bemerkung, daß man «die leuchtende Schönheit eines Falters nur zerstören würde, wenn man ihn seines Flügelstaubes beraubte».

Was hätte wohl Alban Berg aus diesem Stück gemacht, für das er bereits ein Szenarium entworfen hatte, als er sich statt dessen zur Vertonung der «Lulu»-Szenen aus Wedekinds *Erdgeist* und *Büchse der Pandora* entschloß? Es wäre vielleicht die bedeutendste aller Hauptmann-Vertonungen geworden, deren vorläufig letzte wir in der 1986 uraufgeführten Oper *Die schwarze Maske* (nach Hauptmanns gleichnamigem Schauspiel aus dem Jahre 1929) von Krzysztof Penderecki vor uns haben.

Der Achtungserfolg der Premiere, mehr ist es nicht, verbreitet Idinkas Ruhm. Alfred Kerr findet sie «reizend», ein anderer namhafter Kritiker genießt die «sonnige Naivität der alle Welt mit ihrem unbewußten Zauber umstrickenden Pippa», ein dritter spricht von ihr, im süßlichen Ton vieler Rezensenten der Zeit, als einem «blonden Elfchen mit einem wirklichen Tanzseelchen»[156].

V

So viel *Und Pippa tanzt!* auch für Ida Orloff bedeuten mag, zur erwünschten Selbstbefreiung des Dichters trägt das Stück so gut wie nichts bei. Statt dessen läßt er den Dingen ihren Lauf und schickt ihr, wenige Tage nach der Uraufführung, ein Buchexemplar mit der Inschrift:

Du weißt, wer ich bin,
du weißt, wer du bist,
im Märchen, das nicht mehr zu tilgen ist...

und bedankt sich in einem Begleitbrief artig für die Inspiration, die sie ihm gewesen ist: «Ihre schöne Jugend hat es mir geschenkt, das mögen Sie wissen, so viel oder wenig Wert Sie darauf legen wollen.» Auch spricht er fast täglich in der Thomasiusstraße vor, unweigerlich mit einem großen Blumenstrauß. Dabei unterhält er sich öfter mit Frau von Siegler, die sich fragt, wie das weitergehen soll, und ihm als welterfahrene Frau ins Gewissen redet; er ist schließlich ein gestandener Mann, und die Geschichte seiner ersten Ehe ist allgemein bekannt. Doch Hauptmann redet sich mit allerlei beruflichen Verpflichtungen heraus und behält sich die Entscheidung über den weiteren Verlauf der Affäre vor. Die meiste Zeit verbringt er natürlich mit Idinka, auf Spaziergängen und Droschkenfahrten, in Cafés und bei Zoobesuchen. Er erzählt ihr von den Werken, an denen er arbeitet, darunter einem Drama über Karl den Großen, in dem ihr eine wichtige Rolle zugedacht ist. Meistens aber gibt er den stummen Zuhörer ab, während sie von nächtlichen Ausbrüchen aus dem Kloster in Sarajewo erzählt und von der Drohung der Nonnen, sie in eine Irrenanstalt zu stecken, oder vom Leben in den Garnisonen und an der Schauspielschule. Mehr hat sie von der Welt bisher nicht kennengelernt. Die Unbefangenheit ihrer Unterhaltung fesselt und schockiert ihn in einem, denn was sie da mit solchem Freimut von sich gibt, will sich immer weniger mit seinen Moralbegriffen decken.

Man spricht auch, eher am Rande, von Heirat. Freilich ist Idinka nicht sonderlich daran interessiert. Sie will sich erst einmal ausleben, was immer das bedeuten mag, und wenn es in dieser komischen bürgerlichen Welt unbedingt eine Ehe sein muß, nun, dann denkt sie lieber an einen Gefährten wie Karl Satter als an diesen Dichter, der so viel älter ist als sie. – Die Baronin kann der Liaison ihrer Tochter mit einem verheirateten Mann – wenngleich es sich um einen berühmten Dichter handelt – wenig abgewinnen, und Hauptmann selber muß sich sagen, daß er nicht noch einmal in den Zustand geraten darf, in dem er sich fast zehn Jahre lang zwischen Mary und Margarete befunden hatte. Er kann nicht von Idinka lassen, bringt es aber nicht über sich, seiner Frau gegenüber auch nur die Möglichkeit einer Scheidung zu erwähnen. So rettet er sich in eine Notlüge, an die er bald selber glaubt: Idinka sei eine Dirne, die sich jedem beliebigen Mann hingeben würde und auf die er, wenn er ihr auch verfallen ist, herabsehen darf und herabsehen muß.

Einen Vorwand dazu liefert sie ihm jedesmal, wenn sie aus Übermut und kindischer Freude am Schockieren ihr «Vorleben» herausstreicht und von dem Offizier redet, der sie als Elfjährige verführt habe, und vom reichen Perser in Karlsbad und allen möglichen anderen Herrenbekanntschaften. Dabei ist Hauptmann, wenn er schon mal den Moralisten in sich aufrufen und das Paradies der Ehe gegen die Schlange Idinka verteidigen will, nicht auf deren Darstellungen angewiesen. Es genügt, daß er zur Kenntnis nimmt, wie schnell sie auf den lockeren Ton eingeht, der hinter den Kulissen des Theaters herrscht. So ist es vielleicht nicht nur die Eifersucht, die ihn am Morgen nach der Generalprobe der *Pippa* in sein Tagebuch schreiben läßt:

> Wedekind stürzte auf die Bühne, und in dem erprobten und überlebten Jargon duzte er Pippa. Es riß mich. Wie kann ein so widerlicher Ton ausgelöst werden, vor dem äußeren Adel einer solchen Erscheinung; der alte Hurer mit dem gemachten Genieton und das Kind mit dem natürlichen. Aber sie flog hin, wenn er rief, und er wartete wie ein Hund auf sie vor der Tür. – Was mir außen Ekel erzeugt, kann innen schön sein. Wo er bewundert, seh' ich das Opfer: die arme Motte im Spinnennetz.[157]

Seinem eigenen Mitleid mit der armen Motte sind freilich enge Grenzen gesetzt. Obwohl ähnliche Bilder, etwa eines gefangenen, vergeblich mit den Flügeln flatternden Vögelchens, in seinen literarischen Vorarbeitungen des Idinka-Erlebnisses immer wieder auftauchen, ergeht er sich, einem bekannten psychischen Mechanismus folgend, ebenso oft in einer pennälerhaften Vorstellung: «Die Lenden eines Mannes sind wirklich befähigt», notiert er schon im Spätsommer 1905, «ein Volk zu zeugen, wenn genug Frauen dazu vorhanden sind, während das Umgekehrte nicht möglich ist.» Sagten wir Pennäler-Vorstellung? Es ist auch die des alten Dichters, der 1924 in der *Insel der Großen Mutter* einen ganzen Roman darauf gründen wird. – Auf diesem Gebiet hat sich Wedekind, der «alte Hurer», weniger gravitätisch ausgedrückt und weniger zimperlich geriert:

> In trunkenem Zustand [lesen wir in Hauptmanns Tagebuch unterm 11. Februar 1906] hat Wedekind sie zur Zeugin seines Geschlechtsaktes mit seiner «Braut» gemacht. Hierbei wurde sie nackt ausgezogen.

Wir wissen nicht, wann diese Episode stattgefunden hat; auf keinen Fall am genannten Tag, denn Idinkas Geburtstag steht gerade bevor, den sie mit ihrer Mutter in Berlin verbringt, während der an einer Magenverstimmung leidende Hauptmann in Weimar zu tun hat. Wir wissen nicht einmal, *ob* sie stattgefunden hat. Denkbar ist es durchaus, zumal wenn Tilly in ihrer Jugend auch nur annähernd so freizügig gewesen sein sollte, wie sie sich – und die Freundin Idinka – in ihren Memoiren schildert.[158] Und noch weniger können wir wissen, ob Hauptmann (wie der mit Ida Orloff befreundete österreichische Dramatiker Franz Theodor Csokor durchblicken ließ) selber dabei war und auf Wedekinds Aufforderung hin, sich ebenfalls zu bedienen, eiligst die Flucht ergriff. Gesichert ist die Tatsache, daß er die Eintragung, die aus den Geschäftsbüchern eines Bordellwirts stammen könnte, am selben Tag vornimmt, an dem er der Freundin mit wohlgesetzten Dichterworten aus Weimar gratuliert:

> Hotel Russischer Hof
> Weimar, den 11. Februar 06
>
> Liebe,
> Donnerstag ist der 17. Geburtstag. Da werden Andere um Sie sein: aber Freitag 4 Uhr spreche ich vor. Es geht mir schon besser, gesundheitlich. Meine ganze, herzliche Besorgnis ist um ein blondes Haupt.
>
> Gerhart Hauptmann
>
> Ich möchte durch eine Zeile hierher wissen, wie es geht.

Zu dieser Zeit hat sich seine Beziehung zu ihr bereits auf etwas eingependelt, was man treffend als «doppelte Buchführung» bezeichnet hat. Er besucht Idinka, so oft er kann, und umwirbt sie unter vollem Einsatz der Vorteile, die ein Mann in seiner Stellung genießt. Er kennt die Welt, hat Geld, verfügt über Beziehungen am Theater und in der Gesellschaft; durch ihn lernt sie jetzt z. B. Rilke kennen und den Maler Leo von König. Kaum ist er aber zu seiner Frau zurückgekehrt, da schreibt er über die Freundin Gedanken nieder, die das Gegenteil dessen besagen, was er ihr gerade erzählt oder geschrieben hat. Er handelt so aus der Notlage eines Menschen, der eine Sucht in sich niederkämpft, von der er weiß, daß sie ihn sonst zugrunde richten würde. Häßlich wird diese Handlungsweise in dem Augenblick, in dem er nicht zwischen zwei Frauen schwankt, sondern dabei sein besseres Ich verleugnet. Im Augenblick, in dem der «Dichter des sozialen Mitleids», der als Junge halberfroren und mit leerem Magen vor einem Breslauer Wurstladen gestanden hatte, sich nach einem Schäferstündchen über die bescheidene Wohnung der Geliebten mokiert, in der er so oft als Gast empfangen wird – notgedrungen, da er ja mit Margarete zusammenwohnt und Idinka ihn nicht einmal in Begleitung ihrer Mutter besuchen könnte. Dann schreibt er z. B. im Ton des arrivierten Besitzbürgers, der sich schmunzelnd über den Bauch streicht:

> Der Aufenthalt in den zwei kleinen Löchern nebst Küche war jämmerlich, und es wurde mir manchmal schwer, nicht lachend die Hände über meine eigene Torheit zusammenzuschlagen und nicht Knall und Fall auf und davon zu gehen. Von den Höhen des Lebens, wo Glück, Liebe und Schönheit thronen, steige ich in ein muffiges, stickiges Elend hinab und nehme das unsaubere Gemisch einer sozusagen erotischen Volksküche, einen übelriechenden Sudel zum Ersatz für köstliche Speisen und edle Weine, wie sie der Tisch eines Königs besser nicht bieten kann.[159]

Auf dem Heimweg von einer solchen Schäferstunde erkältet sich Hauptmann und kommt mit hohem Fieber nach Hause. Als ihn seine Frau, die bisher an sich gehalten hat, in dieser Verfassung sieht, macht sie ihm eine Szene: «Wo kommst du her?... Wie siehst du eigentlich aus?» Er muß zu Bett, Margarete bringt das Thermometer und unterwirft ihn einer Inquisition von «gnadenloser Grausamkeit», aus der ihn erst die Ankunft des eilig herbeigerufenen Arztes erlöst. Er hat eine schwere Laryngitis und wird sogleich auf den Wiesenstein zurückbeordert, wo Margarete ihn während einer monatelangen Liegekur gesundpflegt. Ein Eilbrief von Idinka tröstet ihn über die Aussicht hinweg, so lange ohne sie leben zu müssen: Sie hat erfahren, daß er krank liegt, und schickt ihm eine große Locke ihres safrangoldenen Haars. Er drückt sie an die bloße Brust, wie einst einen ähnlichen Talisman einer anderen Frau, und versteckt sie unter der Matratze, wann immer man ihm die Kissen zurechtklopft.

Ohne daß Hauptmann es gewußt hätte, bedeutet die Rückkehr ins eigene Haus den Anfang vom Ende seiner Liebe. Denn es gelingt seiner Frau im Verlauf der nächsten Monate, die er als Rekonvaleszent auf dem Wiesenstein verbringt, ihn wieder an sich zu fesseln. Margarete tut das nicht, indem sie ihre Rivalin schlechtmacht, sondern durch Geduld und Takt und durch die wohldosierte Großmut, mit der sie ihn zum Briefwechsel mit Idinka ermuntert. Denn auf diesem Gebiet, in der Menschenkenntnis und der Formulierung von Gedanken, weiß sich die erfahrene Frau und jahrelange Lebensgefährtin dem jungen Mädchen überlegen. Nie wäre es ihr eingefallen, den erschöpften und von einander widerstrebenden Stimmungen gebeutelten Mann gerade jetzt an die Einlösung eines Versprechens zu mahnen, wie Idinka es mit ihrer Frage tut: «Wann schickst Du mir den Windhund?» Wie soll er, bettlägrig, in Agnetendorf zu einem russischen Windhund kommen und ihn nach Berlin verfrachten? (Von einem anderen Verehrer wird sie später zwei Doggen geschenkt bekommen, mit denen sie sich malen läßt.) Margarete braucht also nur abzuwarten, bis ihr Mann, tastend zuerst und dann immer forscher, ganz von selber den Abgrund auslotet, der ihn an Alter und Temperament von Idinka trennt. Die Ehefrau weiß es auch zu unterbinden, daß er, von Brahm und dem ganzen Ensemble auf das herzlichste eingeladen, zum Gastspiel des Lessing-Theaters nach Wien fährt. Dort wird natürlich auch *Pippa* gespielt und ihre Darstellerin, die vor einem knappen Jahr als unbekannte Nachwuchskraft von Wien nach Berlin gezogen war, stürmisch gefeiert. Leider kann sie es sich trotz des eigenen Triumphs nicht verkneifen, Klatsch über andere zu kolportieren. In ihrer impulsiven Art berichtet Idinka nach Agnetendorf, ein bekannter Schriftsteller habe in Wien erklärt, es sei von Brahm unklug gewesen, «zuerst *Elga* und noch dazu mit Frau Triesch zu geben». Hat sie vergessen, daß Irene

Triesch diese Rolle kreiert hat und Brahm zu Hauptmanns ältesten Freunden zählt?

Seine Antworten werden zusehends karger, während Idinka jetzt ihrerseits um ihn wirbt und etwa schreibt, daß Rittner sie oft besuche und ein Bildhauer sie gebeten habe, ihm für eine *Salome* Modell zu sitzen. Die erhoffte Wirkung bleibt aus. Ermahnungen wie: «Weißt Du, daß ich wieder drei Tage ohne Nachricht war? Du solltest das wirklich nicht tun, einen Gruß will ich jeden Tag haben, hörst Du?» verfangen so wenig wie Verdächtigungen: «Hast Du auf das Kuvert rückwärts so ein weißes Papier hingepickt, d. h. damit den Brief verschlossen? Weil es sonst nicht Deine Gewohnheit ist, fiel es mir auf. Schreibe mir darüber!»[160] Im Gegenteil, der besitzergreifende Ton mag den Briefempfänger nachdenklich gestimmt haben. Doch ist Idinkas Partie – vorausgesetzt, sie wolle ihren «lieben kranken Dichter», wie sie ihn einmal nennt, in der Tat ganz allein besitzen – noch nicht verloren, als sie sich im Juni 1906 mit ihm in Göhren auf Rügen trifft. Sie feiern ein stürmisches Wiedersehen, dessen Spuren noch dreißig Jahre später in dem Roman *Im Wirbel der Berufung* zu verfolgen sind. Ein letztes Mal brandet die Liebe empor, brennt sich ihm ihr Bild in die Seele, auf einem Strandspaziergang, «wie Du so schön und klar mit dem Oberkörper der Venus Dich vom Strandwinde umschmeicheln ließest ... kleine deutsche Venus Du!»[161] Ins Hotel zurückgekehrt, findet er ein Telegramm von Margarete vor, die sich mit Benvenuto in der Sommerfrische in Altwesterland aufhält: Das Kind sei plötzlich erkrankt, er möge sofort kommen.

Damit ist der Bann gebrochen. Zumindest auf intimer Ebene ist eine Beziehung beendet, die Hauptmann möglicherweise auf ganz andere Bahnen geführt hätte. So aber schickt er ihr aus Sylt einen Brief, der alles sagt:

> Du bist mir wie eine geliebte Tochter, so lieb, und ich ersehne für Dich Gesundheit vor allem, gesunden Körper und einen festen, nicht so von Launen zerworfenen Geist. Gib mir deine Hand, kleines törichtes Menschenkind! und richte den nächsten Brief nach Agnetendorf!

Nachdem man im Sommer noch ein paar Briefe gewechselt hatte, ist Idinka achtlos genug, ihm im September wiederum die Pistole auf die Brust zu setzen: Sie bittet ihn um ein Darlehen von zweitausend

Mark, die sie umgehend benötigt («...am liebsten würde ich mich umbringen»). So viel hat er nicht im Hause, er verschafft sich die Summe bei Brahm und überweist sie ihr. Margarete nimmt auch diese Transaktion gleichmütig zur Kenntnis; sie weiß, daß mit diesem Ansinnen ein weiterer Zacken aus der Krone gebrochen ist, die Idinka einst in Hauptmanns Augen trug.

Bei den Proben zu den *Jungfern vom Bischofsberg* (bei der Premiere am 2. Februar 1907 fällt das Stück trotz der Mitwirkung von Else Lehmann und Ida Orloff durch) sieht man einander noch einmal. Dann geht Idinka ihren eigenen Weg. Sie heiratet Karl Satter, wird im September 1908 Mutter eines Sohnes, des späteren Schriftstellers Heinrich Satter, und geht 1909 nach Wien ans Burgtheater. Um diese Zeit soll Hauptmann ihr in einer – vorläufig – letzten Unterredung vorgeschlagen haben, das alte Verhältnis jetzt, da sie beide verheiratet sind, wieder aufzunehmen und ihm noch einmal als Muse und Mätresse zur Seite zu stehen. Obwohl sie davon nichts wissen will, läßt sie sich jetzt scheiden. Nicht um ihren Mann zu verlassen, mit dem sie, die Scheidungsurkunde in der Schublade, noch jahrelang zusammenlebt und zwei weitere Kinder hat, sondern um der «mörderischen Institution der Ehe» zu entkommen.

Erst nach vielen Jahren, kurz vor beider Tod, begegnen sich Hauptmann und Ida Orloff wieder. In seinem Werk jedoch erscheint sie oder vielmehr die Gestalt, als die sie in seiner Phantasie fortwirkt, alle paar Jahre von neuem. – War sie als Pippa noch wertfrei gezeichnet als märchenhafte Kindfrau und Repräsentantin einer elementaren Weiblichkeit, so ist sie in *Kaiser Karls Geisel*, in dem sie am 11. Januar 1908 die Rolle der Gersuind kreiert, bereits negativ «besetzt» und dämonisiert.

In diesem «Legendenspiel» ist der Kaiser und Frankenkönig über sechzig und fühlt die Last der Jahre, als sein Auge auf Gersuind fällt. Sie wohnt im Kloster zu Aachen als eine der Geiseln, die die aufständischen Sachsen stellen mußten; jetzt ist ihr Vater in die Stadt gekommen, um ihretwegen zu prozessieren. Karl, dem der Fall zur Entscheidung vorgelegt wird, entläßt sie aus der Haft und läuft nun Gefahr, seinerseits zum Gefangenen dieses knapp sechzehnjährigen Mädchens zu werden. Sie wirkt zwar «rein wie der Mond» und hat «das Antlitz einer Heiligen», ist aber ein verdorbenes kleines Biest, eine Lolita, die mit dem von plötzlicher Leidenschaft ergriffenen Mann spielt wie die Katze mit der Maus:

> O ja, du hungerst auch, man sieht's dir an,
> man sieht's an deinen Augen. Greisenblicke
> tun weh, flehn wie getretne Hunde, sind
> wie Blicke von Ertrinkenden.

Kaum aus der Audienz entlassen, wirft sie sich dem nächsten Hofbeamten an den Hals («Schöner, nimm mich mit!») und gibt sich auch sonst, wann immer sie die Lust dazu verspürt, recht wahllos den Männern hin. Erst nachdem der um die vernachlässigten Regierungsgeschäfte besorgte Kanzler sie vergiftet hat, nimmt Karl, versteinerten Gemüts und nun wirklich ein alter Mann, die Zügel wieder in die Hand zum Geschrei der blutrünstigen Menge: «Heil König Karl! – Fluch seinen Feinden! Krieg!»

Hoffte Hauptmann mit dieser Dämonisierung der Freundin Neigungen zu bannen, die in ihm selbst angelegt waren und nach jahrzehntelanger Verdrängung an die Oberfläche durchzubrechen drohten? Kommt ihn die zweimalige Entscheidung zwischen zwei Frauen seelisch so teuer zu stehen, daß er sie nur dadurch überleben kann, daß er Mary in den Himmel entrückt und Idinka in die Hölle? Denn an der fast nahtlosen Übereinstimmung von Gersuind und Idinka wäre selbst dann nicht zu zweifeln, wenn wir nicht wüßten, daß er das Stück ausdrücklich für sie geschrieben hat. Sie erstreckt sich vom Bild der jungen Frau mit dem offenen blonden Haar (von dem er natürlich eine Locke behält), die jenseits von Gut und Böse ihrem eigenen Gesetz lebt, bis hin zu Idiosynkrasien, die gar nicht ins Stück passen wie ihre Abscheu vor der öffentlichen Nahrungsaufnahme: «Ihr eßt? Pfui!» faucht sie Karl den Großen an. «Wenn Leute essen, ekelt's mich.»

Bevor wir Ida Orloff, die im Lauf ihres wechselvollen Lebens so viele Hauptmann-Rollen spielte, eine Zeitlang aus den Augen verlieren, seien ein paar Sätze aus den Erinnerungen eines Freundes zitiert, der sie bei der Uraufführung der *Jungfern vom Bischofsberg* erlebt und sich noch als alter Mann des Zaubers entsinnt, der von dieser Gestalt ausging. Obwohl das Stück beim Publikum nicht ankam,

> war für mich Ida Orloff der strahlende Gipfel des Abends. War nicht «Orloff» der Name jenes märchenhaften indischen Diamanten, der einst an der Spitze des russischen Zepters leuchtete? So leuchtete mir die blutjunge Orloff ein, war die Mignon der

Lehrjahre Wilhelm Meisters. Dieser elfenhaften Orloff hat Hauptmann seine Pippa und Kaiser Karls Geisel auf den schlanken Leib geschrieben. Lange nach Paula Conrad (die nun Hofrat Paul Schlenthers Gattin war) ließ er sie Hanneles Himmelfahrt, lange nach Agnes Sorma die Talfahrt Rautendeleins, nicht lange nach Lia Rosen die Todesfahrt der verzückten Ottegebe antreten, gab ihr (nach Irene Triesch) Florian Geyers schwarze Marei und legte ihr auf dem Bischofsberg zaubrische Zeilen des todkranken Heinrich Heine in den Mund:

Kleiner Vogel Kolibri,
führe uns nach Bimini!
Fliege du voran, wir folgen
auf bewimpelten Pirogen ...[162]

GRIECHEN-MYTHOS UND RATTEN-REALITÄT

I

Der Mann, der sich mit Anfang Vierzig noch einmal leidenschaftlich verliebt, hat auch das Glück, gleich darauf ein neues Land zu entdecken, das ihm wie kein anderes seinem Wesen gemäß zu sein scheint. Damit erfüllt sich zweimal hintereinander, was er lange vorausgeahnt, ja, was er erwartet hatte. Seiner Persönlichkeitsstruktur entsprechend sieht er in beiden Fällen eine Idealvorstellung von der Wirklichkeit modifiziert, die ihn in einer nur bedingt den Tatsachen entsprechenden Form bis ans Ende seiner Tage gefangenhält. Abermals handelt es sich um das Aufbrechen jahrzehntealter Verkrustungen, um eine Neugeburt, die sich zunächst in Tagebuchnotizen niederschlägt und dann ein sich immer weiter verbreitendes Echo im Werk findet.

Der seit den Jenenser Seminarübungen bei Professor Gaedechens gehegte Wunsch einer Griechenlandfahrt, die ursprünglich im Anschluß an den römischen Aufenthalt von 1883/84 geplant gewesen war, verwirklicht sich endlich im Frühjahr 1907. Mitten in der Arbeit an den Dramen *Christiane Lawrenz* und *Veland* beschließt Hauptmann, mit dem langjährigen Freund Ludwig von Hofmann nach Griechenland zu fahren. Die Frauen, Margarete und Elli, vertragen sich gut und reisen ebenso mit wie der älteste Sohn Ivo, der sich von Hofmann zum Maler ausbilden läßt. Man trifft sich Ende März in Triest, wo das aus Weimar kommende Ehepaar Hofmann am Bahnhof den über Lugano und Venedig angereisten Dichter mitsamt seinem «Gefolge» in Empfang nimmt: «Gattin, kleiner Sohn, Sekretärin, die Engländerin war und auch den Knaben erzog», wie Ivo nicht ohne Ironie anmerkt. Der sechsjährige Benvenuto und Miss Cox fahren also mit, und sogar die Stradivari darf nicht fehlen: «Berge von Koffern mit

Der Dichter als Italienreisender mit großem Gepäck. Hier 1926 in Mestre vor Venedig.

Gerhart Hauptmann in Portofino (1927): Von links: Julius Meier-Graefe, Gerhart Hauptmann, Frau Meier-Graefe, Leo v. König, Intendant Graf Seebach, Margarete Hauptmann, Samuel Fischer, Stefan Grossmann, Hedwig Fischer.

Büchern, Manuskripten und anderen Kleinodien türmten sich auf; alles sollte mitgenommen werden.»[163] Der großfürstliche Reisestil, den Hauptmann jetzt pflegt, wird freilich durch die Kabinen zweiter Klasse beeinträchtigt; sie entsprechen keineswegs seinen Erwartungen, erweisen sich aber als die einzige Unterkunft, die an Bord der «Salzburg» des Lloyd Triestino überhaupt noch zu haben ist. Am nächsten Morgen stellt er fest, daß auch die Mitreisenden zu wünschen übriglassen:

> Ich betrete den Speisesaal der «Salzburg». An drei Tischen ist das Frühstück vorbereitet. Dazwischen, auf der Erde, liegen Passagiere. Einige erheben sich, noch im Hemd, von ihren Matratzen und beginnen die Kleider anzulegen. Ein großes Glasgefäß mit den verschmierten Resten einer schwarzbraunen Fruchtmarmelade steht in unappetitlicher Nähe. Der Löffel steckt seit Beginn der Reise darin.
> Es ist hier alles schon Asien, bedeutet mich ein Mitreisender. Ich kann nicht sagen, daß ich besonders von diesen Übelständen berührt werde, weiß ich doch, daß Korfu, die erste Etappe der Reise, nun bald erreicht ist.[164]

Von Korfu geht die Reise, auf der Hauptmann schreibt und die beiden Maler eifrig skizzieren, weiter nach Patras und von dort auf dem Landweg weiter nach Olympia, Athen, Eleusis, dem Kloster Daphni, Korinth, Delphi, Mykene, Argos, Sparta, Mistra und Kalamata, dann wieder zurück nach Athen und vom Hafen Piräus über Konstantinopel nach Hause. Am 1. Juni trifft die Familie Hauptmann, von der sich die Hofmanns und Ivo bereits in Piräus verabschiedet hatten, wieder in Agnetendorf ein. Der literarische Ertrag der Reise, bestehend aus Aufzeichnungen verschiedenster Art, Ansätzen zu Werken sowie dem Notizbuch, aus dem Hauptmann den 1908 veröffentlichten *Griechischen Frühling* zusammenstellt, wäre um ein Haar verlorengegangen. Die Tasche, die diese Schriftstücke enthält, fällt in Athen auf dem Weg vom Bahnhof zum Hotel vom Kutschbock und wird nur durch ein Wunder aufgefunden und dem Besitzer zurückgegeben. In diesem Hotel, dem «Grande Bretagne», ist Hauptmann endlich wieder einmal standesgemäß untergebracht und verabredet sich mit den Seinen zum «Diner im Abendanzug in dem eleganten internationalen Speisesaal». Mehr als einmal glaubt man bei Durchsicht seiner Reiseerinnerungen einen anderen, fiktiven deutschen Dichter zu begleiten, der, ebenfalls aus bescheidenen Verhältnissen stammend, sich längst mit den Errungenschaften der europäischen Hotellerie vertraut gemacht hat. Wenige Jahre nach Hauptmann nimmt auch Gustav von Aschenbach den Zug nach Triest und schifft sich an der Adria auf einem schmuddligen Küstendampfer ein, unterwegs zu seinem «Tod in Venedig».

Was sucht, was findet Hauptmann in Griechenland? Es ist, kurz gesagt, eher der Mythos als die Philosophie und eher das Dionysische als das Apollinische; eher das Land, das Hölderlin und Nietzsche, als das, welches Winckelmann und Goethe nur wie eine Vision geschaut hatten (betreten hat es, im Gegensatz zu Hauptmann, keiner der vier). Es ist weniger das Griechenland des Phidias als das des Aischylos, weniger die Akropolis von Athen als der heilige Tempelbezirk von Delphi. Nicht die Heimat einer durch das Streben nach Harmonie gekennzeichneten bildenden Kunst, sondern das Ursprungsland der Tragödie, die dort in grauer Vorzeit mit einem (später durch die Schlachtung eines Bockes ersetzten) Menschenopfer ihren Ausgang genommen hatte. Diese Tragödie hat also nichts mit edler Einfalt und stiller Größe zu schaffen, vielmehr bedeutet sie für Hauptmann

> Angst, Not, Gefahr, Pein, Qual, Marter, sie heißt Tücke, Verbrechen, Niedertracht, heißt Mord, Blutgier, Blutschande, Schlächterei – wobei die Blutschande nur gewaltsam in den Bereich des Grausens gesteigert ist. Eine wahre Tragödie sehen hieß, beinahe zu Stein erstarrt, das Angesicht der Medusa erblicken, es hieß, das Entsetzen vorwegnehmen, wie es das Leben heimlich immer, selbst für den Günstling des Glücks, in Bereitschaft hat.

Auf dem Boden einer derart von unheimlichen Mächten bedrohten Existenz, so glaubt er, hat sich die klassische Kultur und, ihm selber trotz seiner gelegentlichen Betätigung als Bildhauer am nächsten liegend, vor allem das Theater entwickelt.

Innerhalb dieser Bildungskategorien weist sein Bild von Griechenland naturgemäß eine Anzahl persönlicher Züge auf. Unüberhörbar ist zum Beispiel die Diskrepanz zwischen Griechenland als Bildungs- und als Naturerlebnis. Da er kein Griechisch kann, hat er, schon lange vor der Reise, in Übersetzungen Homer (die *Odyssee* mit größerer Anteilnahme als die *Ilias*) und Hesiod gelesen. Er schätzt Aristophanes und die großen Tragiker (Aischylos mehr als Sophokles oder Euripides), ist mit Demokrit und Platon vertraut, weiß zwischen dem phantasievollen Herodot und dem kühl abwägenden Thukydides zu unterscheiden, hat sich mit den wichtigsten römischen Schriftstellern befaßt und mit den Werken moderner Kulturhistoriker und Philologen wie Jacob Burckhardt, Erwin Rohde, Ulrich von Wilamowitz-Moellendorff. Mit einem Wort, Hauptmann betritt klassischen Boden nicht als Archäologe oder Altertumswissenschaftler, sondern als belesener Laie. Er weiß sich dabei in der Tradition der deutschen Klassik, angefangen mit Goethe, aus dessen *Nausikaa*-Fragment er genauso zitiert wie aus dem *Faust* – letzteres in Mistra, wo sich die «Vermählung des unruhig suchenden deutschen Genius mit dem weiblichen Idealbild griechischer Schönheit» vollzogen hat.

Diese Paraphrase der Helena-Episode aus dem zweiten Teil des Goetheschen Dramas darf als Chiffre für Hauptmanns unterschiedliche Beurteilung der beiden klassischen Länder gelten. Hatte ihn 1897 in Italien vor allem der Gegensatz von romanischem und germanischem Wesen berührt, so entdeckt er jetzt in Griechenland zahlreiche Ähnlichkeiten, ja, Übereinstimmungen mit Deutschland. «Ich kann nicht sagen», heißt es schon auf der Bahnfahrt entlang des Isthmus von Korinth, «daß mich etwa je auf der italienischen Halbinsel eine Empfindung des Heimischen, so wie hier, beschlichen hätte.» Die vermeintliche Wesensverwandtschaft erstreckt sich von der Tierwelt (der Rabe, Begleiter Odins, wird hier als Lieblingsvogel des Apoll gefeiert) über die Landschaft (der Wind auf dem Parthenon gemahnt Hauptmann an «deutschen Frühling», in Olympia glaubt er, «ein Tälchen von ähnlichem Reiz, ähnlicher Intimität ließe sich vielleicht in Thüringen» finden) bis hin zu den Menschen:

> Die homerischen Griechen, gleich den alten Germanen, neigten zur Völlerei. Metzgen, Essen, Trinken, gesundes Ausarbeiten der Glieder im Spiel, im Kampfspiel zumeist, das alles im Einverständnis mit den Himmlischen, ja, in ihrer Gegenwart, war für griechische wie für germanische Männer der Inbegriff jeder Festlichkeit.

Wenn bei dieser eigenwilligen Symbiose des Hellenischen mit dem Teutonischen auch manches auf seine Hölderlin-Lektüre zurückgehen mag, so bereichert Hauptmann doch die deutsche Vorstellung von Griechenland durch seine («schlesische»?) Überzeugung von der Allgegenwart des Mythischen und durch seine Liebe zu einer Natur, die ihm, anders als in Italien, mehr bedeutet als die Kunst. Schon die bloßen Elemente regen ihn an, ob er die Frische und Klarheit der Luft kommentiert, auf die Gliederung der Landschaft durch Felsen und Gebirgszüge hinweist oder auf der Überfahrt nach Korfu ironisch bemerkt, daß Homer dem Seefahrer Odysseus bei allen ihm zugedachten Heimsuchungen doch *eine* Qual erspart habe: die Seekrankheit. Auch eröffnet sich ihm die Natur durch das Ohr so gut wie durchs Auge; neben dem metaphorischen Schrei der Mänaden und den Mahnungen des Chors hören wir im *Griechischen Frühling* immer wieder das Summen der Bienen und das Zwitschern der Vögel, das Rauschen des Meeres und den Ruf der Hirten. Naturnah und rustikal ist denn auch der Keim, aus dem sich Hauptmanns erstes im klassischen Altertum beheimatetes Drama entwickelt, der 1907 begonnene und 1914 uraufgeführte *Bogen des Odysseus*.

Bei der Begegnung mit ein paar albanischen Hirten, die ihm mit ihrer Herde auf einem Pfad in Korfu entgegenkommen, fühlt der Dichter sich an Eumaios erinnert, den «göttlichen Sauhirten» aus der *Odyssee*. Bereits wenige Tage darauf beschließt er, die Heimkehr des Odysseus in einem dramatischen Gedicht zu schildern, in dessen Mittelpunkt Telemach oder auch Eumaios stehen sollte. Er hat den Vorsatz in dieser Form nicht ausgeführt, dafür aber ein Stück geschrieben, in dem die Gewichte ganz anders verteilt sind als bei seinem Vorgänger, so daß Paul Schlenther den Unterschied in die Form von vier hypothetischen Fragen faßte, die Homer nie eingefallen wären, die Hauptmanns zurückkehrender Odysseus indessen gestellt haben könnte: «Will meine Frau mich noch, will mein Sohn mich noch, will mein Volk mich noch, und will ich selbst mich noch?»[165]

Auch bei Hauptmann erreicht der Held nach seinen Irrfahrten wieder den Boden von Ithaka, als unerkannter Bettler statt als König. Auch hier gibt er sich seinem Sohn Telemach, dem Hirten Eumaios und den anderen Getreuen zu erkennen und tötet Penelopes Freier mit jenem Bogen, den er als einziger zu spannen weiß. Überraschenderweise tritt jedoch Penelope selber, um die sich doch ein Großteil des Dramas dreht, dabei gar nicht in Erscheinung; wir erfahren von ihr nur durch Gespräche und Berichte der übrigen Personen. Anders als bei Homer ist sie nicht – oder nicht nur – die treu ergebene Gattin ihres totgesagten Mannes, die sich den Freiern durch das nächtliche Auftrennen des am Tage gewebten Tuches entzieht, sondern auch eine Frau mit beträchtlichem Selbstwertgefühl. Auch diese Penelope leidet unter der Begierde der Männer, reizt sie aber durch ihr verführerisches Gebaren zugleich auf:

> Sie giert nach unsrer unverbrauchten Kraft,
> [erklärt ein Freier seinen Nebenbuhlern]
> ein jeder Blick bezeugt's, so sehr sie heuchelt.
> Wähle sie endlich, und so ziehn wir heim
> und lassen den in ihrem Bett sich kühlen,
> den ihr erfahrnes Auge vorzieht. Längst
> ist allen dieses Dasein schon verhaßt,
> mit dem sie schmählich uns gebunden hält,
> und täglich anreizt und betrügerisch hinhält.
> Ich hass' dies Weib, wie ich sie liebe. Nein!
> Ich hasse sie mehr! und in ihr Schlafgemach
> möcht' ich einbrechen mit Gewalt, sie packen
> und niederbändigen ihren stolzen Hochmut.

Das macht Penelope zwar nicht zu «Hauptmanns bedeutendster und am besten gelungener Frauengestalt»[166], wohl aber zu einer interessanten und im Gegensatz zu ihrer nichts als eheliche Treue verkörpernden Vorgängerin bei Homer auch modernen Figur. Sie will über sich selbst bestimmen und «verunsichert» sogar ihren Mann, der sich von Eumaios bestätigen lassen muß, daß sich diese scheinbare Frevlerin tatsächlich noch immer als seine Frau betrachtet. In den letzten Versen des Stücks, mit denen Odysseus das von ihm angerichtete Blutbad kommentiert:

> Geduld! Geduld! Noch gibt es viel zu tun,
> auch deine Waffe soll sich sättigen.
> Was wird die Mutter sagen, Telemach,
> daß ich ihr schönstes Spielzeug schon zerschlug?

lernen wir einen Ehemann kennen, der mit souveräner Ironie sogar die Emanzipation seiner Frau in sein Weltbild einzuordnen scheint.

In den Jahren nach dem Zweiten Weltkrieg hat man im *Bogen des Odysseus* die Tragödie eines an Identitätsverlust leidenden Mannes gesehen, der nach unglaublichen Abenteuern und Entbehrungen in eine ihm fremd gewordene Heimat zurückkehrt und erst wieder zu sich selbst finden muß, bevor er seine Mitmenschen begreifen kann.[167] Mag sein. Und doch ist Hauptmanns Odysseus so wenig ein «Spätheimkehrer» wie seine Penelope eine Frauenrechtlerin oder gar eine «Emanze». Wer die beiden so nennen wollte, der zitiert nach Fausts Worten nur «der Herren eignen Geist, in dem die Zeiten sich bespiegeln». Doch wie es auch immer um die *Plausibilität* solcher Interpretationen bestellt sein mag – wir erwähnen sie hier, stellvertretend für zahllose andere, nur um ihre *Legitimität* und damit auch das starke Echo auf diese neoklassizistischen Dichtungen Hauptmanns zu belegen. Wenn es nämlich zur Eigenheit klassischer Werke gehört, daß sie späteren Generationen nicht als unveränderliche Größen am literarischen Himmel, sondern in jeweils neuem, mitunter sogar vom Autor gar nicht intendiertem Sinn erscheinen, dann ist *Der Bogen des Odysseus* (ganz abgesehen von seiner klassizistischen Form) in der Tat ein «klassisches» Drama. Trotz der vom Königspalast in das Gehöft des Eumaios verlegten Handlung, trotz des eher in den Sprachschatz der Mutter Wolffen als den eines homerischen Hirten passenden Ausdrucks «Schubiack».

Hauptmann ist nicht eines Tages aufgewacht mit dem Vorsatz, von nun an antike Formen und Stoffe in sein Schaffen einzubeziehen. Vielmehr ist auch diese Variante von Anfang an in seiner Art des Welterlebens beschlossen, selbst wenn sie in seiner frühen, überwiegend naturalistischen Phase sozusagen latent geblieben ist. Doch enthalten schon die als Vorstufen zur *Versunkenen Glocke* erwähnten Dramenfragmente *Der Mutter Fluch* und *Helios* antike Motive wie den Sonnenkult oder die pädagogische Utopie. Seit der Erschöpfung des Naturalismus, der um 1900 auf der Bühne u. a. vom Symbolismus eines Maeterlinck und D'Annunzio, in der Lyrik u. a. vom subjektiven Frühwerk Georges und Rilkes und in der Prosa u. a. von der psychologisierenden Erzählkunst Thomas Manns und Arthur Schnitzlers abgelöst wird, bemüht sich auch Hauptmann um eine Dichtung, die über die mehr oder minder oberflächliche Bestandsaufnahme sozialer Mißstände hinausgeht oder deren Darstellung zumindest in ein allgemeingültiges Koordinatensystem einbindet. *Ein* solches System, das ihm vom Ursprung her nächstliegende, erweist sich als unbrauchbar: Obwohl ihn die christliche Heilslehre immer wieder beschäftigt und er ihre hypothetische Verwirklichung in unserer Zeit gerade jetzt zum Thema eines Romans macht *(Der Narr in Christo Emanuel Quint)*, lehnt er sie in ihren offiziellen Erscheinungsformen nach wie vor ab.

Die Versuche anderer Denker und Deuter, die Welt und das Dasein in ein System zu bannen, vollziehen sich in Hauptmanns Lebenszeit unter dem Vorzeichen des Materialismus sowohl in seiner naturwissenschaftlich-experimentellen als auch in seiner sozialwissenschaftlich-ideologischen Ausprägung. Doch findet diese Entwicklung, trotz einiger Berührungspunkte vor allem mit dem jungen Hauptmann, im großen und ganzen außerhalb seines Wahrnehmungsbereiches statt. Dagegen bieten sich Kunst und metaphysische Vorstellungswelt der Antike als ein Teppich von weithin leuchtender Symbolkraft an, in den sich vieles von dem verweben läßt, was Hauptmann gerade beschäftigt. Nicht nur ihn. Auch Hofmannsthal und Thomas Mann, Hesse und Benn, um von Freud und Jung ganz zu schweigen, sehen zumindest vorübergehend z. B. im archaischen, rauschhaft-dionysischen frühen Griechenland ein Gegengewicht gegen den gleichmacherischen Sozialismus, die Zivilisationsmüdigkeit der Jugend oder die fortschreitende Entzauberung der Welt oder noch andere als unliebsam empfundene Zeiterscheinungen.

Da sich Hauptmanns Hinwendung zum klassischen Altertum in seiner Reifezeit vollzieht und auch jetzt nur sporadisch zum Ausdruck kommt, verlassen wir vorübergehend die Chronologie und wenden uns nach dem *Bogen des Odysseus* einigen anderen aus diesen Quellen gespeisten Werken zu.

Das Thema seiner berühmtesten Erzählung, des *Ketzer von Soana*, ist die Verherrlichung des antiken Lebensgefühls – oder dessen, was man sich damals in Deutschland darunter vorstellte; denn vieles an diesem Leben, von der habituellen Päderastie der Alten über ihre Tierquälerei bis hin zur Sklavenhaltung, blieb dabei ausgespart. Die Geschichte ist schnell erzählt: Der junge Geistliche Francesco Vela muß sich von Amts wegen mit einem angeblich in Blutschande lebenden Geschwisterpaar befassen, das mit seinen Kindern und einer kleinen Herde von Schafen und Ziegen in den Bergen oberhalb von Lugano haust; er besucht das sündige Paar auf einer einsamen Alpe, verliebt sich in die älteste Tochter, wird deswegen von seiner dörflichen Gemeinde verjagt und lebt als abtrünniger Priester, der sein Seelenheil auf Erden gefunden hat, mit seiner Agata hoch oben im Gebirge und fern von den Menschen.

Ist das *absolut* kein Thema in unseren Tagen, in denen das Zölibat des Priesters überall in Frage gestellt und der Sex nicht mehr als Ausdruck der «Allgewalt des Eros» gefeiert, sondern vielerorts als eine durch Pessar und Pille zu regelnde physiologische Funktion des Menschen angesehen wird? Oder ist das ein Thema *gerade* für unsere Zeit: diese Geschichte eines sympathischen und intelligenten Aussteigers, der sich schon als Seminarist vor seinen Mitschülern durch «exemplarischen Fleiß, Strenge der Lebensführung und Frömmigkeit» hervortat, also Aussicht auf eine klerikale Laufbahn hatte und diese nun aufgibt, um mitsamt seinem Mädchen und Kind sich selbst genug zu sein und von seiner Hände Arbeit quasi «alternativ» zu leben? Man kann die Erzählung aber auch mit den Augen des Mythenforschers betrachten (Agata hat manches von der Erdmutter Isis und vertritt das matriarchalische Prinzip) oder mit denen des Literaturkritikers, der etwa die kunstvolle Verwendung von Leitmotiven wie den kreisenden Fischadlern oder dem rauschenden Wasserfall bewundert oder sich an ein entferntes Modell erinnert fühlt, den spätantiken Schäferroman *Daphnis und Chloe* des Longos aus Lesbos. Thomas Mann hat die heidnisch-ketzerische Erzählung hingegen mit den Augen des Moralisten gesehen, als er meinte, es stehe dem «*sehr* christlichen Dichter Hauptmann ... gar nicht an, mit dem Christus so ‹humoristisch› umzugehen»[168].

Doch beantwortet dieses breite Deutungsspektrum immer noch nicht die Frage, warum gerade diese Novelle schon wenige Jahre nach der Veröffentlichung in 140000 Exemplaren verbreitet und in mehrere Sprachen übersetzt war – ein Umstand, den ihr Verfasser dem Verleger S. Fischer gegenüber mit der Bemerkung zur Kenntnis nimmt: «Dieser Mann aus Soana hat ja glänzende Eigenschaften, die ich ihm nie zugetraut hätte.» Ironie beiseite, die Erzählung vom Mann aus Soana *hat* glänzende Eigenschaften und beweist, daß sich die in Hauptmanns zweiter Lebenshälfte vollzogene Betonung des Epischen gegenüber dem Drama auch qualitativ niederschlägt. Was an diesem Text überzeugt, ist unter anderm die Häufigkeit origineller und überzeugender Metaphern wie der «Schnelligkeit eines Hundezufahrens», mit der Agatas Vater ein von Francesco ins Feuer geworfenes Priapus-Amulett wieder aus den Flammen hervorholt. Auch die apodiktische, in ihrer Kürze manchmal an Kleist erinnernde Zusammenfassung des ganzen der Geschichte zugrundeliegenden Sachverhalts («Lieber will ich einen lebendigen Bock oder einen lebendigen Stier als einen Gehängten am Galgen anbeten») weist Hauptmann als genau motivierenden Erzähler aus. Das gleiche läßt sich vom Gebrauch des Symbols sagen, das zumeist nahtlos mit dem konkreten Gegenstand zusammenfällt (in der griechischen Wortbedeutung von «symbolisieren») wie in der Schilderung von Francescos erstem Aufstieg zur Alpe, der zugleich seine beginnende Selbstfindung bedeutet:

> Zum erstenmal fühlte der junge Priester Francesco Vela eine klare und ganz große Empfindung von Dasein durch sich hinbrausen, die ihn augenblicklang vergessen ließ, daß er ein Priester und weshalb er gekommen war. Alle seine Begriffe von Frömmigkeit, die mit einer Menge von kirchlichen Regeln und Dogmen verflochten waren, hatte diese Empfindung nicht nur verdrängt, sondern ausgelöscht. Er vergaß jetzt sogar, das Kreuz zu schlagen. Unter ihm lag das schöne Luganer Gebiet der oberitalienischen Alpenwelt, lag Sant'Agata mit dem Wallfahrtskirchlein, über dem noch immer die braunen Fischräuber kreisten, lag der Berg San Giorgio, tauchte die Spitze des Monte San Salvatore auf, und endlich lag in schwindelerregender Tiefe unter ihm, in die Täler des Gebirgsreliefs wie eine längliche Glasplatte sorgfältig eingefaßt, der Capolago genannte Arm des Luganer Sees mit dem segelnden Boot eines Fischers darauf, das einer winzigen Motte auf einem Handspiegel glich. Hinter alledem waren in der Ferne die weißen Gipfel der Hochalpen, gleichsam mit Francesco, höher und höher gestiegen. Daraus hob sich der Monte Rosa weiß, mit sieben weißen Spitzen hervor, zugleich diademhaft und schemenhaft aus dem seidigen Blau des Azurs herüberstrahlend.

Eine Stelle, bei der man die Bergluft riecht und das Schweigen hört (und sich vergegenwärtigen muß, daß eine solche Landschaftsperspektive vor der Verbreitung des Flugverkehrs und der Popularisierung des Alpinismus nur den Hochgebirgsbewohnern selbst vergönnt war).

Stimmungsvolle Landschaftsschilderungen und «heidnische», den Zeugungsakt verherrlichende Liebesgeschichten sind nicht jedermanns Sache. Die vom *Ketzer von Soana* ausgelöste Begeisterung leitet sich auch vom Datum der Veröffentlichung her, der Jahreswende 1917/18 und der unmittelbaren Folgezeit. Man kann sich kaum einen größeren Gegensatz zu Kohlrübenwinter und Frühjahrsoffensive, Hungerblockade und Waffenstillstand, Räterepublik und Grippeepidemie, Straßenkämpfen und Geldentwertung vorstellen als die einsame, sonnendurchglühte Bergwelt des Francesco Vela. Kein Wunder, daß sich die Leser, auch solche, die zur Zeit von *Vor Sonnenaufgang* noch nicht geboren waren und Hauptmann erst jetzt entdeckten, aus der trostlosen Gegenwart zu Tausenden in diese Welt flüchteten. Spätere Generationen taten ein gleiches, als sie sich in Hermann Hesses *Siddhartha* (1922) vertieften.

Antikisierende Formen und Motive finden sich ferner in den kleinen Epen *Anna* (1919–21) und *Mary* (1923–36) und einigen anderen Werken bzw. Fragmenten der zwanziger und dreißiger Jahre. Hauptmanns größtes im Zeichen der Antike konzipiertes Werk ist jedoch zugleich sein letztes: die sogenannte *Atriden-Tetralogie*, die das Schicksal der Nachkommen des Königs Atreus von Mykene schildert, des Enkels des Tantalus und Vaters von Agamemnon und Menelaos. Das gesamte Opus umfaßt zehn Akte, verteilt auf vier Tragödien: *Iphigenie in Aulis* – fünf Akte, *Agamemnons Tod* und *Elektra* – jeweils ein Akt, *Iphigenie in Delphi* – drei Akte. Das letztgenannte, von einer Passage in Goethes *Italienischer Reise* inspirierte Stück, wurde als erstes geschrieben und hatte seine Premiere am 15. November 1941 im Staatlichen Schauspielhaus Berlin. Es beschließt und «löst» die Geschichte der Atriden insofern, als die Überlebenden – also Orest, Elektra und Iphigenie – einander wiedersehen und Orest vom Fluch des Muttermordes befreit, d. h. von den Göttern entsühnt und in seine Herrscherrechte wieder eingesetzt wird. Kaum ist dies in öffentlicher Zeremonie vor dem Tempel verkündet, da stürzt ein Bote herein mit der Nachricht von Iphigenies Selbstmord:

> Furchtbares ist geschehn: die Priesterin
> der Artemis, die mit dem Holzbild kam,
> liegt in der Phädriadenschlucht zerschmettert!

Die Hauptmann-Forscher haben diesen Freitod sehr unterschiedlich interpretiert: als Opfertod für die Geschwister Orest und Elektra, als figürliche Erhöhung der Artemis-Priesterin (die einigen Überlieferungen zufolge selbst einmal Artemis gewesen war) zu den Göttern, als Analogie zur Kreuzigung Christi im Sinn eines Sühneopfers für die sündige Menschheit.

Was Hauptmann damit auch bezweckt haben mag, er hatte nach beendeter Arbeit den Eindruck, das Stück hänge gewissermaßen in der Luft und würde leichter verständlich, wenn er es durch die Darstellung der ihm vorausgegangenen mythologischen Begebenheiten ergänzte, und zwar besonders durch die Beschreibung jenes Menschenopfers, in dem er den Kern der Tragischen schlechthin sah. Den größten Teil des Jahres 1941 verbringt er mit dem Diktat der *Iphigenie in Aulis*. Sie wird 1943 abgeschlossen und existiert in nicht weniger als neun, zum Teil stark divergierenden Fassungen; an ihnen läßt sich der wachsende Abstand zur gleichnamigen Tragödie des Euripides ermessen, bei dessen Heldin der Wandel von Todesfurcht zu Todesverachtung nach Hauptmanns Meinung unzureichend motiviert ist.

Seine eigene *Iphigenie in Aulis* ist nicht nur das letzte seiner Stücke, dessen Uraufführung (am 15. November 1943 im Wiener Burgtheater) er miterlebt. Dieser vom Thema her erste, entstehungsgeschichtlich aber zweite Teil der Tetralogie kann vom künstlerischen Standpunkt aus auch als der gelungenste gelten, nicht zuletzt, weil bei der vertrauten Geschichte die Nuancen ins Augen fallen: Agamemnon, der als Anführer des griechischen Heeres auf dem Weg nach Troja mit seinen Schiffen in Aulis festsitzt, macht sich auf Geheiß des Sehers Kalchas bereit, seine Tochter Iphigenie zu opfern, um günstige Winde zu erlangen. Ohne daß der vom Ehrgeiz (und der Furcht, als Befehlshaber dem Odysseus weichen zu müssen) geblendete Vater es bemerkt, wird das Mädchen im letzten Moment von den Göttern entrückt und auf dem Altar durch eine Hirschkuh ersetzt. Die in der Gestalt der Iphigenie seit jeher angelegte Doppel- und Mehrdeutigkeit erfaßt hier auch ihren Vater. Mal will er Iphigenie opfern, mal sie vor den auf Vollzug des Rituals drängenden Griechen retten. Wie ein Kleistscher Held ist er auf einer Reise zu sich selbst begriffen.

Nach Beendigung der beiden Iphigenie-Dramen füllt Hauptmann, ähnlich wie einst Goethe mit dem vierten Akt von *Faust II*, die Lücke zwischen den bereits bestehenden Partien durch die Hinzufügung des verbindenden Textes. Es sind die erst nach dem Krieg uraufgeführten Einakter *Agamemnons Tod* und *Elektra*.

Die Entstehungsgeschichte legt die Frage nahe, was ihn bewogen haben mag, mitten im Zweiten Weltkrieg einen Großteil der ihm verbleibenden Arbeitskraft diesen vier Stücken zu widmen, die vom Zeitgeschehen weit entfernt und wegen ihrer Zugehörigkeit zu einer uralten literarischen Überlieferung auch nur beschränkt modifizierbar sind. Reagiert Hauptmann auf die Ereignisse wie der aus der Politik gern in die Lyrik oder Naturwissenschaft ausweichende Goethe, oder reagiert er wie Thomas Mann, der im *Doktor Faustus* eine andere alte Fabel zu einem politischen Zeitdokument umfunktioniert? Er tut keines von beidem, obwohl man ihm gelegentlich unterstellt, er habe eine Art Widerstandsdrama (in diesem Licht erschien die Tetralogie in Piscators Inszenierung 1962 im Berliner Freien Volkstheater) schreiben wollen oder in Menelaos' Klage in *Iphigenie in Aulis*:

> Einst war ein Reich, man hieß es Griechenland!
> Es ist nicht mehr! Denn wo noch wären Griechen?
> Ich sehe keinen um mich weit und breit

seiner «Empörung über das unter den braunen Machthabern verkommende Deutschland»[169] Luft gemacht. Damit wird die Tetralogie in die Nähe von Ernst Jüngers Erzählung *Auf den Marmorklippen* (1939) gerückt; es ist kein schlechter Platz, aber in diesem Zusammenhang der falsche.

Was Hauptmann, zumindest in erster Linie, beabsichtigte, war etwas anderes. Er wollte die alten Mythen nicht *aktualisieren*, wie es Giraudoux, Gide, T. S. Eliot, O'Neill und andere zeitgenössische Dichter taten, die sich ihrer bedienten, um eine mehr oder minder «moderne» Botschaft zu verkünden. Er wollte das Gegenteil: er wollte sie – und zwar aufgrund seiner Altersweisheit und seiner Kenntnis der Bühne und besonders des griechischen Theaters – *archaisieren* und wieder in ihre ursprüngliche Funktion als Träger und Ausdruck archetypischer Leidenschaften einsetzen. Daher das Überlebensgroße, Maske-und-Kothurnhafte seiner antiken Menschen, daher die Einhaltung der Regeln des klassischen Dramas vom jambischen Vers bis zur Einheit des Ortes und des Raumes, daher das Übergewicht primitiver und gewalttätiger Gottheiten, die sämtlich dem Hades zu entstammen scheinen, über die «olympischen» Götter. Hier herrscht nicht wie im *Ketzer von Soana* der Sonnengott Apoll, der nur in der versöhnlich endenden *Iphigenie in Delphi* eine Rolle spielt, sondern die Mondgöttin Artemis-Hekate, in deren fahles Licht *Iphigenie in Aulis* getaucht ist. *Agamemnons Tod* ist vollends von Blutgeruch durchzogen und dem Geist der *Penthesilea* von Kleist weit näher als dem der Goetheschen *Iphigenie auf Tauris*.

Man braucht nicht an das Dritte Reich zu denken, um einzusehen, daß diese illusionslose, oftmals verzweifelte Weltsicht genauso zu Hauptmanns Wesen gehört wie seine zukunftsfreudige Komponente. So ist denn auch die den vier Tragödien innewohnende «archaische Modernität»[170] ein Kennwort für mehr und anderes als die – zur Zeit der Niederschrift in ihrem wahren Ausmaß noch wenig bekannten – Greueltaten der Nazis. *So* leicht hätte es sich Hauptmann, wenn er tatsächlich mittels einer Bühnenschöpfung hätte protestieren wollen, gewiß nicht gemacht; und so dumm waren die Behörden auch nicht, daß sie die Aufführung der beiden Iphigenie-Dramen erlaubt hätten, wenn ihnen diese politisch suspekt erschienen wären. Im übrigen hat Hauptmann schon aus Altersgründen den Ersten Weltkrieg und paradoxerweise auch das ihm vorausgegangene, im Rückblick so harmlose Wilhelminische Regime viel intensiver und vor allem kämpferischer erlebt als das Hitler-Reich und den Zweiten Weltkrieg. Als er kurz vor dessen Ende in einem der schwersten Erlebnisse seines Lebens doch noch Augenzeuge der Zerstörung Dresdens wurde, lag die *Atriden-Tetralogie* längst hinter ihm.

Doch wollen wir der Politik nicht das letzte Wort zu einer literarischen Frage lassen und schließen lieber mit einem Zitat, das die Sprachgewalt des achtzigjährigen Dichters veranschaulichen mag. Es sind die Worte, mit denen Klytämnestra sich Rechenschaft gibt über den (in Hauptmanns Version der Sage von ihr selbst ausgeführten) Mord an Agamemnon:

> Der eben noch ein Mensch war, ist es nicht mehr:
> du siehst nur ekles, bleiches, blutiges Fleisch.
> Hilf mir! Es würgt mich! Meine Eingeweide
> erbrechen sich herauf durch meinen Hals.
> Ich schlug! Schlug mit der Axt! Schlug blindlings, nicht,
> wie man im Wald den Baum fällt, mit der Schneide,
> nein: so, wie man dem Stier die Stirn zerschlägt.
> O dieser Laut, der gräßliche, als ihm
> das Haupt zerbrach, dem Halbgott! Anders nicht
> starb er, als wie gemeines Vieh verröchelt!
> Durch meine Hand? Doch nein: er lebt, und ich
> bin tot. Der heilige Quell ist rot von Blut:
> ist Blut! Sein Blut? Mein Blut? wer weiß ...

II

»Nur ein Literaturprofessor muß das zu Ende lesen!» meinte Wedekind, als er einem Freund das eben erst angelesene Exemplar von Hauptmanns *Der Narr in Christo Emanuel Quint* zurückgab.[171] Das Verdikt ist menschlich – welcher Leser hat sich das bei diesem oder jenem Buch nicht schon mal gesagt? –, aber in diesem Fall unangebracht. Zwar lassen sich Hauptmanns Romane, auch die erst in den zwanziger oder dreißiger Jahren verfaßten, kaum mit denen von Heinrich und Thomas Mann, von Kafka und Döblin, von Musil und Broch und Doderer vergleichen. Doch bleiben sie aufschlußreiche Zeitdokumente und zeugen von der Vitalität dieses Dramatikers und gelegentlichen Geschichtenerzählers, der im Anschluß an die Griechenlandfahrt mit der Veröffentlichung von *Emanuel Quint* (1910) und *Atlantis* (1912) nun auch ein spätes Debüt als Romanschriftsteller feiert.

Schlesien, *Weber*-Landschaft und -Milieu, um 1895. Der junge Emanuel Quint, aus armer Familie und mit der Bibel als einzigem Buch aufgewachsen, verläßt eines Tages seinen Geburtsort Giersdorf und spricht zu den Menschen, denen er begegnet, vom bevorstehenden Ende der Welt und der Notwendigkeit, in sich zu gehen. Auf die mehrfach gestellte Frage, wer er denn sei, erklärt er:

> Ich bin ein Werkzeug. Es ist mein Beruf, die Menschen zur Buße zu leiten! – Ich bin ein Arbeiter im Weinberge Gottes! – Ich bin ein Diener am Wort! – Ich bin ein Prediger in der Wüste! – Ein Bekenner des Evangeliums Jesu Christi, unseres Heilands und Herrn, der gen Himmel ist aufgefahren und welcher dereinst wird wiederkehren, wie uns verheißen ist.

Von dieser Art sind alle seine Aussagen: biblisch im Ton und in der Sprache (bisweilen mit Anleihen bei *Faust* und *Also sprach Zarathustra*), oft auch direkte Zitate. Sie tragen allerdings nicht zur Beantwortung der Frage bei, ob Quint die Welt vor der Verderbnis retten oder sich selber vor dem Verdorben-Werden durch die Welt bewahren will.

Die Antwort müßte wohl lauten: Er will das eine wie das andere. Auf jeden Fall setzt sein eigentliches Leben als Wanderprediger damit ein, daß er sich von einem Laienbruder der Inneren Mission noch einmal bzw. «wieder»taufen läßt. (Hauptmann hatte sich schon in Zürich mit der dort einst florierenden Wiedertäufer-Bewegung befaßt und versuchte Jahrzehnte hindurch vergeblich, den Stoff in einem Drama oder Roman zu gestalten.) Quint heilt eine Gelähmte, verhilft einer einsamen Greisin zu einem christlichen Tod und vollbringt andere Taten, die ihn, zusammen mit seinen wortgewaltigen Ansprachen und Ermahnungen, in den Geruch eines Heiligen bringen. Sein Gebaren, z. B. seine Verachtung des Geldes und Gleichgültigkeit gegenüber allem persönlichen Komfort, bekräftigt diesen Eindruck, wie übrigens auch sein Äußeres. Er zeichnet sich durch langes rötliches Haar, einen Spitzbart, sommersprossig-bleiche Haut und edel geformte Hände aus, die zu einem Arbeiterkind – sein Stiefvater ist Tischler – nicht passen wollen. Quints einfache Kleidung, sein häufiges Barfußgehen, der Hirtenstab in der Rechten und das freundliche Lächeln, mit dem er jedem Affront begegnet, lassen ihn vollends wie einen Mann aus biblischen Zeiten erscheinen, einen auf die Erde zurückgekehrten Heiland. Das Motiv geht bekanntlich weit in die Literaturgeschichte zurück und hatte erst 1880 mit der «Legende vom Großinquisitor» in Dostojewskis *Die Brüder Karamasow* eine neue ergreifende und vielbewunderte Gestaltung erfahren. In der damaligen Malerei wurde es von Fritz von Uhde aufgegriffen in seinen in die Arbeitswelt transponierten Szenen aus dem Neuen Testament.

Bald versammelt sich um den «Ketzer von Giersdorf», wie man Quint in Anlehnung an seinen entfernten Bruder in Soana genannt hat, eine Schar von Armen und Einfältigen; ein halbverhungerter Veteran, ein ehemaliger Heilsarmee-Leutnant und andere Außenseiter der Gesellschaft werden zu seinen Jüngern. Die Analogie zu Jesus ist auch hier unmißverständlich. Es fehlt weder Johannes der Täufer (eben jener Laienbruder, der Quint einer «johanneischen» Taufe unterzieht) noch ein Judas Ischarioth in der Gestalt eines böhmischen Schmugglers. Wir erfahren vom Hochgefühl des Erlösers, der sich im Einklang mit Gott weiß, und von der Verfolgung durch die aus ihrer pharisäischen Selbstzufriedenheit aufgerüttelten Menge. Quint führt mit seinen Anhängern nämlich das Leben eines «religiösen Schwärmers, der auf den Märkten in Schlesien Buße predigte, Wunder tat, verspottet wurde, vagabundierte, immer nahe am Wahnsinn, unehelicher Sohn eines Pfarrers, der später in der Kirche seines Vaters ‹Ich bin Christus!› schrie, Bilder und Altargerät zertrümmerte, des Mordes an einer Gärtnerstochter verdächtigt wurde und schließlich in einem Schneesturm am Gotthard umkam.» So hat Christine Brückner, mit deren Romanfamilie der Quindts Hauptmanns Held entfernt verwandt ist, den Inhalt des Romans wiedergegeben – stark verkürzt und nicht ohne Ironie, aber für unsere Zwecke angemessen.[172]

Es fragt sich, was davon spezifisch für Hauptmann ist und was das Buch, eingedenk des eingangs postulierten Qualitätsgefälles zu den großen deutschen Romanen unseres Jahrhunderts, dem heutigen Leser noch zu sagen hat.

Wir sahen schon, daß Hauptmann in früher Jugend und erst recht bei Schuberts in Lederose mit einem pietistisch gefärbten Christentum in Berührung gekommen war. Zu den eigenen Erfahrungen, etwa bei den frommen Tanten im Dachrödenshof und während des Konfirmandenunterrichts in Breslau, gesellen sich bald Marys Erinnerungen an ihre Tage im herrnhutischen Pensionat. Ohne jemals Atheist zu sein, steht Hauptmann der christlichen Heilslehre von Anfang an skeptisch gegenüber. Besonders schockiert ihn das Gefälle zwischen dem christlichen Ideal und seiner institutionalisierten Verwirklichung, soweit er diese im Deutschland des ausgehenden neunzehnten Jahrhunderts vor Augen hat. Ihm als Protestanten verkörpert sich der Glaube nicht in wundertätigen Heiligen, einem fernen Papst oder einer altehrwürdigen, mit den erlesensten Kunstwerken wie mit Juwelen besetzten kulturellen Überlieferung, sondern weitaus prosaischer: in der Person des Gemeindepfarrers, der sozusagen um die Ecke wohnt und oft dieselben menschlich-allzumenschlichen Schwächen an den Tag legt, die man in sich selber bekämpft. In Hauptmanns Frühwerk sind es salbungsvolle und systemkonforme Typen wie Pastor Kollin in *Einsame Menschen* und Pastor Kittelhaus in *Die Weber*, die sich's auf Erden bequem machen und den lieben Gott einen guten Mann sein lassen, während die wahrhaft Gläubigen, Männer wie der Bahnwärter Thiel oder der alte Hilse, am Leben leiden und zerbrechen.

Im übrigen interessiert sich Hauptmann seit jeher für die Figur des historischen Jesus. Diesbezügliche Studien lassen sich bis in die Erkner-Jahre zurückverfolgen. Fragmente eines *Christus*-Dramas und eines *Jesus von Nazareth* sind erhalten, die kleine Novelle *Der Apostel* mit ihrer Schilderung eines zeitgenössischen «Propheten» war schon 1890 veröffentlicht worden. Spätestens seit Hauptmann bei Forel in Burghölzli hospitiert und, ebenfalls 1888 in Zürich, in dem (bereits mit «wallendem rötlichem Haar» versehenen) Urbild jenes Propheten einen Fall religiöser Wahnvorstellungen aus nächster Nähe beobachtet hatte, konzentriert sich sein Interesse auf derartige Auswüchse. Eine gewisse kritische Distanz bewahrt er auch im vorliegenden Roman, dessen Helden er mag und mit einigen seiner eigenen Züge versieht wie der Freude am Nacktbaden oder Geschichtenerzählen, zugleich aber auch als «Narren», «Kohlrabi-Apostel» oder als den «unglückseligen falschen Propheten» bezeichnet.

Hauptmann behandelt in diesem Roman aber nicht nur ein ihm seit seiner Kindheit vertrautes Problem: Wie führt man ein wahrhaft christliches Leben in unserer Zeit, und welches Schicksal erwartet den, der heute in die Fußtapfen des Heilands träte? Er läßt die Geschichte auch in der heimischen Landschaft spielen («Von hier aus kann man die gesegneten schlesischen Auen bis zum Zobten und bis zum Streitberg, ja bei klarem Wetter sogar bis zur Schneekoppe übersehen», lesen wir an einer Stelle) und bevölkert sie mit Figuren aus seinem Bekanntenkreis. Nur oberflächlich «verkleidet» treten die Brüder Julius und Heinrich Hart auf und das Fräulein von Randow und der Malerei-Professor Marshall und der Gefängnisgeistliche Gauda und Hauptmanns Breslauer Kommilitone Dominik, der sogar seinen Namen behalten hat und wie sein Urbild durch Selbstmord endet.

Hauptmann war kein Soziologe oder Psychologe; er wollte keine Studie über den Massenwahn vorlegen, sondern einen Handlungsroman schreiben. Dieser liest sich heute zwangsläufig anders als vor dem Ersten Weltkrieg, als man ihn für «in edlem Sinne deutsch» hielt, und kein anderer als Theodor Heuss meinte, er sei innigst mit dem «Problemsuchen» (was immer das sein mag) der deutschen Jugend verbunden.[173] Wir lassen das auf sich beruhen und trösten uns mit dem Gedanken, daß wir seither wohl doch etwas hellhöriger geworden sind für die Gefahren, die vom weltanschaulich befrachteten deutschen Wort ausgehen; wobei es Hauptmann zum Ruhm gereicht, beide Aspekte der Ideologieanfälligkeit seiner Landsleute erfaßt zu haben, die Verführbarkeit der Anhänger wie die des Verführers selber, der über dem Applaus der Menge den Blick für die Wirklichkeit verliert. Ein Beispiel statt vieler für Hauptmanns Kenntnis solcher Zusammenhänge: Wenn es hier heißt, man habe in einem Überfall auf Quint und seine Jünger eine «gesunde Reaktion der beleidigten christlichen Volksseele» gesehen, dann erweist sich: Das

Werk ist viel zeitnaher, als Wedekind je hätte voraussehen können. Es genügt, das Wort «christlich» durch «deutsch» zu ersetzen.

Aus gröberem Stoff ist der andere Roman aus der Vorkriegszeit gewoben. Hauptmann ahnte, wie es mit der literarischen Qualität dieses Buches beschaffen ist: «Ich habe mich einmal bewußt gehen lassen», beichtet er im August 1912 dem Schwager Moritz Heimann, dem *Atlantis* nicht recht gefallen will, «es war ein Experiment, und ich werde es nicht wieder tun.»[174] Die selbstkritische Anwandlung ist von kurzer Dauer. Ein gewisses, unreflektiertes Sichgehenlassen, unvorstellbar bei Schriftstellern, die wie Thomas Mann oder Robert Musil jedes Wort auf die Goldwaage legen, charakterisierte Hauptmanns Produktion von Anfang an. Nach *Atlantis*, also etwa im letzten Lebensdrittel, tritt dieser Zug noch deutlicher zutage als vorher, so daß der Roman im Vergleich etwa zu *Wanda* (1928) geradezu als Musterbeispiel eines ab- und ausgewogenen Erzählwerks gelten kann. Noch ist es keine Trivialliteratur; die wird Hauptmann erst später schreiben und auch dann nicht ausschließlich, sondern gewissermaßen als Nebenarbeit zu ernst zu nehmenden Werken. Aber es ist ein Schritt in dieser Richtung, zu dem ihn die Müdigkeit verleitet haben mag (der fünfzigste Geburtstag steht vor der Tür) und die Nötigung, seinen aufwendigen Lebensstil durch reichlich fließende Einkünfte abzusichern, und vielleicht auch das Thema an sich, das wie gemacht scheint für einen Fortsetzungsroman. Als solcher erscheint *Atlantis* Anfang 1912 im *Berliner Tageblatt* und in französischer Übersetzung zugleich im Pariser *Temps*. Hauptmann hatte den im Vorjahr in Portofino zu Ende diktierten Text flüchtig durchgesehen und unterzieht ihn einer nochmaligen Revision, bevor *Atlantis* Ende 1912 in die gerade erscheinenden Gesammelten Werke aufgenommen wird. Bei einigen späteren Hauptmann-Publikationen fallen diese Kontrollen weg.

Der Roman, dessen zentrales Ereignis ein Schiffsuntergang auf hoher See ist, findet großen Anklang. Er wird zur Sensation, als noch während des Vorabdrucks die Katastrophe eintritt, die der Autor eben geschildert hat: In der Nacht vom 14. zum 15. April 1912 stößt die «Titanic» im Nordatlantik auf einen Eisberg und versinkt mit mehr als 1500 Männern, Frauen und Kindern. Es gilt heute noch als das größte Schiffsunglück in Friedenszeiten. Hauptmann hatte ja selber den Ozean überquert, auf jener stürmischen Fahrt im Jahre 1894. So kann er in seiner Phantasie einen Handlungsablauf konstruieren, der durch eigene Erfahrungen abgestützt ist und sich fast genauso vollzieht, wie er ihn bereits einmal beschrieben hat. Vom Orchester, das auf dem zu Tode verwundeten Passagierdampfer «Roland» weiterspielt bis zur Angst der Passagiere vor dem «Strudel, den das Schiff beim endlichen Untergang erzeugen würde», vom Kampf um einen Platz im Rettungsboot bis zur Begrüßung der Überlebenden im Hafen von New York hat er alles richtig vorausgesehen. Diesen Teil des Buches hätte ein Seeoffizier wie Joseph Conrad nicht besser schreiben können, wobei es belanglos ist, ob das Schiff auf einen Eisberg aufläuft oder, wie bei Hauptmann, auf ein treibendes Wrack.

Hinzu kommt, daß die Verkehrstechnik gerade ihre größten Triumphe feiert. Das Auto verbreitet sich rapide über Europa und Nordamerika, Flugzeuge und Zeppeline vergrößern ihre Reichweite von Jahr zu Jahr, der Dieselmotor ist erfunden und die drahtlose Telegrafie eingeführt. Hauptmanns Romanheld ist tief beeindruckt von der modernen Technik, wie sie sich ihm beim Besteigen der «Roland» darbietet:

> Noch nie hatte Friedrich vor der Macht des menschlichen Ingeniums, vor dem echten Geiste der Zeit, in der er stand, einen gleichen Respekt gefühlt wie beim Anblick dieser schwarz aus dem schwarzen Wasser steigenden riesigen Wand, dieser ungeheuren Fassade, die aus endlosen Reihen runder Luken Lichtströme auf eine schäumende Aue vor dem Winde geschützter Fluten warf.

In diese allgemeine Euphorie über die Segnungen des Fortschritts platzte also die Nachricht vom Untergang der «Titanic», vom Verrat der Technik an einer Menschheit, die sich ihr gar zu sorglos anvertraut hatte. Die Furcht, das plötzliche Gewahrwerden der Fragwürdigkeit technischer Errungenschaften und industrieller Erzeugnisse, sitzt uns noch immer in den Knochen und wird in immer kürzeren Abständen durch Fehlkalkulationen und Umweltkatastrophen von neuem angeheizt. Noch vor Bernhard Kellermanns Roman *Der Tunnel* (1913) setzt Hauptmann diesem janusartigen Aspekt des Fortschritts in *Atlantis* ein erstes Denk- und Mahnmal.

Dabei ist die Geschichte, die er erzählt, ziemlich banal. Friedrich von Kammacher, ein Arzt um die Dreißig, aus gutem Hause, Gatte und Vater, hat Beruf und Familie verlassen und befindet sich auf dem

Weg nach Amerika. Er gibt vor, einen alten Schulfreund besuchen zu wollen, der sich dort niedergelassen hat; in Wirklichkeit möchte er aber Ingigerd nahe bleiben, einer sechzehnjährigen Tänzerin mit langem blondem Haar, die sich ebenfalls auf der «Roland» eingeschifft hat. Friedrich ist hoffnungslos in sie verliebt, seit er sie in ihrer Glanzrolle als «Mara oder das Opfer der Spinne» gesehen hat. Ein armloser deutscher Zirkusartist, mit dem er während der Überfahrt ins Gespräch kommt, versucht, ihm den Star zu stechen: «Die Kleine ist ein pikantes Luderchen», sagt er über Ingigerd im vertraulichen Männergespräch, «mir ist es nicht wunderbar, wenn ein unerfahrener Mann diesem Früchtchen verfällt. Freilich, man soll sie mit Handschuhen anfassen!» Gerade dies fällt Friedrich furchtbar schwer. Er kann nicht von Ingigerd lassen, die, malerisch auf einem Liegestuhl an Deck hingestreckt, auch von anderen Verehrern bedrängt wird; darunter ist sogar einer, der die Nacht vor ihrer Kabinentür zubringt, zusammengerollt wie ein Hund. Trotzdem ist es natürlich Friedrich, der nach der Havarie, wenn die Passagiere von Panik ergriffen werden und jeder nur noch an sich denkt, Ingigerd in ein Rettungsboot trägt. Auch in New York, wo sie bald wieder in einem Varieté auftritt, folgt er ihr noch lange auf Schritt und Tritt, wenn auch unter lauten Selbstanklagen, was er doch für ein verkommener Mensch sei. Erst durch den Zuspruch des ehemaligen Schulfreundes und mit der Hilfe einer jungen Amerikanerin – deren Figur kurioserweise als «breit und ohne Tadel» geschildert wird – gelingt es ihm, sich aus diesem unwürdigen Minnedienst zu lösen. Ingigerd bleibt drüben, Friedrich kehrt in die Alte Welt zurück wie weiland sein Urheber Hauptmann. Seine Odyssee liegt hinter ihm, der Sohn bleibt den Eltern, der Vater seinen Kindern, der Arzt seinen Patienten, der Deutsche dem Vaterland erhalten.

Das Autobiographische liegt zu nah an der Oberfläche, als daß wir es hervorzuheben bräuchten; es handelt sich bei *Atlantis* um den Aufguß der eigenen Amerikareise von 1894, angereichert mit einigen Zutaten aus der Orloffschen Teufelsküche. Interessanter ist die tiefere Schicht des Selbsterlebten, die sich in der Sprache offenbart. Wenn Friedrich vor dem Aufbruch nach Amerika sagt, Europa sei für ihn «eine stehengebliebene kalte Schüssel auf einem Bahnhofsbüffet», dann fließt dieser höchst ungewöhnliche Vergleich dem Sohn des Bahnhofsgaststätten-Pächters Robert Hauptmann so leicht aus der Feder wie dem Dramatiker Gerhart die Analogie, durch die er sich die

Größe eines Schiffes zu vergegenwärtigen sucht, das zweitausend Menschen aufnehmen kann. Sie entspricht für ihn nicht der Einwohnerzahl eines Dorfes oder der Stärke einer Kavalleriebrigade oder der Studentenschaft einer kleinen Universität, wohl aber der «Menge, mit der man zweimal den Zuschauerraum eines großen Theaters vom Parkett bis zur Galerie anfüllen kann»[175].

Wo Hauptmann sich in *Atlantis* aber im Tiefgang versucht, stößt er sehr bald auf den Grund eines Gemeinplatzes: «Der Mensch, dieses insektenhafte Gebilde, dessen Sinnesapparat und dessen Geist ihn gerade nur zur Erkenntnis seiner ungeheuren Verlassenheit im Weltall befähigt...» Abgesehen von den oben erwähnten Vergleichen und einigen einprägsamen Bildern wie dem der schwarzen Witwen aus Kohlenqualm, die schweigend von den Schornsteinen des Schiffes über den endlosen Ozean davonwandern, bietet die Beschreibung wenig Neues; überraschend wenig, wenn man bedenkt, wie viel da noch zu leisten wäre im Vergleich zur englischen oder französischen Literatur, in denen die Beschreibung einer Seereise ein weitaus häufigeres Motiv ist als in der deutschen. (Ein freilich sehr kleines Beispiel davon, sozusagen eine Kostprobe, liefert Hauptmann immerhin in seiner Schilderung des Zwischendecks auf der «Roland», die an Robert Louis Stevensons Fahrt auf der «Devonia» erinnert.) Es fehlt das Poetische, das zugleich erklärt und verklärt wie der schöne Satz – ein griechisches Einsprengsel in den so deutschen Text des *Emanuel Quint* –, mit dem Hauptmann den tragischen Selbstmord des Studenten Dominik und anderer junger Menschen kommentiert: «Jahr um Jahr kommen Schiffe mit schwarzen Segeln von den Labyrinthen des Minotaurus zurück.» In *Atlantis* sucht man solche Höhenflüge vergeblich, da fungieren die Heizer fast immer als «nackte Heloten» und der Atlantik als «großer Teich».

Nicht, weil *Atlantis* Hauptmanns gelegentliche Betätigung auf dem Gebiet der Unterhaltungsindustrie einleitet, ist der Roman bemerkenswert. Goethe und Schiller, Thomas Mann und Brecht haben ebenfalls neben ihren «klassischen» auch unterhaltsame Werke verfaßt sowie einige, die beides sind. Bei Hauptmann kommt jedoch etwas anderes hinzu. Mit *Atlantis* setzt eine Entwicklung ein, die für sein Überleben von ausschlaggebender Bedeutung werden sollte: Es ist das erste seiner Werke, das verfilmt wird. Skandinavien ist damals führend auf diesem Gebiet, Fern Andra und Asta Nielsen zählen zu den frühen Stars des Stummfilms, die Nordisk Films Co. ist die größte

Filmgesellschaft der Welt. Sie dreht 1913 einen *Atlantis*-Film, in dem Olaf Fönss vom Kopenhagener Nationaltheater den Friedrich von Kammacher spielt, Ida Orloff vom k.u.k. Hofburgtheater die Tänzerin Ingigerd und Carl Hermann Unthan, den wir 1894 an Bord der «Elbe» kennenlernten, den armlosen Artisten. Für die auf einem gemieteten dänischen Ozeandampfer in der Nordsee gefilmten Schiffsszenen werden über 500 Statisten, für ihre Beförderung und die des technischen Personals und der Requisiten wird eine kleine Flottille von Hochseefrachtern, Schleppdampfern und Motorbooten eingesetzt. Daß die Gesamtherstellungskosten den Voranschlag um ein Vielfaches übertrafen, war damals, in der Frühzeit des Films, ein schockierender Einzelfall. Heute ist das branchenüblich.

Hauptmann nimmt wenig Anteil an diesem Unternehmen, nachdem er sich eine Garantie von 20000 DM sowie eine Tantieme von 4 Prozent gesichert und einen Dr. Schröder mit der Wahrnehmung seiner Interessen an Ort und Stelle beauftragt hat. Die Verfilmung seiner Werke bleibt ihm auch später in erster Linie eine zusätzliche Einkommensquelle. Im Leben von Ida Orloff hingegen wird die Teilnahme am *Atlantis*-Film ein Wendepunkt. Sie ahnt, daß sie damit Neuland betritt; noch gilt das Filmen für seriöse Künstler als unstandesgemäß. «Ich bin die erste Hofschauspielerin, die diesen Schritt gewagt hat», erklärt sie in einem Interview, «und ich weiß nicht, wie er mir bekommen wird.»[176] – Er bekommt ihr schlecht. Sei es, daß man ihr einige kritische Bemerkungen über das Wiener Theaterleben übelnimmt, sei es, daß sie sich dem neuen Medium gegenüber nicht so zurückhaltend gerierte, wie man es in maßgebenden Kreisen gern gesehen hätte (auf die Frage, wie ihr denn das Filmen gefiele, antwortet sie in aller Naivität: «Ich muß sagen, ich tue es mit sehr großem Vergnügen!»): Ihr noch auf zwei Jahre laufender Vertrag wird nach einem Disziplinarverfahren vom k.u.k. Hoftheater gekündigt. In diesem Debakel, aus dem Hauptmann sich weislich heraushält, stehen die Kollegen, die an den Dreharbeiten mitgewirkt haben, fest zu ihr. In seinen mit den Zehen getippten und deshalb *Das Pediskript* betitelten Lebenserinnerungen betont z. B. Unthan, daß Ida Orloff, alles andere als das Luderchen, zu dem Hauptmann sie in *Atlantis* umfunktionierte, in Wirklichkeit ein «entzückendes Weib von zweiundzwanzig Jahren [es waren vierundzwanzig] in ihrer rassigen Schöne mit ihrer atemberaubenden Wahrheitsliebe und Offenheit» war und eben deshalb «berückend auf Hauptmann gewirkt» haben müsse.[177]

Während der Arbeit an diesen Prosawerken «läuft» eine dramatische Produktion von sehr unterschiedlicher Qualität. Zur Zeit, da Hauptmann *Und Pippa tanzt!*, *Kaiser Karls Geisel* und die so unrühmlich durchgefallenen *Jungfern vom Bischofsberg* fertigstellt, arbeitet er auch an *Gabriel Schillings Flucht*. Er bietet das Stück zuerst Konstantin Stanislawski, dem Leiter des in Berlin gerade enthusiastisch gefeierten Moskauer Künstlertheaters, zur Erstaufführung an und gibt dem Russen im März 1906 sogar ein Essen; doch winkt dieser ab, woraufhin Hauptmann das Drama vorerst zurückbehält. Wegen der auf eigenem Erleben beruhenden und auch den Freundeskreis tangierenden Handlung zieht er vor, es zum ersten Mal im intimen Rahmen eines kleinen und außerhalb von Berlin gelegenen Hauses spielen zu lassen. Die Gelegenheit dazu bietet sich 1912 im Theater von Bad Lauchstädt bei Merseburg, wo Goethe einst Regie geführt hatte. Der Fischer Verlag verkauft Karten und organisiert einen Sonderzug für das Berliner Theaterpublikum, einen Nachfolger des sogenannten Rosenkavalier-Extrazuges, den die Reichsbahn am Morgen des 26. Januar 1911 von Berlin nach Dresden zur Opernpremiere dampfen ließ. S. Fischer legt sich auch sonst in die Riemen, um seinem Autor mit *Gabriel Schillings Flucht* endlich wieder einmal zu einem spontanen und unumstrittenen Bühnenerfolg zu verhelfen.

Der Titelheld ist Hauptmanns Jugendfreund «Schmeo» nachgestaltet, dem Maler Hugo Ernst Schmidt, der sich nicht zwischen Frau und Freundin entscheiden konnte und im Sommer 1899 Selbstmord begangen hatte. Der Dichter erzählt die Geschichte im *Buch der Leidenschaft*, in dem er ja auch seine eigene, bis auf das Ende ganz ähnliche Lage schildert. In der Diskrepanz zwischen künstlerischem Wollen und Können erinnert Gabriel Schilling aber auch an Michael Kramer, wie in anderer Hinsicht an Johannes Vockerat in *Einsame Menschen*: Er wird ebenfalls von einer «Fremden», einer auf der Universität ausgebildeten und den Moralbegriffen ihrer Zeit vorauseilenden Russin, aus der Bahn geworfen und letzten Endes ins Wasser getrieben. Daneben enthält das Drama auch griechische Anklänge – oder vielmehr Vorahnungen, denn Hauptmann war noch gar nicht in Griechenland gewesen, als er in dem Stück konstatieren läßt, die Griechen seien, «genau wie wir, langschädelige, blonde Kerle gewesen». Zusammengehalten werden diese und andere disparate Motive durch eine Natur, die in dieses Stück hineinwirkt wie in kein anderes von Hauptmann. Man sieht, man hört, man atmet förmlich die Dünen und die Wellen und den Wind von Rügen, das Hauptmann erstmals im Juli 1888 mit Schmidt durchwandert und seither immer wieder besucht hatte, allein oder mit dem Bruder Carl und dessen Frau oder mit Mary oder Margarete oder Ida Orloff.

Liegt es am kreatürlichen Humus, am leidgedüngten Boden, dem dieses Drama entwuchs, daß es immer wieder große Schauspieler anzieht? Das war schon bei der Lauchstädter Premiere der Fall gewesen, als Willy Grunwald den Gabriel Schilling und Tilla Durieux die *femme fatale* Hanna Elias kreierte (und Max Liebermann sich an der Gestaltung des Bühnenbilds beteiligte). Später wird Elisabeth Bergner ihre ganze deutsche Karriere als eingerahmt von Hauptmann-Festvorstellungen betrachten, von ihren Auftritten als Gersuind und Käthe Vockerat bei der Feier von Hauptmanns sechzigstem Geburtstag 1922 bis zum 15. November 1932, als sie zu Ehren des Siebzigjährigen im Staatstheater Berlin die Hanna Elias spielte und Werner Krauß den Gabriel Schiller.[178]

Wir halten hier einen Moment inne und werfen einen Blick in die «Niederungen» des Literaturbetriebs, anstatt von Premiere zu Premiere zu eilen. Wenn die Beliebtheit bei den Schauspielern den positiven Pol der Aufnahme von *Gabriel Schillings Flucht* bezeichnet, dann finden wir den negativen in der Invektive, mit der Hauptmann Alfred Kerrs Kritik an dem Stück quittiert – und zurückhält, bis sie aus dem Nachlaß gedruckt wird; denn er bleibt ein Meister im stillen Abreagieren und schließt manches in der Schreibtischschublade weg, was andere herausposaunen. Dabei ist es nicht so, daß Hauptmann, dem Thomas Mann einmal den Status eines «germanischen Lieblings der jüdischen Kritik» bescheinigte, sich im allgemeinen über die Rezensionen zumindest seiner frühen Werke hätte beschweren können.[179] Aber die Mißerfolge, die die letzten Dramen bei der Premiere erlitten hatten, und im besonderen Kerrs ablehnende Haltung gegenüber dem neuesten Stück, ließen das Faß überlaufen. «Alfred Kerrs Besprechung von *Gabriel Schillings Flucht* zwingt zu folgenden Wahrnehmungen: A. K. hat verlernt zu schreiben, zu fühlen, zu erkennen und zu urteilen...», schreibt Hauptmann im Juli 1912:

> Ein junger, kräftiger und wesentlich redlicher Mann ist zur gezierten, geschminkten, ausrangierten Dirne geworden, die mit den Röcken scharwenzt, mit dem Steiß wackelt und dermaßen niedlich tut, daß es eigentlich jeden Hund erbarmen müßte, obgleich ein Geruch dabei verbreitet wird, der erfahrungsgemäß gerade den Hunden nicht zuwider ist.

Starker Tobak für einen Dramatiker vom Typ «Dichterfürst»? Nun, Hermann Sudermann, dem die Kritik von Anfang an viel ärger zusetzte, hatte Kerr schon vorher «das eitle, schwächlich-böse Kind einer erschlafften, klatschsüchtigen, angefaulten Schmarotzerwelt» genannt.[180] Das war 1902 gewesen, als er sich in der Schrift *Verrohung in der Theaterkritik* gegen seine Widersacher zur Wehr setzte. Bald danach mokierte sich der «Sturm und Drang»-Naturalist Karl Bleibtreu über die überall grassierende «Haupt- und Sudermännerei», während der völkisch-rassistische Literaturhistoriker (und frühe Hauptmann-Biograph) Adolf Bartels in allem, was ihm am zeitgenössischen Schrifttum mißfiel, jüdische Einflüsse witterte und Hermann Hesse gar meinte, Kerr könne deutsche Patrioten zu Antisemiten machen. Kurzum, es war, 1902 wie 1912, eine kritische Katzbalgerei sondergleichen, bei der bald der eine, bald der andere und bald ein dritter obenauf war. Hauptmann hielt sich nach Kräften heraus und vertraute dem Tagebuch an, was er den Leuten nicht ins Gesicht sagen wollte. Irren wir in der Vermutung, daß Margarete ihn dabei unterstützte, ja, daß diese Haltung vielleicht auf ihren Rat zurückging?

Drei andere, weniger wichtige Bühnenwerke entstehen in diesem Zeitraum, in dem Hauptmann auch *Die Ratten*, sein bedeutendstes Drama aus diesen letzten Vorkriegsjahren, schreibt: *Christiane Lawrenz*, um 1907 beendet, wurde erst 1963 aus dem Nachlaß veröffentlicht; der Dichter hat es wohl selber als unfertig erachtet. Die Titelheldin verläßt ihren Mann, um sich der Erziehung ihres kranken Sohnes zu widmen, der aber stirbt, als er vom Haß zwischen den Eltern erfährt. Das Stück zeigt noch einmal den Einfluß von Ibsen, und zwar in der Nora-ähnlichen Hauptfigur wie in der Anlage als Familientragödie, deren Hintergründe sich erst im Verlauf und durch den Verlauf der Handlung enthüllen.

Das Lustspiel *Griselda* ist eine Dramatisierung jener letzten Novelle in Boccaccios *Dekameron* (um 1350), die in der europäischen Literatur von Petrarca über Hans Sachs, Lope de Vega, Goldoni und andere bis zu Hauptmann einen wahren Kometenschweif von Neugestaltungen nach sich gezogen hat. Wie bei *Schluck und Jau* und *Kaiser Karls Geisel* beruht die Spannung auf dem Kontrast zwischen oben und unten oder reich und arm, hier zwischen dem Markgrafen Ulrich und der Bauernmagd Griselda, deren Geduld und Standhaftigkeit von ihm auf eine harte Probe gestellt wird. Es geht reichlich burschikos zu in diesem Stück, auch in der Behandlung des Sexuellen. In der Berliner Uraufführung am 6. März 1909 – eine weitere Premiere findet gleichzeitig im Wiener Burgtheater statt – legt die mollige und längst nicht mehr junge Else Lehmann mit ihrem charmanten kleinen Sprachfehler (sie hat Schwierigkeiten mit dem «r») eine so überzeugende Griselda «auf die Bretter», daß Hauptmann vor den ärgsten Pfeilen der Kritik geschützt wird. Nach den Worten von Julius Hart halten die Lehmann und Albert Bassermann «ihren Schild über den Dichter, ... den gefallenen Helden».

Die 1910 verfaßte Tragikomödie *Peter Brauer* schließlich hat wiederum einen Maler zum Helden, den Hauptmann in seiner Jugend gekannt hatte. Diesmal ist es nicht Marshall wie in *Kollege Crampton* oder Bräuer wie in *Michael Kramer*, sondern jener Curt Gitschmann, der als Freund der Familie Hauptmann die Honoratioren von Sorgau und Salzbrunn porträtiert und den jungen Gerhart in seinen künstlerischen Neigungen bestärkt hatte. Gitschmann ist als amüsanter Hochstapler, der von der Hand in den Mund lebt, freilich keine tragische oder auch nur dramatische Figur, und so besteht das Stück aus einer bloßen Sammlung von Anekdoten. Das mag der Grund gewesen sein, weshalb Hauptmann es so lange zurückbehielt. Als er es 1921 auf die Bitte eines Freundes zur Aufführung freigab, war es zu spät. In derselben Saison gingen neue Stücke von Kaiser, Barlach, Werfel, Kokoschka, Sternheim und noch anderen Expressionisten über die Bühne – Stücke, die, wie unvollkommen auch immer, etwas zu *sagen* hatten.

Die Bausteine, aus denen die *Ratten* konstruiert sind, unterscheiden sich nicht wesentlich von denen anderer Werke des Naturalisten Hauptmann. Auch in diesem Stück ist vieles selbsterlebt: vom Schauplatz, einer ehemaligen Kaserne in der Berliner Alexanderstraße, in der Hauptmann im Winter 1884/85 bei Alexander Heßler alias Direktor Harro Hassenreuter Schauspielunterricht genommen hatte, bis zum Tod eines Babys, des Kindes der Frau John bzw. des zweiten, im Mai 1910 bald nach der Geburt gestorbenen Sohnes von Gerhart und Margarete Hauptmann. Anderes stellt eine Wiederbelebung und Weiterführung älterer und lange brachliegender Fragmente dar, vor allem der 1887 angefangenen Novelle *Der Buchstabe tötet*, in der eine junge Frau ihr Recht auf das uneheliche Kind geltend macht, das sie bei einem Maurerehepaar in Pflege gegeben hatte. Noch anderes ist angelesen, ob aus der Weltliteratur (so die parodistische *Braut von Messina*-Theaterprobe) oder aus der Tagespresse wie der von einem Kindertausch handelnde Prozeßbericht, den der Dichter sich aus dem *Berliner Lokalanzeiger* vom 13. Februar 1902 notiert hatte; wir kennen ähnliches aus der Entstehungsgeschichte der Novelle *Fasching*. Diese und andere Elemente stammen aus dem vertrauten Hauptmannschen Kaleidoskop, dessen Bestandteile sich jedesmal in neuer Anordnung darbieten.

Die Uraufführung der *Ratten* am 13. Januar 1911 im Lessing-Theater mit Else Lehmann als Frau John und Emanuel Reicher als Hassenreuter wurde mit mäßigem Applaus bedacht: «Keinem gefällt das Stück», schreibt der sonst so scharfsichtige Harden über diese Aufführung, «das ein in der Hauptstadt nie heimisch gewordener, längst ihr völlig entfremdeter Enkel schlesischer Weber für Luxusberliner schrieb und in dem Mutterleidenschaft um das Lager des einer leichtsinnigen Sklavenmagd abgelisteten Kindes verprasselt.» Der Spielplan des Lessing-Theaters in der Saison 1910/11 zeigt, daß dies die Überzeugung nicht nur eines einzigen, wenn schon prominenten Premierenbesuchers war: Björnstjerne Björnsons Lustspiel *Wenn der junge Wein blüht* wird 52mal, Karl Schönherrs *Glaube und Heimat* 76mal, Hauptmanns Stück hingegen nur 32mal gegeben.[181]

Einige Jahre darauf entlockt Felix Hollaenders Inszenierung im Deutschen Theater (mit Lucie Höflich, Eduard von Winterstein und Werner Krauß) dem Begründer der wichtigen Zeitschrift *Die Schaubühne*, Siegfried Jacobsohn, eine nachdenkliche Frage, die sich Theaterkritiker ruhig öfter stellen sollten: «Weswegen bin ich 1911 vor diesen *Ratten* durchgefallen? Wer außer Hauptmann könnte so etwas erfinden? Den Blick hat keiner, die Hand hat keiner, das Herz hat keiner, den Mut hat keiner, der heute lebt.» Dies war im Kriegsjahr 1916, als die Ratten – sprich: der Zahn der Zeit – bereits vernehmlich am Gebäude des Kaiserreichs nagten und man zu verstehen begann, daß die Doppelbödigkeit der von Hauptmann geschilderten Welt nicht, wie Harden angenommen hatte, «wohlfeilem Schmierenwitz» entsprang, sondern Hauptmanns Kenntnis der gesellschaftlichen Probleme der Zeit. *Die Ratten* wurde 1921 ein erstes Mal verfilmt, mit Lucie Höflich als Frau John, Eugen Klöpfer als ihrem Mann und Emil Jannings als ihrem Bruder. (Mit einer anderen Besetzung machte Robert Siodmak 1955 einen weiteren Film, während das Stück allein im Zeitraum 1949 bis 1979 überdies in drei verschiedenen Hörspiel-Fassungen und drei verschiedenen Inszenierungen als Fernsehspiel gesendet wurde.[182])

Die Frau des in Hamburg arbeitenden Maurerpoliers John wünscht sich sehnlichst ein Kind. Da sie keines mehr haben kann (das erste war als Säugling gestorben), kauft sie dem Dienstmädchen Pauline Piperkarcka das uneheliche Baby ab, das diese gerade erwartet, und läßt es auf dem Amt als ihren eigenen Sohn eintragen. Ihr nach Berlin zurückkehrender Mann, der von alledem nichts weiß, hält das Kind für sein eigenes und freut sich über den unerwarteten Nachwuchs. Als die Piperkarcka, von Gewissensbissen getrieben, das Kind ihrerseits anmeldet und Frau John lediglich als Pflegemutter ausgibt, droht der Betrug aufzufliegen. Frau John hat keine ruhige Minute mehr, weder die Unterschiebung eines anderen Babys noch andere Maßnahmen können das Unheil abwenden. In ihrer Verzweiflung trägt sie ihrem kriminellen Bruder Bruno auf, der Piperkarcka angst zu machen, damit sie im Fall einer behördlichen Untersuchung «dichthält». Statt dessen ermordet Bruno die junge Frau, woraufhin Frau John vollends zusammenbricht und in einem von Hauptmanns bühnensicheren Aktschlüssen «Ick bin keen Merder!» stammelt. «Ick bin keen Merder! Det wollt ick nich!» Beim Eintreffen der Polizei gesteht Frau John ihrem Mann, daß sie ihn hinters Licht geführt hat. Er liebt sie zwar, kann ihr aber nun nicht mehr folgen und stellt lediglich fest: «Also det Kind haste dich beschafft, und wie die Mutter hat wiederhaben jewollt, hast se lassen von Brunon umbringen.» Damit hat die Frau alles verloren. Ihr Leben hat keinen Sinn mehr, sie stürzt hinaus und bringt sich um.

Diese «eigentliche», die tragische Handlung, wird von einer zweiten und komischen kontrapunktiert, bei der wir den ehemaligen Theaterdirektor Hassenreuter, der auf dem Dachboden seinen Fundus an Kostümen und Requisiten untergebracht hat, beim Erteilen von Schauspielunterricht, in Gesprächen mit seiner Frau und Tochter und beim Schäkern mit einer Freundin erleben. Da Frau John bei ihm saubermacht und die Familien einander kennen, kann er die Handlung manchmal direkt kommentieren in der Manier des Chors in einem griechischen Trauerspiel und zu anderen Malen durch die Unfähigkeit des Mimen, einer wirklichen Tragödie gerecht zu werden, selbst wenn diese sich vor seinen Augen abspielt.

Das Nichtverstehen, das von Hauptmann hier zu einer großen, eines Ionesco oder Beckett würdigen Kunst erhobene Aneinandervorbeireden, ist gewiß ein Grund für die Beliebtheit dieser «Berliner Tragikomödie» (so der Untertitel des Stückes, das ursprünglich «Der Storch beim Maskenverleiher» heißen sollte) in unseren Tagen. Ob Frau John von der schweren Geburt «ihres» Kindes spricht und ihr Mann treuherzig fragt: «Warum haste mir nich lassen kommen?» oder Frau Hassenreuter über die Wiege gebeugt ausruft: «Die Augen! das Näschen! der ganze Vater! – Das Kerlchen ist Ihnen wirklich ... wirklich wie aus dem Gesicht geschnitten, Herr John!» oder Bruno seiner Schwester im Ton einer Moritat den Mord an der wahren Mutter des Kindes schildert:

BRUNO. De halbe Nacht hab ick mit ihr jetanzt. Nu sind wir uff de Straße jejang. Denn war 'n Herr mitjekomm, vastehste! Und wie det ick jesacht habe, det ick von meinsweejen mit die Dame 'n Hiehnchen zu pflicken habe und 'n Schneiderring aus de Bucksen jezogen, hat er natierlich Reißaus jenomm. – Nu ha ick zu ihr jesacht: Ängsten sich nich, Freilein! wo jutwillig sind und wo keen Lärm schlachen und nie nich mehr bei meine Schwester nachfrachen nach Ihr Kind, soll allet janz jietlich in juten vereinigt sind! Und denn is se mit mich jejondelt 'n Sticksken.

FRAU JOHN. Na und?

BRUNO. Na und? – Und da wollte se nich! – Und da fuhr se mit eemal nach meine Jurjel, det ick denke ... wie 'n Beller, der toll jeworden is! und hat noch Saft in de Knochen jehat ... det ick jleich denke, det ick soll alle werden! Na, und da ... da war ick nu ooch 'n bißken frisch – und denn war et – denn war et halt so jekomm.

FRAU JOHN, *in Grauen versunken.* Um welche Zeit war et?

BRUNO. So rum zwischen vier und drei. Der Mond hat 'n jroßen Hof jehat. Uff'n Zimmerplatz hinter de Planken is een Luder von

Hund immer ruffjesprung und anjeschlagen. Denn dreppelte et, und denn is 'n Jewitter niederjejang...

Der Dialog drückt immer mehr und anderes aus, als der Wortbedeutung zu entnehmen ist. Zu dieser Brechung im Prisma der Sprache kommt die Verfremdung durch das Vexierbild hinzu, das jedesmal entsteht, wenn ein Dichter das Drama selber zum Vehikel einer Unterhaltung über das Wesen des Dramas macht, jener Spiel-im-Spiel-Effekt, der z. B. in Pirandellos *Sechs Personen suchen einen Autor* (1921) stattfindet. Hauptmann schafft eine doppelte Perspektive, indem er Hassenreuter und seinen aufsässigen Schüler Spitta «oben» (auf dem Dachboden, auf hochdeutsch, als Vertreter des gebildeten Bürgertums) den Konflikt zwischen klassischer und naturalistischer Bühnenpraxis diskutieren läßt, während sich «unten», im Parterre unter Proletariern aus dem «Milljöh», ein ganz anderer Konflikt entlädt. Es ist so, als hätte Lessing Teile der *Hamburgischen Dramaturgie* in seine *Emilia Galotti*, Goethe seine *Regeln für Schauspieler* in den *Torquato Tasso* oder Brecht den *Dialog über Schauspielkunst* in seine *Mutter Courage* eingebaut.

Trotzdem haben wir in den *Ratten* ein einheitliches, aus einem Stück gegossenes Drama, das an einem Ort spielt – Berlin, von der «Schnauze» bis tief in die Mentalität – und der verschiedenen Mundarten unbeschadet mit einer Stimme spricht. Hauptmanns souveräne Sprachbeherrschung erlaubt ihm, neben den berlinernden Johns, dem ein blumenreiches, mit Zitaten verbrämtes Bühnendeutsch sprechenden Hassenreuter und der in polnischem Tonfall radebrechenden Piperkarcka auch noch eine Wienerin auftreten zu lassen; aus purem Übermut sozusagen, denn sie *muß* gar nicht Österreicherin sein. Und doch möchte man in diesem tief tragischen, quasi attischen, in dunklen Räumen spielenden und dunkle Emotionen erweckenden Stück nicht die glockenhelle Stimme von Hassenreuters Freundin vermissen, die ihm beim Rendezvous zwischen den alten Waffen und historischen Kostümen von einem kleinen Erlebnis erzählt:

Weißt übrigens, wen i, wie i grad auf den Bahnhof Zoologischer Garten zusteuer', troffen hab'? Den alten guten Fürst Statthalter hab' i troffen. Und sixt, unverfroren wie i amal bin, bin i zwanzig Minuten lang neben ihm herg'schwenkt und hab' ihn in an langen

Diskurs verwickelt, und auf Ehre, Harro, wie ich dir sag', so is es buchstäblich tatsächlich g'schegn. Auf'n Reitweg is plötzlich Majestät mit großer Suite vorüberg'ritten. I denk', i versink'! Und hat übers ganze Gesicht gelacht und Durchlaucht so mit dem Finger gedroht. Aber g'freit hab' i mi, das kannst mir glauben.

Vor allem sind es natürlich die Ratten selber, die das Geschehen leitmotivisch begleiten und verdeutlichen. Im ersten Akt tritt Bruno, der mit seinem «forschenden» Blick aus «schwarzen, kleinen und stechenden» Augen etwas Nagetierartiges an sich hat, mit einer Falle in den Händen auf die Bühne und sagt: «Ick denke, ick soll hier Fallen uffstellen.» Im dritten klagt der Bismarck-Verehrer Hassenreuter über die (sozialistischen? katholischen? liberalen?) «Ratten», die sich anschicken, «unser herrliches neues geeinigtes Deutsches Reich zu unterminieren», und im fünften schlägt John, dessen Welt am Zusammenbrechen ist, auf den Tisch: «Horchen Se ma, wie det knackt, wie Putz hinter de Tapete runterjeschoddert kommt! Allens is hier morsch! Allens faulet Holz! Allens unterminiert, von Unjeziefer, von Ratten und Mäuse zerfressen!»

Am Theaterstück *Die Ratten* gibt es kein faules Holz, es ist im Gegenteil Hauptmanns bestgefügtes, durch viele Fassungen hindurchgegangenes Drama, laut Otto Brahm ein Werk seiner «reifen Kraft».

III

«Viel Feind', viel Ehr'!» pflegten die Deutschen damals noch zu sagen, wenn in der Außenpolitik wieder einmal etwas schiefgegangen war und man hoffte, die Gleichung würde schon irgendwie aufgehen. In diesen Jahren wird beides, Zustimmung wie Ablehnung, in reichem Maße auch Hauptmann zuteil.

Einen ersten Höhepunkt in seiner öffentlichen Wertschätzung brachte das Jahr 1905 mit der Verleihung des Volks-Schiller-Preises, des dritten Grillparzer-Preises und des Ehrendoktorats des Worcester College der Universität Oxford, für das sich der dortige Germanist Professor Hermann Fiedler, später Herausgeber des *Oxford Book of German Verse* mit Vorwort von Hauptmann, stark gemacht hatte. Auf dem Weg zur Entgegennahme dieser Ehrung trifft Hauptmann in London mit George Bernard Shaw zusammen – eine Begegnung, die so folgenlos verlaufen zu sein scheint wie die mit dem amerikanischen Dramatiker-Kollegen und «großen Schweiger» Eugene O'Neill im Jahre 1932. Man kennt das: Die Olympier untereinander belassen es beim Austausch von gravitätischen oder ironischen Höflichkeitsfloskeln. Fiedler jedoch wird zum Freund, der sich auch mal auf dem Wiesenstein stehen läßt und als Professor Geiger in *Vor Sonnenuntergang* weiterlebt.

Auch wenn nicht jedes seiner Werke auf der Bühne reüssiert, hat man sich seit langem angewöhnt, praktisch jedes Jahr mit einem neuen Werk aus Hauptmanns Feder zu rechnen. Der Umfang seines Œuvres und die Beliebtheit seiner Theaterstücke legen jetzt den Gedanken an eine Ausgabe der Gesammelten Werke nahe. Sie wird 1906 von S. Fischer verwirklicht, in sechs Bänden zum Gesamtpreis von 24 Mark broschiert, 30 in Halbpergament und 36 in Ganzpergament; wer über ein volles Portemonnaie verfügt und sich rechtzeitig in die Subskriptionsliste einträgt, kann für 100 Mark die numerierte und auf Büttenpapier gedruckte Vorzugsausgabe erwerben. Hauptmann wird also auch insofern zum «Klassiker», als man seine Werke zunehmend in zweierlei Format veröffentlicht, in billigen Schul- und Volksausgaben wie in Luxuseditionen für das großbürgerliche Bücherbord; diese Editionen wiederum werden immer häufiger von namhaften Malern und Grafikern illustriert, die sich im Künstlerischen weit voneinander unterscheiden und auch im Politischen das gesamte Spektrum von links nach rechts vertreten, von Käthe Kollwitz über Heinrich Vogeler und Max Slevogt bis zu Ludwig von Hofmann. Die zwischen 1907 und 1912 entstandenen Prosaschriften *Griechischer Frühling*, *Der Narr in Christo Emanuel Quint* und der Bestseller *Atlantis* werden in die zum 50. Geburtstag fertiggestellte «Volksausgabe» aufgenommen, die 20 Mark kostet und dem Dichter das beträchtliche Honorar von 30000 Mark für die ersten und 34000 für die nächsten zehntausend Exemplare garantiert. Auch diese Ausgabe findet großen Anklang und muß mehrmals nachgedruckt werden.

Auflagenhöhe, Aufführungsstatistiken und weitere Ehrendoktorate wie der 1909 von der Universität Leipzig verliehene Dr. phil. h.c. sind nur Anzeichen einer Entwicklung, die sich im stillen seit langem angebahnt hat und jetzt augenfällig wird: Hauptmann ist en vogue. Der Dramatiker, der zuerst mit sozialkritischen Bühnenstücken hervorgetreten ist, wächst nicht nur als Künstler über seine Anfänge hinaus. Im Maß, in dem seine Werke eine immer größere Breitenwirkung erzielen und man sich auch mit seinem Leben so eingehend beschäftigt, daß 1909 bereits sieben verschiedene Biographien vorliegen, wächst auch sein Verehrerkreis und festigt sich seine gesellschaftliche Stellung. Daß er eine solche überhaupt innehat – ein Dichter kann die Gesellschaft auch verspotten wie Sternheim, bloßstellen wie Sudermann oder außer acht lassen wie Hesse –, verdankt er nicht allein seinem Dichterruhm, sondern auch seiner Anpassungsfähigkeit und nicht zuletzt dem durch Fingerspitzengefühl und eine angeborene Eleganz gezügelten Ehrgeiz seiner Frau. Wenn Hauptmann z. B. den *Griechischen Frühling* Harry Graf Kessler zueignet und dieser das Buch in der *Neuen Rundschau* ausführlich bespricht, dann ist das ebenso Ausdruck einer gegenseitigen Wertschätzung (denn die beiden haben aneinander nichts zu «verdienen») wie die Zeilen, die Walther Rathenau 1912 seiner aufsehenerregenden Abhandlung *Zur Kritik der Zeit* voranstellt: «Deinen Namen schreibe ich auf die erste Seite dieses Buches...», lautet die Widmung an den Duzfreund Hauptmann. «Nimm dieses Buch als Zeichen der Dankbarkeit, die ich als Deutscher dem Dichter unsres Zeitalters schulde, und als Gabe herzlicher Freundschaft.»

Einige dieser Kontakte verlaufen über den gemeinsamen Verleger S. Fischer, in dessen Haus man sich fast so häufig begegnet wie im Hotel Adlon oder bei Borchardt oder im Theater. Rathenau, damals (nach Musils Worten) noch der «alternde Kronprinz» seines Vaters, des Begründers der AEG, wohnt ebenfalls im Grunewald; im Spätsommer 1909 besucht ihn Hauptmann auf Sylt, später liest er ihm und Brahm *Die Ratten* vor und ändert auf den Rat der Freunde den fünften Akt. Eine ähnliche, durch literarische Anfeindungen nur vorübergehend getrübte Freundschaft verbindet Hauptmann mit Alfred Kerr, der «frisierten Wanze», wie Tilla Durieux ihn in ihren Memoiren nennt, wegen seiner notorischen Eitelkeit und vielleicht aus Rache für irgendeine durch ihn erlittene Verbalinjurie, analog zum «Aufsichtsrathenau», mit dem Kerr den vielbeschäftigten Industriellen oder zum «Schminkeles», mit dem er den ehemaligen Schauspieler Harden bedachte. Hauptmann kann und will da nicht mithalten; ihm fehlt das Organ für amüsante Bosheiten, er kann wettern und sich Luft machen, aber nicht sticheln.

Man verkehrt miteinander auch im Urlaub und auf Reisen, auf

dem Wiesenstein, in Rathenaus Schloß Freienwalde im Oderbruch oder in der Villa, die sich der AEG-Direktor Felix Deutsch und seine von Hauptmann sehr verehrte Frau Lily in Mittelschreiberhau haben bauen lassen. Oder auch mal im Ausland, in Sestri Levante, Rapallo oder anderen Badeorten an der italienischen Riviera, an der Hauptmann gern den Winter verbringt. Seltsamer Gedanke, daß er einen großen Teil der im trüben Licht einer Berliner Mietskaserne spielenden *Ratten* ausgerechnet im sonnigen Portofino schreibt! – Übrigens verlaufen alle diese Besuche mit einem enormen Aufwand, mit Dienern und Zofen und Unmengen von Gepäck und kulinarischen Vorbereitungen, die die Gastgeberin so viel Zeit kosten wie den Hausherrn die Sorge um den Weinkeller. Klaus Mann erinnerte sich in späteren Jahren an Hauptmanns Besuche in seinem Elternhaus wie an «Staatsvisiten».

Genauso beliebt wie bei der (weitgehend jüdischen) Berliner Großbourgeoisie ist Hauptmann bei deren Antipoden im Haus Wahnfried. Nachdem er 1883 zum Begräbnis ihres Mannes gewandert war, lernt er die siebzigjährige Cosima Wagner 1909 in Lugano kennen und bald auch ihren Sohn Siegfried, ihren antisemitischen Schwiegersohn Houston Stewart Chamberlain und andere Mitglieder der Familie Wagner. Obwohl Hauptmann, anders als Thomas Mann, dem Komponisten nie hörig wird, läßt auch er sich dermaßen von der Musik und der geistigen Gestalt Richard Wagners fesseln, daß er Nacherzählungen von *Parsifal* und *Lohengrin* schreibt. «Meinem zwölfjährigen Sohn Benvenuto gewidmet», werden sie 1914 unter dem Titel *Gral-Phantasien* veröffentlicht, ausnahmsweise nicht von Fischer, sondern in der Reihe Ullstein-Jugend-Bücher. Als Hauptmann vom Kriegsausbruch erfährt, befindet er sich gerade auf einer Autoreise nach Bayreuth ...

Hauptmanns Aufstieg zum kulturellen Establishment des spätwilhelminischen Deutschland gipfelt vorerst in den Feiern zu seinem fünfzigsten Geburtstag. Am 15. November 1912 wird im Hotel «Adlon», in dem der Dichter seit längerem ein gerngesehener Gast ist, ein Festbankett für 153 Gäste ausgerichtet; ein denkwürdiger Abend, an dem ihm alte und neue Freunde, vom Altsozialisten Wilhelm Bölsche bis zum Großindustriellen Walther Rathenau und vom ersten Hannele, Paula Conrad, bis zu Max Reinhardts Frau Else Heims, die Hand drücken. Nur einer fehlt: Otto Brahm muß wegen Darmkrebs operiert werden und liegt im Sterben. Paul Schlenther und Emanuel Reicher feiern den Jubilar in längeren Reden, dann erhebt sich der Altgermanist Gustav Roethe von der Universität Berlin, in Vertretung des plötzlich erkrankten Kollegen Erich Schmidt. Roethe, ein Mann mit Schmissen und teutscher Denkart, benutzt die Gelegenheit, den Dichter wegen seiner angeblich mangelnden Vaterlandsliebe zur Rechenschaft zu ziehen. Die Ausführungen des Professors werden mit peinlichem Schweigen aufgenommen, bis sich am Ende der Festtafel ein junger Mann zu Wort meldet. Es ist Emil Ludwig, der spätere Biograph und Bestsellerautor, der Hauptmann in Schutz nimmt, indem er seine Wahrheitsliebe preist und sein Eintreten für die Freiheit, das gerade die jüngere Generation begeistert habe.

Zum Schluß sagt der Gefeierte ein paar Worte des Dankes an die Anwesenden und vor allem an die Veranstalter des Abends: Otto Brahm, Lovis Corinth, S. Fischer, Paul Jonas, Max Liebermann, Walther Rathenau und Paul Schlenther. Der Jubilar ist eine imposante Erscheinung, im Frack mit der priesterlich wirkenden Halsbinde und der hohen, zerklüfteten Stirn; Liebermann, der ihn im Auftrag von Alfred Lichtwark gerade porträtiert hat, hält ihn für *den* deutschen Dichter – «auch weil er so aussieht»[183]. Sein Erscheinungsbild weckt Erinnerungen an Porträts von Goethe, besonders in der Körperhaltung und im Kopf und Gesichtsausdruck, mit Ausnahme der wässerig-blauen und eher kleinen Augen. Überhaupt bürgert sich jetzt der Vergleich mit Goethe ein, auch in Druckerzeugnissen wie der Zeitschrift *Reclams Universum. Weltrundschau* oder Hermann Stehrs Rezension von *Atlantis*. Im übrigen verliest Hauptmann seine Danksagung, denn das öffentliche Sprechen, besonders wenn es sich um einen improvisierten Text handelt, ist nicht seine Sache. Er verheddert sich zu leicht in Nebensätzen, die seine Frau für ihn entwirren muß; und das geht natürlich nur in kleiner Runde.

Das Ritual von Festessen, Tischreden bzw. Ansprachen und der Verlesung einer schriftlichen Danksagung wiederholt sich zweimal in kurzen Abständen. Denn ein paar Tage später wird der «große» Geburtstag auch in Wien begangen. Man versammelt sich im Haus des literarischen Vereins «Concordia», wo der k.u.k. Unterrichtsminister, Exzellenz von Hussarek, die Festrede hält und Alexander Girardi, der beliebteste österreichische Volksschauspieler seiner Epoche, aus den Werken des Geburtstagskindes rezitiert. Hauptmann genießt auch diese Feier in vollen Zügen, zur Überraschung von Karl

Kraus, der ihn deswegen ein wenig belächelt: «Wenn er etwa eine Tragödie des Geistes schreibt», bemerkt der Kritiker zur Feier in der «Concordia», «so ist er doch wahrhaftig nicht mehr auf Milieustudien angewiesen ... Wie konnte er das aushalten?» Kraus kennt seinen Hauptmann schlecht. Dessen Jovialität und mit Trinkfestigkeit gepaarte Freude an jeglicher Art von Gastlichkeit, sein Vertrauen auf das Gute im Menschen, die mit dem Alter steigende Furcht vor dem Alleinsein sowie (wer wollte es ihm verübeln?) sein Stolz auf eine bisherige Lebensleistung, die jeder Festredner immer wieder von neuem herausstellen zu müssen glaubt – all das trägt dazu bei, daß aus Hauptmanns Bereitschaft, sich feiern zu lassen, bald ein Bedürfnis wird, gefeiert zu werden. Es gehört zum Peeperkorn-Faktor, auf den wir zurückkommen werden, zu der mit jedem Jahr stärker hervortretenden Diskrepanz zwischen Hauptmanns achtunggebietendem Aussehen und der Leere vieler seiner öffentlichen Aussagen. Sie fällt Arthur Schnitzler auf, der jetzt seiner kopfschüttelnden Verwunderung über «Hauptmanns große Persönlichkeitswirkung trotz mäßiger Intelligenz»[184] Ausdruck gibt.

Im Dezember 1912 wird Hauptmann mit dem Nobelpreis für Literatur, den er unter besonderem Hinweis auf *Die Weber* erhält, eine weit über das deutsche Sprachgebiet hinaus wirkende Ehrung zuteil. Nach Theodor Mommsen, Rudolf Eucken und Paul Heyse ist er der vierte so ausgezeichnete deutschsprachige Schriftsteller; ihm folgen Carl Spitteler, Thomas Mann, Hermann Hesse, Nelly Sachs, Heinrich Böll und Elias Canetti, nicht aber George, Hofmannsthal, Rilke, Kafka, Benn und Brecht. Hauptmann nimmt den Preis in Stockholm entgegen und bedankt sich beim Festbankett in einer kurzen Rede. Die Vision, in die sie ausklingt, wird sich in weniger als zwei Jahren als Trugschluß erweisen:

> Ich trinke auf den großen, letzten und rein ideellen Nobelpreis, den die Menschheit sich dann zusprechen wird, wenn die rohe Gewalt unter den Völkern eine ebenso verfemte Sache geworden sein wird, als es die rohe Gewalt unter den menschlichen Individuen der zivilisierten Gesellschaft bereits geworden ist.

So ehrenvoll und lukrativ der Nobelpreis auch ist, er kann sich an Exklusivität nicht mit einer in der Literaturgeschichte wohl einmaligen Auszeichnung messen: Der um die Sternörterberechnung ver-

Die zweite Seite der Nobelpreis-Verleihungsurkunde (1912).

diente Heidelberger Astronom August Kopff entdeckt 1907–09 drei bisher unbekannte Planetoiden und benennt sie nach drei von Ida Orloff verkörperten Frauengestalten seines Lieblingsdichters Hauptmann, der sich in einem Brief dafür bedankt, «daß Sie Pippa, Ottegebe und Gersuind nun in die Himmelstiefe versetzt haben»[185].

Daß der Ruhm zu anderen Zeiten auch eine schwere Last sein kann, erfährt Hauptmann mit seiner letzten größeren Arbeit vor Kriegsausbruch. Im April 1912 erreicht ihn die Aufforderung des Magistrats der Stadt Breslau, zur bevorstehenden Jahrhundertfeier der Befreiungskriege und zur Einweihung der dafür errichteten Jahrhunderthalle ein Festspiel zu schreiben; er ist schließlich nicht nur der Nationaldichter der Deutschen, er ist auch ein schlesischer Dichter. Hauptmann nimmt den Auftrag an, bekommt Bedenken, tritt von dem Projekt zurück und erklärt sich erst dann definitiv zur Mitarbeit bereit, als ihm der zum Regisseur vorgesehene Max Reinhardt versichert, daß kein «billiger Hurrapatriotismus» verlangt und ihm als Dichter in jeder Beziehung freie Hand gelassen werde. Dabei hatten Hauptmanns Sorgen vor allem der technischen Durchführung dieser Auftragsarbeit gegolten; die Halle faßte 8000 Personen, ein Vielfaches der normalen Zuschauer bei einer Theateraufführung, so daß die Pantomime die menschliche Sprache ersetzen oder zumindest ergänzen muß. Das Festspiel, für das sich der Autor manches von Hans Sachs und aus dem *Faust* entleiht, hat denn auch viel Marionettenhaftes an sich, was wiederum Hauptmanns Überzeugung entspricht, daß die Geschichte nicht vom Willen großer Männer bestimmt wird oder gar von ökonomischen Faktoren, sondern vom Zufall und vom Walten dunkler Schicksalsmächte. Und tatsächlich wird hier keiner der auftretenden Personen, weder Napoleon I. noch Talleyrand, weder Scharnhorst noch dem Turnvater Jahn, weder Hegel noch Fichte, noch einem anderen Helden viel Einfluß auf den Verlauf der Dinge zugebilligt. Am wenigsten dem Preußenkönig Friedrich Wilhelm III., der am 3. März 1813 in Breslau den historischen Aufruf *An mein Volk* erlassen hatte und in dem Stück mit keinem Wort erwähnt wird.

Die Uraufführung findet am 31. Mai 1913 statt. Schon am 17. Juni wird das *Festspiel in deutschen Reimen* auf Veranlassung des Schirmherrn der Feier, des deutschen Kronprinzen, vom Spielplan abgesetzt. Kriegervereine, fast der gesamte schlesische Adel, viele bürgerliche, darunter auch akademische Eisenfresser wie der Germanist Max Koch protestieren, weil Hauptmann das Festspiel nicht mit der erwarteten Glorifizierung der martialischen Tugenden des deutschen Volkes enden, sondern die allegorische Figur der Athene Deutschland – allerdings in lauter markig-männlichen Jamben – sagen läßt:

> Und alldurchdringend, mich durchdringend zugleich,
> erkenn' ich meines Daseins, meiner Waffen Sinn:
> Die Tat des Friedens ist es, nicht die Tat des Kriegs!
> Die Wohltat ist es! Nimmermehr die Missetat!
> Was andres aber ist des Krieges nackter Mord?

Es ist die gleiche Mahnung zum Frieden, mit der er schon die Stockholmer Ansprache beschlossen hatte. Jetzt löst sie einen solchen Sturm der Entrüstung aus, daß sich die Freunde um ihn scharen, darunter der Schutzverband deutscher Schriftsteller und die großen Blätter der bürgerlichen Presse:

> Er hat ein Festspiel geschrieben [heißt es z. B. im *Berliner Tageblatt* vom 23. Juni 1913], wo er, jedem ungetrübten Auge sichtbar, seine deutsche Gesinnung zeigt ... Aber weil in diesem Festspiel kein Monarch verhimmelt, das Erweckerverdienst den Stein und Scharnhorst und Gneisenau und Fichte zugewiesen, der Klerikalismus – was man am ehesten missen würde – etwas unzeitgemäß attackiert und neben der äußeren Knechtschaft nicht ganz die innere vergessen wird, sprechen selbstbewußte Feudalherren, Knopflochpatrioten und ahnungslose Mitläufer dem Dichter das *Vaterlandsgefühl* und das «deutsche Empfinden» ab.

Damit ist eine neue Macht in Hauptmanns Leben getreten: die Politik. Sie wird daraus nicht wieder verschwinden, wie sie ja auch aus dem Leben seiner deutschen Mitbürger seither nie wieder verschwunden ist.

Als Kuriosum sei vermerkt, daß Kronprinz Wilhelm, als er Hauptmann nach dem Krieg in einem Hotel in Rapallo begegnete, auf diesen zuging und ihm wortlos die Hand reichte. In der darauffolgenden, die Versöhnung besiegelnden Aussprache stellte es sich heraus, daß der Hohenzoller den Text des Festspiels gar nicht gelesen hatte, als er gegen die Aufführung vorging. Seine literarischen

Interessen, wie die seines Vaters, lagen mehr auf der Linie von Donizettis Oper *Marie, die Tochter des Regiments,* die Anfang Juni 1913 auf Allerhöchsten Befehl im Kgl. Opernhaus gegeben wurde, wobei der Kaiser im Foyer Cercle hielt.[186]

KÖNIG DER REPUBLIK

I

«Wir werden bald ein Volk von Bajonetten und Kanonen sein», schreibt Hauptmann 1913 ahnungsvoll an Ludwig von Hofmann, «das losgeht wie eine Höllenmaschine, wenn man draufdrückt.» Im Herbst des folgenden Jahres ist es soweit. In einer weniger verbrecherischen (wie man im Ausland immer noch meint) als vielmehr erzdummen, von keinerlei Kenntnis Gottes und der Menschen getrübten und seit langem vorprogrammierten Entscheidung setzt Deutschland sich am 3. August 1914 über die belgische Neutralität hinweg und erweitert den europäischen Konflikt damit zu einem Weltkrieg, den es nur verlieren kann und nach unsäglichen Leiden auch verliert. Hauptmann, eiligst nach Agnetendorf zurückgekehrt, begrüßt den Kriegsausbruch mit derselben Begeisterung, mit der fast alle anderen deutschen Dichter in die Saiten greifen. In einem schon am 12. August im *Bote aus dem Riesengebirge* gedruckten, dem Dramatiker und Ulanenoffizier Fritz von Unruh gewidmeten Reiterlied zieht er gegen Franzosen, Russen und Engländer vom Leder:

> Es kamen drei Räuber auf einmal daher. –
> Wer da, wer?
> Deutschland, wir wollen an deine Ehr'! –
> Nimmermehr!!
> Und wärt ihr nicht drei, sondern wäret ihr neun,
> meine Ehr' und mein Land bleiben ewig mein:
> Nimmer nimmt sie uns irgendwer,
> dafür sorgt Gott, Kaiser und deutsches Herr. –
> Nimmermehr!

Noch im Dezember heißt es, peinlich genug aus der Feder eines an alle Bequemlichkeiten des bürgerlichen Lebens gewohnten Mannes von zweiundfünfzig, der keineswegs, wie etwa der nur ein Jahr jüngere Richard Dehmel, «zu den Fahnen geeilt» war:

Komm, wir wollen sterben gehn
in das Feld, wo Rosse stampfen,
wo die Donnerbüchsen stehn
und sich tote Fäuste krampfen.

Lebe wohl, mein junges Weib
und du Säugling in der Wiegen!
Denn ich darf mit trägem Leib
nicht daheim bei euch verliegen.

Diesen Leib, den halt' ich hin
Flintenkugeln und Granaten:
eh' ich nicht durchlöchert bin,
kann der Feldzug nicht geraten.

Doch «kämpft» Hauptmann nicht nur als Lyriker. Er läßt sich, zusammen mit Walther Rathenau und Richard Strauss, auch ins Präsidium der Deutschen Gesellschaft wählen, einer einflußreichen Vereinigung konservativ, aber nicht unbedingt reaktionär gesonnener Männer in führenden Stellungen im Bankwesen und in der Industrie, im öffentlichen Leben wie in Kunst und Literatur. Bei den Vorträgen und Versammlungen der Gesellschaft in der Berliner Schadowstraße sitzt der Dichter des «Hannele» neben den Politikern Erzberger und Hugenberg, den Verlagsunternehmern Kiepenheuer und Ullstein, den Generalen von Moltke und von Kluck. – Am 29. August wird er vom «Feind» namentlich aufgerufen bzw. zur Rechenschaft gezogen, als Romain Rolland in einer Schweizer Zeitung einen *Offenen Brief an Gerhart Hauptmann* publiziert. Der in Genf ansässige und im nächsten Jahr mit dem Nobelpreis ausgezeichnete Verfasser des Romanzyklus *Jean-Christophe* ist bei Ausbruch des Krieges in der Schweiz geblieben und trachtet, im kampfzerfurchten Europa eine Art von geistiger Einheit aufrechtzuerhalten. In seinem *Offenen Brief* wirft er den Deutschen die Zerstörung von Gemälden und Brandschatzung der Universitätsbibliothek von Löwen in Belgien vor und beschwört Hauptmann als Vertreter des geistigen Deutschland, sich von dieser Art der Kriegführung zu distanzieren: «Seid Ihr die Enkel Goethes oder die Attilas? Führt Ihr Krieg gegen Armeen oder gegen den menschlichen Geist? Tötet die Menschen, aber verschont ihre Werke!» Hauptmann antwortet in derselben Tonlage in der *Vossischen Zeitung* vom 10. September, indem er die Tatsache des Krieges bedauert, den Verlust von Menschenleben aber über den von Kunstwerken setzt:

> Gewiß ist es schlimm, wenn im Durcheinander des Kampfes ein unersetzlicher Rubens zugrunde geht, aber – Rubens in Ehren! – ich gehöre zu jenen, denen die zerschossene Brust eines Menschenbruders einen weit tieferen Schmerz abnötigt.

Vor allem verwahrt er sich gegen die von den Engländern gebrauchte, allerdings auf eine Formulierung von Wilhelm II. selbst zurückgehende Bezeichnung der Deutschen als «Hunnen».

Italien, obwohl mit Deutschland und Österreich-Ungarn verbündet, bleibt anfangs neutral und tritt erst im Mai 1915 in den Krieg ein, dann allerdings auf der Seite der Alliierten, die der römischen Regierung die Annexion von Südtirol und andere Vorteile in Aussicht gestellt haben. Um einer italienischen Kriegsbeteiligung auf Feindesseite nach Möglichkeit zuvorzukommen, bemühen sich deutsche Politiker und Publizisten, darunter der ehemalige Reichskanzler Bernhard von Bülow, die unsicheren Kantonisten bei der Stange zu halten. Hauptmann läßt sich auch da einspannen und verfaßt einen *Offenen Brief an das italienische Volk*, der von seinem damaligen Lieblingsblatt, dem *Berliner Tagesspiegel*, aus irgendeinem Grund dann doch nicht gedruckt wird. Darin beruft er sich auf seine Beziehungen zu Italien und spricht von «unserem Kaiser, dem volkstümlichsten Mann der Welt», als dem eigentlichen Wahrer des europäischen Friedens, dem das böse Albion einen Strich durch die Rechnung gemacht habe.[187]

Warum handelt Hauptmann so? Hätte man nicht gerade von ihm eine souveränere Haltung erwarten dürfen, da er in Berlin und Rom gelebt und Wien und Paris und London und New York besucht und mit Menschen aus aller Herren Länder Freundschaft geschlossen, kurz: da er ein gutes Stück Welt erlebt hat? Hätte er, eingedenk seiner unguten Erfahrungen in früheren Jahren, der Politik des Kaisers gegenüber nicht skeptischer sein müssen? Oder hat ihn gerade seine gefühlsbetonte Art des Welterlebens der Realität gegenüber so blind gemacht und den Propheten, den Seher in ihm verstummen lassen? Als Gegenbeispiel seien ein paar Sätze aus der *Berliner Morgenpost* vom 30. Juli 1914 zitiert, die zeigen, daß es durchaus auch besonnene Stimmen, ja, sogar Leute gab, die genau wußten, was sich da anbahnte. Sie stammen aus der Feder des mit Hauptmann bekannten Leitartiklers Arthur Bernstein und waren schon gesetzt, als der mit «Die letzte Warnung» überschriebene Beitrag nach der amtlichen Verkündigung des drohenden Kriegszustands in letzter Minute wieder aus dem Blatt herausgenommen werden mußte:

> Erstens: es gibt keinen Dreibund. Italien macht nicht mit, jedenfalls nicht mit uns... Zweitens: England bleibt nicht neutral, sondern steht Frankreich bei... kämpft aber England gegen uns, so tritt die ganze englische Welt, insbesondere Amerika, gegen uns auf... denn England wird überall geachtet, wenn nicht geliebt, was wir von uns leider nicht sagen können. Drittens: Japan greift Rußland nicht an... Viertens: die skandinavischen Staaten (unsere «germanischen» Brüder) werden uns verkaufen, was sie entbehren können, aber sonst sind sie uns nicht zugeneigt. Fünftens: Österreich-Ungarn ist militärisch kaum den Serben und Rumänen gewachsen... Sechstens: eine Revolution in Rußland kommt höchstens erst dann, wenn die Russen unterlegen sind. Solange sie gegen Deutschland mit Erfolg kämpfen, ist an eine Revolution nicht zu denken... Eine Million Leichen, zwei Millionen Krüppel und fünfzig Milliarden Schulden werden die Bilanz dieses «frischen, fröhlichen» Krieges sein. Weiter nichts.[188]

Die Behörden wissen Hauptmanns Patriotismus zu honorieren. Am 27. Januar 1915, zu Kaisers Geburtstag, erhält er zusammen mit Rudolf Alexander Schröder, aber auch mit Hurrapatrioten wie Ernst Lissauer, Will Vesper und Walter Flex den preußischen Roten-Adler-Orden IV. Klasse. Er ist verstimmt über diese Auszeichnung, eine bessere Hundemarke (und nicht einmal aus Gold wie die ersten drei Klassen), die jedem höheren Beamten gegen Ende seiner Dienstzeit «automatisch» umgehängt wird. Doch behält er seine Enttäuschung wieder einmal für sich, im Gegensatz zu Dehmel, der, inzwischen Leutnant mit Eisernem Kreuz und ebenfalls mit Rotem-Adler-Orden

Der Dichter und seine Söhne Klaus, Eckart und Ivo als Soldaten im Ersten Weltkrieg.

bedacht, über die Heimat schimpft, «die ihre Dichter mit Piepmätzen vierter Güte dekoriert»[189].

In dem 1928 begonnen und Fragment gebliebenen *Berliner Kriegs-Roman* schildert Hauptmann recht unverblümt seine Erlebnisse und Gedanken in den ersten Augustwochen. In einem anderen, um 1915 angefangenen und ebenfalls erst aus dem Nachlaß bekanntgewordenen Werkansatz, den Vorarbeiten zum nie geschriebenen Drama *Der General*, erfolgt hingegen eine ziemlich kritische Auseinandersetzung mit dem Krieg, der inzwischen auch Hauptmanns eigene Lebenssphäre berührt. – Im Oktober 1914 stirbt Mary, die aus ihren pazifistischen Überzeugungen nie ein Hehl gemacht hatte. Zwei Söhne erhalten ihren Gestellungsbefehl: der Kaufmann und Reserveoffizier Eckart und der als Gutsverwalter in Südamerika tätige Klaus, den der Kriegsausbruch auf einem Heimaturlaub überrascht. Beide dienen in der Feldartillerie, wobei Klaus beim Absturz eines Fesselballons nur durch ein Wunder mit dem Leben davonkommt. Auch Ivo, der älteste, trägt bald Uniform. Hauptmanns Lieblingsneffe Peter, ältester Sohn des verstorbenen Bruders Georg, fällt 1917 und hinterläßt eine junge Witwe. Kurz danach meldet sich Benvenuto, bis dahin von Privatlehrern mehr umsorgt als erzogen, freiwillig zur Marine. Gerhart und Carl sind zu alt, um eingezogen zu werden.

Ihre Mutter war im Dezember 1906 in Warmbrunn gestorben. Gerhart, der sie bis zuletzt finanziell unterstützt hatte, fuhr zum Begräbnis, telegrafierte aber Mary, die sich mit ihrer ehemaligen Schwiegermutter durch eine zwanzigjährige Freundschaft verbunden fühlt, sie möchte doch der Feier fernbleiben, da er sich von Margarete begleiten lasse (bei Marys eigener Beerdigung besteht er darauf, allein nach Hamburg zu fahren, während Margarete zu Hause bleibt). Die Beziehungen zwischen den Brüdern bleiben nach diesem gemeinsamen Verlust so kühl wie ehedem; daran können auch die Übereinstimmungen nichts ändern, die sich in den Lebensläufen abzuzeichnen beginnen. Mit der Veröffentlichung des Entwicklungsromans *Einhart der Lächler* (1907) hat sich auch Carl, trotz früherer Prosawerke bisher hauptsächlich als Autor des Dramas *Ephraims Breite* (1900) bekannt, als Erzähler etabliert. Und wie Gerhart schwankte er drei Jahre lang zwischen zwei Frauen, mit denen er abwechselnd lebte, seiner Ehefrau Martha geb. Thienemann und seiner Freundin Maria Rohne. Nach vielen Kämpfen und Klagen – «Die Gesetze, o die Ehetrennungsgesetze!», entringt es sich ihm in einem Brief an den befreundeten Nationalökonomen Werner Sombart: «Ganz scheußlich!» – heiratete er schließlich die jüngere, von der er eine Tochter hat. Auch er sorgt sich über die politische Entwicklung, lehnt es aber ab, sich in der öffentlichen Kontroverse über das *Festspiel in deutschen Reimen* eindeutig auf die Seite des Bruders zu stellen. Immerhin schreibt er *Krieg. Ein Tedeum*, in dem zu Krüppeln geschossene Männer und ein «europäischer Rechenmeister» auftreten, der den Kontinent neu ordnen will. Als es dann wirklich zum Krieg kommt, wird auch Carl von der Welle des über

Deutschland hinwegbrausenden Chauvinismus erfaßt und hält Anfang 1915 eine patriotische Rede vor Studenten der Berliner Universität.

Doch führen nicht einmal die Nöte und Entbehrungen der Zeit, unter denen viele Familien näher zusammenrücken, zu einer Annäherung zwischen den Brüdern. Dabei wohnen sie nahe beieinander, der eine im «Schreiberhäusl» in Mittelschreiberhau und der andere in Agnetendorf auf seinem «Wiesenstein», den Carl 1910 zum letzten Mal betreten hat. Sein Neid auf den erfolgreicheren Bruder vergiftet nach wie vor die Atmosphäre und äußert sich, wann immer die beiden miteinander verglichen werden, und er, der ältere, meint stets, er würde für zu leicht befunden. «Man hatte noch vor wenigen Jahren die freundliche Gewohnheit», verwahrt er sich 1915 sarkastisch bei einem Rezensenten, «mich auf Kosten meines Bruders zu entwerten, ohne meine Arbeiten zu kennen... Vielleicht brauche ich Sie gar nicht erst noch zu bitten, jeglichen Bezug auf meinen Bruder freundlichst ganz fortzulassen.»[190] Jetzt schlägt eine unglückselige Verwechslung dem Faß den Boden aus. Carls Komödie *Tobias Buntschuh*, 1917 von Max Reinhardt inszeniert, ist so gelungen, daß einige Kritiker sie Gerhart zuschreiben. Carl erholt sich nur langsam von diesem Schock und macht in Briefen an den Lyriker Paul Zech und andere Freunde kein Hehl aus seiner Überzeugung, daß es mit der Literaturkritik in Deutschland noch schlechter bestellt sei als mit der Literatur selber.

Dabei waren die Rezensenten, die *Tobias Buntschuh* anfangs für ein Werk von Gerhart hielten, gar nicht so im Unrecht. Die Brüder hatten viel miteinander gemein, und es ist denkbar, daß Carl der «echtere» und ganz aus dem freien Spiel der Phantasie schöpfende Dichter war bzw. bei glücklicherer Veranlagung geworden wäre. Neben vielem anderen teilten sie auch jene unbewußte Schaffensweise, die Carl, während der Arbeit am Roman *Mathilde* über den weiteren Fortgang der Handlung befragt, mit «Das kann ich doch nicht wissen, was Mathilde noch bevorsteht!» antworten läßt, während Gerhart auf Ida Orloffs Einwand, sie verstünde etwas nicht und möchte gern wissen, was er damit gemeint habe, mitten in der Probe der *Versunkenen Glocke* vor den versammelten Schauspielern zugeben muß: «Das kann ich selber nicht genau sagen.»

Carl Hauptmann tritt erst kurz vor seinem Tod (Februar 1921) als Mensch und als Dichter aus dem Schatten seines Bruders heraus. Wie sich der schlesische Dichter und Hauptmann-Freund Gerhart Pohl erinnert, sagten seine Nachbarn damals von Carl, vielleicht mit Seitenblick auf das feudale Auftreten des Bruders: «Inser Zarle is a gutter Mann, keen bissel hochnäsig, und dabei a richtiger Dukter!» Die Kritiker hingegen sahen in ihm einen frühen Expressionisten. Er ist in der Tat eine, wenn nicht zwei Generationen älter als Heym, Trakl, Werfel, Kafka und die anderen von Kurt Wolff verlegten Autoren, denen er mit seiner Thematik (etwa dem Vater-Sohn-Konflikt) und seiner stammelnd-rhapsodischen Sprache den Weg bereitet hat.

Gerhart Hauptmanns Dichtung leidet während des Krieges unter der Nötigung, immer wieder zeitraubende Fragen beantworten zu müssen, die aus den Ereignissen hervorgehen und ihm als weitbekanntem Dichter wie einem Orakel vorgelegt werden. Mal verlangt man von ihm heikle Stellungnahmen wie bei der Erörterung darüber, ob eine deutsche Bühne auch im Krieg Shakespeare spielen dürfe; zur Debatte steht eine Berliner Aufführung von *Antonius und Kleopatra*. Hauptmann befürwortet sie natürlich und wird daraufhin von Kerr dafür getadelt, daß er die Frage überhaupt einer Antwort gewürdigt habe. Ein andermal gilt es, eine Zeitungsumfrage zu beantworten: Am 27. Juli 1916 druckt die *B. Z. am Mittag* ein paar Sätze von ihm zum Thema *Die tiefsten Eindrücke der zwei Kriegsjahre*. Ein drittes Mal handelt es sich um die Kenntnisnahme von Angriffen, die schmerzen, auch wenn er die Replik getrost anderen überlassen kann wie hier dem Journalisten Stefan Grossmann. In einer Zeitschrift nimmt dieser Hauptmann gegen den Vorwurf in Schutz, er habe nicht nur «das Ringen um einen Lebensberuf durch eine Geldheirat beendet», sondern sei überdies noch ein schlechter Deutscher: «Du bist kein treuer Sohn deines Vaterlandes», muß er sich von einem gewissen Albert Espey sagen lassen, aus dem Kreis des (als Sohn eines englischen Admirals geborenen, in punkto Deutschheit also selber leicht defizitären) germanophilen Houston St. Chamberlain.[191]

Dabei läßt sich der Vorwurf nicht von der Hand weisen. Auch bei Hauptmann, nicht anders als bei unzähligen anderen deutschen Dichtern von Thomas Mann bis Bertolt Brecht, weicht der 1914 spontan überzogene Patriotismus bald der Einsicht, daß es in diesem Krieg keine Sieger geben könne und daß die dargebrachten und noch zu leistenden Opfer in gar keinem Verhältnis zu den läppischen

Kriegszielen der einen wie der anderen Seite stünden. Das entspricht nicht nur der Lage, es entspricht auch Hauptmanns ureigenster Überzeugung, die durch den Rummel von 1914 nur vorübergehend ins Wanken geraten war. Da er weder ein systematischer Denker noch Parteigänger einer politischen Ideologie ist, haftet seinen Äußerungen zum Zeitgeschehen oft – und zwar in allen Lebensphasen – etwas Improvisiertes an. So schreibt er in den letzten Kriegsjahren über Themen wie *Der Staat hat versagt* oder *Gegen den Kriegswahn* und wählt Formulierungen, die er im Jahre 1914 nicht gebraucht hätte: «Es gibt keine Götter in Menschengestalt», heißt es z. B. in einem Beitrag zu Rathenaus 50. Geburtstag am 29. September 1917, als Amerika schon und Rußland noch immer im Krieg war, «auch diejenigen waren keine, die als sogenannte Diplomaten unserem Vaterlande sein ungeheueres augenblickliches Schicksal bereitet haben».

Am 16. November 1918, wenige Tage nach der Flucht des Kaisers und der Ausrufung der Republik, findet diese Entwicklung ein vorläufiges Ende. An diesem Tag veröffentlicht die Presse ein von Hauptmann verfaßtes Manifest Berliner Künstler und Dichter, die ihr Vertrauen in Deutschlands Zukunft bekunden und sich den neuen Herren zur Verfügung stellen:

> Auch bei uns hat der Waffenkampf aufgehört, nicht aber der Kampf um Sein oder Nichtsein unseres Volkes. Dieses Volkes, das einer künftigen gerechten Zeit in einer Glorie erscheinen wird. Wir Gestalter mit Meißel, Palette und Feder, wir Baumeister und Musiker, Männer und Frauen, die wir vor allem Menschen und von ganzer Seele Deutsche sind, zweifeln nicht daran: Unser Volk, unser Land wird bleiben und nicht untergehen.

Dem Sowohl folgt das Als-auch, der Verbeugung nach rechts eine Versicherung nach links:

> Heut hat das Volk sein Geschick in die Hand genommen ... Auch die neue Regierung möge mit uns rechnen, wo sie unser Wirken für ersprießlich hält. Keiner von uns wird zögern, im Wohlfahrtsdienste des Friedens das Seine von Herzen und nach Kräften zu tun.

Man spürt: Hier wird mit Tinte geschrieben und nicht mit Blut, es ist keine Liebeserklärung an die Republik, nur das Eingeständnis einer

Interessengemeinschaft. Unter den Unterzeichnern befinden sich denn auch Persönlichkeiten von so unterschiedlicher Herkunft und Gesinnung wie der Architekt Peter Behrens und der Musiker Richard Strauss, die Maler Käthe Kollwitz und Max Liebermann, die Schriftsteller Ludwig Thoma, Walter von Molo, Hermann Sudermann und Clara Viebig.

Es überrascht nicht, daß im Krieg nur eine einzige Hauptmann-Premiere stattfindet. Am 17. Oktober 1917 wird im Deutschen Theater *Winterballade* gegeben, unter der Regie von Max Reinhardt, dem Hauptmann (der sich nach Brahms Tod eine Zeitlang selbst als Spielleiter versucht hat) jetzt einige seiner Stücke anvertraut. Die tragende Rolle der Elsalil, eines jener verführerischen Kindweiber mit langem blondem Haar, übernimmt die mit Reinhardt verheiratete Helene Thimig; sie muß sich zwischen ihrer Liebe zu dem schottischen Ritter Sir Archie und der Pflicht entscheiden, diesen als Mörder der Gerechtigkeit zu überantworten. Die auf einer Novelle von Selma Lagerlöf beruhende Tragödie, eher eine Abfolge magisch-archaischer Stimmungsbilder als ein Handlungsdrama, spielt im Mittelalter, im hohen Norden bei Nacht und Eiseskälte.

Der ursprüngliche Titel dieses Stückes, «Blut», ließe sich erst recht auf ein weiteres, zur selben Zeit entstandenes Bühnenwerk anwenden: *Der weiße Heiland*, eine Dramatisierung der Eroberung Mexikos durch die Spanier, wie sie auch Eduard Stucken in seinem voluminösen Roman *Die weißen Götter* schildert (1918–22). Beim Dramatiker Hauptmann, den die Maya-Kultur wenig interessiert, steht die Konfrontation von Cortez und Montezuma im Vordergrund. Wie schon in *Winterballade* sehen wir das Aufeinanderprallen entgegengesetzter Temperamente und Geisteshaltungen in einem brutalen Kampf ums Überleben. In der Uraufführung spielt Alexander Moissi den Montezuma und Emil Jannings den Cortez; sie findet am 28. März 1920 im Großen Schauspielhaus statt, wenige Tage nach dem Scheitern des Kapp-Putsches und in einer politischen Atmosphäre, die ihrerseits von Blut und Feindseligkeit geprägt ist.

Um vieles wertvoller als diese beiden Horrorgemälde will uns Hauptmanns drittes und letztes Drama aus der Zeit des Ersten Weltkriegs erscheinen: *Magnus Garbe*, 1915 beendet, aber erst 1942 zur Veröffentlichung freigegeben und 1956 im Schauspielhaus Düsseldorf zum ersten Mal aufgeführt. Die Tragödie dokumentiert, daß Hauptmann jenseits allen patriotischen Flügelschlagens schon nach wenigen Monaten das Wesentliche am Weltkrieg erfaßt und damit auch den Abgrund ausgelotet hat, der unser Lebensgefühl von dem unserer Großväter und Urgroßväter trennt: die Erkenntnis der Bestialität des Menschen-in-der-Masse und seines Unvermögens, den Lauf der Welt sicher zu steuern oder auch nur zu verstehen. Das Entsetzen, das die Ereignisse von 1914–18 im idealistischen deutschen Bürgertum auslösten, zittert nach in *Winterballade* und *Der weiße Heiland*. In *Magnus Garbe* (einem überzeugenderen Stück, weil Hauptmann sich im mittelalterlichen Deutschland, nicht aber in Nordschweden oder in Mexiko auskennt) ist es bereits vorweggenommen in der Beweisführung, daß der ideologisch programmierte Mensch zu allem, aber auch wirklich allem fähig ist. Die Beweisführung wirkt um so zwingender, weil der Dichter sie nicht anhand mehr oder minder mythologischer Begebenheiten liefert wie in *Winterballade*, *Der weiße Heiland* oder später in *Indipohdi* oder in der *Atriden-Tetralogie*, sondern aus dem Alltagsleben einer deutschen Stadt um 1530 ableitet.

Diese Stadt wird von dem allerseits geachteten Bürgermeister Magnus Garbe regiert, dessen hübsche junge Frau Felicia gerade das langersehnte erste Kind erwartet. Bisher sind den Bürgern ernsthafte Glaubenskämpfe erspart geblieben; jetzt gelingt es aber einem hergereisten päpstlichen Scharfmacher und Inquisitoren, das einfache Volk aufzuputschen. Er bedient sich dazu der primitivsten Emotionen wie des Neides auf die Reichen, der Angst vor der Folter sowie allerlei Aberglaubens, mit dessen Hilfe er zum Beispiel eine anhaltende Dürre als Gottes Strafe für die Sünden der «Oberen» darstellt. Es ereignen sich verschiedene Zeichen und Wunder bzw. Ereignisse, die sich als solche ausgeben lassen, bis sich die Menge im fahlen Licht eines drohenden Gewitters vor dem Haus des gerade abwesenden Bürgermeisters staut. Ein Wort gibt das andere, bald fliegt der erste Stein, der Pöbel bricht durch das Tor, und die Honoratioren schauen untätig zu, wie die hochschwangere Frau in den Kerker geschleppt wird. Dort gebiert sie ihren Sohn, der, einziger Lichtblick im finsteren Raum dieser Tragödie, später von Freunden herausgeschmuggelt und in Sicherheit gebracht wird. Der herbeigeeilte Bürgermeister kann seine Frau nicht vor der Anklage der Hexerei schützen; sie wird gefoltert und zum Tod auf dem Scheiterhaufen verurteilt. Magnus, vom Schrecken gelähmt, und Felicia sterben ineinander verschlungen, in einer vom Henker gewährten gemeinsamen letzten Nacht vor der Hinrichtung, wobei der Wahnsinn der auf der Folter gebrochenen

Frau mit ihrem Liebesstammeln und ihrer Todesfurcht eine gespenstische Verbindung eingeht:

FELICIA. Herr, Herr! Teufel! Teufel!
Spring her, spring da,
spiel hier, spiel da.
Sabbat! Sabbat!

Horch, wie die Dämonen um den Turm winseln. Ich salbe den Stecken. Mann! Mann! Steig auf, steig auf! Wie wird mir, oh, die Mauern weichen.

Ich streu' meinen Samen
In Abrahams Namen.
Johann, Andreä und Silvestern
empfehl' ich meine muntern Schwestern.
Frösche ohne Lunge,
Störche ohne Zunge.

Eia, heissa! Oh, oh, sie haben sich alle vom Domdach gerissen. Der fliegende Hund vom Chor, die geschwänzten Affen vom Tor. Die geschnäbelten Katzen mit scharfen Pranken. Ich habe verfluchte Gedanken, verfluchte Gedanken. Sage es niemand, liebster Mann, daß ich manche Nacht auf einem gesalbten Stecken – ai! – ai! Was machst du mit mir? – gesalbten Stecken aus dem Kerker gefahren bin, und bin mit den Dohlen und den Dämonen und mit den Eulen nachts um die Kirchen und um die goldne Kugel des Amsinghauses geflogen. – Mann! Mann! Oh! Oh! – Inkubus, Inkubus! Sie nennen es Drauflieger! – Oh, oh! Mann! Mann! Inkubus! – Benedicta tu in mulieribus! – So ja! So! Töte mich! Mehr! Mehr! Töte mich! – Et benedictus fructus ventris tui! – Sterben! Selig! Ora pro nobis! – Geliebter! Mehr! Mehr! – – –

Es ist ganz still geworden. Die Domuhr beginnt zu schlagen. Sie schlägt drei schwere Schläge. Von außen dazu Brausen der Volksmenge, einzelne Schreie, Geräusch von Hämmern.

II

Mit der Weimarer Republik tritt Hauptmann in den Zenit seines Wirkens als Persönlichkeit des öffentlichen Lebens. Seine besten Werke liegen hinter ihm, auch wenn er noch manches zu Papier bringt, was in großen Auflagen gedruckt und auf vielen Bühnen gespielt wird. Er ist in der Republik eine Integrationsfigur ohnegleichen, und das aus gutem Grunde. Seine frühen Stücke wiesen ihn aus als einen Mann, der die Nöte und Hoffnungen des arbeitenden Menschen kennt und nicht zögert, sie auf der Bühne darzustellen. Diese Haltung, die Hauptmann gar nicht als politische Meinungsäußerung verstanden haben wollte, trug ihm die Feindschaft oder zumindest die Ablehnung der maßgeblichen Kreise des Kaiserreichs ein, jener Junker, Beamten und Militärs, deren Protest vor kurzem noch zum Verbot des *Festspiels* geführt hatte. Wegen dieser Gegnerschaft, aber auch um ihrer selbst willen werden Hauptmanns Überzeugungen von den neuen Machthabern honoriert, von denen ihn viele, vom ehemaligen Sattlermeister Friedrich Ebert bis zum Industriekapitän Walther Rathenau, persönlich schätzen. Der breiten Masse des Volkes ist er ebenfalls kein Unbekannter. Sein Bild – und was für ein Bild im Vergleich gerade zum biederen Ebert und dem arroganten Rathenau! – ist immer wieder in den Zeitungen zu sehen, und man weiß von seinen Büchern und Stücken, selbst wenn man sie nicht gelesen oder gesehen hat. Denn Hauptmann ist kein elitärer Lyriker wie George oder Rilke und kein anspruchsvoller Romancier wie Thomas oder Heinrich Mann; er schaut dem Volk aufs Maul, läßt es in vielen seiner Werke so sprechen, wie ihm der Schnabel gewachsen ist. Der Dichter gilt als guter Deutscher und als Demokrat, der sich im Krieg auch als Patriot bewährt hat. Der Gastwirtssohn und Weberenkel, durch eigene Tüchtigkeit emporgekommen, weiß sich unter den Großen der Welt zu bewegen. Auch ist er wohlhabend genug, um gegen die Verführung durch das Geld, und unpolitisch genug, um gegen die Verführung durch die Macht gefeit zu sein. Ein gutaussehender Mann in den besten Jahren, von unverwüstlicher Gesundheit und gesegnet mit der Gabe des Wortes, wie geschaffen dafür, als ein über den Parteien stehender Repräsentant des Volkes der Dichter und Denker zu wirken.

Als solcher wendet er sich im Februar 1919 in einem *Offenen Brief an den Kongreß der Alliierten in Paris* gegen den in Frankreich erwogenen

Plan, die deutschen Kriegsgefangenen – es sind 800 000 Mann – zum Wiederaufbau der französischen Landwirtschaft und Industrie zurückzubehalten. In anderen öffentlichen Stellungnahmen setzt er sich für nationale Belange wie das Verbleiben Oberschlesiens beim Reich oder den Anschluß Österreichs an Deutschland ein. Er hat für den Bolschewismus nichts übrig und schreibt noch vor Kriegsende:

> Behüte Gott unser Volk vor russischer Sklaverei und vor den Doktrinen und Methoden dieser geistlosen, bluttriefenden russischen Heilsarmee... Wir brauchen weder russische Übersetzungen unsrer Landsleute Marx und Engels noch im eigenen Lande russische Bevormundung. Dagegen sind wir mit dem leidenden und liebenden Herzen Rußlands eins,[192]

und löst dieses Versprechen alsbald ein, indem er sich mit der von Maxim Gorki angeregten Hilfsaktion für das russische Volk solidarisiert, das nach Krieg, Revolution und Mißernte von einer Hungersnot heimgesucht wird. Damit handelt Hauptmann zugleich staatsmännisch und als moralische Instanz im Geist des Johannes-Evangeliums: «In meines Vaters Hause sind viele Wohnungen.» Er zitiert es gern, als Devise seiner Weltoffenheit und Toleranz, manchmal wohl auch zu seiner Entschuldigung.

So ergibt es sich mehr oder minder von selber, daß Hauptmann im Sommer 1921 als Kandidat der gemäßigten Linken für das Amt des Reichspräsidenten ins Gespräch kommt; ohne es zu wollen, wächst er gewissermaßen in die Politik hinein. Hat die alte Führungsschicht nicht sang- und klanglos abgedankt, die Wittelsbacher und Wettiner wie die Hohenzollern, die Bülows und Bethmann Hollwegs, die Alldeutschen und Annexionisten und all die anderen, die das Land an den Rand des Abgrunds führten? Wird das siegreiche Amerika nicht von dem ehemaligen Geschichtsprofessor Woodrow Wilson und das wiedererstandene Polen von dem ehemaligen Klaviervirtuosen Ignaz Paderewski regiert? So mag sich mancher Wähler gefragt haben, der Hauptmanns Eignung für das höchste Amt im Staat bei sich erwog und ihn im Geiste mit den politischen Tagesgrößen verglich, mit ehrbaren Leuten ohne die geringste Ausstrahlung wie Gustav Bauer und Hermann Müller, Konstantin Fehrenbach und Joseph Wirth, die sich unter Eberts Präsidentschaft als Reichskanzler versuchten. Ist er nicht wirklich der «Volkskönig» der Deutschen, als den ihn

Gerhart Hauptmann, der «König der Republik», und der amtierende Reichspräsident Friedrich Ebert (1922).

Thomas Mann 1922 in seiner Rede *Von Deutscher Republik* bezeichnen wird?

Doch Hauptmann winkt ab und läßt im September 1921 in den Zeitungen «auf das bestimmteste und nach reiflicher Überlegung» erklären, er werde niemals die ihm angemessene literarische Tätigkeit für eine politische eintauschen. Er weiß, daß er zum Politiker nicht taugt, daß ihm Rednergabe und Entschlußkraft und manches andere dazu fehlen; er hat die Kandidatur zum Reichspräsidenten auch insgeheim nicht angestrebt, sondern wurde von dem Kunsthistoriker Julius Meier-Graefe und anderen Freunden dafür vorgeschlagen. Im Rückblick besteht wenig Grund zur Annahme, daß Hauptmann, oder die in der Weimarer Republik ebenfalls als Kandidaten für das Amt des Reichspräsidenten ins Auge gefaßten Schriftsteller Heinrich Mann und Fritz von Unruh, sich in der Rolle des Landesvaters und Staatsoberhauptes bewährt hätten. Ihre schriftlichen Äußerungen zur Politik zumindest weisen sie als eloquenter, aber noch wirklichkeitsfremder aus als die tatsächlichen Machthaber.

Wie gut Hauptmann beraten ist, sich aus der Politik herauszuhalten, zeigt sich im folgenden Jahr. Am 24. Juni 1922 wird der als Jude und «Verzichtpolitiker» angefeindete Rathenau, der als Außenminister gerade in Rapallo den Vertrag mit der Sowjetunion abgeschlossen hat, auf offener Straße von Mitgliedern der rechtsradikalen «Organisation Consul» ermordet. Ungeheuere Erregung im ganzen Land, die Mörder werden gestellt und begehen Selbstmord, die Regierung erläßt ein Ausnahmegesetz zum Schutz der Republik. Auch Hauptmann ist vom Tod des Duzfreundes und Patenonkels von Benvenuto erschüttert und entwirft für die Trauerfeier im Reichstag eine Rede, in der es unter anderem heißt: «Hätten diejenigen ihn gekannt, die ihre Revolverläufe und Handgranaten gegen ihn gerichtet haben, wären sie mit ihm zusammengewesen, nur eine kurze halbe Stunde lang, sie hätten sich eher die Hand abgeschlagen, als gegen ihn die Waffe gerichtet.» Verhängnisvolle Illusion! Das mag für die Killer zutreffen, nicht aber für die Hintermänner, die den in vielen und nicht immer echten Farben schillernden Rathenau sehr wohl kannten und sich durch keine «Humanitätsduselei», wie das bald heißen wird, zum Verzicht auf den Mord als politische Waffe hätten bewegen lassen.

Daß in der Politik mit zweierlei Maß gemessen wird, erfährt Hauptmann selber an seinem sechzigsten Geburtstag. Dieser wird monatelang gefeiert, am aufwendigsten in Schlesien, wo man ihm die Ehrenbürgerschaft der Stadt Breslau verleiht und im Rahmen der Gerhart-Hauptmann-Festspiele innerhalb weniger Tage in drei verschiedenen Theatern ein Dutzend seiner Stücke spielt. Berlin steht dem kaum nach. Der Reichspräsident und Freund Friedrich Ebert überreicht ihm (als erstem Empfänger überhaupt) den Adlerschild des Deutschen Reiches, das Deutsche Schauspielhaus veranstaltet eine Galavorstellung des *Florian Geyer*, die *Neue Rundschau* widmet dem Geburtstagskind eine ganze Nummer, Thomas Mann hält ihm zu Ehren seine Rede *Von Deutscher Republik*, in der er seine Zuhörer unter wiederholter Berufung auf Hauptmann auffordert, sich mit diesem Staatsgebilde zu identifizieren und es nicht, wie vielerorts der Fall ist, als «Angelegenheit scharfer Judenjungen» anzusehen. Am Morgen des 15. November versammelt man sich in der Aula der Friedrich-Wilhelm-Universität zu einem Festakt, dem auch Harry Graf Kessler beiwohnt:

> Hauptmann saß zwischen Ebert und [dem Reichstagspräsidenten und SPD-Politiker Paul] Löbe vorne vor dem Rednerpult. Irgendein Literaturprofessor, ich glaube, er hieß [Julius] Petersen, hielt eine farblose, langweilige Ansprache, der noch einige weitere Professorenaufsätze folgten. Nur [der Geh. Regierungsrat Prof. Dr. Gustav] Roethe, der als Vorsitzender der Goethe-Gesellschaft sprach, zeichnete sich durch seine Taktlosigkeit aus, indem er, statt auf der Rednerbühne zu sprechen, vor Hauptmann hintrat und ihm eine Adresse unter die Nase hielt, ihn dadurch zwingend, die ganze Rede stehend anzuhören.
>
> Die einzigen Redner, die etwas zu sagen wußten, waren ein Student und Löbe. Der Student sprach mit so viel Feuer und jugendlicher Frische, daß er die Versammlung hinriß ... Hauptmann las eine kurze, nicht sehr tiefe Ansprache vor, die sich aber erfreulich entschieden für Humanität und Versöhnung aussprach.
>
> Das denkwürdigste an der Feier ist das grotesk bornierte Verhalten der Studenten und Professoren gewesen. Die Berliner Studentenschaft hat mit einer Mehrheit von, ich glaube, vier zu zwei feierlich beschlossen, an der Hauptmann-Feier nicht teilzunehmen, weil Gerhart Hauptmann, nachdem er sich als Republikaner bekannt hat, nicht mehr als charakterfester Deutscher zu betrachten sei! Und von Sam Fischer höre ich, daß der genannte Petersen, der die

Festrede hielt, vor zwei Tagen bei ihm war, um ihn zu bitten, Ebert wieder auszuladen, da es der Universität nicht angenehm sein werde, wenn das republikanische Reichsoberhaupt bei ihr erscheine. Und als Fischer das ablehnte, hat ihn Petersen gebeten, dann doch wenigstens Löbe auszuladen, denn zwei Sozialdemokraten auf einem Male sei doch etwas viel!»[193]

Viel Feind', viel Ehr'? Während Hauptmann wegen seiner politischen Stellungnahme beim reaktionären Teil der Professoren und der Studentenschaft anstößt, enttäuscht er andere dadurch, daß er sich von diesen Leuten überhaupt feiern läßt. So meint ein Kritiker, der in ihm weniger den Praeceptor Germaniae als den auf Irrwege geratenen *Weber*-Dichter sieht, die fortschrittliche Jugend verlange «den verantwortlichen Geist, den Sie verweigern, sie verlangt Baumeister, keine Ehrenjungfrauen»; ein anderer entwirft in Anlehnung an Jean Paul eine *Rede des toten Hauptmann vom Weltgebäude herab, daß er kein Gott sei*, und wirft ihm den Verrat an den Idealen vor, mit denen er einst ausgezogen war. Auch Karl Kraus schlüpft in die Pose des *Wenn ich Gerhart Hauptmann wäre* (so der Titel seines Aufsatzes):

> Wäre mir ... die Katastrophe zugestoßen, das scheußliche Kriegsgedicht von den drei Räubern zu schreiben, worin ich «Gott, Kaiser und deutsches Heer» für die Erledigung der Sache sorgen lasse, und empfände ich dann nach sieben magern Jahren geistigen Ertrags das Bedürfnis, von Menschheitsverbrüderung zu reden – ich täts weiß Gott nicht vor den Kapazitäten der deutschen Professorenschaft. Nein, ich ließe mich nicht von deutschtümelnden Rektoren, Prorektoren, Dekanen und Prodekanen und wie diese Kostümfiguren einer blutigen Operette betitelt sein mögen, an ein Rednerpult geleiten, während der Oberpedell mit dem Szepter der Universität voranschreitet.[194]

Wie um zu zeigen, daß sich das Mißfallen an der Hauptmann-Vermarktung (und an seiner Bereitschaft, sich vermarkten zu lassen) über das gesamte literarische Spektrum erstreckt, meldet sich nach dem Traditionalisten Kraus nun auch der avantgardistische Herwarth Walden sarkastisch zu Wort:

> Also, Hauptmann ist das Richtige für den Weihnachtstisch. Vor

allen Dingen sei er persönlich den Herren Konditoren empfohlen. Im Schmuck des Weißhaares wirkt er wie ein edler Goethe aus Honigkuchen mit Zuckerguß. Hat er doch durch die Sechsmonatfeier seines sechzigsten Geburtstages die Leiden des deutschen Volkes erheblich versüßt. Statt der fehlenden Könige sitzen die Minister zu seinen Füßen, das übrige Volk hört seine schwungvolle Sprache im Kino, für den Zeitgeschmack erheblich verkürzt.[195]

Beim Lesen solcher Ergüsse sollte man meinen, der derart angefeindete Hauptmann habe nur wenige Freunde gehabt. Doch handelt es sich hier um einen Trugschluß, dem auch viele Historiker erliegen. Während Geschichte nämlich, wie man sagt, von den Siegern geschrieben wird, dann wird die Geschichte des Kampfes zwischen Politik und Literatur von den Verlierern geschrieben, den Literaten; den Politikern fehlt die Zeit zur Aufarbeitung solcher Querelen und oft auch die sprachliche Befähigung dazu. So dürfen wir aus dem Mißfallen vieler Dichterkollegen an der Rolle, die Gerhart Hauptmann (oder Bert Brecht oder Thomas Mann oder Ernst Jünger) mehr nolens als volens in der deutschen Politik spielten, keine Rückschlüsse auf die Wirksamkeit dieser Rolle ziehen. Das gerade von den Literaturbeflissenen jener Jahre so maßlos überschätzte «Wort» ist eines, die Gegebenheiten des politischen Lebens sind etwas ganz anderes; nur fehlte damals ein Ludwig Erhard, der diesen Tatbestand mit seiner Rede von den «Pinschern» ins öffentliche Bewußtsein gehoben hätte. Tatsache ist, daß in der nicht ganz zufällig nach Weimar benannten Republik zahllose Deutsche, die schon auf der Schule, und wie gelangweilt auch immer, von Goethe als «höchstem Ausdruck deutschen Menschentums» usw. usw. gehört hatten, in Hauptmann eine Vaterfigur sahen und eine Verkörperung ihrer eigenen besten Eigenschaften – ohne daß er deswegen eine nennenswerte Macht ausgeübt hätte. An dieser Identifizierung können Zeitungsglossen genausowenig rütteln wie der durch die Analogie mit dem alten Goethe verstärkte Eindruck, es bestünde kaum noch eine Verbindung zwischen dem mit Pauken und Trompeten in sein sechzigstes Lebensjahr eintretenden «letzten Klassiker» und der Realität von 1922.

Nimmt er sie überhaupt bewußt zur Kenntnis, Einsteins *Grundzüge der Relativitätstheorie* und Joyces *Ulysses*, Mussolinis Marsch auf Rom und den Verfall der Reichsmark, die Anfang des Jahres im Verhältnis

1:200 und am Jahresende 1:18000 zum amerikanischen Dollar steht? Was weiß, was versteht von alledem ein Mann, der sich vom Kapp-Putsch im Hotel «Adlon» überraschen läßt – Hauptmanns sind zur Premiere des *Weißen Heiland* nach Berlin gekommen – und durch den von den Gewerkschaften ausgerufenen Generalstreik gezwungen wird, in S. Fischers feudaler Villa Zuflucht zu nehmen? Zwar ist auch da der Strom ausgefallen und fehlt auch da ein Teil des Personals, so daß Hedwig Fischer und Margarete Hauptmann sich mit Kerzenlicht und einem Kohlenherd begnügen müssen. Doch läßt sich ein Kammermusikabend unter diesen Umständen um so stimmungsvoller improvisieren: Lily von Mendelssohn und Margarete spielen Bach, Fischers mit Hauptmann, Rathenau und Kerr hören andächtig zu, während im Stadtzentrum der Bürgerkrieg kurz, aber heftig aufflammt.

III

Und doch spricht vieles dafür, daß Hauptmann sich auch in Zeiten, da ihn die politische Realität zumindest in ihren Auswirkungen auf das tägliche Leben kaum mehr berührt, ein feines Gespür für diese bewahrt hat – selbst wenn er sie meist nur als Randerscheinung zur «wirklichen», zur dichterischen Realität wahrnimmt. So zeigt sowohl das 1928 erschienene Epos *Des großen Kampffliegers, Landfahrers, Gauklers und Magiers Till Eulenspiegel Abenteuer, Streiche, Gaukeleien, Gesichte und Träume* als auch das posthum veröffentlichte Drama *Herbert Engelmann*, daß er genau weiß, was in jenen kritischen Märztagen 1920 während des Kapp-Putsches, ja, was in den frühen Jahren der Republik überhaupt gespielt wird (bis hinunter zur Dollarparität, auf die er Engelmanns Pensionswirtin bestehen läßt). Freilich erlebt er diese Jahre nicht als getreuer Chronist, sondern primär als Dichter, etwa in der Rolle eines wiedererstandenen Till Eulenspiegel, der mit seinem Pudel in einem von «Gift» und «Galle» gezogenen Panjewagen – Hauptmann besaß mal zwei Pferde, die tatsächlich so hießen – durch das Deutschland der unmittelbaren Nachkriegszeit fahren.

Vom schlesischen Warmbrunn geht die Reise zunächst nach Berlin, wo wir Gestalten begegnen, die an Ebert, Rathenau, Ludendorff und andere prominente Zeitgenossen erinnern und wohl auch erinnern sollen. Nach zahlreichen, an verschiedenen Orten erlebten Abenteuern, darunter Amouren mit einer Fürstin sowie mit einer Landstreicherin, die ihn lange begleitet, entrückt Till zusehends zu einer mythischen und grenzüberschreitenden Figur. Jetzt treten die im Titel angezeigten Gesichte und Träume in den Vordergrund. Till trifft den Schatten Johann Sebastian Bachs, er will zum Venusberg pilgern und zum Heiligen Grab, er besucht die Kriegstoten in der Unterwelt und erlebt deren Tod in einer Vision nach, die ihn inmitten einer Hochzeitsgesellschaft bei Hofe überkommt:

> Alle sahen die Lippen des Gauklers geöffnet, erblickten
> ekelhaftes Gewürm sich dem blutigen Schlunde entwinden,
> Fürchterliches Gelocke rubinengeäugter Vipern
> mit den Schwänzen im Schädel des schrecklichen Gauklers verhaftet...
> Und er wuchs, dieser schreckliche Mann. Einen glühenden Stahlhut
> sah man plötzlich gequetscht übers Schlangengewühl seines Scheitels.
> Innen kochte sein Hirn. Plötzlich riß ihm ein Etwas, das niemand
> sah, die Augen heraus, etwas andres das Fleisch von den Kiefern.
> Was die Brust nun dem Gaukler zerschliß und die Teile des Leibes
> so zerfetzte, daß heil ihm und ganz nicht ein einziges Glied blieb,
> niemand sah es!

Später übernimmt Till die Rolle des Kaisers in einem von Luther nach Wittenberg berufenen Konzil, auf dem auch Mahatma Gandhi und der heilige Franz von Assisi disputieren. Nach weiteren, auch «faustischen» Erlebnissen wie einem Ritt auf dem Kentauren Cheiron und einem altgriechischen Liebesidyll – nicht mit der schönen Helena, sondern, wie Till seinem treuen Pudel berichtet, mit der unflätigen Hexe Baubo – sucht und findet er seinen Tod in den Tessiner Bergen. Als gutmütiges Gespenst spukt er da noch heute.

An Bilderreichtum, Erlebnisdichte und Wortgepränge kann sich *Till Eulenspiegel* mit der phantastischen Literatur des Barock und der Romantik, aber auch mit einigen Szenen aus der Feder von Günter Grass messen. Doch hat Hauptmann leider keinen Roman geschrieben, sondern ein 300 Seiten langes, in 18 verschiedene «Abenteuer» gegliedertes episches Gedicht in Hexametern (auch wenn diese nicht, wie der Theaterkritiker Herbert Jhering in einem berühmten Verriß meinte, allesamt «schleppfüßig» sind). Diese dem modernen Ohr erkünstelt und veraltet klingende Form hat Hauptmann einem auf weite Strecken hin surrealistischen, bisweilen an Science-fiction grenzenden Stoff übergeworfen, wobei sich Mißklänge fast von selber einstellen. Wenn z. B. ein Junker bei Hofe erklärt: «Das Maschinengewehr ist die beste Erfindung der Neuzeit, / und so muß sich's entscheiden, wer wirklich in Deutschland heut Herr ist», oder ein Bolschewik auf dem Konzil berichtet: «Lenin starb, und hier bringen sie, einbalsamiert, seinen Leichnam», dann werden Aussagen von damals unüberbietbarer Aktualität und Brisanz dadurch trivialisiert, daß Hauptmann sie mal im Korsett des Hexameters, mal in dem des Knittelverses präsentiert. Handelt es sich hingegen um allgemeine Sentenzen, an denen in *Till Eulenspiegel* wie in den meisten Epen kein Mangel besteht, dann zeigen sich diese Stilmittel von ihrer besten Seite wie in dem schönen, quasi Klopstockschen Vers: «Erlöse, o Herr, o erlöse vom Menschen den Menschen!»

Auch ist in diesem Werk kein politischer, theologischer, psychologischer oder sonstiger Blickwinkel auszumachen, aus dem Hauptmann die Handlung betrachtet. Ohne eine solche Standortbestimmung, wie sie zum Beispiel Dante in der *Göttlichen Komödie* vornimmt oder Goethe in der Klassischen Walpurgisnacht des *Faust* oder Rilke in der zehnten *Duineser Elegie*, muß eine Wanderung durch zwei Welten, durch Traum und Wirklichkeit oder Himmel und Hölle oder Leben und Tod oder wie man diese Bereiche immer nennen mag, letzten Endes ein Gefäß bleiben, dem der Inhalt fehlt. Daß dieser *Till Eulenspiegel* in der Tat eine schön bemalte, aber mit Sprüngen durchsetzte und im Grunde genommen recht leere Vase ist, erweist sich u. a. in der politisch wertfreien Beschreibung zweier Männer, die hier an unserem inneren Auge vorüberziehen und die es sich kennenzulernen lohnt.

Der eine ist Hans Paasche, ehemals Kapitänleutnant der kaiserlichen Marine, der den Dienst aus Gewissensgründen quittierte, sich als Schriftsteller und Pazifist engagierte und als solcher 1920 von Fememördern erschossen wurde. Während Paasche aber nur ein Kapitel oder «Abenteuer» bestreitet, ist der andere, Krafft Christian Tesdorpf, allgegenwärtig als Vorbild des Till selber. Er ist Hauptmann zuerst 1916 auf Hiddensee begegnet, als Fliegeroffizier auf

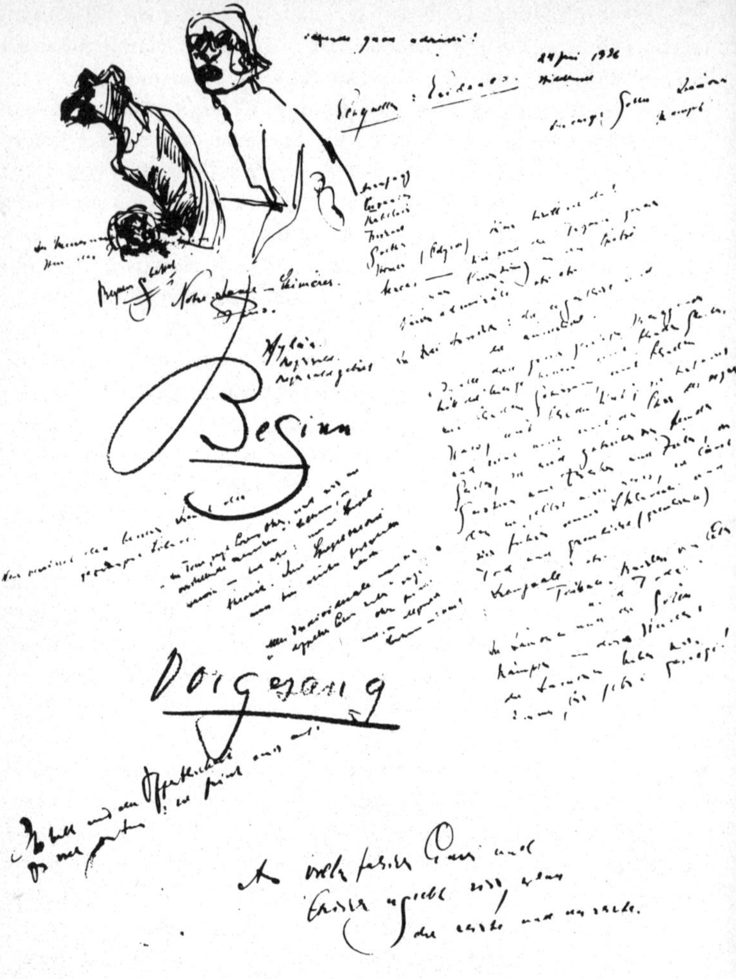

Entwurf des Anfangs zum «Till Eulenspiegel»-Epos.

Erholungsurlaub; trotz eines Altersunterschieds von dreißig Jahren duzen sich die beiden bald und bleiben in Kontakt bis in den Zweiten Weltkrieg, den Tesdorpf in Indien als feindlicher Ausländer im Internierungslager verbringt. Hauptmann nennt ihn seinen «fünften Sohn» und verfolgt mit immerwacher Sympathie den weiteren Lebenslauf dieses Repräsentanten einer *lost generation*, die nach 1918 nicht mehr den Weg zu einer bürgerlich-seßhaften Existenz zurückfindet. Der aus dem hanseatischen Patriziat stammende, dreimal verheiratete Tesdorpf lebt jahrelang auf Java und in Südamerika, legt zwischendurch immer wieder Deutschland-Besuche ein und stirbt 1957 als Mercedes-Benz-Vertreter in Australien. Was an Hauptmanns Till nicht auf das literarische Vorbild des Spaßmachers aus dem braunschweigischen Kneitlingen zurückgeht, beruht auf Tesdorpf, von der Trinkfreudigkeit und dem Frauenkonsum bis zum gerade absolvierten Kriegsdienst als hochdekorierter Pilot (dessen eng anliegende Lederkappe sich durch die Hinzufügung von Stoffhörnern und Schellen leicht in eine Narrenkappe verwandeln läßt). Doch ist es vor allem wohl die Verbindung von Vitalität und männlichem Charme, die Hauptmann an seinem «treuen Sohn Till alias Krafft» schätzt und auf seinen epischen Helden überträgt.[196]

Was uns Nachgeborene an Männern wie Paasche und Tesdorpf am meisten fasziniert – wohl legitimerweise, denn *Till Eulenspiegel* ist undenkbar ohne die ideologischen Konflikte im Deutschland der frühen zwanziger Jahre – ist freilich genau das, was Hauptmann am ängstlichsten ausspart: ihre politischen Meinungen und Aktivitäten. Zwei kaiserliche Offiziere: der eine so weit links, daß er im November 1918 bei den nach bolschewistischem Muster eingerichteten Arbeiter- und Soldatenräten mitmacht; der andere so weit rechts, daß er bald nach seiner Verewigung als Till Eulenspiegel dessen Schöpfer bei dem Versuch einschaltet, trotz seiner 43 Jahre Kampfflieger in Görings Luftwaffe zu werden. (Hauptmann schreibt in dieser Sache an den mit ihm befreundeten Generaloberst Hans von Seeckt, der nach 1933 aber keinen Einfluß mehr besitzt und nichts für Tesdorpf tun kann.) Was hätte Brecht, was hätte Zuckmayer aus dieser dialektischen Konstellation nicht alles herausgeholt? Doch weiß sich Hauptmann in seiner Gleichgültigkeit gegenüber der Politik mit anderen bedeutenden deutschen Schriftstellern einig. Während er den *Till Eulenspiegel* schreibt, arbeiten Thomas Mann und Hermann Hesse und bald auch Alfred Döblin an Romanen, in denen die Politik ebenfalls nur wetterleuchtet statt einzuschlagen: *Der Zauberberg* erscheint 1924, *Der Steppenwolf* 1927, *Berlin Alexanderplatz* 1929.

Auch das 1924 begonnene, dann unfertig liegengelassene Drama *Herbert Engelmann* behandelt die damals so aktuelle Heimkehrer-Problematik. Der junge Engelmann ist als Freiwilliger in den Krieg gezogen und kehrt nun – mit ordengeschmückter Brust wie Till, im Gegensatz zu diesem aber hochgradig neurotisch – nach Berlin zurück. Er ist überzeugter Pazifist und schreibt an einem Roman, der den Titel *Nie wieder Krieg!* tragen soll. Trotz der Liebe eines Mädchens, das zu ihm hält, sieht er sich den Anforderungen und notwendigen kleinen Heucheleien des bürgerlichen Lebens nicht gewachsen und endet durch Selbstmord, so eindeutig ein Opfer des Krieges, als hätte ihn eine Granate zerfetzt. Hauptmann nimmt das Werk 1941/42 wieder vor, ohne die Überarbeitung zu beenden. Hätte er doch die Finger davon gelassen! Denn das Stück wird nicht besser, sein Verfasser aber kleiner, wenn man sieht, daß er den als Sympathieträger im Dritten Reich nicht mehr genehmen pazifistischen Schriftsteller mir nichts, dir nichts in einen unpolitischen Bakteriologen verwandelt hat. Doch kommt es zu keiner Aufführung; stattdessen wandert *Herbert Engelmann* zurück in die Schreibtischschublade, bis Carl Zuckmayer ihn 1952 noch einmal «gleichschaltet». Der vielberufene Zeitgeist hat sich wieder einmal geändert, und der arme Heimkehrer, dessen Nervenkostüm ihm so, wie Hauptmann es schildert, allenfalls ein Leben als Kaninchenzüchter erlaubt hätte, wird jetzt zum Atomphysiker.

Wie die Kriegsveteranen Till und Engelmann begeht auch Prospero Selbstmord, der Held des 1922 uraufgeführten, dem Shakespeareschen *Sturm* nachgebildeten Drama *Indipohdi*; er verschwindet in den Felsklüften seiner Insel und nimmt damit seinen Platz in der langen Reihe Hauptmannscher Helden ein, die den Freitod wählen. Dabei liegt jeder Fall anders, und es ist hier nicht der Ort, diesem Phänomen auf den Grund zu gehen (es beruht eher auf Hauptmanns Auffassung vom Wesen des Dramas, und spezifisch des naturalistischen Dramas, als auf dessen eigener, jeglicher Kurzschlußhandlung und Gewaltanwendung abgeneigter Persönlichkeit). Doch sei im Vorübergehen festgehalten, wie viele seiner wichtigeren Roman- und Dramenfiguren, in markantem Gegensatz etwa zu denen von Brecht, Selbstmord begehen: Pippas Michel Hellriegel, Emanuel Quint, Prospero und Iphigenie in den Bergen, Johannes Vockerat, Arnold Kramer und Gabriel Schilling im Wasser. Helene Krause, Fuhrmann Henschel, Frau John, Sir Archie und Herbert Engelmann bis zu Dorothea Angermann und dem Geheimrat Clausen sterben auf andere Art und Weise, aber ebenfalls aus eigenem Entschluß.

Obwohl sich *Till Eulenspiegel* als Testament des Dichters an seine

Landsleute interpretieren läßt, ist dem Werk zunächst wenig Erfolg beschieden.[197] S. Fischer, dem Hauptmann in zähen, unter Androhungen des Absprungs zu anderen Verlegern geführten Verhandlungen eine Vorauszahlung von 100000 Mark abgetrotzt hat, muß nach einigen Jahren den größten Teil dieser Summe als Verlust verbuchen. Im Deutschland der späteren zwanziger Jahre liest man (soweit man sich überhaupt «Literatur» vornimmt) die neuesten Bücher von Jakob Wassermann, Hermann Hesse, Thomas und Heinrich Mann, Alfred Döblin, Lion Feuchtwanger; und wenn man ins Theater geht anstatt in den immer beliebter werdenden «Kintopp», dann sieht man sich das letzte Stück von Brecht oder Zuckmayer oder Kaiser an. Kurz, Hauptmann wird als der überragende Dichter der Zeit anerkannt wie Goethe ein Jahrhundert zuvor, aber lesen tut man ihn nicht viel mehr als jenen. Da hilft es auch nichts, daß Oskar Loerke, Heimanns Nachfolger als Cheflektor bei S. Fischer, in einem panegyrisch gestimmten Waschzettel die Beispielhaftigkeit dieses in seinen Tugenden wie in seinen Schwächen angeblich so deutschen Till Eulenspiegel hervorhebt, oder daß Kerr das Epos vom Standpunkt der politischen Ideologie aus als ein Buch bewertet, «das beide Lager lieben können»[198]. Der Absatz stagniert, ja, es zeichnet sich überhaupt immer eindeutiger eine Divergenz ab zwischen Hauptmanns nach wie vor unangefochtener olympischer Stellung im öffentlichen Leben und der mäßigen Qualität und Popularität seiner Werke. In den Jahren 1918 bis 1932, von der Veröffentlichung des *Ketzer von Soana* kurz vor Ausruf der Republik bis zur Uraufführung von *Vor Sonnenuntergang* kurz vor deren Ende, hat er nur drei bescheidene, auf Erzählungen basierende Erfolge zu verzeichnen.

Der Fortsetzungsroman *Phantom: Aufzeichnungen eines ehemaligen Sträflings* erscheint 1922 in der *Berliner Illustrierten.* Er hat eine Hauptmannsche Lieblingsvorstellung zum Thema: die krankhafte Leidenschaft eines Mannes, der einem sehr jungen Mädchen verfällt. Auch kann der Roman insofern als Vorläufer moderner Erzählwerke wie *Die Blechtrommel* und *Deutschstunde* gelten, als der Held seinen Bericht mit der Wiedergabe der Umstände beginnt, unter denen er als nunmehr «Asozialer» zur Feder greift. In der jungen Frau, um deretwillen der Protagonist von *Phantom* zum Hochstapler und Komplizen in einer Mordaffäre wird, erkennt man unschwer Ida Orloff wieder. Hauptmann hat sie seit Jahren nicht mehr gesehen; sie ist inzwischen von Karl Satter geschieden und nach Berlin gezogen, wo sie im neuen Medium «Rundfunk» Rezitationsabende hält und Franz Leppmann heiratet, den ersten Biographen von Thomas Mann und späteren Leiter des Propyläen-Verlags. Wie die Fliege im Bernstein bleibt sie in Hauptmanns Phantasie jedoch ein für allemal fixiert, vom «offenen, blonden, in langen herrlichen Wellen wallenden Haar» bis zum Imponiergehabe des verderbten Teenagers in *Phantom*, der eine Baronin zur Mutter hat:

> Nie werde sie sich, erklärte sie, das Recht auf Liebe verkümmern lassen. Sie sagte ihrer Mutter mit großer Ruhe und Festigkeit ins Gesicht, daß sie sich in dieser Beziehung absolut nichts zu versagen gedenke. Wenn ein Mann ihr gefiele und sich die Gelegenheit irgend herbeiführen ließe, so nehme sie ihn. Es fiele ihr gar nicht ein, womöglich aus der Welt zu gehen, ohne das Beste, was es gäbe, und zwar ganz gründlich, genossen zu haben. Wollte sie jemand daran hindern, so möge er sich in acht nehmen.

Auch in *Wanda*, 1928 in der *Vossischen Zeitung* als Fortsetzungsroman unter dem Titel *Der Dämon* veröffentlicht, wird ein Mann, diesmal ein Bildhauer aus Schlesien, durch seine Schwäche für ein amoralisches junges Mädchen aus der Bahn geworfen. Er heiratet sie, eine Seiltänzerin, ohne sie in sein eigenes, bürgerliches Leben hinüberziehen zu können. Als er sich von einem Nebenbuhler hintergangen sieht, erschlägt er diesen und verendet selber wie ein Hund im Straßengraben. Bis auf das tödliche Ende ist es das altbekannte Muster, nach dem *Atlantis* und *Phantom* gestrickt sind und das mit geringfügigen Änderungen später den Erzählwerken *Im Wirbel der Berufung*, *Neue Leidenschaft* und *Siri* zugrunde liegen wird. Und doch ist etwas Neues hinzugekommen.

Hatte Hauptmann den «Typ» Ida Orloff anfangs aus ihrer spezifischen Persönlichkeit heraus zu verstehen gesucht und in *Pippa* und *Kaiser Karls Geisel* als auslösendes Moment einer Bühnenhandlung gebraucht, so sieht er diese Frau jetzt aus veränderter Perspektive. Von der Schlange, die die Männer verführt, wird sie zusehends zum Felsen, an dem sie zerschellen. Nicht mehr das Wesen von Ida Orloff interessiert Hauptmann, sondern ihr Dasein; auch aus diesem Grunde erscheint sie von nun an in Erzählwerken statt Dramen. Es muß dahingestellt bleiben, inwiefern dies gewissen psychologischen Gesetzmäßigkeiten des alternden Mannes und *dieses* alternden Mannes entspricht. Etwas wie ein Johannistrieb hatte sich bei Hauptmann schon im Krieg gemeldet, als er auf Sylt die Bauerntochter Inken Diedrichsen kennenlernte, das Urbild der Inken Peters in *Vor Sonnenuntergang*. Auch in der Folgezeit wird die «Versuchung» oft genug an den stattlichen, sympathischen und berühmten Mann herangetreten sein. Im Kontrast zu seiner eleganten, bei öffentlichen Auftritten – vielleicht nur wegen ihres Augenleidens – meist abweisend dreinblikkenden Gattin verleugnet er nie den jovialen und zutraulichen Grundzug seines Wesens. Er bewahrt sich, auch hierin Goethe nicht unähnlich, bis ins hohe Alter hinein sowohl ein Auge für weibliche Reize als auch seine Attraktivität für Frauen der verschiedensten Altersgruppen. Im Gegensatz zu Goethe jedoch, der sich noch als Greis rückhaltlos in die achtzehnjährige Ulrike von Levetzow verliebte, bleibt Hauptmann nach der Trennung von Ida Orloff gegen solche Gefahren gefeit. Als er sich 1927 mit einigen Freunden im Garten eines Hotels in Bad Liebenstein unterhält und eine schlanke Blondine vorüberschwebt, fragt er sich und die anderen in aller Unschuld, indem er der jungen Frau mit den Augen folgt:

> Ob ich mich doch noch einmal verlieben soll? Ich hätte dazu fast Lust. Aber das Drum und Dran ist so peinlich; sich von einem Menschen trennen, mit dem man durch die Jahre fast zu eins zusammengewachsen ist, um einem jungen, unbekannten Menschen zu folgen ... nein, lieber nicht.[199]

Die Unterhaltung verstummt mit der Ankunft von Margarete Hauptmann, aber wir haben genug gehört, um zu wissen: Wer so fragt, verliebt sich nicht. Hauptmanns – man ist versucht zu sagen: planmäßig betriebene – Verteufelung von Ida Orloff dient vielleicht auch als Sicherheitsventil. Indem er sich alle paar Jahre von neuem die Erinnerung an die Leidenschaft von der Seele schreibt, die ihn damals versengt hatte, rekapituliert er vorsorglich die Rolle des gebrannten Kindes.

Daß *Wanda* von den Kritikern verrissen wird, tut diesem Werk als biographischem Dokument keinen Abbruch. Tatsächlich handelt es sich hier um eine Neuordnung von Versatzstücken aus der Vorstellungs- und Erfahrungswelt des jungen Hauptmann, also um ein nochmaliges Rütteln des vertrauten Kaleidoskops. Das ist schon beim Entwurf der Fall, beim Postulat des von der *jeune fille fatale* zum

Straucheln gebrachten Künstlers, auch wenn das Mädchen hier ausnahmsweise schwarzhaarig ist und der Mann ein Alkoholiker. Es trifft auch auf die Ausführung zu, auf das schlesische und italienische Lokalkolorit, auf Selbsterlebtes wie den vom Helden erlittenen Typhus-Anfall oder eine unzureichend abgestützte Skulptur, die vor seinen Augen in sich zusammensinkt. Und es trifft leider auch auf die abgestandenen, durch Requisiten wie Schlapphut und Chiantiflasche zusammengehaltenen Kunstbetrachtungen zu. Als Hauptmanns Freund und Adlatus Hans von Hülsen, dem das Manuskript wie ein bloßer Entwurf vorkam, den Dichter darauf ansprach, bekam er zur Antwort: «Finden Sie nicht, daß es für einen Zeitungsabdruck gut genug ist? – Für die Buchausgabe wollen wir es dann einmal gründlich durchnehmen.» Diese Durchsicht ist nie erfolgt, so daß die Zeitungsfassung auch in die Buchausgabe und sogar in die Werkausgaben übernommen wurde.

Am frischesten haben sich die Zirkusszenen erhalten. Zum einen, weil die nicht durchgeformte Sprache hier weniger störend wirkt, zum andern, weil sich Hauptmann in diesem Motiv, anders als bei der Verarbeitung des privaten Orloff-Komplexes, mit vielen Zeitgenossen berührt. Wedekind und Heinrich Mann, Kafka und Zuckmayer sowie zahllose andere betrachteten in Tagen, als Sport- und Filmklatsch noch nicht als lesenswert erachtet wurde und der Abbau sozialer und sexueller Tabus noch nicht die «Dämonie des Weibes» ad absurdum geführt hatte, den Zirkus als Sammelplatz und Refugium aller Erotik und Exotik, die im bürgerlichen Leben keinen Platz fand.

«Was heute in Europa mit ‹Frauenbewegung› bezeichnet wird, ist leider nichts als eine Lappalie.» Der Satz läßt aufhorchen, zumal er nicht aus dem Jahre 1986 und dem Umfeld des Feminismus stammt, sondern aus einem Buch, das Hauptmann 1924 veröffentlichte. Es ist *Die Insel der Großen Mutter oder das Wunder von Île des Dames*, mit dem einigermaßen mystifizierenden Untertitel «Eine Geschichte aus dem utopischen Archipelagus». Mit diesem Roman wendet sich Hauptmann von der erzählerischen Vermarktung des eigenen Lebenslaufs ab und betritt – zum ersten Mal seit dem *Ketzer von Soana* – Neuland.

Kurz nach Anfang unseres Jahrhunderts retten sich beim Untergang eines Passagierschiffs im Stillen Ozean etwa hundert Frauen, meist Europäerinnen und vorwiegend Deutsche, auf eine tropische

Insel. Nachdem sie sich unter der Anführung einer Malerin aus Berlin zu einem Gemeinwesen organisiert haben, richten sie sich auf einen voraussichtlich lebenslangen Aufenthalt ein. Ihre neue Heimat, die Dameninsel oder Île des Dames, ist malerisch gelegen und enthält an Früchten und Tierbestand, an Trinkwasser, Holz und vielfach gegliederter Landschaft alles, was der unversehens aus der europäischen Zivilisation herauskatapultierte Mensch zum Überleben benötigt. Das Materielle bildet jedoch nur ein Gerüst, durch das sich die matriarchalische Utopie, das Wunschbild einer Gesellschaft ohne Männer, verwirklichen läßt, auch wenn sie insofern nicht keimfrei feminin ist, als sich unter den Geretteten ein zwölfjähriger Knabe befindet. Doch wird Phaon – so heißt, nach dem legendären Geliebten der Dichterin Sappho, der Schöne – wegen seiner Jugend und Unschuld von jeglichem Verdacht ausgenommen, als sich nach etwa einem Jahr zuerst eine, dann mehrere und im Verlauf der Zeit die meisten Frauen schwanger fühlen und Kinder gebären. Man einigt sich dahin, das dem Anschein nach unerklärliche Phänomen mit dem Tempelschlaf in Verbindung zu bringen, der zu den Mysterien eines indischen Gottes gehört und wie alle religiösen Praktiken auf der Insel von einer als Hohepriesterin amtierenden Anglo-Holländerin überwacht wird. Das erste «Opfer» des Gottes, d. h. die erste Gebärende, errichtet mit ihrer Erklärung, sie habe derartiges von Kindesbeinen an geahnt und erwartet, «ein mit allen Schikanen der Psychoanalyse aufgeführtes Gebäude, das jedem Postulat Freuds gerecht wird»[200]. Mit der zum Dogma erhobenen übernatürlichen Zeugung, die den Schiffbrüchigen eine Zukunft ihres Gemeinwesens gewährleistet, entfällt das letzte Hindernis, das sie von der Pflege einer eigenen, von weiblichen Idealen getragenen Kultur abhalten könnte. Diese Kultur ist nicht nur von den Männern unabhängig, sondern sticht in vielem auch vorteilhaft von der von «Finstermannland» ab: So nennt Hauptmann hier das gehetzte und verkrampfte, dem kreatürlichen Leben entfremdete Europa.

Im Maße, in dem die männlichen Kinder älter werden, erweist es sich freilich, daß auch dieses Paradies die Schlange der Zwietracht enthält. Radikale Feministinnen erwägen zunächst den Kinder- bzw. Sohnesmord, lassen sich aber durch den im Rat gefaßten Beschluß besänftigen, die Knaben im Alter von fünf Jahren unter der Aufsicht des inzwischen erwachsenen Phaon in einem anderen, «Mannland» genannten Teil der Insel abzusondern; die auf Île des Dames geborenen Mädchen, die «Himmelstöchter», verbleiben hingegen bei den Müttern. In Mannland leben die Jungen unter sich und entwikkeln die Erfindungsgabe und rasch anpackende Tatkraft, den Mut und die Ausdauer, die als spezifisch männliche Tugenden gelten und sie unter anderm dazu befähigen, Boote zu bauen und damit die Möglichkeit einer Rückkehr in die Welt ins Auge zu fassen. «Sie sind uns über», konstatiert die Malerin, auf Besuch in Mannland, in dem ihr eigenen, saloppen Berliner Tonfall: «Die Taugenichtse haben uns, während wir in Mythologie machten, eine gewaltige Nase gedreht.»[201]

Beim unvermeidlichen, etwa zwanzig Jahre nach der Landung stattfindenden Zusammenstoß zwischen den beiden Prinzipien und Kulturen erweist sich nicht so sehr die Überlegenheit der Männer, als die Unzulänglichkeit einer einseitig matriarchalischen Weltsicht. Dabei sind es gerade die jüngeren, der feministischen Ideologie überdrüssigen Frauen, die in einem Anfall von Massenhysterie den indischen Tempel niederbrennen und sich mit den aus Mannland ausbrechenden Männern vermischen. Phaon verläßt am Ende die Insel mit einem Boot, ohne daß klargestellt wird, ob er ins verpönte Europa zurückkehrt oder mit seiner Gefährtin anderswo eine neue Gesellschaft gründen wird.

Die *Insel der Großen Mutter* gehörte wohl zu den Büchern, die Döblin im Sinn hatte, als er 1928 schrieb, man brauche nur einen Blick auf Hauptmanns Produktion der letzten zwanzig Jahre zu werfen, um in diesem einen «maßlos überschätzten, künstlich aufgeblasenen» Dichter zu finden.[202] In solcher Schärfe ist das Urteil, sofern es sich auf Hauptmanns Geschichte vom «utopischen Archipelagus» bezieht, zweifellos überzogen. Vielmehr hat diese ihren Wert behalten als Meilenstein in der Entwicklung der emanzipatorischen Literatur und als Ausdruck eines von vielen modernen Menschen geteilten Glaubens an die fortzeugende Macht des Mythos auch in unserer Zeit, als Spiegelung zukunftsträchtiger Bücher von Platons *Staat* über Defoes *Robinson Crusoe* zu Bachofens *Mutterrecht*, als furchtloser Erkundungsritt durch bestimmte Regionen der weiblichen und der kollektiven Psyche, und als manches andere. Aber ein guter Roman ist es nicht. Im Handwerklichen zeigt er Ermüdungserscheinungen, die schon in *Phantom* auftreten und sich nun nicht mehr übersehen lassen. Dazu gehört die Wiederholung von Aussagen, in denen sich das erzählerische Schwungrad im Leerlauf noch einmal um die eigene Achse dreht, ohne zur Vorwärtsbewegung beizutragen wie im zweiten Teil dieses Satzes: «Trotzdem hörten die Himmelstöchter diese Schreie sogar im Traum, fanden also vor ihnen im Schlaf keine Ruhe.» Enttäuschend ist auch die Häufigkeit, mit der hier eine Figur mit Eigenschaftsworten eingedeckt wird, anstatt sich in ihren Handlungen selber darzustellen, wie es einst der Bahnwärter Thiel getan hatte und vor kurzem noch der Ketzer Francesco Vela. Obwohl Hauptmann mit augenscheinlichem Wohlgefallen auf die anglo-holländische Hohepriesterin blickt, gelingt es ihm nicht, diesem «edlen Geschöpf», dieser «stolzen Dame» und «göttlichen Frau» Leben einzuhauchen:

> Das edle Geschöpf, dessen Seelenadel und innere Würde sich in jeder Bewegung und in der Haltung des ganzen Körpers ausdrückten, befand sich im Zustand tiefster Versonnenheit. Von Zeit zu Zeit schüttelte die stolze Dame ihr stolzes, durch den natürlichen Schmuck ihres reichen, dunklen, wohlgeflochtenen Haares gekröntes Haupt, als ob sie einen Gedanken abwiese, der sich ihr immer aufs neue aufdrängte. Wiederum aber von Zeit zu Zeit stieß die göttliche Frau einen tiefen Seufzer aus.

Das ist literarischer Anselm-Feuerbach-Verschnitt, aber keine Prosa, die einen groß angelegten Roman tragen könnte. Das Mißverhältnis zwischen dem Ziel und den Mitteln, mit denen es angestrebt wird, bringt es auch mit sich, daß wir von der Befruchtung im Tempelschlaf nur mit Mißbehagen lesen. Der berühmte Gedankenstrich, mit dem Kleist den «Fall» der Marquise von O... andeutet, ist nicht nur poetischer, sondern auch um vieles überzeugender als das Vexierspiel, das Hauptmann in seiner Behandlung dieses zentralen Motivs mit uns treibt.

IV

Die *Insel der Großen Mutter* entsteht seit 1916 in mehreren Schüben und erscheint 1924, im selben Jahr wie einer der großen Romane unseres Jahrhunderts, Thomas Manns *Zauberberg*. Manns Buch wird ein Welterfolg, dem von Hauptmann ist nur ein kurzes Aufflackern des öffentlichen Interesses beschieden, obwohl Fischer sich sehr dafür einsetzt und immerhin 50000 Exemplare verkauft. Der Unterschied zwischen den beiden Werken ist auch in anderer Hinsicht beträchtlich und wird durch einige oberflächliche Berührungspunkte noch verschärft; beiden gemein ist z. B. die Kritik an der modernen Gesellschaft und die Flucht aus dem Alltag in ein von der Welt abgeschirmtes und mythisch überhöhtes Dasein. Ein böswilliger Betrachter könnte meinen, daß just in dem Jahr, in dem Mynheer Peeperkorn durch den *Zauberberg* in die Literaturgeschichte eingeht, sich dessen Urbild mit der *Insel der Großen Mutter* so grandios nichtssagend gebärdet wie nie zuvor. Doch entsprechen solche Diskrepanzen weniger einem faktischen Wertgefälle als den Verschiedenheiten im Wesen und in der Anlage der beiden Autoren. Man hat sie so oft miteinander verglichen wie sonst wohl nur Goethe und Schiller, und etwa festgestellt, daß Hauptmann emotional und volkstümlich und humorvoll und ein «Dichter», Mann hingegen zerebral und gebildet und ironisch und ein «Schriftsteller» gewesen sei.

Hauptmann und Mann sind sich zuerst 1903 im Hause oder durch die Vermittlung ihres gemeinsamen Verlegers S. Fischer begegnet. Nach der Gründung der Weimarer Republik stellen sie erfreut fest, daß sie politisch, besser: weltanschaulich im selben Lager stehen. Trotz aller geographisch, geistig und gesellschaftlich bedingten Unterschiede sind sie sich einig in ihrer Unterstützung der Republik als der dem besiegten Deutschland angemessenen Staatsform. Wiederholte Begegnungen, etwa bei der Frankfurter Goethe-Woche im Februar 1922, bei der beide Dichter unter dem Patronat und in Anwesenheit des Reichspräsidenten Ebert Vorträge über Goethe halten, oder bei der Feier von Hauptmanns sechzigstem Geburtstag im November desselben Jahres, vertiefen die Beziehung. Wenn sie auch nie zur Freundschaft reift, geschweige denn zum brüderlichen Du, mit dem Hauptmann ansonsten recht freigebig umgeht, ist sie doch von gegenseitigem Respekt geprägt und zumindest auf Manns Seite von dem Gefühl, im anderen (und, Hand aufs Herz, eigentlich *nur* in diesem) unter den Dichtern der Zeit einen Ebenbürtigen gefunden zu haben.

Im Herbst 1923 kommt es in Bozen-Gries erstmalig zu einem längeren Beisammensein, dem sich schon 1924 ein weiteres auf Hiddensee anschließt. Hauptmann arbeitet an der *Insel der Großen Mutter* und am *Großen Traum*, während Thomas Mann, der das Treffen geschildert hat, sich um die Beendigung des *Zauberberg* bemüht:

Jetzt, nahe dem Scheitelpunkt meines Lebens, auf der Überhöhe des seinen, führte der Zufall uns unter dem Dach derselben Hotel-Pension zusammen, eines Hauses, das den Blick auf die Berge des ‹Rosengartens› hatte, und in all meiner Bedrücktheit durch erzählerische Sorgen, ein momentan ratloses Festsitzen, das mir gerade zustieß, teilte ich von Herzen seine Freude über diese Fügung. Gemeinsame Abende; die Frauen verstanden einander; und er zog mich an sich, wollte mich zum Genossen seiner geliebten Trinksitzungen in Bozener Weinhäusern und lachte mich herzlich aus, wenn mir nach all dem kalten Wein, den ich nur seinetwegen trank, der heiße Kaffee gar so wohl tat. Meiner Zigarre sah er, der Nichtraucher, mich angelegentlicher zusprechen als der Bacchusgabe, die ihn labte und erhöhte, und sah es mit amüsiertem Wohlgefallen. «Er roocht!» sagte er in behaglichem Schlesisch, – zufrieden offenbar, daß ich doch auch einer Passion frönte. Autogrammjäger drängten herein und umlagerten ihn mit Albums und Papierblättern, ohne sich begreiflicherweise um mich im geringsten zu kümmern. Mir war das recht, nicht ihm. Nie vergesse ich, wie seine Herzensgüte diese mir durchaus willkommene Vernachlässigung, dies mein Verschwinden neben ihm nicht dulden wollte, ja, wie es ihn in Verlegenheit setzte. «Meine Herrschaften», sagte er mit erhobenem Finger, «Sie scheinen gar nicht zu wissen, wer hier denn doch auch noch ... Kurzum, Sie sind in Gefahr, sich eine Gelegenheit ...» – «Aber lassen Sie doch!» bat ich, aber er gab nicht Ruhe, bis die Leute auch mir ihre Notizbücher und Papierfetzen vorlegten.[203]

Mit Manns «erzählerischen Sorgen» hatte es bekanntlich eine eigene Bewandtnis. Er beschäftigte sich gerade mit der seit langem eingeplanten Figur des Pieter Peeperkorn, jenes sechzigjährigen, steinreichen Kolonial-Holländers, der mit der zurückkehrenden Clawdia Chauchat gegen Ende des Romans in den «Berghof» einzieht und dessen Bewohner, die intellektuellen Streithähne Settembrini und Naphta inbegriffen, durch seine bloße Erscheinung zur Bedeutungslosigkeit schrumpfen läßt. In diese Zeit, da er sich bemüht, die Ausstrahlung einer großangelegten Persönlichkeit auf ihre Umgebung so bildhaft wie möglich darzustellen, fällt Manns Aufenthalt in Bozen. Im Gespräch mit Hauptmann kommt ihm plötzlich die Erleuchtung: «Das ist er!» sagt er sich und macht sich daran,

Peeperkorn durch die Übernahme bestimmter, von Hauptmann entliehener Züge und Attribute zu verlebendigen. Des Holländers «großes, vom weißen Haar umflammtes Haupt mit den blassen Augen, den mächtigen Stirnfalten [und] dem bloßliegenden wehen Munde» gehören genauso dazu wie der karierte Gehrock über der geschlossenen Weste und manches andere Detail des äußeren Erscheinungsbildes. Doch damit nicht genug. Der scharfäugige Thomas Mann «borgt» sich für seinen Helden auch Hauptmanns zu Stille und Aufmerksamkeit mahnende Gestik und die abschweifend-stammelnden, von Achtung heischendem Mienen- und Gebärdenspiel begleiteten Redewendungen, mit denen er, einem Außenstehenden unverständlich, z. B. die Freunde zum Trinken animiert:

> Meine Herrschaften. – Gut. Alles gut. Er-ledigt. Wollen Sie jedoch ins Auge fassen und nicht – keinen Augenblick – außer acht lassen, daß – Doch über diesen Punkt nichts weiter. Was auszusprechen mir obliegt, ist weniger jenes, als vor allem und einzig dies, daß wir verpflichtet sind, – daß der unverbrüchliche – ich wiederhole und lege alle Betonung auf diesen Ausdruck – der *unverbrüchliche* Anspruch an uns gestellt ist – – *Nein!* Nein, meine Herrschaften, nicht so! Nicht so, daß ich etwa – Wie weit gefehlt wäre es, zu denken, daß ich – – Er-*ledigt*, meine Herrschaften! Vollkommen erledigt. Ich weiß uns einig in alldem, und so denn: zur Sache!»[204]

Die «Sache», so erweist es sich erst zwei Seiten später, ist die Bestellung und der Verzehr eines Gläschens Genever.

Weder spricht Hauptmann genau so, noch sieht er genau so aus, wie er, ins Karikaturenhafte verzerrt, im *Zauberberg* geschildert wird. Doch sind die Übereinstimmungen frappierend genug, um Oskar Loerke, Hans von Hülsen und andere gemeinsame Bekannte sogleich einen Eklat befürchten zu lassen. Hauptmann, der den Roman von Fischer zugeschickt bekommt und ihn seiner Gewohnheit gemäß mit dem Bleistift in der Hand liest, reagiert zunächst gar nicht. Er ist alles andere als mißtrauisch von Natur aus und überdies seit Jahren daran gewöhnt, sich selber auch als Persönlichkeit des öffentlichen Lebens und somit in fremder Optik zu betrachten. So hat er sich z. B. schon lange damit abgefunden, daß der *Simplicissimus* seine Laufbahn von Jahr zu Jahr und von Werk zu Werk karikiert und witzig kommentiert – und dabei die Vermehrung seiner markanten Stirnfalten getreulich

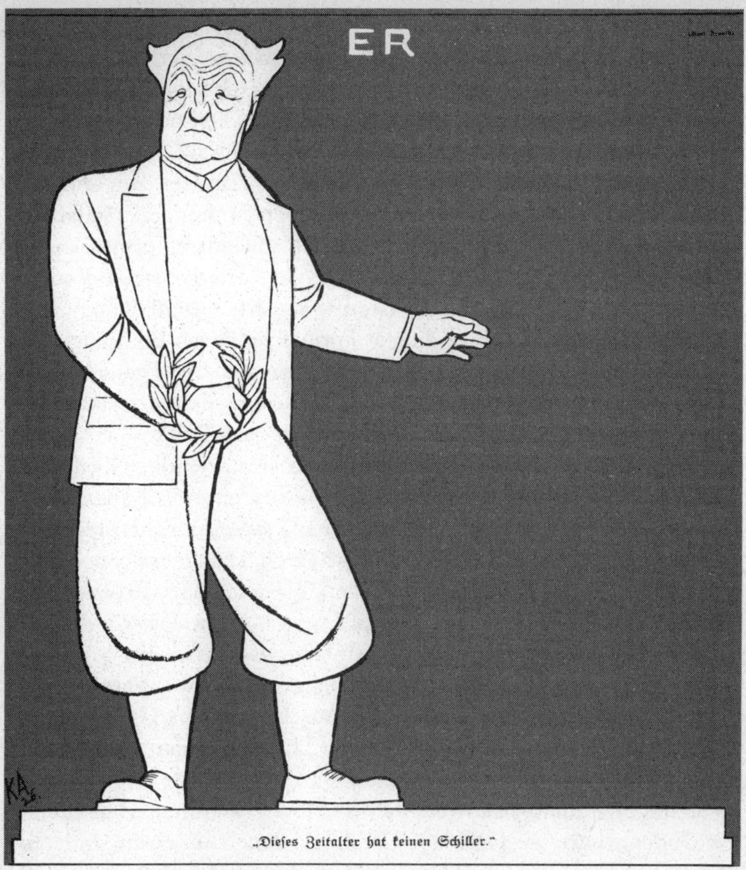

Die fünffach gefaltete Stirn des «letzten Klassikers» Hauptmann, dem ein Freund und zweiter Genius an seiner Seite fehlt. Karikatur von Karl Arnold im «Simplicissimus» vom 21. 6. 1926.

registriert.[205] Als Hauptmann sich aber, von Zuträgern aus seiner Umgebung dazu aufgefordert, eingehender mit Peeperkorn befaßt und an die Stelle kommt, an der dieser dem andächtig lauschenden Hans Castorp das Leben als ein Weib beschreibt, «ein hingespreitet Weib, mit dicht beieinander quellenden Brüsten und großer, weicher Bauchfläche zwischen den ausladenden Hüften, mit schmalen Armen und schwellenden Schenkeln und halbgeschlossenen Augen», da reißt ihm die Geduld und er notiert am Rand die Frage: «Dieses idiotische Schwein soll Ähnlichkeit mit meiner geringen Person haben?»[206] Auffallend an dem Satz ist weniger die verständliche Wut des derart Karikierten, als die Unsicherheit des literarischen Urteils. Denn alles in allem genommen stellt die Gestalt des Mynheer Peeperkorn die größte Huldigung dar, die ein Dichter dem anderen überhaupt darbringen kann. Soweit er in der Tat mit dem Holländer eins ist, erscheint Hauptmann als Mensch von einem Format, wie es in dem breit angelegten, eine ganze Epoche wiedergebenden Roman kein anderer aufweist. Dabei handelt es sich eigentlich um eine Prämisse, denn wie es mit diesem Format praktisch beschaffen ist, erfährt Mann erst jetzt: Anstatt ihm wegen dieser Persiflage die Meinung zu sagen oder sich in einem Werk zu rächen wie Wedekind, der auf das *Friedensfest* mit der Komödie *Die junge Welt* reagiert hatte, verzichtet der geschädigte Hauptmann auf jede öffentliche Stellungnahme und beschränkt sich darauf, seinem Unmut in Randbemerkungen («Blödsinn. Geblök.») in seinem *Zauberberg*-Exemplar Ausdruck zu geben. Dabei ist er unparteiisch genug, um zu einem positiven Gesamturteil über das Werk zu kommen: «Bedeutendes Werk: endlich etwas Diskutables in Deutschland.» Tiefer zielt eine andere Bemerkung, die zeigt, wie weit Hauptmann bei aller Jovialität und Ausgeglichenheit von jener blauäugigen Naivität entfernt ist, die ihm zugesprochen wird und deren Anschein er aus Gründen der Selbsttarnung wohl auch kultiviert. «Thomas Mann als Produkt seiner Frau zu betrachten wäre nicht unwichtig: tiefste Gegensätze – Vereinigung unmöglich, trotzdem vereinigt – wodurch? Hanseaten- = Judenbrücke = Geld.»[207] Denkt er dabei an einen anderen deutschen Dichter, etwas älter als Mann, der sich ebenfalls mit einem hübschen, schwarzhaarigen und sehr reichen Mädchen vereinigte und in seiner Frühzeit manchmal als «Produkt seiner Frau» betrachtet wurde?

Der von der Peeperkorn-Episode im *Zauberberg* ausgelöste Sturm im Wasserglas bleibt ein solcher dank der Besonnenheit der beiden Autoren. Vorsorglich legt Thomas Mann in einem Brief die vom literarischen Standpunkt aus durchaus plausiblen Gründe dar, die ihn bewogen hatten, seinem gestenreichen Holländer so viel von Hauptmann beizumischen. Dieser antwortet mit einem versöhnlichen Telegramm und beruft sich wieder einmal auf das Bibelwort von den vielen Wohnungen in unseres Vaters Hause. Man verkehrt miteinander wie zuvor, auf Hiddensee und in Berlin und in München, wo Mann 1926 bei der Premiere der *Dorothea Angermann* eine Begrüßungsansprache hält. Er bemüht sich auch, Hauptmann (der seinen Beitritt zunächst verweigert und damit der ganzen Organisation einen fast tödlichen Schlag versetzt hatte) als Mitglied der Sektion für Dichtkunst an der Preußischen Akademie der Künste zu gewinnen. Hauptmann wiederum, vom anderen wegen des gerade kursierenden Gerüchts angeschrieben, daß Arno Holz für den Nobelpreis für Literatur vorgeschlagen worden sei – in Manns Augen eine «absurde und skandalöse» Idee –, nimmt den Wink mit dem Zaunpfahl zur Kenntnis und schlägt den Briefschreiber selber vor. Nicht zuletzt aufgrund dieser Fürsprache erhält Thomas Mann 1929 tatsächlich den wohlverdienten Preis und erklärt am nächsten Tag mit Unschuldsmiene in einem Zeitungsinterview, daß andere deutsche Schriftsteller, Arno Holz zum Beispiel, die Auszeichnung vielleicht eher verdient hätten als er ...[208] Hauptmann fühlt sich verprellt, doch wahrt man wiederum die Form, bis die Ereignisse von 1933 vorübergehend eine wirkliche Entfremdung mit sich bringen.

Der *Zauberberg* ist Erfindung, Erfindung von hohen Graden, ist Dichtung. Hauptmann als Urbild des Mynheer Peeperkorn stellt darin eine der bekanntesten, aber eben nur eine von vielen «Rollen» dar, in denen er, fast immer ohne sein Zutun, im kollektiven Bewußtsein der zwanziger Jahre erscheint. Wenn er tatsächlich so etwas wie ein ungekrönter König der Weimarer Republik ist, dann nicht, weil er es so sieht oder darauf hinarbeitet, sondern weil ein zutiefst unmündiges Volk ihm diese Rolle anträgt und er zu schwach ist, um sie ein für allemal von sich zu weisen. Das Vexierbild des Mynheer Peeperkorn läßt sich durch ein anderes Konterfei ergänzen, durch das jenes erst verständlich wird. Es stammt nicht aus den Höhenzügen der schönen Literatur, sondern aus den Niederungen des Schuldienstes; nicht aus einem großen Roman, sondern einer Provinzzeitung. Dennoch ist ihnen das Datum gemeinsam, die persönliche Begegnung mit Hauptmann und das fassungslose Staunen über seine Ausstrahlung und Hofhaltung.

Unter der Führung eines Studiendirektors aus dem Lausitz-Städtchen Bischofswerda versammeln sich an einem Sommermorgen des Jahres 1923 etwa 30 Primaner in Agnetendorf, um «Dr. h.c. Gerhart Hauptmann, Deutschlands größtem Dramatiker der Gegenwart, ... der seit vielen Jahren in vornehmer Zurückgezogenheit der

Arbeit und seiner Kunst, voll Ernst und Ehrlichkeit des Wollens» auf dem Wiesenstein lebt, einen Besuch abzustatten. Die Jungen stellen sich nahe der Freitreppe auf, wo sie in «freudiger Erregung» und «weihevoller Erwartung» das *Ännchen von Tharau* anstimmen, bis der Hausherr erscheint.

> Unbedeckt das markante Haupt mit der hohen, kühnen Stirn. Silbergrau das Haar, silbergrau der lange Gehrock, silbergrau die Weste mit dem eigenartigen kleinen Ausschnitt... und einer schwarzen, großgliedrigen Kette, silbergrau das scharfgebügelte Beinkleid. Eine kraftvolle, vornehme, verehrungswürdige Erscheinung. An den Klassisch-Großen von Weimar gemahnt seine ganze Persönlichkeit.

Hauptmann führt die Klasse durch den Wiesenstein, wobei er dies und jenes erläutert und auch erklärt, wo es herstammt. Unter den verstreuten Kostbarkeiten ziehen einige die besondere Aufmerksamkeit der Gäste auf sich: «Ein geschnitztes Pult steht zwischen den beiden Fenstern. Ein Büchlein in Leder, mit Riemen zum Zuschnüren gebunden... Oben in der Federschale liegen lange Raubvogelfedern in goldener Fassung. Auf die Büttenblätter des Gastbuches schreiben damit Freunde des Hauses ihre Namen ein. – Dort das Kästchen mit den weißen und schwarzen Elfenbeinfiguren scheint dem Hausherrn besonders wert zu sein. Er spielt mit den Figuren: ‹Alles echt chinesische Arbeit.›»

Bei der Besichtigung des Arbeitszimmers ergreift der Lehrer, dem wir diese zuerst im *Dresdner Anzeiger* veröffentlichte Schilderung verdanken, «in spontaner Begeisterung» das Wort und sagt seinen Primanern unter anderm: «Möge diese Morgenstunde eine hehre Erinnerung für das ganze Leben bleiben. Vor einem der Größten unserer Nation stehen wir, vor einem der Größten der Gegenwart überhaupt!» Dann darf auch er sich mit goldgefaßter Raubvogelfeder im Gästebuch verewigen mit: «Deutsch das Herz, deutsch der Geist, dann wird des Vaterlandes Zukunft wieder heiter und verheißungsvoll werden!»

Hauptmann läßt sich beweihräuchern, ohne mit der Wimper zu zucken, und verabschiedet seine jungen Besucher mit ein paar freundlichen Worten. Als der Studiendirektor aus dem Haus tritt, sieht er einen Landauer warten. «Mein Freund, der Generaldirektor», erklärt Hauptmann stolz dazu, «schickt uns den Wagen. Wir sind heute zu ihm geladen.»[209]

V

«Mein Freund, der Generaldirektor.» – Hauptmann hat die süße Last des Ruhmes nicht nur auf dem Wiesenstein zu tragen, sondern auch bei den alljährlichen Badeaufenthalten in Rapallo und Santa Margherita, in Sestri Levante, Portofino und anderen Orten an der italienischen Riveria. Da geht es mondän zu, in der gemieteten Villa «Carlevaro» oder im «Excelsior» in Rapallo und in anderen Hotels, die er sich mit Touristen, wenn auch betuchten, aus aller Welt teilen muß. Da kommt es schon mal vor, daß er bei Tisch oder beim Baden oder beim Spaziergang auf der Promenade um ein Autogramm oder eine Meinungsäußerung gebeten wird wie von jenem Italiener, der ihn fragt, was er denn vom Faschismus hielte, woraufhin Hauptmann sich mit «Io son' poeta!» aus der Affäre zieht: «Ich bin Dichter!» In den späten dreißiger Jahren wird es ernster. Damals soll er, wiederum auf der Promenade von Rapallo, auf die Frage des ungarischen Schriftstellers Ferenc Körmendi, warum er denn nicht Hitler-Deutschland verließe und ins Exil ginge, in seiner entwaffnenden Naivität geantwortet haben: dafür sei er zu feige.

Auf Rügen und Hiddensee, wohin sich gerade im Spätherbst kaum je ein Ausländer verirrt, ist man hingegen unter sich. Von 1885, als er auf einem Abstecher von Rügen aus herüberfährt, bis zum letzten Besuch 1943 ist er an die dreißigmal auf Hiddensee, der kleinen Insel gewesen, auf der er dann begraben wird. Er mietet sich anfangs bei verschiedenen Familien ein, wohnt ab 1921 in der Pension «Haus am Meer» und nach 1926 in Haus «Seedorn», das er 1930 der Gemeinde Kloster abkauft und durch den Anbau eines Kreuzgangs und eines großfenstrigen, auf eine Terrasse führenden Arbeitszimmers vergrößern läßt. In einer Ecke ist ein Stehpult aufgestellt, eine andere wird von einem Kamin ausgefüllt, für die späten Herbsttage, wenn der Wind aus dem Osten herunterbläst. Das Arbeitszimmer enthält auch eine Bibliothek, Nachschlagewerke zumeist, denn was Hauptmann sonst an Gedrucktem benötigt, wird aus dem Wiesenstein mitgeführt. Er pflegt mit mehreren Bücherkisten zu reisen; auch das gibt es damals noch. Er braucht nichts selber zu tragen und nicht einmal Geld einzustecken, da unterwegs Margarete die Rechnungen begleicht. Vor der Abreise deckt er sich mit Nachschub für seinen «Pjoltr» ein, sein (und Ibsens) Lieblingsgetränk aus Cognac und Sodawasser, und sie sich mit Zigaretten der Marke «Batcharis», die sie aus einem vornehmen Geschäft Unter den Linden bezieht und in großen Mengen nach Rapallo und Hiddensee mitnimmt.

Der Tagesablauf folgt auch dort dem wohlerprobten Schema. Hauptmann steht sehr früh am Morgen auf, wirft sich einen Bademantel über oder die Franziskanerkutte, die er 1912 in Italien gekauft hat, und geht an den um diese Stunde noch einsamen Strand. Es ist nicht genau überliefert, was die Fischer auf Hiddensee von diesem Feriengast denken, der zu einer Stunde, in der vernünftige Leute noch schlafen, sein mal braunes, mal weißes Tuch abstreift und sich nackt in die Wellen wirft; doch gibt es noch Leute, die sich aus ihrer Jugend an diese Erscheinung erinnern und an das mit Kichern untermischte Befremden, das sie unter den Einheimischen hervorruft. Nach einem langen Bad – Brustschwimmen, mit ruhigem Atmen und der regelmäßigen Trainingsleistung, der er seine weder von den langen Nächten noch vom Alkohol beeinträchtigte Gesundheit verdankt – frühstückt er mit Margarete und durchstreift, Notizblock in der Hand, anschließend den Wald und die niedrigen Hügel der Insel. Auf das Mittagessen folgt die lange, in tiefem Schlaf verbrachte Siesta, von der er sich erst gegen fünf erhebt. Nach dem Kaffee arbeitet er zwei bis drei Stunden, während denen im Haus Ruhe zu herrschen hat. Nicht anders als auf dem Wiesenstein besteht die Arbeit aus dem Diktieren eines Textes, den er sich im Lauf des Tages im Geiste zurechtgelegt hat und nun im langsamen Auf-und-Abschreiten der Sekretärin vorsagt, ohne daß sich dabei, was Geschwindigkeit und Emphase betrifft, ein Unterschied zwischen Vers und Prosa feststellen ließe. – Die Sekretärin ist damals Elisabeth Jungmann, die 1933 auf Hiddensee den Dichter Rudolf Binding kennenlernt, mit dem sie, als «Halbarierin» im Dritten Reich gefährdet, bis zu seinem Tod zusammenlebt; sie wandert dann nach England aus und heiratet den genialen Satiriker und Karikaturisten Sir Max Beerbohm.

Abends kommen Gäste, die bei Wein und Gesprächen bis tief in die Nacht bleiben. Gerade in den zwanziger Jahren stellen sich viele Besucher ein, die vielleicht nicht den Weg zum entlegenen Wiesenstein gefunden hätten (dort bleibt während Hauptmanns Abwesenheit Ludwig Jauner zurück, ein ehemaliger k. u. k. Ulanen-Oberleutnant, der als Archivar arbeitet und sich um die beiden Dackel kümmert), aber um so lieber nach Kloster kommen, wo sie gleich auch einen Strandurlaub einlegen können. Der Maler und Bühnenbildner Emil Orlik, die Architekten Hermann Muthesius und Heinrich Tessenow und der Komponist Max von Schillings, dessen Enkelin 1941 Benvenuto Hauptmanns vierte Frau wird, gehören zu diesen Gästen. Auch Albert Einstein ist ein häufiger Badegast auf Hiddensee und verkehrt mit seiner Frau Margot gern bei Hauptmanns. Einmal verbringt Thomas Mann einige Wochen im «Haus am Meer» und wird wie Hauptmann mit einem Ständchen bedacht, das ein vorüberziehender Trupp Wandervögel den Dichtern bringt. Der eine tritt auf seinen Balkon heraus und dankt in kurzer, wohlgeschliffener Rede, der andere muß seiner Gewohnheit gemäß erst ein paar Sätze zu Papier bringen, die er dann mit eindrucksvoller Gestik verliest. Soweit bekannt, sind sie nicht erhalten geblieben. War es, wie Mann mal von einem Hauptmannschen Werk schrieb, «eine recht zu Herzen gehende Quasselei»? Die Umstände legen dies nahe, obwohl es einen stets von neuem verwundert, daß ein Dichter, der seine Werke lieber diktierte als niederschrieb, nicht öffentlich reden mochte oder konnte.

Rügen und das ihm auf der Westseite vorgelagerte, sehr viel kleinere Hiddensee sind keine internationalen Treffpunkte wie Biarritz oder Capri. Trotzdem beherbergen sie in den zwanziger Jahren neben illustren Persönlichkeiten wie Hauptmann und Einstein auch auffällige Urlauber aus anderen Kreisen und Altersgruppen. In Bad Ahrenshoop treffen sich z. B. bestimmte Mitglieder der Berliner Kunst- und Literatur«szene», über die der gallige George Grosz 1930 berichtet:

> Ein paar wirkliche Künstler sind da, und die anderen gruppieren sich jeweilig und nach Anhimmelungs-, respektive Klatsch- und Tratschbedürfnis. Da gibt es alle möglichen Tanzdamen, eigenartige Jünglinge mit seltsamen Neigungen, so ein gewisser intellektueller Schmuse- und Schmockbetrieb mit allen bekannten Nuancen.[210]

Es ist verlockend, sich auch Hauptmann in solcher Umgebung vorzustellen, in der sich einige seiner jüngeren Besucher wie Carl

Zuckmayer und Werner Krauß durchaus zu Hause fühlen; doch weist nichts auf nähere Beziehungen zwischen ihm und den Feriengästen aus Boheme und Lebewelt hin.

In seinen Werken haben Rügen und Hiddensee beträchtliche Spuren hinterlassen. Unter der Lyrik findet sich ein gutes Dutzend dort konzipierter Natur- und autobiographischer Gedichte, von der *Mondscheinlerche* von 1885 bis zur melancholischen *Insel* aus dem Jahre 1940:

> Hier, wo mein Haus steht,
> wehte einst niedriges Gras:
> ums Herz Erinnerung weht,
> wie ich dereinst mit Freunden saß...

Auch in *Gabriel Schillings Flucht* und im Roman *Im Wirbel der Berufung* ist die Atmosphäre von Hiddensee und Rügen eingefangen; von der *Insel der Großen Mutter* erklärte Hauptmann, er hätte sie nie geschrieben, wenn er nicht «jahrelang auf Hiddensee die vielen schönen, oft ganz nackten Frauenkörper gesehen» hätte.

Unter den Sommergästen, die in Bad Ahrenshoop genauso anzutreffen sind wie am Strand von Hiddensee oder in Haus «Seedorn» ist auch Benvenuto – von seinen Kritikern und Neidern auch «Malfinito» genannt –, dessen Jugend so ganz anders verläuft als einst die seines Vaters. Von Hauslehrern betreut und von seinen Eltern auf Reisen mitgenommen, hat der hübsche und etwas ephebenhaft wirkende junge Mann, des Dichters «schlechtgeratener Sohn»[211], inzwischen Nationalökonomie studiert und 1924 bei Alfred Weber promoviert. Er beschäftigt sich dann eine Zeitlang im Außenministerium des mit seinem Vater befreundeten Gustav Stresemann sowie als Übersetzer aus dem Englischen; Miss Cox hat mit ihrem Sprachunterricht offensichtlich ganze Arbeit geleistet, denn die Kenntnisse reichen aus, um Kiplings *Dschungelbuch* zu verdeutschen. Im Sommer 1928, den Gerhart und Margarete ausnahmsweise nicht auf Hiddensee verbringen, sondern auf Schloß Dwasieden bei Sassnitz, heiratet Benvenuto nach Auflösung seiner ersten Ehe die Prinzessin Elisabeth zu Schaumburg-Lippe. Es ist ein gesellschaftliches Ereignis, zu dem das gemietete Schloß den richtigen Hintergrund liefert. Doch trennt sich das Paar bereits am nächsten Tag, dem 2. August, weil der Braut «die physische Verbindung mit irgendeinem Manne, die Ehe also, nur mit höchstem Widerwillen möglich und auf die Dauer unmöglich ist». So berichtet Gerhart Hauptmann dem bei der Hochzeit amtierenden Pfarrer, seinem Hiddenseer Freund Arnold Gustavs, in einem Brief, dessen Ende ohne Abstrich oder Zusatz in den *Wahlverwandtschaften* stehen könnte:

> Es ist wohl einer der wunderlichsten Fälle, die es geben kann, und wir alle, inbegriffen der Fürst selbst, sind auf eine nicht zu überbietende Art mystifiziert worden.
> Damit schließen wir dieses Kapitel, lieber Herr Pastor, und wenden uns unseren Aufgaben zu, die vor uns, nicht hinter uns liegen!

Nicht einmal Goethe, auch er ein Meister im Verdrängen, hätte den Mantel des Wohlanstandes mit festerer Hand um diesen «Fall» drapieren können, der um so «wunderlicher» ist, wenn man bedenkt, daß Elisabeth – in Graf Kesslers Augen «jeder Zoll eine Prinzessin» – sich später mit einem anderen Mann verheiratet und bei der Geburt eines Kindes stirbt.

Benvenutos Ehen und seine finanziellen Ansprüche sind nicht Hauptmanns einzige familiäre Sorge. Auch sein eigenes häusliches Leben macht ihm manchmal zu schaffen. Einiges deutet darauf hin, daß es glücklich verläuft, etwa ein geradezu leidenschaftlicher Brief, den der – man sollte meinen, frischverheiratete – Mann von sechzig seiner gerade verreisten Frau aus Agnetendorf ins Hotel «Continental» nach München schickt: «Geliebte! Dieser Brief fliegt Dir nach. Er soll auf deiner Spur sein, Geliebte, und meine ganze Seele Dir nachtragen...»[212] Anderes weist auf erheblichen Konfliktstoff hin wie der Stoßseufzer: «Wenn meine Frau sich doch mal in der Küche sehen ließe!» und der von seinem langjährigen Diener Albert Birke überlieferte Wutanfall, mit dem Gerhart die von Margarete verordnete Entfernung eines Stiches zur Kenntnis nimmt, der lange über seinem Schreibtisch gehangen hatte. Er zeigte eine Szene aus *Hanneles Himmelfahrt* und war ihm, vielleicht aus Dank für die Widmung des Stückes an sie, einst von Mary geschenkt worden, die mit eigener Hand darunter geschrieben hatte: «Denke an dieses Bild, wenn der Tod zu Dir kommt!» Hauptmann fragt, wer das Bild hat abnehmen lassen, und befiehlt zornig, daß es sofort wieder an seinen alten Platz gehängt werde.

Trotz solcher Zwischenfälle hat sich Hauptmanns zweite Ehe längst so eingependelt, wie es den Umständen entspricht. Ein berühmter und nicht mehr ganz junger Mann, der seinen Erfolg zum Teil der aufopfernden Mithilfe seiner ersten Frau verdankt, läßt sich von dieser scheiden, um in zweiter Ehe eine erheblich jüngere Frau zu heiraten, mit der er ein weiteres Kind zeugt und an deren Seite er schließlich alt und sogar hilfsbedürftig wird – die aus dieser Konstellation entspringenden Freuden und Leiden sind vorprogrammiert und aus Tausenden von ähnlichen Fällen bekannt. Sie werden in vollem Maße auch von Hauptmann geteilt: das Gefühl einer zweiten Jugend an der Seite der noch unverbrauchten zweiten Frau und das schlechte Gewissen wegen dem Verrat an der ersten, sowie die finanzielle Belastung durch zwei Familien und schließlich der eingebaute Konflikt zwischen den Kindern aus verschiedenen Ehen.

Seine Söhne sind um diese Zeit schon erwachsen. Ivo, mit der Tochter eines Generals verheiratet und Vater von Hauptmanns Lieblingsenkel Harre, lebt als Maler in Hamburg und steht seinem Vater, als Erstgeborener und als Künstler, in mancher Hinsicht am nächsten. Eckart arbeitet in leitender Stellung bei der holländischen Tochtergesellschaft von AEG, Klaus ist in der Verwaltung einer Schiffahrtslinie tätig und hat eine Tochter des Münchner Rechtsanwalts Max Bernstein zur Frau. Die Beziehungen der drei Brüder zu ihrem Halbbruder Benvenuto, dem Augapfel seiner Mutter, um deretwillen der Vater ihre eigene Mutter verlassen hat, sind einigermaßen gespannt. Wir wissen aus Hauptmanns Werken, nicht zuletzt aus *Vor Sonnenuntergang*, dem Schauspiel, an dem er bald zu arbeiten beginnt, daß er alle mit dieser prekären Sachlage verbundenen Konflikte bis ins letzte kannte und nachvollzog. Wie schmerzlich es manchmal gewesen sein muß, bei alledem in der Mitte zu stehen, zeigt ein Elisabeth Jungmann diktiertes Briefkonzept vom Juli 1927, als Hauptmann, wie man damals scherzte, sich gerade anschickte, «seinen 65. Geburtstag zu feiern, ohne deshalb die Vorbereitungen zu seinem 70. zu unterbrechen»[213].

Lieber Ivo!
Ich höre, Erika und Klaus seien im Hotel Adlon gewesen, hätten dort gewohnt. Haben sie gewußt, daß Benvenuto auch in diesem Hotel wohnt? Ich nehme an, sie haben es gewußt, denn Tesdorpf und Frau wußten es, mit dem Erika und Klaus zusammen gewesen

sind. Wenn sie es aber gewußt haben, was konnte der Grund sein, ihn dadurch offensichtlich und absichtlich zu verletzen, daß sie es vermieden, ihm auch nur Guten Tag zu sagen. Darüber wüßte ich gern Bescheid. – Sollte etwas wie ein versteckter Krieg gegen Benvenuto und seine Mutter bei Euch an der Tagesordnung sein, so möchte ich dagegen sagen, daß dies, abgesehen von etwas anderem, eine Absurdität wäre. Benvenuto ist in seiner Gesinnung Euch gegenüber allezeit ein rührender Bruder gewesen, dem die geringste Schärfe Euch gegenüber mangelt. Wodurch also würde er die verletzende und beleidigende Handlungsweise von Erika und Klaus verdienen. – Seit 35 Jahren lebe ich in einer glücklichen Ehe, vielleicht ist dieser und jener unter Euch geneigt, äußere Kurzangebundenheit für mangelndes Wohlwollen zu nehmen. Täuscht Euch nicht. Ich habe viel mehr Wohlwollen bei Grete für Euch als bei Euch für Grete gefunden. Ich nehme die Kriegszeit aus, wo der Mensch zugleich unmenschlicher und menschlicher war. Macht Euch bitte klar: ich betrachte alles, was etwa an Kälte, Übelwollen und Gehässigkeit aus dem Hamburger Familienkreis deutlich spürbar wird, wenn es auch Grete und Benvenuto treffen soll, indirekt auf mich gezielt...
Ich schreibe an Dich, weil Du der älteste bist, und weil Du bei Deiner mir vertrauten Art am wenigsten bei dieser Angelegenheit in Betracht kommst und ich beauftrage Dich, Klaus und Erika zu fragen, ob bei dem Übergehen Benvenutos ein Affront beabsichtigt war, und welche Ursache er hat. – Ich erwarte ihre aufklärenden Äußerungen. – Vermute nicht und vermutet nicht, daß Grete hinter diesem Briefe steckt. Sie hat mir schlechthin und durchaus abgeredet [*sic!*] und abgeraten ihn zu schreiben. Mein Bedürfnis nach Klarheit jedoch läßt sich nicht mehr zurückstellen. Ich will wissen, ob Grete sich täuscht und ob ich mich täusche, wenn wir eine versteckte Feindschaft spüren gegen unsere Gemeinschaft, gegen unser Leben, gegen unser Haus, bei einer Anteillosigkeit bei allem, was uns betrifft, die fast an sich schon beleidigend ist. Ich will deutlicher sehen. Und wenn diese Fremdheit wirklich existiert, so will ich das unzweideutig wissen, um daraus diejenigen Folgerungen zu ziehen, die ich unserer Selbstachtung schuldig bin.[214]

Wir wissen nicht, ob der Brief in dieser Form abgeschickt bzw. wie er von Ivo und seinen Brüdern aufgenommen wurde. An Deutlichkeit läßt er auf jeden Fall nichts zu wünschen übrig, auch wenn der Schreiber sicher wußte, daß sich solche Konflikte kaum, und am allerwenigsten brieflich aus der Welt schaffen lassen.

Zu der Gereiztheit, mit der sich der sonst so milde Hauptmann in diesen Jahren bisweilen äußert, tragen auch seine finanziellen Belastungen bei. Seine Ausgaben sind nicht nur in der Inflationszeit astronomisch, als jedermann in Millionen und schließlich Milliarden zu rechnen hat; sie bleiben auch später hoch. Auf dem Wiesenstein fallen immer wieder Reparaturen an; der Kaufpreis für Haus «Seedorn» beträgt 32000 Mark, die Umbauten verschlingen ein Vielfaches dieser Summe. Die langen Aufenthalte an der italienischen Riviera sind teuer, denn es handelt sich immer um zwei und, wenn Elisabeth Jungmann mitfährt, um ein Minimum von drei Personen. Auch die vielen Reisen in Deutschland, zu Vorträgen und Aufführungen und Kongressen, schlagen zu Buche, denn Hauptmann steigt in Hotels wie dem «Adlon» in Berlin ab oder dem «Bellevue» in Dresden oder «Brenners Park-Hotel» in Baden-Baden. Er versagt sich nur selten einen Bücherwunsch und ist dank Ivos Sachkenntnis und Pariser Verbindungen in der Lage, für den Wiesenstein ein paar französische Impressionisten noch zu erschwinglichen Preisen zu kaufen. Benvenuto lebt auf großem Fuße; allein seine Kleiderrechnungen müssen einen beträchtlichen Posten ausmachen, denn er tritt in der Berliner Gesellschaft in einer «sensationellen weißen Frackweste mit jabotartig vorstehendem Ausschnitt»[215] auf. Arme Verwandte bitten um Unterstützung, notleidende Schriftsteller wenden sich an den gutmütig-leichtgläubigen Mann, fast immer mit Erfolg. Margarete besitzt eine exquisite Garderobe und weiß sie zu tragen, er selber speist und trinkt mit Vorliebe in erlesenen Restaurants, das Hauspersonal will bezahlt, die Sekretärin ein wenig verwöhnt sein – das alles kostet mehr Geld, als ein «guter» Autor normalerweise verdient. Man glaubt Hauptmann gern, daß er die mit dem Nobelpreis verbundenen 160000 Goldmark schon vor dem Krieg in einem Jahr durchbrachte.[216]

Auch aus diesem Grund schreibt er Sensationsromane wie *Phantom* und *Wanda*, die er früher in dieser Form nicht veröffentlicht hätte; dank des Vorabdrucks in Zeitungen gewährleisten sie hohe und prompte Einkünfte. Dies ist auch bei der Vergabe von Filmrechten seine Richtschnur; solange die Kasse stimmt, ist ihm in dieser Hinsicht fast alles recht. Etwaige Bedenken über die Qualität einiger dieser Streifen machen S. Fischer, der sich längst die meisten Nebenrechte gesichert hat, mehr zu schaffen als Hauptmann. Immer mehr Werke werden verfilmt, im Maße, in dem sich das neue Medium durchsetzt. Auf *Atlantis* mit Ida Orloff (1913) folgen 1919 *Rose Bernd* mit Henny Porten und Werner Krauß, 1921 *Die Ratten* mit Lucie Höflich und Emil Jannings, 1922 *Hanneles Himmelfahrt* (Filmpremiere in der Berliner Staatsoper in Anwesenheit des Reichspräsidenten) und *Phantom* mit Lil Dagover (Drehbuch: Thea von Harbou, Regie: F. W. Murnau), 1927 *Die Weber* mit Paul Wegener, 1928 *Der Biberpelz* mit Lucie Höflich und La Jana; die Reihe ließe sich beliebig fortführen bis in die Gegenwart. Hauptmann, seinem «Eckermann» C. F. W. Behl zufolge «all zu bereitwillig» in dieser Branche, betätigt sich selber als Drehbuchautor und liefert 1926 zu Murnaus *Faust*-Film einen gereimten (!) Zwischentext, der wegen eines Zerwürfnisses dann aber weggelassen wird.

Ein ähnliches Bild ergibt sich beim Durchblättern einiger von der Forschung noch nicht ausgewerteter Dokumente zur Entwicklung des deutschen Rundfunks, an der Hauptmann mit seinem Werk und seiner Person maßgeblich beteiligt ist. Die Programmausstrahlung beginnt mit einer Sendung der Berliner «Funk-Stunde», der ältesten der neun Regionalgesellschaften des Rundfunkwesens in der Weimarer Republik, am 29. Oktober 1923 für rund 500 Teilnehmer (Anfang 1925 sind es schon 265000). Die Literatur wagt sich zum ersten Mal am 29. November in den Äther, mit einer Lesung aus *Wallensteins Lager*. Schon am folgenden Tag, am 30. November 1923, findet mit dem zweiten Literaturprogramm auch Hauptmanns Rundfunk-Debut statt, eine Lesung aus der *Versunkenen Glocke*. Nach Schiller und Hauptmann kommen noch vor Ende des Jahres Hofmannsthal, Goethe und andere Dichter an die Reihe. Die Lesungen werden von den führenden Schauspielern und Schauspielerinnen bestritten: Werner Krauß und Fritz Kortner machen mit, Gertrud Eysoldt und Elisabeth Bergner. Ida Orloff, wahrscheinlich die erste Frau, deren Stimme im deutschen Rundfunk überhaupt zu hören war (genau läßt sich das nicht mehr ermitteln), beteiligt sich ebenfalls an der «Funk-Stunde», manchmal gemeinsam mit ihrem Mann wie im September 1926 bei einem Chamisso-Abend, bei dem sie rezitiert und Franz Leppmann die Einleitung spricht. Sie liest natürlich auch aus Hauptmanns Werken. Hat sie ihn damals wiedergesehen, hat sie ihm vielleicht Mut gemacht, als er am 30. Oktober selber ins Vox-Haus unter dem Funkturm kommt und sich als erster namhafter deutscher Dichter an das Mikrofon setzt und zwei Gesänge aus dem *Till Eulenspiegel* liest?[217] *Sitzt* er, oder wandelt er wie beim Diktieren auf und ab vor dem Mikrofon (damals noch ein Metallring mit einer viereckigen Schachtel, dem «Zuckerwürfel», in der Mitte), so daß seine Stimme je nach Entfernung mal LAUT, dann leise, dann wieder LAUT über den Äther kommt? Auch das läßt sich heute nicht mehr ermitteln. Doch erinnern sich Techniker aus der Frühzeit des Rundfunks, daß sie einige gar zu mobile Sprecher, vor allem Professoren, die an ambulantes Vortragen gewöhnt waren, sanft, aber fest vor dem Mikrofon festhalten mußten, um eine gleichmäßige Lautstärke zu gewährleisten.[218]

Die erste Sendung eines Hauptmann-Werkes als Hörspiel, damals noch Sende-Spiel genannt, findet am 22. November 1925 mit *Hanneles Himmelfahrt* statt, wobei Elisabeth Bergner das Hannele spielt und Alfred Kerr ein paar Worte zur Einführung spricht. 1927 folgt *Die versunkene Glocke*, jetzt schon im Rahmen des inzwischen eingerichteten Deutschlandfunks, und 1928 *Florian Geyer*. Hauptmann läßt sich eigene Lesungen und die Vergabe von Rechten fürstlich honorieren und ist beim Rundfunk bald so zu Hause wie auf der Bühne.

Die Notwendigkeit, soviel Geld wie möglich mit seinen Werken zu verdienen bzw. soviel wie möglich davon behalten zu müssen, treibt ihn zu zwei weiteren Schritten. Nach langen und erbitterten Verhandlungen mit S. Fischer schließt er mit diesem einen in der Verlagsgeschichte einmaligen Vertrag, der ihm auf jedes zukünftige Werk eine Tantieme von 25 Prozent vom Ladenpreis eines Buches und für das *Buch der Leidenschaft* eine Vorauszahlung von 100000 Mark garantiert. Dabei kauft Fischer die Katze im Sack, denn dieser Teil der Memoiren ist zur Zeit der Vertragsunterzeichnung noch nicht beendet. Hauptmann, mit zunehmendem Alter ohnehin immer nachlässiger arbeitend, hat die Angewohnheit, ein Buch in den Fahnen fertigzuschreiben, das bedeutet, bis zum letztmöglichen Augenblick an dem bereits gesetzten Text Änderungen vorzunehmen. So auch diesmal. Der Fischer-Lektor Oskar Loerke muß noch Ende November 1929 in dem für Weihnachten angekündigten Werk «herumkorrigieren», wie er klagt, wobei es sich herausstellt, daß «nur auf gröbste Flüchtigkeiten aufmerksam gemacht werden kann, anderes nimmt Hauptmann nicht an»[219]. Dabei werden in den ersten fünf Jahren – wir sind mitten in der Wirtschaftskrise – nur 15000

Exemplare verkauft, eine geradezu schockierende Bilanz für die Autobiographie des ungekrönten Königs der Republik.

Zum Geldverdienen gehört bekanntlich auch die Fähigkeit, Steuerzahlungen und andere Abgaben auf ein Minimum zu reduzieren. Eine unerwartet clevere Eingabe an das Finanzamt Hirschberg zeigt, daß Hauptmann sich darauf versteht: «Ich bin ein geistiger Arbeiter», lesen wir in diesem Briefkonzept aus dem Jahre 1932; «bei angemessener... Behandlung produziert mein Geist gewisse Werke, die eine überwiegend kulturelle Seite, aber auch für mich und den Staat, will sagen die Steuerbehörde, eine materielle Seite haben.» Im folgenden begründet er seine Bitte um einen erheblichen Steuernachlaß mit dem Hinweis auf «unabdingbare» Ausgaben für Sammlungen, die Unterhaltungskosten für mehrere Domizile, Hilfeleistungen an Notleidende...

Viele dieser merkantilen Anstrengungen erklären sich aus dem Umstand, daß Hauptmanns neuen Werken nur wenig Erfolg beschieden ist; es bleibt ihm gar nichts übrig, als die alten zu vermarkten. In den Jahren 1922–32 kommt ein einziges wichtiges neues Stück von ihm auf die Bühne: das Schauspiel *Dorothea Angermann* wird am 20. November 1926 in den Münchner Kammerspielen, sowie im Leipziger Schauspielhaus, unter Reinhardts Regie im Theater in der Josefstadt in Wien, und an mehreren anderen Bühnen zugleich uraufgeführt. «Ein Museumsabend trotz der meisterlichen Aufführung», schreibt Jhering über die Berliner Premiere mit Werner Krauß und Helene Thimig, und ein Blick auf die Handlung legt dar, daß das Stück tatsächlich in die Zeit der Jahrhundertwende gehört und nicht in die Roaring Twenties. Dorothea, Tochter eines Gefängnispfarrers, arbeitet in einem ländlichen Gasthof in Schlesien und wird von einem jungen Koch verführt. Dadurch verscherzt sie sich die standesgemäße Heirat mit einem Professor, der um sie angehalten hat; als der Vater erfährt, daß sie «gefallen» ist, zwingt er sie und den Koch zur Heirat und zur Auswanderung nach Amerika. Die beiden lassen sich in Connecticut nieder, wo der Professor, auf Besuch in USA, seine ehemalige Verlobte zufällig wiedertrifft. Er will sie immer noch heiraten, sie aber schlägt sich in der entscheidenden Konfrontation auf die Seite ihres Mannes, dem sie hörig bleibt, obwohl er sie schamlos ausnützt und frohlockt: «Mit Weibern muß man ganz einfach Bescheid wissen!» Bald danach stirbt er jedoch, worauf Dorothea, gebrochen, nach Deutschland zurückkehrt und Selbstmord begeht, nachdem der Versuch einer Versöhnung mit ihrem Vater gescheitert ist: «Du gehörst hinter Schloß und Riegel, mein Kind», erklärt dieser Christenmensch seiner verzweifelten Tochter, «aber, Gott sei Dank, nur ins Irrenhaus.»

Hauptmann hat es sich leichtgemacht mit diesem Stück, in dem vieles unmotiviert und widersprüchlich bleibt. Unter den handelnden Figuren befinden sich alte Bekannte wie der Gefängnisgeistliche Gauda aus Breslau, unter den Schauplätzen sehen wir u. a. das Haus wieder, in dem der Dichter 1894 bei Alfred Ploetz in Meriden gewohnt hatte. Doch solche Anleihen bei der Vergangenheit sind nur für Hauptmann-Kenner interessant, das Thema selbst – junge Frau verliert wegen eines einzigen Fehltritts ihren Platz im bürgerlichen Leben und zerbricht am Konflikt zwischen ihrer Triebhaftigkeit und den verlogenen Moralbegriffen ihrer Umgebung – ist nicht mehr zeitgemäß. Im Jahre 1926, als sich diese Moralbegriffe in vollster Auflösung befinden und die Selbstbestimmung der Frau weit fortgeschritten ist, geht nicht mehr der alte Ibsen an die Nieren, sondern der junge Brecht trifft den Nerv.

Weder die auf eigenen Erlebnissen beruhenden kleinen Erzählungen *Die Spitzhacke* und *Die Hochzeit auf Buchenhorst*, noch die beiden unter dem Titel *Spuk* veröffentlichten Einakter *Die schwarze Maske* und *Hexenritt* vermögen Aufsehen zu erregen. Der *Festaktus*, mit dem Hauptmann 1925 auf die Bitte Oskar von Millers die Eröffnung des Deutschen Museums in München (an seinem jetzigen Platz an der Museumsinsel in der Isar) feiert, ist von Anfang an als Gelegenheits- und Auftragsarbeit konzipiert. Origineller, und interessant zumindest als Gratwanderung zwischen dem Erhabenen und dem Lächerlichen, ist *Veland*, ein aus der germanischen Mythologie geschöpftes Drama über den Goldschmied, der sich an dem König rächt, der ihn gefangenhält, indem er dessen Söhne tötet und seine Tochter verführt. Der Schmied, bühnengeschichtlich vielleicht mehr als irgendeine andere Gestalt von Hauptmann mit *einem* Schauspielernamen, dem von Heinrich George, verknüpft, ist so angefüllt mit Haß und Geilheit, mit Rachegelüsten und Gier nach der «elfenbeinern blonden Scham» der Königstochter, daß er am Ende des Stückes sich – in Umkehrung des *Deus ex machina*-Motivs – zu den Göttern erhebt bzw. vor lauter aufgestauter Emotionen von der Bühne «abhebt».

Hauptmann beschäftigt sich in dieser Zeit auch viel mit *Hamlet* und verfaßt noch vor dem Theaterroman *Im Wirbel der Berufung* sowohl eine Bühnenbearbeitung, *Shakespeares Tragische Geschichte von Hamlet Prinzen von Dänemark* («in deutscher Nachdichtung und neu eingerichtet»), als auch das 1935 uraufgeführte Drama *Hamlet in Wittenberg*. In beiden Stücken ist es Hauptmann im wesentlichen um die Vorgeschichte zu tun, um die Frage, wie Hamlet zu dem wurde, was er bei dem Briten ist. Da Shakespeare nur kurz erwähnt, daß Hamlet gerade aus Wittenberg zurückgekehrt sei, bleibt die Gestaltung der Episode Hauptmanns Phantasie überlassen. In der hinzuerfundenen Hamida, einem Zigeunermädchen, von dem sich der zu Höherem berufene Prinz nur mit Mühe losreißt, sehen wir noch einmal Ida Orloff mit Hauptmanns Augen – oder sind es die Augen des kleinen Mannes, der sich die große Sünde ausmalt?

> Der Schlammpfuhl, drin sie wurzelt, heiß und feucht,
> er brodelt um sie her mit scharfem Duft,
> er gärt und pufft Gewölke aus des Abgrunds.
> Mag sein, auch sie betäubt, die Blume selbst.
> Wer sich dem Purpur ihres Kelches naht,
> der fühle die Gefahr: aus fremden Welten
> stammt sie, vielleicht von einem fremden Stern.
> Betörend ist ihr Duft.

VI

So zeigt sich der Widerspruch noch einmal in aller Schärfe. Hier der Autor einiger neuveröffentlichter und recht schwacher Erzählungen und Dramen, die unter einem anderen Namen wahrscheinlich nicht gedruckt worden wären, und dort Deutschlands Vorzeige-Dichter und Geistesrepräsentant: im Reichspräsidentenpalais von Hindenburg empfangen, in Schloß Lana von Präsident Masaryk, im Weißen Haus von Herbert Hoover, im Palazzo Venezia von Mussolini (was eine Reichstagsanfrage zur Folge hat, weil Hauptmann in eigener Regie, d. h. ohne den deutschen Botschafter Konstantin v. Neurath vor dem Duce erscheint), in ganz Europa berühmt und auf seiner Amerikareise 1932 aus Anlaß von Goethes hundertstem Todestag als Repräsentant des deutschen Geistes gefeiert und mit akademischen Ehren überhäuft.

Ist Hauptmann also ein Koloß auf tönernen Füßen? Nicht mehr als die Republik, die ihn zu ihrer geistigen Galionsfigur erkoren hat und sich kurz vor ihrem Ende einen makabren Scherz erlaubt, indem sie ihm zu seinem siebzigsten Geburtstag die Goldene Preußische Staatsmedaille gleich zweimal verleiht. Am Morgen des 15. November 1932 erscheint der vom Reichskanzler Franz von Papen widerrechtlich abgesetzte preußische Kultusminister Adolf Grimme im «Adlon», um dem betagten Geburtstagskind seine Aufwartung zu machen und ihm im Namen der verfassungsgemäßen preußischen Regierung unter Ministerpräsident Otto Braun die Verleihungsurkunde zu überreichen – allerdings ohne Siegel, denn dieses befindet sich in den Händen der von Papen mit Hilfe einer Notverordnung eingesetzten, sogenannten «kommissarischen» Regierung. Am Abend findet eine Festvorstellung von *Gabriel Schillings Flucht* im Staatstheater Berlin statt. Die Reichsregierung lädt ein, der britische Botschafter Sir Horace Rumbold und sein französischer Kollege André François-Poncet sitzen mit ihren Damen in der ehemaligen Hofloge und bewundern Elisabeth Bergner in der Rolle der Hanna Elias. Im Parkett und in den Logen gestärkte Hemdbrüste, Juwelen und Kontenance, auf der Bühne elementarste Leidenschaft:

Hanna Elias stürzt in vollständig zügelloser Raserei herein und auf Eveline los, kreischend und mit geballten Fäusten.

HANNA. Es ist mir gleichgültig, was du von mir sagst! Ich speie darauf, es ist mir gleichgültig! Ich speie auf deine verfluchte Liebe! Du hast keine Liebe! Du lügst, du lügst! Du hast dicken, geschwollenen Vipernhaß! Du hast Gift, du hast Stacheln, du hast keine Liebe! Wie quälst du jetzt deinen kranken Mann! Pfui! Schamlose, Schlechte, Niederträchtige! Keinen Funken von Herz, keinen Funken von Gott! Da, stich mich! Triff mich mit deinen Augen! Triff mich mit deinem Dolch von Blick! Triff mich mit einer richtigen Dolchspitze! Da! Was ist mir Leben! Was liegt mir daran? Nur geh, geh und laß meinen Gabriel! Er ist nicht dein! Du hast ihn verspielt! Mein, mein! Ich fühl's! Er ist mein, mein Gabriel!

Le tout Berlin hört zu: Albert Einstein und Max Reinhardt, Heinrich Mann und der Generaloberst v. Seeckt sind unter den Geladenen. (Der Physiker, nicht sonderlich beeindruckt, beantwortet in der

Pause die Frage, wie ihm der erste Akt gefallen habe, mit «Na, wenn schon!» Einige nationalsozialistische Theaterbesucher loben das Stück hingegen als nützliche «Aufklärungsarbeit», weil die unsympathische Hanna Elias Jüdin ist wie ihre Darstellerin.) Nachdem der Vorhang zum letzten Mal gefallen und der Applaus verstummt ist, versammelt sich ein kleiner Kreis im ehemaligen Teesalon der Kaiserin, wo Dr. Franz Bracht, einstiger Oberbürgermeister von Essen und jetzt als Reichsinnenminister Mitglied der kommissarischen Regierung, dem Jubilar wiederum eine Verleihungsurkunde (diesmal *mit* Siegel) und die Goldene Preußische Staatsmedaille überreicht. Sinnigerweise beendet Bracht, der vor Hauptmann dasteht «wie der Bürgermeister von Elsterwerda, wenn er den Landesfürsten an der Dorfgrenze empfängt», seine vom Papier abgelesene Laudatio mit dem *Florian Geyer*-Zitat «Der deutschen Zwietracht mitten ins Herz!»[220]

Zehn Wochen später stürzt das morsche Gebäude ein. Hitler übernimmt die Macht, die Bergner emigriert nach England, Heinrich Mann nach Frankreich, Reinhardt geht zurück nach Österreich, Einstein nach Amerika, Seeckt nach China. Und Hauptmann? Freunden, die ihn auf die drohende Lage aufmerksam machen, pflegt er pfiffig zu antworten: «Was kann *mir* schon passieren? Man kann mich an die Wand stellen und ein Loch in mich schießen. Was weiter? Ich bin alt. Außerdem habe ich für jede Partei ein Stück geschrieben: bei den Nazis kann ich mich auf den *Florian Geyer* berufen, . . . bei den Kommunisten auf *Die Weber* und bei den Klerikalen aufs *Hannele*.»[221]

In einem wenige Monate vor der Geburtstagsfeier veröffentlichten Stück hat Hauptmann noch einmal alle Register seines Könnens gezogen, wie um zu zeigen, daß mit ihm durchaus noch zu rechnen sei, und zwar als Dichter wie als Persönlichkeit des öffentlichen Lebens. Die Uraufführung von *Vor Sonnenuntergang* am 16. Februar 1932 im Deutschen Theater, unter der Regie von Max Reinhardt mit Werner Krauß als Clausen und Helene Thimig als Inken, ist Hauptmanns letzte große Premiere und die letzte bedeutende Premiere in der Weimarer Republik überhaupt.

Der Geheime Kommerzienrat Matthias Clausen, Unternehmer und Großverleger, erhält zum siebzigsten Geburtstag die Ehrenbürgerwürde der Stadt. Außer seinen längst erwachsenen Kindern und anderen Gästen in seiner feudalen Villa ist auch ein Jugendfreund gekommen, Professor Geiger aus Cambridge. Auch Inken Peters feiert mit, eine junge Blondine, die der verwitwete Clausen auf der Durchreise in Schleswig-Holstein kennengelernt hat, wo sie als Näherin und Kindergärtnerin arbeitet. Daß Inken seine Geliebte ist, ahnen die Familienmitglieder allenfalls. Mit Ausnahme des jüngsten Sohnes sind sie, wie auch Erich Klamroth, der als Direktor im Betrieb tätige Schwiegersohn, weniger am Wohlergehen des Vaters interessiert als an seinem Vermögen, an der Erbschaft. Der vierschrötige Jungunternehmer, der gern das Bild vom Uhrzeiger gebraucht, den man nicht zurückdrehen darf, befürwortet überdies eine aggressivere, den veränderten Zeiten angepaßte Geschäftspolitik im Gegensatz zum patriarchalisch-großbürgerlichen Führungsstil seines Schwiegervaters, des Seniorchefs. «Die neue Zeit», bemerkt Geiger kopfschüttelnd, «sieht mehr und mehr ihren einzigen Zweck im Profitmachen.»

Als die Familie kurz nach dem Geburtstagsfest entdeckt, daß Clausen einen Ring aus der Schatulle seiner verstorbenen Frau genommen und ihn, wie man argwöhnt, Inken an den Finger gesteckt hat, spitzt sich die Lage zu. Der alte Herr will seinen Lebensabend mit der Freundin in der Schweiz verbringen, während die vom ehrgeizigen Schwiegersohn angestachelte Familie nun befürchtet, bei der Liquidation mit leeren Händen auszugehen. Sie versucht, Inken durch anonyme Postkarten zum Verzicht auf Clausen zu bewegen, und bietet deren Mutter Geld an, damit sie mitsamt der Tochter wegzieht. Die junge Frau liebt aber ihren Geheimrat und läßt sich nicht einschüchtern. Ein Versuch von Clausen, den Konflikt zu entschärfen, indem er Inken bei einem Familienfrühstück in aller Form der Familie vorstellt, schlägt fehl, da diese mit der «Nähterin» nichts zu tun haben will. Es kommt zum Eklat, zu einer Hauptmannschen «großen Szene» am Familientisch, als der Alte seine Kinder anherrscht, deren ältestes immerhin ein zweiundvierzigjähriger, mit einer adligen Generalstochter verheirateter Professor ist – «wie Ivo Hauptmann», ist man versucht hinzuzufügen:

> Woher nehmt ihr das Recht zu eurem unverschämten Verhalten? Etwa daraus, daß ihr anspruchsvolle, verwöhnte, unter Sorgen und Mühen eurer Eltern großgepäppelte Bälger seid? Wollt ihr euren Erzeuger, Kinderwärter, Ernährer und Beschützer schulmeistern? ... Bin ich euer Geschöpf? euer Gegenstand? euer Eigentum?

oder aber ein freier Mensch mit dem Recht auf freie Entschließungen?

Doch es ist nur ein leeres Aufbegehren, eine Drohgebärde. Anstatt die Konsequenzen zu ziehen und das Mädchen zu heiraten, zögert Clausen, ein Mann des Sowohl-Als-auch, so lange, bis es der Familie gelingt, ein Verfahren wegen Entmündigung gegen ihn einzuleiten. Diesem Schlag ist er nicht gewachsen: «Der wird den Leichenduft nicht mehr los», befindet er über sein Dilemma, «der einmal auch nur vier Wochen bürgerlich tot gewesen ist.» Er bekommt einen Herzanfall, womit das Stück, in vier Akte gegliedert, in der Uraufführung endete. Hauptmann hatte aber noch den traditionellen fünften hinzugefügt, der in der Buchausgabe von Anfang an mitgedruckt wurde. Als Krauß bei den Proben erklärt, er könne diesen Akt nicht spielen, muß sich Hauptmann notgedrungen zufriedengeben; doch nimmt er dem Schauspieler das Versprechen ab, auch einmal die vollständige Fassung zu spielen, das dieser 1954 im Burgtheater einlöst. Im fünften Akt sehen wir den aus gerichtsmedizinischer Überwachung entlaufenen Clausen bei Nacht und strömendem Regen im Haus von Inkens Mutter, wo der von seinen Kindern verfolgte, geistig umnachtete Greis Zuflucht genommen hat. Trotz Inkens liebevollen Zuspruchs bringt er nicht mehr die Kraft auf, weiterzukämpfen oder auch nur weiter zu fliehen. Er nimmt Gift und stirbt in Gegenwart des treuen Professors Geiger, dem ein lange nachhallendes Schlußwort zufällt. Als ein hinzugekommener Pfarrer beim Anblick des Toten sagt: «Um Christi willen, nur die Familie Clausen fernhalten!», bemerkt Geiger: «Warum denn, Herr Pastor? Sie hat, was sie will.»

Vor Sonnenuntergang ist ein heute noch effektvolles, ein bretterfestes Stück mit einer klassischen Ahnenreihe. Shakespeares *König Lear* wird einmal erwähnt, der eigentliche literarische Pate jedoch bleibt Goethe. Zunächst im Biographischen: in der von seiner Familie mißbilligten Liebe des alten Kommerzien- bzw. Geheimrats zu seiner Frau, ob Inken Peters oder Ulrike von Levetzow, die dem Alter nach seine Enkelin sein könnte. Goethe wird öfter genannt und zitiert. Clausens Kinder heißen unwahrscheinlicherweise sogar Wolfgang, Ottilie, Bettina und Egmont, und mit der Szene, die Inken, wie weiland Werthers Lotte, beim Brotschneiden für die ihr anvertrauten Kinder zeigt, bedient sich Hauptmann sogar eines bekannten, auf Goethe zurückgehenden «Emblems kleinbürgerlichen Kulturbewußtseins»[222]. – Er tut dies mit bewunderungswürdiger Souveränität, denn ein minderer, weniger selbstbewußter Dichter wäre gerade diesem Klischee ängstlich ausgewichen. – Im Gegensatz zu seinem banausenhaften Schwiegersohn vertritt der weltoffene und vielseitig interessierte Clausen also auch kulturelle Belange. Einem ostdeutschen Hauptmann-Experten zufolge können wir ihn als «Träger der großen humanistischen Traditionen der Klassik betrachten, auf die sich die Bourgeoisie immer noch gern beruft, obwohl sie davon so unendlich weit entfernt ist wie der Gauner Klamroth und sein Klüngel»[223]. Wie dem auch sei, gewiß hat sowohl Walther Rathenau als Prototyp des intellektuellen Unternehmers, als auch der schlesische Industrielle und Hauptmann-Sammler Max Pinkus manches zur Charakteristik des Kommerzienrats Clausen beigetragen; von Pinkus z. B. wird berichtet, er habe nach dem Tod seiner Frau wieder heiraten wollen und sei von seinen Kindern daran gehindert worden, was ihn schließlich zu einem Selbstmordversuch trieb. In seiner Beziehung zu Ida Orloff hat Hauptmann die Liebe des reifen Mannes zu einer sehr jungen Frau selber durchlebt, in der Begegnung mit dem Urbild der Inken Peters mag er das im Geist noch einmal nachvollzogen haben.

So kommt vieles zusammen, um diesem Werk einen besonderen und symbolschweren Platz in seinem Œuvre zu sichern. Schon der Titel *Vor Sonnenuntergang* gibt zu erkennen, daß es sich hier um einen vom Dichter selbst so empfundenen Einschnitt handelt und um das Ende der Epoche, die einst mit *Vor Sonnenaufgang* eingesetzt hatte. Auch feiert der Dichter, wie sein Geschöpf Clausen, gerade seinen siebzigsten Geburtstag, Grund genug wenn nicht zu einem resignierenden Abgesang, so doch zu einer Bestandsaufnahme, während andererseits die Parallele zu Goethe im Gedenkjahr 1932 offensichtlich ist. – Daß das Drama vom sang- und klanglosen Untergang des Geheimrats Clausen den bewußten Abschied von einem Zeitalter darstellt, in dem «Geist» und «Macht» einander bisweilen durchdrungen oder zumindest streckenweise nebeneinander existiert hatten, ist eine nicht nur im Rückblick verlockende These. Noch ist kein Jahr seit der Uraufführung vergangen, als am 30. Januar 1933 die Nationalsozialisten an die Macht kommen und Hauptmann wenige Tage später in seinem Tagebuch kommentiert: «Stimmung vor Sonnenuntergang. Das Stück ist inzwischen geschrieben. Der Zustand scheint sich erst jetzt zu vollenden. Die Vergangenheit kapselt sich ab... Das Geistige steht nicht mehr im Vordergrund. Es ist in Gefahr zu verschwinden.»

Bezeichnenderweise hat auch der Theaterkritiker des *Völkischen Beobachters* den Eindruck, daß dieses Drama ein Endzeitprodukt ist: «Diese Hauptmann-Premiere war für das Berliner Theaterleben von Bedeutung, ein historisches Ereignis gewissermaßen, denn sie setzte sozusagen den Schlußpunkt unter das liberalistische Theater... Gerhart Hauptmann wird mit seinem *frühen* Schaffen in die Literaturgeschichte eingehen, nicht mit diesem ‹Sonnenuntergang›, mit dem er dichterisch erlosch.» Worunter das Stück tatsächlich einen Schlußstrich zieht, ist freilich nicht das «liberalistische» Theater, das gleich nach 1945 wieder auflebte, sondern etwas anderes: die Selbstbezogenheit der großbürgerlichen Lebenshaltung. Was Clausens Zusammenbruch auslöst und unvermeidbar macht, ist die Unfähigkeit, jenseits von erstarrten bürgerlichen Denk- und Verhaltensnormen zu existieren, von Normen, die nicht (im Soziologendeutsch ausgedrückt) «hinterfragt» werden, sondern als unabänderlich vorgegeben erscheinen. Schon die ersten Szenen zeigen zur Genüge, wie die Gesellschaft beschaffen ist, in der Clausen sich bewegt. Trotzdem versetzt ihm die Ächtung eben dieser von ihm als verachtenswert erkannten Gesellschaft den Todesstoß:

> Ich bin bürgerlich tot und kann deshalb alles tun, was ich will. Ich kann quietschen wie eine Puppe, miauen wie ein Kater, Sägespäne um mich streuen wie eine Vogelscheuche: man wundert sich nicht. Ich kann im Wasser nach Vögeln angeln und Karpfen aus der Luft schießen, keiner sieht etwas Arges darin.

Nur eines kann Clausen nicht, das Nächstliegende: Er kann nicht über seinen eigenen Schatten springen und mit Inken in die Schweiz oder nach Amerika auswandern, oder seinen Namen ändern und untertauchen, oder der Gesellschaft einfach die Zunge herausstrekken. Trotz oder vielmehr gerade wegen seiner Goethe-Gefolgschaft ist Clausen zu deutsch-bürgerlich und fremdgesteuert, um (wie einstmals dieser es mit seiner Christiane tat) die junge Frau zu sich zu nehmen und sich den Teufel um die öffentliche Meinung zu scheren im Sinne, in dem Pablo Picasso, Charlie Chaplin und Pablo Casals es in ihrem Liebesleben ein paar Jahre später tun werden. Daß Hauptmann mit diesem Stück an eine wunde Stelle rührt, zeigt Stefan

Grossmanns Kritik: «Seit vielen Jahren hat so heißer Jubel das Deutsche Theater nicht durchbraust», schreibt er über die Premiere: «Das Thema erregte die Zuschauer, fast nur aus Fünfzig- und Sechzigjährigen bestehend, die hier ihr ‹Recht auf das letzte Erlebnis› glühend proklamiert sahen.» Ist *Vor Sonnenuntergang* nun ein «Identifikationsangebot für das Alter»[224], wie man Grossmanns Worten entnehmen möchte, oder ist es in Anbetracht von Clausens Ende nicht vielmehr eine Mahnung, es dem Helden *nicht* nachzutun?

Das Stück steht noch heute auf den Spielplänen der deutschsprachigen Bühnen – und die Frage «Freibrief oder Menetekel?» ist noch immer nicht entschieden. Es ist nicht zuletzt diese Open-end-Diskussion, die *Vor Sonnenuntergang* am Leben erhält.

«DIE WELTGESCHICHTE IST AUSGERUTSCHT»

I

«Hitler war schon fest an der Macht», erinnert sich Hauptmann später im Gespräch, «als sich eines Tages Goebbels bei mir melden ließ, im ‹Adlon›; ich wohne immer dort, wenn ich in Berlin bin. ‹Heil Hitler!› kam er herein, ‹ich bringe Ihnen frohe Botschaft: Der Führer will Sie kennenlernen. Morgen nachmittag um zwo.› – ‹Das tut mir aber furchtbar leid›, sagte ich, ‹morgen fahre ich nach Hause, nach Agnetendorf.› – Ich dachte nichts Böses dabei und wollte gewiß nicht demonstrieren; ich wollte wirklich nach Hause. ‹Na denn, Heil Hitler!› stieß er hervor, und draußen war er, bevor ich mich entschuldigen konnte. – Ich bin nun mal kein Diplomat.»[225]

Hauptmanns Antwort im Sinne von «Es tut mir leid, ein andermal gern!» stellt eine originelle, wahrscheinlich einmalige Reaktion auf die Aufforderung dar, sich beim «Führer» zum Gespräch einzufinden (allenfalls könnte man sich an die unter ganz anderen Umständen gemachte Bemerkung von Karl Kraus erinnert fühlen, zu Hitler sei ihm «nichts eingefallen»). Dieser Aufforderung, in der Millionen von «Volksgenossen» eine hohe Ehre und nicht wenige eine Zumutung oder eine Mutprobe sondergleichen gesehen hätten, entzieht sich Hauptmann wie einem x-beliebigen gesellschaftlichen Ereignis, das einem nicht in den Terminplan paßt. Die an sich unnötige Versicherung, er wohne immer im «Adlon» (ob im Gegensatz zu Goebbels und anderen NS-Größen, die den «Kaiserhof» bevorzugen?), und die Unschuldsmiene, mit der er die Idee von sich weist, er sei Diplomat oder gar Hitler-Gegner, weisen die kleine Episode als wahr und als «reinster Hauptmann» aus. Zugleich umreißt sie mehrere Aspekte seiner Stellung zum Nationalsozialismus. Hauptmann kann weder den Nazis noch den Antinazis zugerechnet werden; vielmehr ist seine

Haltung gegenüber der «Bewegung» und ihren Führern durch Naivität und Bequemlichkeit und ein schier unglaubliches Verkennen der politischen Realitäten gekennzeichnet. Kein Wunder, daß sogar der sonst so scharfzüngige Propagandachef keine Antwort auf Hauptmanns Absage weiß.

Eine gewisse Prädisposition, wenn auch nicht für den Nazismus, wohl aber für hieratisch gegliederte Gesellschafts- und Regierungsformen läßt sich Hauptmann so wenig absprechen wie den meisten Deutschen seiner Zeit. Das Dritte Reich hätte unter günstigeren Umständen vielleicht nicht kommen *müssen*, aber ein bloßer Betriebsunfall der Geschichte, wie er sich auch in Norwegen oder Australien hätte ereignen können, war es gewiß nicht. Eine autoritäre Familienstruktur, ein durch Brutalität und Denunziantentum charakterisiertes Schulklima als Brutstätte der Untertanenmentalität sowie eine bierselig-grölende, auf Paukböden und Kasernenhöfen eingebleute nationale Überheblichkeit, dazu eine (zumindest nach angelsächsischen Begriffen) geradezu groteske Humorlosigkeit – all das gehört, auch wenn es gegen so positive Züge wie Fleiß, Disziplin und Vaterlandsliebe aufgerechnet wird, zweifellos zum Lebensinhalt vieler im Kaiserreich aufgewachsener Deutscher. Das gleiche gilt für die von Hauptmann geteilte Weigerung, am politischen Leben teilzunehmen; mit der vielfach modulierten Behauptung, «ein Künstler darf kein Politiker sein», verwahrt er sich vor 1914 gegen die Unterstellung, er gehöre einer bürgerlichen Partei an oder gar der Sozialdemokratie. Es liegt auf der Hand, daß mit der Abneigung gegen die Politik auch eine Unkenntnis auf diesem schlechthin lebenswichtigen Gebiet einhergeht. Sie ist beim Autodidakten Hauptmann besonders ausgeprägt und zeigt sich z. B. in seinem Kommentar zu jener kapitalen Dummheit der Wilhelminischen Außenpolitik, dem sogenannten «Panthersprung» – die plumpe Entsendung des Kanonenboots *SMS Panther* nach Agadir, um deutsche Interessen in Nordafrika geltend zu machen –, eine Aktion, die im selben Jahr 1911 stattfindet, in dem die *Mona Lisa* aus dem Louvre gestohlen wird:

> Die wahre Wichtigkeit der Mona-Lisa-Entwendung [schreibt Hauptmann hierzu] und die Unwichtigkeit von Marokko: trotz der Gravität aller Historiker. Ich schwankte. Die Politik ist wie eine verlockende Buhlerin und macht leicht blind und dumm.[226]

Von einem Mann von fast fünfzig, der in der Politik eine «verlockende Buhlerin» sieht, die ihn vom «Wichtigen», sprich: vom Nachdenken über einen Gemäldediebstahl, abhält, wird man keine ausgewogene Stellungnahme zu einem Phänomen wie Hitler erwarten können. Hauptmanns unkritische Übernahme der Kriegspropaganda von 1914, als er sich mit so vielen anderen deutschen Dichtern verpflichtet glaubte, «wie in urgermanischen Zeiten als Barde die vorrückenden Kämpfer mit Liedern und Runen zur Sterbebereitschaft anzufeuern»[227] verheißt nichts Gutes. Auf Hitler ist Hauptmann denn auch so wenig vorbereitet wie die große Mehrzahl seiner Landsleute. Andererseits weist nichts, nicht einmal *Mein Kampf*, 1933 darauf hin, daß zwölf Jahre später Millionen von Menschen ermordet und weitere Millionen gefallen sein werden; nicht nur Hauptmann ahnt es nicht, nicht einmal Hitlers Opfer ahnen es, die Juden so wenig wie die Polen oder Russen oder Holländer. Als Hauptmann geboren wurde, erfreuten sich die Deutschen allgemeiner Beliebtheit unter den Völkern der Erde. Als er starb, waren sie im Fahrwasser des österreichischen Bundesgenossen in den Ersten Weltkrieg hineingeschlittert und hatten in eigener Regie den Zweiten vom Zaun gebrochen – und hoffnungslos verloren. Im Jahre 1946 war Hauptmanns Deutschland besetzt, geteilt, verabscheut.

Sollte Goethes Beispiel auch in politischer Hinsicht auf Hauptmann eingewirkt haben? Als 1789 die Bastille gestürmt wird, ist Goethe vierzig und schon zu tief in seine eigenen politischen Erfahrungen und Vorstellungen eingesponnen, um der Französischen Revolution Gerechtigkeit widerfahren zu lassen; seine Reaktion beschränkt sich im wesentlichen auf die Abrechnung mit ihren Sympathisanten in Deutschland. – Zur Zeit der «Machtergreifung» von 1933 ist Hauptmann siebzig. Zu alt, um die Denkgewohnheiten eines ganzen Lebens aufzugeben und beispielsweise die höchste Autorität im Staate nicht als von der Vorsehung oder zumindest von der historischen Notwendigkeit sanktionierte Obrigkeit zu betrachten, sondern als eine Gruppe von Fanatikern zu erkennen, die vor nichts zurückschrecken, um sich an der Macht zu halten. Wilhelm Bölsche glaubt sogar, Hauptmanns Lebensanschauung sei «schon 1889 so gut wie abgeschlossen»[228] gewesen. Eine Übertreibung, gewiß; doch steht Hauptmann der zeitgenössischen Kunst und Literatur nach 1900 oder spätestens ab 1918 in der Tat verständnislos gegenüber (deshalb fördert er auch keinen von den Jungen, so wie Fontane ihn einst als «Erfüllung Ibsens» gefördert hatte). In einer der wenigen Aussagen, die wir von ihm zur politisch engagierten Literatur haben, heißt es summarisch: «Was ihr da macht, Bronnen, Brecht, Döblin, das ist ‹Zeugs›!»[229] Angesichts von Hauptmanns Gleichgültigkeit sogar gegenüber der zeitgenössischen Literatur könnte man fragen: Warum sollte er sich im Alter für die Politik interessieren, wenn er sich schon als junger Mann nicht um sie gekümmert hatte?

Wir Nachgeborenen glauben die Antwort zu wissen: weil es seine und seiner Zeitgenossen verdammte Pflicht und Schuldigkeit gewesen wäre, dem Rad in die Speichen zu fallen. Leichter gesagt als getan, selbst wenn man 1933 gewußt hätte, wohin die Fahrt ging! Und nahezu unmöglich für Hauptmann, dessen Dichtungen von Anfang an keine Verteidigung eines klar umrissenen programmatischen Standpunkts dargestellt und kein wie immer geartetes Dogma propagiert hatten. Seine Werke unterscheiden sich auch hierin von denen eines Schiller oder Brecht. In den Worten eines marxistischen Literaturkenners sind sie wie «eine Aeolsharfe: der Wind saust (oder säuselt) durch die Saiten, und diese erklingen stets je nach der Stärke und Richtung des Windes».[230] So ist es nicht verwunderlich, daß das Sowohl-Als-auch, das Hauptmanns Handlungen in anderen Lebensbereichen charakterisiert, sich ganz und gar auch auf seine politischen Ansichten erstreckt.

Ein frühes Indiz dieser Entscheidungsschwäche bietet sein Verhältnis zu der 1926 gegründeten Sektion für Dichtkunst an der Preußischen Akademie der Künste. Der preußische Kultusminister Karl Becker hatte ihn von Anfang an als Gründungsmitglied ins Auge gefaßt, aber als es soweit ist, verweigert Hauptmann den Beitritt. Er glaube nicht, erklärt er, daß ein Dichter sich auf kulturpolitischem Gebiet, und sei es nur in seiner Rolle als Akademiemitglied, betätigen oder gar ein öffentliches Amt bekleiden dürfe. Die (hier etwas vereinfachte) These ist durchaus diskutabel; sie wird eine Zeitlang auch von Thomas Mann vertreten und mag bei den Absagen mitgewirkt haben, mit denen Stefan George, Hermann Sudermann, Hugo von Hofmannsthal und Rainer Maria Rilke im Mai 1926 auf die Benachrichtigung reagieren, daß die Sektion für Dichtkunst sie zu Mitgliedern gewählt habe. Während aber Mann seine diesbezüglichen Zweifel gegenüber der Einsicht zurückstellt, daß die Belange der Literatur durch eine derartige Organisation immerhin zu öffentlicher

Kenntnisnahme gelangen würden, beharrt Hauptmann zunächst bei seiner Ablehnung der «Brot- und Suppengemeinschaft», wie er die Sektion im Hinblick auf ihre Bemühungen um das materielle Wohl der Dichter und Schriftsteller einmal nennt.

Die Ablehnung wird ihm vielerorts verübelt, zumal man sich in Anbetracht seines Ranges und Bekanntheitsgrades gerade von seinem Beitritt eine entscheidende Stärkung des Akademie-Gedankens versprochen hatte. Als er, von Thomas Mann und dem Akademie-Präsidenten Max Liebermann inständig gebeten, 1928 schließlich doch zusagt, ist es eigentlich schon zu spät. Der Schaden ist angerichtet und die Öffentlichkeit wieder einmal in dem fatalen Glauben bestärkt worden, daß eine Verständigung zwischen «Geist» und «Macht» in Deutschland nicht möglich, ja, daß die «Unvereinbarkeit freien dichterischen Schaffens mit staatlicher Verfügungsgewalt»[231] nun erst recht bewiesen sei. Im Zeitraum 1928–33 erscheint Hauptmann ein einziges Mal in der Akademie, nämlich zur Feier seines eigenen siebzigsten Geburtstages. Als nach dem erzwungenen Rücktritt des Sektionsvorsitzenden Heinrich Mann den Mitgliedern eine von Gottfried Benn formulierte Loyalitätserklärung an die neue Regierung abverlangt wird, unterschreibt Hauptmann am 16. März 1933, er sei bereit, «unter Anerkennung der veränderten geschichtlichen Lage weiter [seine] Person der Preußischen Akademie der Künste zur Verfügung zu stellen» und verpflichte sich zu einer «loyalen Mitarbeit an den satzungsgemäß der Akademie zufallenden nationalen kulturellen Aufgaben im Sinne der veränderten geschichtlichen Lage». In der Manier eines Indianer spielenden Jungen, der die Rechte zum Schwur erhebt und das Gelübde dadurch abschwächt bzw. aufhebt, daß er die linke Hand gegen den Boden streckt, relativiert er seine Stellungnahme sogleich in einem Schreiben an Rudolf G. Binding, der ihm zur Unterschrift geraten hatte:

> Ich habe ein eigentliches Verhältnis zur Abteilung für Dichtung offengestanden nie gehabt und bin schließlich nur nach anfänglicher entschiedener Weigerung aus dem Geiste einer gewissen Kameradschaftlichkeit heraus ihr beigetreten. Oft habe ich daran gedacht, mich aus dem Verbande zu lösen, heut, wo er Schwierigkeiten hat, wie Sie sagen, verwirft diesen Gedanken wiederum meine Kameradschaftlichkeit.
>
> Daß wir, soweit wir Akademiker [d. h. Akademiemitglieder] sind,

gegen die Regierung, der wir unterstehen, nicht frondieren dürfen, ist eine Selbstverständlichkeit. Übrigens habe ich das auch als freier Schriftsteller niemals irgendeiner Regierung gegenüber getan. Dazu ist mein Wesen viel zu positiv eingestellt. Nicht im Gegenwirken sieht es das Heil, sondern im Mitwirken. (Überhaupt: wenn ich die gewaltige Schicksalsstunde, in der wir stehen, mit dem Verstande auch nicht allenthalben zu durchdringen vermag, so bin ich auch hierin Deutscher genug, um mich in einem gewissen Sinne auf Gedeih und Verderb mit meinem Volke zu identifizieren.)[232]

Neben dem allgemeinen Gefühl der Volksverbundenheit und dem bei seiner Persönlichkeitsstruktur so vordringlichen Bedürfnis nach Integration hat Hauptmanns Verbleiben und Verhalten im Dritten Reich auch andere und zum Teil recht handfeste Gründe: Der Dichter ist nicht nur vom Temperament her denkbar ungeeignet zum Emigranten, Widerstandskämpfer oder gar Märtyrer. Er ist auch ein seit langem ans Wohlleben gewöhnter Mann auf der Schwelle zum Greisenalter, mit einer anspruchsvollen Frau und umgeben von Helfern, die nicht durchweg über den Verdacht rechtsradikaler Sympathien erhaben sind.[233] Überdies hat er Söhne, die auch als Erwachsene noch finanzielle Beihilfe erwarten. Im April 1939 teilt er Ivo mit, er könne ihm keine «neuen Unterstützungen» anbieten, weil er seinen «eigenen Etat... nur unter Schwierigkeiten balanciere», und weist die Verlags- und Vertriebsfirma «Die Drehbühne» (den Theaterverlag Felix Bloch Erben) an, Benvenuto monatlich 950 RM zu überweisen. Die Verfügung bleibt bis 1945 in Kraft.

Schwerer als derartige Faktoren wiegen gewisse Glaubenssätze, die Hauptmann beileibe nicht zum Nazi stempeln, ihn aber doch in eine gewisse Nähe zur NS-Ideologie rücken. Da wäre sein lebenslanges Ressentiment gegen die Großstadt zu erwähnen, ja, überhaupt der romantisierende Eskapismus dieses Bühnendichters, der nicht die Theaterstädte Berlin und Wien zum Aufenthaltsort wählt, sondern – analog zu Goethes Weimar und seinem «neuen Eden» Ilmenau und andererseits schon frühzeitig «schollenverbunden» – Erkner, Schreiberhau und Agnetendorf. Sein tiefverwurzelter Argwohn gegenüber modernen Erfindungen wie Kino, Rundfunk und Massenblättern (unter gleichzeitiger Wahrung solider finanzieller Vorteile, die sich daraus ziehen lassen) und das Beharren auf veralteten Vorstellungen wie der vom Theater als Bildungsanstalt zählen zu dieser nostalgisch-reaktionären Form der Kulturkritik, wie auch das im Alter zunehmende Mißtrauen, das er internationalen Bestrebungen entgegenbringt, vom Völkerbund bis zu Max Reinhardts Amerika-Tournee von 1927/28. Doch kommt anderes hinzu, z. B. die markante Ähnlichkeit zwischen seiner eigenen Jugend und der von Hitler:

Beim einen wie beim andern eine prekäre Entwicklung am Rande des Bürgertums; der schwere Bildungsgang des Autodidakten; eine langjährige gesundheitliche Gefährdung und die Erfahrung des Hungerns; der Ausschluß aus der Kunstakademie, bei Hauptmann vorübergehend in Breslau, bei Hitler in Wien, obwohl doch gerade die Kunst (beim einen die Bildhauerei, beim andern die Malerei und Architektur, bei beiden mit bezeichnendem Hang zur Monumentalität) das Mittel zum sozialen Aufstieg darstellte. Dazu die latenten, sich im Haß auf das Bürgertum äußernden Gefühle des Emporkömmlings sowie das Milieu der grenznahen Kleinstadt mitsamt der Flucht in die bergende Mitte des Landes, bei diesem nach Breslau und Berlin, bei jenem nach Linz und Wien. Diese «biographische Teilidentifikation»[234], unvorstellbar bei Thomas Mann oder Brecht, bei Benn oder Jünger, läßt es als denkbar erscheinen, daß Hauptmann, dem – man denke an seine Goethe-Nachahmung – ohnehin ein starkes Bedürfnis nach Identifizierung mit anderen innewohnt, Hitlers Jugend unbewußt als eine Wiederholung und Bekräftigung, nunmehr auf weltgeschichtlicher Ebene, seines eigenen Werdegangs empfindet. Eine gewagte Hypothese? Vielleicht. Aber wie läßt sich sonst sein eifriges, von (oft auf Parallelen zur eigenen Jugend hinweisenden) Randbemerkungen begleitetes Studium von *Mein Kampf* erklären? Gewiß nicht aus Bewunderung für die literarischen Qualitäten des Buches oder aus Sympathie für den Verfasser als Menschen (Hauptmann spricht nur einmal mit Hitler, anläßlich der Eröffnung der Reichskulturkammer, und bezeichnet ihn Ivo gegenüber gleich danach als Irren) oder aus Einverständnis mit dem Programm der NSDAP, das ihn, zumal auf dem Weg zur Verwirklichung, in allen wesentlichen Teilen abstößt.

II

Wie stehen die Nationalsozialisten ihrerseits zu Hauptmann, der sich so behende der «veränderten geschichtlichen Lage» anpaßt? Sie ahnen natürlich, daß er allen Ergebenheitserklärungen zum Trotz keiner der ihren ist, dieser pazifistische und demokratische «Dichter des sozialen Mitleids», der seinen Aufstieg verschiedenen jüdischen Regisseuren, Kritikern und Verlegern verdankte und als Bannerträger des geistigen Deutschland, aber auch der Weimarer Republik eben noch nach Amerika gereist war. Im *Mythus des 20. Jahrhunderts* hatte Alfred Rosenberg schon 1930 geschrieben:

> Ein Gerhart Hauptmann nagte doch bloß an den morschen Wurzeln des Bürgertums des 19. Jahrhunderts, konstruierte Theaterstücke nach Zeitungsmeldungen, «bildete» sich dann, verließ die ringende soziale Bewegung, ästhetisierte sich im galizischen Dunstkreis des *Berliner Tageblatts,* mimte vor dem Photographen die Haltung Goethes und ließ sich dann 1918 nach dem Sieg der Börse von ihrer Presse dem deutschen Volk als dessen «größter Dichter» vorsetzen.

Trotzdem ist er eine Macht im Lande, wenn auch nur eine literarische; und bei so vielen Dichtern, die Deutschland jetzt verlassen (nicht nur jüdischen, denn auch die Brüder Mann, Brecht, Oskar Maria Graf und viele andere «Arier» nehmen Abschied von der Heimat), will man zumindest den Nobelpreisträger Hauptmann behalten. Die neuen Männer packen ihn zunächst bei seiner Eitelkeit: daher die Einladung zum Gespräch mit Hitler, der kaum etwas von ihm gelesen oder gar gesehen haben dürfte. Selbst wenn Hauptmann darauf nicht anbeißt, sind sie seiner sicher, schon weil sie die Theater kontrollieren. Auch auf den «gleichgeschalteten» Bühnen des Reiches finden Uraufführungen neuer Hauptmann-Dramen statt. In einem Fall, bei der zuerst am 15. Oktober 1933, dem «Tag der deutschen Kunst», in den Kammerspielen München gegebenen *Goldenen Harfe*, wird die Premiere ausdrücklich vom Regime gefördert; dabei ist das von Eichendorffscher Stimmung durchzogene, im Biedermeier spielende Stück ganz unpolitisch. *Hamlet in Wittenberg* kann 1935, *Die Tochter der Kathedrale* und *Ulrich von Lichtenstein* 1939, *Iphigenie in Delphi* 1941, *Iphigenie in Aulis* durch die Vermittlung Baldur von Schirachs sogar noch 1943 uraufgeführt werden. – In denselben Jahren erscheinen im inzwischen «arisierten» Fischer-Verlag die Erzählung *Das Meerwunder* (1934), der Roman *Im Wirbel der Berufung* (1936), das autobiographische *Abenteuer meiner Jugend* (1937), der Essay *Über Tintoretto* (1938), die Novelle *Der Schuß im Park* (1939), die Gedichtsammlung *Ährenlese* (1939), das *Märchen* (1941) sowie Teile des *Großen Traums* und anderer unvollendet gebliebener Dichtungen im Rahmen der im Suhrkamp Verlag veröffentlichten «Ausgabe letzter Hand» von 1942.

Doch bleibt die Zustimmung, der Hauptmann sich von offizieller Seite erfreut, genau dosiert. Sobald er sich mit einem tabuisierten Thema befaßt, drücken die Behörden ihr Mißfallen durch eines der zahlreichen Druckmittel aus, die ihnen in einem autoritären Staatswesen zur Verfügung stehen. Ein Beispiel dafür bietet *Der Schuß im Park:* Der Held der gutgearbeiteten kleinen Erzählung, ein adliger Großgrundbesitzer aus Schlesien, hat als junger Mann in Afrika gelebt, eine Schwarze geheiratet und mit ihr ein Kind gezeugt. Inzwischen ist er längst wieder nach Deutschland zurückgekehrt, wo er, ohne geschieden zu sein, in zweiter Ehe mit einer Baronin lebt. Als die Schwarze eines Tages auf seinem Gut auftaucht, versucht er sie zu erschießen (daher der Titel), verwundet sie aber nur. Daraufhin verschwindet er spurlos, während sich seine zweite Frau um ihre schwarze Vorgängerin und deren jetzt halbwüchsiges Kind kümmert. Die Novelle ist eine Variante der Geschichte des Grafen von Gleichen, der seine Frau zurückläßt und an einem Kreuzzug teilnimmt; nachdem ihm eine Heidin das Leben gerettet hatte, nimmt er diese in die Heimat mit, wo er mit beiden Frauen, der ihm angetrauten Christin und der mitgeführten Mohammedanerin, den Rest seiner Tage verbringt. Goethe hatte ein solches Arrangement – es handelt sich um eine in der Literaturgeschichte öfters anzutreffende männliche Wunschprojektion – in seinem Schauspiel *Stella* durchexerziert, das er in der ersten Fassung mit einer Ehe zu dritt, in der zweiten hingegen mit einem Doppelselbstmord enden ließ. Hauptmann hat ähnliches in seiner langen Ehekrise mitgemacht, die Erzählung selber jedoch den tatsächlichen Erfahrungen eines deutschen Afrikareisenden nachgebildet. Daher das Motiv der schwarzen Frau bzw. der «Rassenschande», was zur Folge hat, daß einer Neuauflage der (zunächst in der Zeitschrift *Die Dame* abgedruckten und dann als Einzelband veröffentlichten) Erzählung die Papierzuteilung verweigert wird.

Erheblich rigoroser gehen die Behörden bei Verfilmungen vor, deren Publikumswirkung natürlich eine ganz andere ist als die von Buchveröffentlichungen. Neben den in Angriff genommenen und auf Goebbels' Geheiß stornierten Filmversionen von *Schluck und Jau* und *Rose Bernd* (vgl. Seite 236) handelt es sich um den *Biberpelz*-Film, in dem Ida Wüst eine «aus volkserzieherischen Gründen» entkriminalisierte Frau Wolffen spielt, und eine im gleichen Jahr 1937 gedrehte Verballhornung von *Vor Sonnenuntergang* mit dem Titel *Der Herrscher*, bei der Veit Harlan Regie führt, Thea von Harbou das Drehbuch liefert und Marianne Hoppe sowie Emil Jannings mitwirken.

Nach 1939, als man andere Sorgen hat und um Einigung bemüht ist, wird Hauptmann großzügiger behandelt als zuvor, wobei allerdings die für den NS-Staat so charakteristischen Macht- und Kompetenzüberschneidungen zu berücksichtigen sind. Während z. B. Rosenberg als Leiter des Amtes «Schrifttumspflege» Hauptmanns achtzigsten Geburtstag am liebsten totschweigen würde, ist Goebbels der Ansicht, man könne einen solchen Einschnitt im Leben des berühmtesten deutschen Dichters nicht sang- und klanglos vorübergehen lassen. Statt dessen ist er bestrebt, durch entsprechende Richtlinien eine im «völkischen» Sinne akzeptable Abwicklung der Feierlichkeiten zu gewährleisten. In einer kulturpolitischen Weisung vom 10. Juli 1942 heißt es:

> Bei geplanten Aufsätzen zum 80. Geburtstag Gerhart Hauptmanns ist darauf zu achten, daß der Dichter nicht als Exponent der nationalsozialistischen Weltanschauung bezeichnet wird. Darüber hinaus ist es überhaupt unangebracht, sich mit Themen wie «Gerhart Hauptmanns Weltanschauung» usw. zu befassen.

Nun hatte ein scharfäugiger Referent im Reichsministerium für Volksaufklärung und Propaganda längst bemerkt, daß der antisemitische Literaturhistoriker (und Hauptmann-Biograph) Adolf Bartels am 15. November 1862 geboren wurde und damit auf den Tag so alt ist wie der Dichter. Die Presse erhält die Anweisung, den Gelehrten, der in seiner Jugend auch ein paar Dramen geschrieben hatte, wo immer möglich als Leuchte der deutschen Dichtung und Wissenschaft herauszustellen; je intensiver der eine gefeiert wird, denkt man sich im Ministerium, desto weniger Platz bleibt für den anderen. Tatsächlich widmet schon das *Deutsche Bühnen-Jahrbuch* für

1939 dem «Dramatiker» Bartels eine halbe Seite, dem Dramatiker Hauptmann aber keine Zeile.

Wenn der achtzigste Geburtstag trotz dieser und anderer Quertreibereien im Sinne der Hauptmann so liebgewordenen *Festivitas* verläuft, dann hat der Jubilar das einigen ihm gewogenen NS-Größen zu verdanken: dem Generalgouverneur von Polen, Hans Frank, der ihn noch 1944 auf dem Wiesenstein besucht und zwei Jahre später in Nürnberg als Kriegsverbrecher gehenkt wird; dem Gauleiter von Schlesien, Karl Hanke, und vor allem Baldur von Schirach, dem früheren Reichsjugendführer der NSDAP. Schirach, jetzt Gauleiter und Reichsstatthalter in Wien, kennt sich als Sohn eines ehemaligen Intendanten der Herzoglich Sachsen-Meiningischen Hoftheater hinter den Kulissen aus und ist überdies mit Goebbels verfeindet. In Zusammenarbeit mit Hanke, der sich unter Bezugnahme auf den Dichter als Schlesiens «großen Sohn» in Breslau profilieren will, organisiert Schirach 1942 entgegen dem ausdrücklichen Wunsch des Propagandaministers eine Gerhart-Hauptmann-Festwoche in Wien. Er holt den soeben in Breslau abgefeierten Dichter von dort im Extrazug ab, bringt ihn als Gast des Reiches im Palais Pallavicini unter, überreicht ihm den Ehrenring der Stadt Wien und begleitet ihn zu den Hauptmann-Aufführungen, die in verschiedenen Theatern gegeben werden. Den Höhepunkt bildet eine Galavorstellung in der Wiener Oper, an der auch Richard Strauss teilnimmt.

In Berlin geht der Geburtstag fast unbemerkt vorüber. Doch hat Hauptmann immerhin während der Berliner Kunstwochen vom Juni 1942 in der Philharmonie aus seinen Gedichten gelesen und ist von Goebbels empfangen worden – allerdings ohne daß die Reaktion des einen oder anderen Gesprächspartners überliefert wäre. Hauptmann scheint sie nicht aufgezeichnet zu haben, der betreffende Teil von Goebbels' Tagebüchern gilt als verloren.

Bewegender ist zweifellos eine andere Begegnung des Dichters in dieser Zeit verlaufen: das Wiedersehen mit Ida Orloff, die er seit 1908 nicht mehr auf der Bühne gesehen hatte. Nach jahrelanger Arbeit im Rundfunk war sie 1934 ihrem zweiten Mann in die Emigration gefolgt und hatte ihn dann verlassen, um kurz vor Kriegsausbruch nach Berlin zurückzukehren. Sie findet bald wieder Anschluß ans Theater, nimmt an einer Wehrmacht-Tournee durch das besetzte Norwegen teil und feiert in der Spielzeit 1941/42 neue Triumphe, vor allem als Frau Fielitz im *Roten Hahn*. Zur fünfzigsten und letzten Aufführung

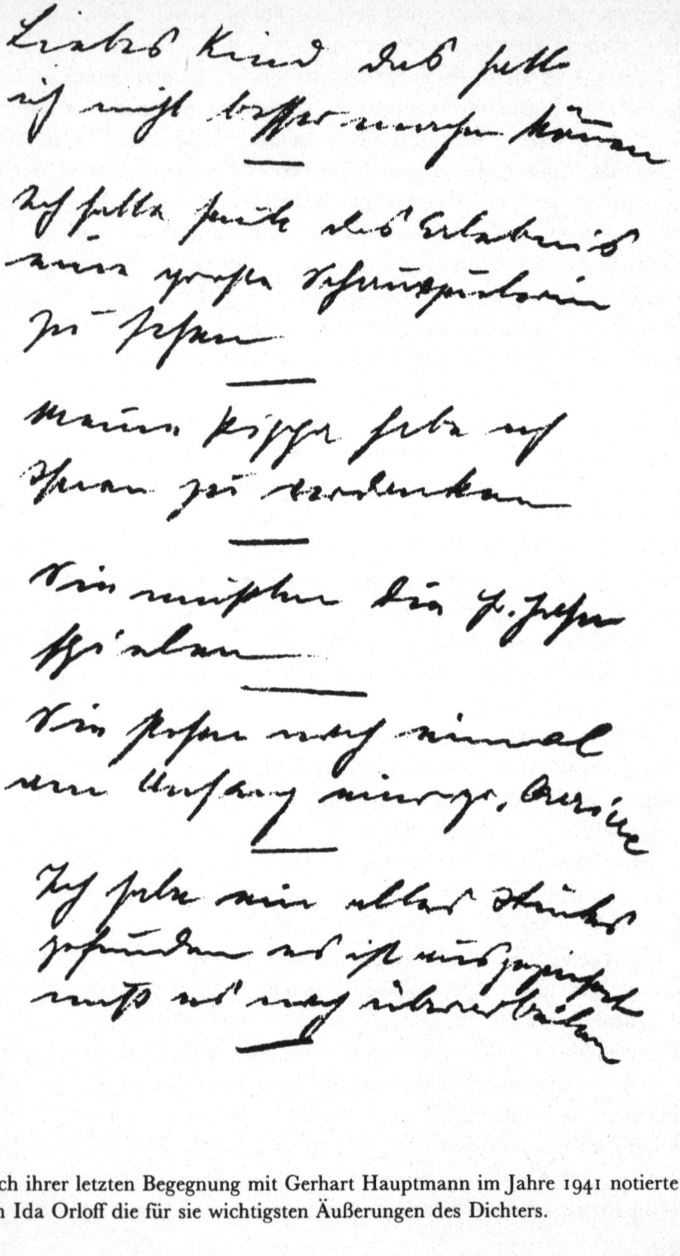
Liebes Kind das hätte ich nicht besser machen können
—
Ich hatte heute das Erlebnis eine große Schauspielerin zu sehen
—
Meine Pippa habe ich Ihnen zu verdanken
—
Sie müßten die J. [illegible] spielen
—
Sie stehen noch einmal am Anfang einer gr. Karriere
—
Ich habe ein altes Stück gefunden es ist ausgezeichnet muß es noch überarbeiten
—

Nach ihrer letzten Begegnung mit Gerhart Hauptmann im Jahre 1941 notierte sich Ida Orloff die für sie wichtigsten Äußerungen des Dichters.

des Stückes erscheint auch Hauptmann im Rose-Theater in der Großen Frankfurter Straße. Er küßt Idinka die Hand, bedankt sich bei ihr wie in alten Zeiten und erklärt: «Sie stehen noch einmal am Anfang einer großen Karriere!» Sogar die bei solchen Gelegenheiten etwas dünnlippige Margarete rafft sich zu einem Kompliment an die Frau auf, an die sie vor so vielen Jahren um ein Haar ihren Gerhart verloren hätte: «Inspirieren Sie meinen Mann nur wieder – dagegen habe ich nie etwas gehabt!»[235] Es sollte nicht mehr dazu kommen; der aus Deutschland in so viele Länder exportierte Krieg, auch er ein Heimkehrer ins Reich, macht allen Plänen ein Ende. Ihm fällt in den letzten Tagen Ida Orloff zum Opfer: Sie vergiftet sich im April 1945 im Verlauf der Kämpfe um Wien. Hat Hauptmann noch davon erfahren, oder hat Margarete, die seine Post durchzusehen pflegte, um den Greis vor Erschütterungen und Depressionen zu bewahren, ihm die Nachricht vom Tod seiner «deutschen Venus» vorenthalten? Es war damals freilich nur eine traurige Botschaft unter vielen anderen.

Ob gefeiert oder nicht – dem «letzten Klassiker» bleibt im Dritten Reich nur ein kleiner, durch «kärglich abgezirkelte Ehrungen dritten Grades»[236] markierter Freiraum. Das Peinliche daran ist, daß die Nazis sich selbst dann über ihn mokieren, wenn er sich ihnen zutraulich naht und verschämt auch mal den Arm zum Hitler-Gruß hebt. Darüber läßt sich ein Brief in der satirischen NS-Wochenschrift *Die Brennessel* aus:

> Sie wissen, Herr Hauptmann, daß unser Führer bereits am ersten Tage seiner Regierung zur wahren deutschen Volksgemeinschaft aufgerufen hat. Und deshalb gibt es für uns Nationalsozialisten keine größere und schönere Aufgabe, als den Gegnern von gestern Herz und Seele für ihre Volkszugehörigkeit zu öffnen. Der Arbeiter oder Angestellte, der einmal in den Reihen des Marxismus gestanden hat, soll uns willkommen sein, sobald er seine Irrungen eingesehen hat. Denn es gab Millionen Verführter und nur wenige Verführer. Den Verführten gehört unser Mitleid und unsere Großmut, den Verführern aber – die kalte Schulter. Darf ich Sie bitten, sich diesen Körperteil ganz genau anzusehen. Denn wer, wie Sie, ein sogenanntes deutsches Dichterleben lang der meinungsmachenden jüdischen Literaturklique um Sami Fischer als gehorsamer Schleppenträger gedient hat, der soll jetzt, da alles,

wofür er sich vertragsmäßig und freundwillig begeistert hat, zusammengebrochen ist, auf den Tantiemen seiner verpfuschten Dichtung ausruhen. Wer einst der Weimarer Republik gefeiertster Poet gewesen ist, dem steht es wohl an, die verstimmte Leier hinterm Ofen zu bergen und sich in bescheidener Zurückgezogenheit die Wohltat des Vergessenwerdens zu erwerben.

Sie begreifen, es ist eine Frage des Taktes, ob ein Gerhart Hauptmann die Hand zum Hitler-Gruß erheben kann. Es scheint nicht ratsam zu sein; denn man kann nicht vierzig Jahre seines Lebens verneinen, ohne Schaden an seiner Seele zu nehmen. Deshalb ist mein Rat: Schalten Sie sich nicht gleich, sondern – aus, Herr Hauptmann![237]

Es liegt im Wesen der Diktatur, daß sie öffentliche Zustimmung erheischt und Kritik nur privat toleriert. Danach richtet sich auch Hauptmann, als er am 15. November 1942 Hitler in öffentlicher Rede im Oberpräsidium von Breslau den «Sternenschicksalsträger des Deutschtums» nennt und wenig später im Wiesenstein das vom Führer gestiftete Geburtstagsgeschenk auspackt, eine Vase aus der Berliner Porzellan-Manufaktur mit einer Abbildung der Reichskanzlei. Der Empfänger zeigt sie einem Hausfreund und bemerkt dazu: «Er unterschätzt den Umfang meiner Blase!»

Welches ist der wahre Hauptmann? Ein Blick auf seine Beziehungen zu den Emigranten mag die Frage zumindest teilweise klären und den Eindruck korrigieren, Hauptmann habe es sich im Dritten Reich gar zu leichtgemacht.

III

Von allen Aspekten des Dritten Reiches macht die Judenverfolgung Hauptmann am meisten zu schaffen. Der Antisemitismus ist seinem Wesen fremd, wie überhaupt die Diskriminierung eines Menschen aufgrund seiner Abstammung. Schon lange vor Hitler, als man dergleichen noch kaum wahrnimmt oder gar kommentiert, wendet er sich dagegen, etwa in einem Schreiben an Houston Stewart Chamberlain, dessen Goethe-Biographie er schätzt, ohne mit der judenfeindlichen Einstellung des Verfassers einverstanden zu sein.[238] In

Hauptmanns Werken werden die nicht sehr zahlreichen Juden mal als mehr, mal als minder sympathisch dargestellt, aber durchweg ohne rassistisches Vorurteil. Unter seinen Mitstreitern und Förderern befinden sich viele Juden, wie das nicht anders zu erwarten ist bei einem Dichter, dessen geistiger und emotionaler Standpunkt im großen und ganzen dem des vernunftgläubigen linksliberalen Bürgertums entspricht. Ohne jüdische Regisseure wie Otto Brahm und Max Reinhardt, Schauspieler wie Alexander Moissi und Elisabeth Bergner, Theaterkritiker wie Siegfried Jacobsohn und Alfred Kerr, Porträtmaler wie Leonid Pasternak und Max Liebermann, Journalisten wie Stefan Grossmann und Theodor Wolff, ganz zu schweigen von Freunden wie Samuel Fischer, Walther Rathenau und Max Pinkus, ja, sogar von Gegnern wie Conrad Alberti und (innerhalb der Sektion für Dichtkunst) Alfred Döblin wäre Hauptmanns Leben gewiß anders verlaufen.

So muß ihn die 1933 einsetzende Judenverfolgung besonders treffen, zumal er in der Frau seines Sohnes Klaus eine jüdische Schwiegertochter und in Elisabeth Jungmann einen «Mischling» als Sekretärin und Hausgenossin hat. Dennoch dauert es lange, bis er die Diffamierung der Juden in ihrem ganzen Ausmaß erkennt. Zum einen ist diese in ihrer ersten Phase, von der Machtübernahme 1933 bis zur «Reichskristallnacht» 1938, noch verhältnismäßig milde, im Vergleich zumindest zu dem, was dann kommen sollte. Zum andern wird Hauptmanns Kenntnisnahme durch seine generelle politische Begriffsstutzigkeit und durch den Zufall verlangsamt, daß seine ersten Kontakte mit rechtsradikalem Gedankengut und rechtsradikalen Praktiken im faschistischen Italien stattfinden und nicht in Deutschland. Lange bevor Hauptmann von Hitler Notiz nimmt und *Mein Kampf* liest, bewundert er Mussolini, den er nach der Audienz von 1929 mit Bismarck und Napoleon vergleicht (er steht mit dieser Einschätzung nicht allein: Thomas Alva Edison hält den Duce damals für «das größte Genie der Neuzeit», Mahatma Gandhi sieht in ihm einen «Übermenschen»). Diese Bewunderung wirkt bis über den 10. Juni 1940 hinaus, den Tag, an dem Mussolini in der Hoffnung auf schnelle und leichte Beute dem angeschlagenen England und daniederliegenden Frankreich den Krieg erklärt. Es ist ein – schon damals von vielen Italienern so empfundener – Tag der nationalen Schande, für Hauptmann in einzigartiger moralischer und übrigens auch strategischer Verblendung jedoch «der allergrößte Augenblick der neueren Weltgeschichte»[239]. Da das faschistische Italien anfangs keinen Antisemitismus kannte und die entsprechende Gesetzgebung erst 1938 von Hitler-Deutschland übernimmt, ist der auf dem Wiesenstein wie in einem Elfenbeinturm lebende Hauptmann weniger darauf vorbereitet als seine Landsleute, die ihre «weltanschauliche Umschulung» tagtäglich von Joseph Goebbels und Julius Streicher verpaßt bekommen.

Auch am 30. Januar 1933 hält sich Hauptmann, der insgesamt rund zehn Jahre seines Lebens in Italien verbringt, in Rapallo auf. Gleich danach werden von verschiedenen Seiten Versuche unternommen, ihm über die Bedrohung seiner jüdischen Freunde die Augen zu öffnen. Einer von ihnen, der Kunsthistoriker Julius Meier-Graefe, der ihn 1921 als Kandidaten für das Amt des Reichspräsidenten ins Gespräch gebracht hatte, sucht ihn jetzt brieflich zu einer öffentlichen Stellungnahme zu bewegen und fährt später von Sanary-sur-Mer in Südfrankreich herunter nach Rapallo zu einem Gespräch, das jedoch ergebnislos verläuft; Hauptmanns Sympathien liegen eindeutig auf seiten der Verfolgten, aber damit ist denen wenig geholfen. Bald beginnen in Sanary, aber auch in Paris und Prag und Wien und anderen Zufluchtsorten der Emigranten Gerüchte zu kursieren: Hauptmann habe mit erhobenem Arm gegrüßt, einen Händedruck mit Hitler gewechselt, am Haus «Seedorn» die Hakenkreuzflagge hissen lassen. Im November 1933 tritt ein Ereignis ein, das den Bruch zwischen ihm und den meisten seiner jüdischen Freunde offenkundig macht. In einem in mehreren großen Zeitungen veröffentlichten Artikel erklärt Hauptmann sich solidarisch mit Hitlers Entschluß, Deutschlands Mitgliedschaft im Völkerbund zu beenden. Die Entscheidung des «Führers» soll durch eine Volksabstimmung sanktioniert werden; bevor diese stattfinden kann, erscheint der Artikel, der zwar kaum über den Ausdruck einer generellen Übereinstimmung mit den Zielen der Regierung hinausgeht, durch die (vom Propagandaministerium hinzugefügte?) Überschrift «Ich sage ‹Ja›!» aber einen von Hauptmann nicht beabsichtigten Nachdruck erhält. Es ist der Tropfen, der das Faß zum Überlaufen bringt. Unter dem Titel *Gerhart Hauptmanns Schande* veröffentlicht Alfred Kerr, der auf der ersten Proskriptionsliste der Nazis stand und nach Paris geflüchtet war, 1934 eine «Abrechnung» von seltener Schärfe:

Der diese Zeilen schreibt, war Hauptmanns Freund – ein Leben

> hindurch. Hauptmann ist älter als ich, aber wir waren beide jung, als wir uns trafen. Wir sind den ganzen Weg des Daseins zusammengegangen bis heut.
> Nein: bis gestern.
> Ich war der Wächter seines Werts in Deutschland. Ich schritt und ritt mit ihm durch Dick und Dünn. (Auch durch Dünn.) Ich hieb nach links und nach rechts, wenn man ihn angriff. Ich schlug ihn selber, wenn er nachließ. Ich gab ihm Zuversicht, wenn er sich raffte, sein Wiederaufstieg im Alter war mir ein Glück.
> Und ich liebte, jenseits von allem Dramengeschreib, den Menschen, den Freund in der Stille, den Unverwechselbaren, den Seltenen, den Umleuchteten.
> Es gibt seit gestern keine Gemeinschaft zwischen mir und ihm, nicht im Leben und nicht im Tod. Ich kenne diesen Feigling nicht. Dornen sollen wachsen, wo er noch hinwankt. Und das Bewußtsein der Schande soll ihn würgen in jedem Augenblick.
> Hauptmann, Gerhart, ist ehrlos geworden.

Kerr verübelte ihm, daß er kein Wort gegen die Nationalsozialisten gesprochen und sich bei ihnen durch freiwilliges Fahnenhissen noch Liebkind gemacht habe. Hauptmanns Geldbedarf, so glaubt Kerr, die Wohnsitze in Agnetendorf und Hiddensee und die Hotelaufenthalte in Italien, dazu der Sohn, «der mit dreißig die dritte Frau hat», kurz: «der ganze snobistische Train dieses Weberenkels» hätten dessen Abhängigkeit von den neuen Machthabern nur noch verschärft; das geht hinunter bis zu den «zwei Flaschen am Tag als Minimum», ohne die Hauptmann seit langem nicht mehr auskommt. Mit einer Bitterkeit, wie sie nur ein enttäuschter Liebhaber aufbringt, läßt Kerr seinen Bannstrahl in einen wahrhaft biblischen Fluch ausklingen: «Sein Andenken soll verscharrt sein unter Disteln; sein Bild begraben in Staub.»[240]

Nicht alle Emigranten teilen Kerrs Abscheu vor dem «Verräter» Hauptmann. Thomas Mann z. B. hatte schon im Juni 1933 geschrieben, er verstehe dessen öffentliches Schweigen: «Was soll er sich um Habe und Vaterland reden?» Der friedliebende Stefan Zweig, der für die nun heraufkommende Zeit das Motto: «Die Kloaken stehen offen, und die Menschen atmen ihren Stank wie einen Wohlgeruch» prägt, ist erschüttert von der Tragweite der gegen Hauptmann erhobenen

Vorwürfe und von der Vehemenz der Sprache, in die sie gekleidet sind. «Wohin gelangen wir auf diesem Wege!» moniert er, mit Seitenblick auf Kerr, in einem Brief aus London, und läßt Hauptmann wissen, daß er, Stefan Zweig, es als eine Anmaßung betrachte, «wenn sich irgendein Mensch zum Moral- und Gesinnungsrichter eines anderen aufspielt»[241]. Zweig ist Jude, wird aber als Österreicher von der Verfolgung vorerst noch nicht betroffen. Und auch von den in Deutschland gebliebenen Verfemten wird Hauptmann durchaus nicht boykottiert; vielmehr teilt ihm der Kulturbund deutscher Juden noch Ende 1934 über den «Verlag und Vertrieb für Bühne, Film und Rundfunk» mit, man habe sich zur Einstudierung und Aufführung des *Hirtenlieds* im Rahmen des Theaterprogramms des Kulturbundes entschlossen.

Trotz solchen Zuspruchs ahnt Hauptmann, daß Kerr – bei aller Theatralik der Pose und Sprache – im Grunde genommen recht hat: Der Dichter der *Weber* und des *Hannele* wird sich selber untreu, wenn er zu dem schweigt, was jetzt in Deutschland vor sich geht. Er verarbeitet die Einsicht, wie man solche Einsichten eben zu verarbeiten pflegt: indem man, je nach Laune und Allgemeinbefinden, den Mahner vor sich selbst schlechtmacht oder die Mahnung befolgt oder sie als nebensächlich abtut. So auch Hauptmann. Mal mokiert er sich über den verlorenen Freund in Verschen wie «Du besudelst deinen und meinen Namen, / schnellwütiger Kerr: Gott helfe dir, Amen!», mal schämt er sich und rafft sich tatsächlich zu einer Form von Widerstand auf, mal banalisiert er das Problem, als handle es sich um eine Lappalie und nicht um eine Gewissensfrage. In einem anderen Augenblick erkennt er in seiner «Verfolgung» einen roten Faden und fragt Erich Ebermayer, der gerade zu Besuch in Rapallo ist:

> Sagen Sie selbst, lieber Freund, lohnt es sich, wegen Politik sich in die Ecke zu stellen und zu schmollen? Du lieber Gott – da hätte ich ja mein ganzes Leben lang in der Ecke stehen müssen! Erst zwanzig Jahre oder dreißig unter dem Kaiser, bei dem ich durch die *Weber* in Ungnade gefallen bin! Dann in der Ebert-Republik, während der mich die Linksleute angriffen wegen meiner Kriegsgedichte! Und nun wieder im Dritten Reich, weil ich angeblich zu links sei und Judengenosse und Schwiegervater einer Jüdin! Das ist doch alles Blödsinn! Wer so viele «Systeme» erlebt wie ich, kann nicht jedesmal beese sein. Ist ja langweilig![242]

Einer der Gründe für Hauptmanns politischen Fatalismus ist sein hohes Alter und die Tatsache, daß ein Mensch, der seine Weggefährten im Grabe weiß, innerlich und äußerlich vereinsamt. Wedekind starb 1918, Rathenau 1922, Heimann 1925, Sudermann 1928, Hofmannsthal 1929, Liebermann 1934, Kessler 1937, Stehr 1940, Loerke und Schlaf 1941, Rittner (der sich schon 1907 von der Bühne zurückgezogen hatte) 1943. Zwei Todesfälle gehen ihm besonders nahe:

Im oberschlesischen Neustadt wird im Juni 1934 der Fabrikant und Mäzen Max Pinkus zu Grabe getragen. Als Hauptmann-Sammler und Mitherausgeber der Bibliographie *Gerhart Hauptmann. Werke von ihm und über ihn* hatte er 1922 seiner Überzeugung Ausdruck gegeben, daß sein schlesischer Landsmann «der bedeutendste Dichter der Gegenwart, daß er *der* Dichter unserer Zeit» sei, und dabei nicht mit Seitenhieben auf Germanisten gespart, die diese Meinung nicht teilten. Pinkus hatte sich um das Textilzentrum Neustadt, das ihn zum Ehrenbürger machte, durch die Stiftung eines Krankenhauses und anderer gemeinnütziger Einrichtungen verdient gemacht; da er jedoch Jude war, werden diese Wohltaten nach 1933 so gründlich vergessen, daß kein «arischer» Mitbürger ihn zu Grabe geleitet. Außer Gerhart und Margarete Hauptmann erscheinen nur jüdische Trauergäste. Ähnlich geht es beim Begräbnis von S. Fischer im Oktober 1934 zu, dem z. B. der von dem Verstorbenen vielfach geförderte Hermann Stehr ostentativ fernbleibt. Hauptmann erscheint auch hier und widmet dem Verleger, mit dem er so oft und so bitter um Tantiemen gefeilscht hatte, im folgenden Jahr einen Nachruf in der von Fischer gegründeten *Neuen Rundschau*, in dem es heißt:

> Unmöglich in diesem Augenblick die Bedeutung S. Fischers für das geschlossene Werden einer großen deutschen Literaturepoche zu würdigen, einer unauslöschlichen, nordisch betonten, die, außer mit ihren deutschen Trägern, mit den Namen Ibsen, Björnson, Garborg, Hamsun und anderen verbunden ist.

Der Jude Fischer als Entdecker und Förderer «nordischen Kulturguts»? Kein Zweifel, es gehörte Mut dazu, dergleichen damals zu schreiben, und Hauptmann, der den Verleger überdies einen «allezeit tief und treu verbundenen, zuverlässigen Freund» nannte, wird denn auch von Will Vesper und anderen NS-Publizisten öffentlich zurechtgewiesen. – *Wieviel* Mut gehörte dazu? Die Frage läßt sich nicht eindeutig beantworten, denn die Behörden des Dritten Reiches standen gerade im propagandistischen Bereich (und oft aus Berechnung) im Ruf, zu unberechenbar zu sein, als daß jemand hätte voraussagen können, wie dergleichen bei den Machthabern «ankommen» würde.

Gewiß ist Hauptmann aus weicherem Holz geschnitzt als der von ihm sehr bewunderte Knut Hamsun, der – obwohl ein «Führer»-Bewunderer – sich als tauber Greis in den Rachen des Löwen wagt und Hitler 1943 auf dem «Berghof» wegen seiner Mißachtung norwegischer Interessen zur Rede stellt. Doch sollte man sich als Nachgeborener und Bürger eines freien Landes hüten, Hauptmann mir nichts, dir nichts entweder den Mitläufern des Nazi-Regimes oder den Widerstandskämpfern zuzuordnen. Man tut besser daran, sich den Druck zu vergegenwärtigen, der damals auf den Deutschen lastete. Er entschuldigt beileibe nicht alles, macht aber doch manches verständlicher, als es aus heutiger Sicht sonst wäre. Diesen Druck verdeutlicht eine mit schöner Offenheit erzählte Episode aus den Lebenserinnerungen von Viktor Mann, dem als Landwirt in Bayern tätigen Bruder der Emigranten Thomas und Heinrich. Als er kurz vor Kriegsende von einer Dame am Gasthaustisch, also öffentlich, gefragt wird, ob er mit den Schriftstellern desselben Namens verwandt sei, antwortet er mit klopfendem Herzen: «Das ist wirklich noch ein guter Rotwein!», setzt gemächlich das Glas ab und fährt fort: «Was meinten Sie? Mit den Schriftstellern verwandt? Nicht daß ich wüßte. Das sind doch Norddeutsche, nicht wahr? Ich bin aus München.»[243]

Der Tod von Samuel Fischer, und erst recht der von Max Pinkus, lenkt Hauptmanns Aufmerksamkeit wieder auf ein Thema, das ihn schon vor der Jahrhundertwende bei der Arbeit am *Hirtenlied* beschäftigt hatte: das historische, zeitlose Schicksal der Juden. Anfang 1937 diktiert er Erhart Kästner, Elisabeth Jungmanns Nachfolger als Sekretär, in Rapallo das aus fünf kurzen Szenen bestehende Requiem *Die Finsternisse*. Es ist ein Abgesang auf jenes deutsch-jüdische, bildungs- und besitzbürgerliche Milieu, das Hauptmann bei Pinkus und Fischer und Rathenau und anderen Freunden kennen- und schätzengelernt hat und dessen Todesstunde jetzt geschlagen hat. Das Stück spielt 1934 in einer schlesischen Kleinstadt und schildert das Leichenmahl eines reichen jüdischen Fabrikanten und Kommerzienrats, der am folgenden Morgen beerdigt werden soll. Der Verstorbene hatte viel für die Stadt getan, doch hat die Familie in Anbetracht der Zeiten die Mitbürger nicht von seinem Ableben unterrichtet. Um Peinlichkeiten vorzubeugen, wird man den Tod erst nach dem Begräbnis bekanntgeben.

Die Villa ist prunkvoll eingerichtet («schwere Renaissance... Damasttischtücher und -servietten... Kristallglas») und hat eine riesige, besonders den schlesischen Dichtern und Denkern gewidmete Bibliothek. Um Mitternacht versammelt sich eine kleine Gesellschaft im Speisesaal: der Sohn des Kommerzienrats und jetzige Firmenchef mit Frau und Schwager sowie ein Professor und ein Bildhauer, der die Totenmaske abnimmt. Sie entstammen sämtlich der jüdischen Großbourgeoisie. Die einzigen «Arier» am Tisch sind ein Dichter und seine Frau bzw. «Herr von Herdberg» mit Gattin. Hauptmann hat seinem Hang zur Selbststilisierung hier freien Lauf gelassen und sich zu einem «Freiherrn» gemacht, der mit seiner «Gemahlin» auf einem «Schloß» residiert (und sich, falls es einer Identifikation bedürfte, durch eine Schwäche für guten Wein und für das Wort «Mysterium» zu erkennen gibt).

Die Finsternisse spielen auf zwei Ebenen, daher wohl auch der Titel: im Plural. Noch ehe man sich zur Tafel setzt, erscheinen vier Schatten, die die Schwere des jüdischen Schicksals verkörpern und sich ihrerseits kurz am Tisch niederlassen. Es ist der Verstorbene selber, der Prophet Elias, der Jünger Johannes und der Ewige Jude Ahasver, der nicht sterben kann und klagt:

> Ich würge an der Speise des Lebens. Die unversöhnliche Grausamkeit stopft sie mir in den Mund. Ich schlafe tags unter marternden Träumen. Ich wandere nachts von Grabstätte zu Grabstätte, gefoltert von lechzendem Todesdurst. Oft schwebt ein taubenflügliger Engel auf mich zu. Endlich! jauchzt es in mir. Aber er bringt einem andern den Tod.

Im Verlauf des Tischgesprächs, das sich nach dem Verschwinden der vier Gestalten entfaltet, wird dieses Schicksal hin und her gewendet. Dabei verstärkt Hauptmann das Motiv der Selbstbewahrung der Juden und ihrer nicht enden wollenden Verfolgung einmal durch die alttestamentarische Aura, die von der Schwiegertochter ausgeht (auch wenn er die biblische Esther mit der Makkabäerin Mariamne zu verwechseln scheint, der Frau des Herodes), zum anderen durch die Totenmaske. Ohne daß der Bildhauer es beabsichtigt hätte, zeigt diese nicht das Angesicht des wohlgenährten Kommerzienrats, der «in Berlin bei Borchardt und Hiller» zu speisen pflegte, sondern, zeitentrückt und prototypisch, das eines hamitischen Berberhäuptlings, «der auf weißem Hengst durch die Wüsten fliegt».

Bei Tisch zeichnen sich auch kontrastierende Stellungnahmen zu den Ereignissen von 1933 ab. Der Sohn und neue Firmenchef fühlt sich nach wie vor in Schlesien zu Hause: «Wir sind ganz aufgegangen in der europäischen, in der deutschen Kultur!» Sein Schwager, Arzt von Beruf, sieht klarer; er wird auswandern und hat schon einen Posten an einem New Yorker Krankenhaus angenommen. Der alte Kommerzienrat hingegen hatte zu den Juden gehört, die dem eigenen Volk nicht unkritisch gegenüberstehen: «Er hat mir manchmal gesagt», erinnert sich der Dichter, ohne daß ihm jemand aus der Runde widerspräche, «seine Glaubensgenossen, wie er sie nannte, hätten doch auch manchen Fehler gemacht.» Am Ende zieht der Bildhauer das Fazit: «So schwimmen wir hin, verfolgt, gemartert, getötet, ahasverisch und ruhelos, aber unsterblich durch die Ewigkeit!», worauf der christliche Dichter prophezeit: «Nicht nur ihr Juden! Das trifft uns alle.» – Wie sehr es «uns alle» treffen sollte, kann Hauptmann damals noch nicht wissen. Diese Erfahrung bleibt Elias Canetti vorbehalten, einem jüdischen Schriftsteller deutscher Sprache, der in England, also im Ausland, lebt und von dieser Warte aus schreibt: «Hitler hat die Deutschen zu Juden gemacht, in einigen wenigen Jahren, und ‹deutsch› ist nun ein Wort geworden, so schmerzlich wie ‹jüdisch›.»[244]

Zur Zeit der Niederschrift ist an eine Veröffentlichung der *Finsternisse* nicht zu denken; schon der Titel verrät, daß es dem Verfasser um mehr zu tun ist als die Aufzeichnung eines individuellen Härtefalls. Das Manuskript wandert in die Schreibtischschublade, aus der Hauptmann, der bei dem ständig wachsenden Gesinnungsterror auch mit einer Haussuchung auf dem Wiesenstein rechnen muß, es Anfang 1945 hervorholt und in seiner Anwesenheit verbrennen läßt. Hätte nicht Erhard Kästner einen Durchschlag des Typoskripts aufgehoben und hätten andere Freunde sich nicht ihrerseits Abschriften verschafft, dann wären die *Finsternisse*, in denen Hauptmann sich unmißverständlich gegen das Dritte Reich stellt, verlorengegangen. Der Text ist erst 1947 bekannt geworden, als der um den Dichter vielfach verdiente amerikanische Germanist Walter A. Reichart ihn in den Vereinigten Staaten veröffentlichte.

Im Banne der Vorstellung, ein so produktiver und wortgewaltiger Dichter wie Hauptmann müsse in seinen politischen Äußerungen und Handlungen doch irgendwo einzuordnen sein, hat man auch in anderen Alterswerken Stellungnahmen zum Zeitgeschehen sehen wollen. Mit Ausnahme der *Finsternisse* gibt es jedoch kaum zusammenhängende Meinungsäußerungen zu einer geschichtlichen Entwicklung, die Hauptmann in seinen letzten Jahren als nicht mehr überschaubar, ja als aller menschlichen Kontrolle entglitten betrachtet: «Die Weltgeschichte ist ausgerutscht»[245] ist sein Kommentar zur Zerstörung Nürnbergs im Kriege. So wenden sich seine späten Werke von der Gegenwart ab und weisen teils in die Phantasie wie die Erzählung *Das Meerwunder* (1934), das ein Goethesches Motiv weiterspinnende *Märchen* (1941) oder die ebenfalls an Goethe anschließende Novelle *Mignon* (1944, veröffentlicht 1947), und teils in die Vergangenheit: ins achtzehnte Jahrhundert der Fragment gebliebene, von Frank Thieß mehr schlecht als recht vollendete *Winckelmann*-Roman (erschienen 1954), ins Mittelalter die Komödie *Ulrich von Lichtenstein* und die dramatische Dichtung *Die Tochter der Kathedrale* (beide 1939), ins archaische Hellas die Atriden-Tetralogie (1941–48).

Der gemeinsame Nenner dieser Werke, die zum Teil einen beträchtlichen dichterischen Wert besitzen und wie das Romanfragment *Der neue Christophorus* und das 1942 in einer Luxusausgabe im Insel-Verlag gedruckte Versepos *Der große Traum* von der Forschung noch nicht ausgeschöpft sind, ist die Flucht aus der Gegenwart. Nach 1933 verlangt die Gegenwart dem Dichter Entscheidungen ab, die er nicht zu treffen vermag. Mit «Nu ja ja! – Nu nee nee!» ist dem NS-Regime nicht beizukommen. Sein zeitweiliger Sekretär Erhart Kästner, der auch den ausgewanderten Thomas Mann kennt und verehrt, schildert diesem 1949 das Dilemma des in einem ihm fremd gewordenen Deutschland zurückgebliebenen Hauptmann:

> Wie recht sehen Sie, daß er unter seinem Hiergebliebensein unendlich litt, wie Sie denn wohl unter Ihrem Fortsein; im Hinblick auf die Schmerzen läuft es doch wohl auf dasselbe hinaus. Daß Sie die späteren Bilder erschüttert haben, glaube ich wohl. Sie zeigen das Bildnis der Angst, die das Leben unter dem Terror ausmacht. Nicht daß er sie persönlich zu haben brauchte, aber das

Meiste von seinen Handlungen ist doch wohl aus ihr geboren worden; er fühlte sie sicher als die Macht dieser Zeit und sah, wie sie ihr Regiment errichtete und auch, daß sie mit ihren Vorreitern nicht in den Reichskanzleibunkern mitverbrannt war, denn sie ist säkular und regiert uns damals wie jetzt.[246]

IV

Im ständig schrumpfenden Reich ist Agnetendorf einer der letzten Orte, die den von Hitler entfesselten Krieg zu spüren bekommen. Der Wiesenstein erhält Ende Januar 1945 eine Zwangseinquartierung, als der zum Wohnungskommissar ernannte Agnetendorfer Lehrer dem Haus zwei Flüchtlingsfrauen mit insgesamt sieben Kindern zuteilt; doch ist das Anwesen groß genug, um die Gäste ohne nennenswerte Schwierigkeiten aufzunehmen. Da Hauptmann an einem Bronchialkatarrh leidet und seine Frau an Gallenschmerzen, beschließen sie, nach Dresden zu fahren, und melden sich – noch funktioniert das Telefon – im Sanatorium Dr. Weidner in Oberloschwitz an. Ein Holzgasauto bringt sie am 5. Februar hin. Gerhart wird in einem Gartenhaus im Park des Sanatoriums untergebracht; von dort überblickt er ganz Dresden, am anderen Ufer der Elbe auch Blasewitz, wo er seiner ersten Frau vor bald einem halben Jahrhundert ein Haus hatte bauen lassen. Eckart, der mittlere Sohn aus jener Ehe, besucht ihn jetzt, später kommt auch Benvenuto hinzu. Margarete läßt sich im Städtischen Krankenhaus behandeln und zieht nach ein paar Tagen, gerade noch rechtzeitig, ebenfalls in das Sanatorium. Am Morgen des 13. Februar entsteht dort das Gedicht *Zauberblume*, dessen zutiefst resignierter Anfang sich mit den Schlußzeilen aufhellt:

> Nun heut ein holder Knabe reicht durchs Fenster
> mir eine Zauberblume her,
> da schwinden hin die ärgsten der Gespenster,
> und Gott, der Gute, stellt sich wieder her.

Es sind die letzten «glücklichen» Zeilen, die wir von Hauptmann besitzen. Gegen zehn Uhr abends heulen die Sirenen, bald danach hört man das Motorengeräusch der feindlichen Bomber und die ersten Detonationen. Sogar auf den Loschwitzer Höhen bersten die Scheiben und erzittern die Häuser. Margarete und die Sekretärin Annie Pollak eilen in das Gartenhaus, um Hauptmann, der früh schlafen gegangen ist, anzuziehen und in den Luftschutzkeller unter dem Hauptgebäude zu bringen. Horst Bienek hat in seinem Roman *Erde und Feuer* geschildert, wie sie unterwegs einen Augenblick stehenblieben,

> als seien sie plötzlich erstarrt, und ihre Blicke wurden vom Feuerschein heruntergezogen in die Stadt, wo rote Christbäume niederschwebten in einer Art Quadrat und dabei die Türme der Kirchen, die Kuppel der Oper und die Fassade der Brühlschen Terrasse schwarz aufscheinen ließen. Und aus dem wolkenlosen Himmel fielen silberne Kreuze, gingen nieder über der erleuchteten Stadt und zogen hinter den Türmen wieder hoch, und ihnen folgte eine nächste Reihung von zerplatzenden Feuerkugeln, und weiße und schwarze und rote Rauchwolken stiegen auf, überall, schossen aus den Dächern, wirbelten in den Straßen, erhoben sich über dem Fluß und verdunkelten die Türme.[247]

Erst im Morgengrauen wagen sie sich wieder zurück in das kalte, von Brandgeruch durchzogene Gartenhaus. Die Stadt zu ihren Füßen ist von Rauchschwaden verdeckt, nur manchmal lichtet sich das Gewölk und läßt den Blick auf brennende und zusammenstürzende Häuser frei.

Am Nachmittag – es ist Aschermittwoch, der 14. Februar 1945 – vollendet ein Tagesangriff das Werk der Zerstörung Dresdens. Dabei fallen auch ein paar Bomben in den Park, so daß Hauptmann, der in seinem Zimmer sitzt und jeden Augenblick das Ende erwartet, von Staub und Mörtel bedeckt wird. Er erleidet einen Kollaps und erholt sich nur sehr langsam vom Schock dieser Stunden und dem Ende der über alles geliebten Stadt. Erst am Abend des 20. März kommt er wieder auf dem Wiesenstein an, nach sechswöchiger Abwesenheit und einer strapaziösen Rückfahrt, die wegen des zusammenbrechenden Eisenbahnverkehrs mehrere Tage in Anspruch nimmt. Kaum hat er sich zu Hause wieder eingewöhnt, als sich zwei Herren der Gauleitung der NSDAP zum Nachmittagstee anmelden. Sie werden freundlich empfangen und rücken bald mit ihrem Anliegen heraus: Die Partei verlangt von Schlesiens großem Sohn eine öffentliche

Stellungnahme zur Zerstörung Dresdens. Zufällig hatte Hauptmann am Morgen desselben Tages ein paar Zeilen darüber diktiert und bittet nun den Freund und Hausgenossen Gerhart Pohl, der selber Schriftsteller ist, sie vorzulesen:

> Wer das Weinen verlernt hat, der lernt es wieder beim Untergang Dresdens. Dieser heitere Morgenstern der Jugend hat bisher der Welt geleuchtet. Ich weiß, daß in England und Amerika gute Geister genug vorhanden sind, denen das göttliche Licht der Sixtinischen Madonna nicht fremd war und die von dem Erlöschen dieses Sternes allertiefst schmerzlich getroffen weinen.
> Und ich habe den Untergang Dresdens unter den Sodom- und Gomorra-Höllen der englischen und amerikanischen Flugzeuge persönlich erlebt. Wenn ich das Wort «erlebt» einfüge, so ist mir das jetzt noch wie ein Wunder. Ich nehme mich nicht wichtig genug, um zu glauben, das Fatum habe mir dieses Entsetzen gerade an dieser Stelle in dem fast liebsten Teil meiner Welt ausdrücklich vorbehalten.
> Ich stehe am Ausgangstor des Lebens und beneide alle meine toten Geisteskameraden, denen dieses Erlebnis erspart geblieben ist.
> Ich weine. Man stoße sich nicht an das [*sic!*] Wort «weinen»: die größten Helden des Altertums, darunter Perikles und andere, haben sich seiner nicht geschämt.
> Von Dresden aus, von seiner köstlich-gleichmäßigen Kunstpflege in Musik und Wort sind herrliche Ströme durch die Welt geflossen, und auch England und Amerika haben durstig davon getrunken.
> Haben sie das vergessen?
> Ich bin nahezu dreiundachtzig Jahre alt und stehe mit einem Vermächtnis vor Gott, das leider machtlos ist und nur aus dem Herzen kommt: es ist die Bitte, Gott möge die Menschen mehr lieben, läutern und klären zu ihrem Heil als bisher.[248]

Hauptmann stellt den Text zur Verfügung und die braunen Herren nehmen ihn hocherfreut mit. Wenige Tage später wird er im Rundfunk gesendet und unter dem Titel *Die Untat von Dresden. Gerhart Hauptmann klagt an* in den verbliebenen Zeitungen des Reiches veröffentlicht. Kurz danach fällt das von Gauleiter Hanke zur

Johannes R. Becher und der sowjetische Major Grigorij Weiss zu Besuch bei dem todkranken Dichter. Hinter ihm sein Adlatus Gerhart Pohl.

Festung erklärte Breslau, dessen Verteidigung starke russische Kräfte gebunden hatte. Der Krieg rückt näher; man hört entfernten Kanonendonner, doch ist Agnetendorf noch deutsch, als die Nachricht von Hitlers Tod eintrifft. Hauptmann kommentiert sie mit dem Satz: «Der blutigste Phraseur der Weltgeschichte ist ausgelöscht wie ein Talglicht» und wendet sich wieder dem *Neuen Christophorus* zu, den er noch zu beenden hofft. – Ein kurioses, allzu knappes Fazit aus einer Tragödie, die Europa an den Rand des Abgrunds gebracht hatte! Doch muß man Hauptmann zugute halten, daß der Begriff der «Vergangenheitsbewältigung» damals erst aus der Taufe gehoben wurde.

Am Morgen des 9. Mai 1945, einen Tag nach der bedingungslosen Kapitulation des Tausendjährigen Reiches, zieht die Rote Armee in Agnetendorf ein. Ein Oberst Smirnow wird Ortskommandant von Hirschberg und beauftragt einen seiner Offiziere, sich um den Wiesenstein und seine Bewohner zu kümmern. – Nach den Potsdamer Beschlüssen vom 2. August, in denen fast das ganze Schlesien zu Polen geschlagen bzw. «unter polnische Verwaltung bis zum Abschluß des Friedensvertrags» gestellt wird, macht sich der polnische

Einfluß immer bemerkbarer. Im Hochsommer übernimmt die polnische Miliz die bisher von den Russen wahrgenommenen Verwaltungsaufgaben.

Inzwischen ist Johannes R. Becher, ehemals expressionistischer Lyriker, seit 1919 Mitglied der KPD und während des Zweiten Weltkrieges Herausgeber einer literarischen Zeitschrift in Moskau, mit der «Gruppe Ulbricht» nach Berlin zurückgekehrt und als Präsident des «Kulturbundes zur demokratischen Erneuerung Deutschlands» eingesetzt worden. Im Auftrag des Sowjetmarschalls Schukow kommt er jetzt mit dem russischen Major Grigorij Weiss und einigen anderen auf den Wiesenstein, um Hauptmann zur Mitarbeit zu bewegen und ihm im Namen des Marschalls nahezulegen, von Agnetendorf (jetzt russisch Agnieskow) nach Berlin zu übersiedeln. Hauptmann nimmt die Einladung unverbindlich zur Kenntnis und stellt sich, zum dritten Mal nach 1918 und 1933, einem weiteren neuen Regime zur Verfügung:

> Ich begrüße das Bestreben des «Kulturbundes zur demokratischen Erneuerung Deutschlands» und hoffe, daß ihm seine hohe Aufgabe gelingen wird, eine geistige Neugeburt des deutschen Volkes herbeizuführen.
> Meine Gedanken und Wünsche sind in diesem Sinne bei ihm.

Mit dieser Erklärung, die er sofort veröffentlichen läßt, reklamiert Becher den Dichter der *Weber* zum Bundesgenossen und prophezeit, die Wiederauferstehung des Lebenswerkes Gerhart Hauptmanns werde «dem deutschen Volke helfen, den Weg zur Humanität zu finden». Hat der alte Agitprop-Kämpe vergessen, daß er Hauptmann zwanzig Jahre zuvor wegen seiner Unterstützung der Weimarer Republik als «geistigen Leichenfledderer [und] professionellen Herumstocherer im Kulturmist» bezeichnet hatte?[249] – Vor der Rückfahrt nach Berlin-Karlshorst hinterläßt er dem Herrn des Wiesenstein einige Flaschen grusinischen Kognaks und eine Bestätigung, daß sämtliche Bewohner des Hauses sowie dieses selber unter dem «besonderen Schutz des polnischen Staates» stünden, und zwar auf ausdrücklichen Wunsch von Marschall Schukow. Wer aber hat das Sagen in Schlesien: die Russen, die es erobert haben, oder die Polen, denen es in Potsdam zugesprochen wurde? Wer geschickt zwischen den beiden zu lavieren weiß, kann manches retten, was sonst verloren wäre. Hauptmann, dessen Stücke in russischer Sprache schon vor der ersten deutschen Werkausgabe von 1906 erschienen waren, ist bei den Russen besser angeschrieben als bei ihren polnischen Bundesgenossen. Die haben ein langes Gedächtnis und verzeihen ihm den Aufruf nicht, in dem er 1921 dafür plädiert hatte, daß Oberschlesien deutsch bleibe.

Am 7. April 1946 trifft ein anderer hochgestellter Besucher auf dem Wiesenstein ein: Oberst Sokolow vom Stabe des Marschalls Rokossowski in Liegnitz. Hauptmann mag den gebildeten und liebenswürdigen Offizier, der seine Theaterstücke kennt und mit dem er sich über Literatur unterhalten kann. Doch sind die Nachrichten, die der Oberst überbringt, alles andere als angenehm: in Anbetracht der Tatsache, daß die polnische Regierung die im Kreis Hirschberg verbliebenen Deutschen jetzt endgültig aussiedeln will, könne die sowjetische Militärverwaltung Hauptmanns Sicherheit in Agnetendorf (jetzt polnisch Jagniatków) nicht mehr garantieren; sie werde aber einen Extrazug stellen, falls er sich entschlösse, mit den Seinen und seinem beweglichen Eigentum den Wiesenstein zu verlassen.

Hauptmann gibt dem Besucher zu verstehen, daß er sich dem Treck anschließen würde; an dem Packen, das jetzt überall um ihn herum einsetzt, beteiligt er sich aber nicht. Hatte er sich nach der Zerstörung von Dresden stillschweigend entschieden, nach Agnetendorf zurückzukehren, anstatt sich in den Westen abzusetzen, so beschließt er jetzt bei sich, lieber den Tod auf Wiesenstein zu erwarten, als sich evakuieren zu lassen – und es scheint, als käme die Natur seinem Wunsche entgegen. Anfang Mai erkrankt er an einer Lungenentzündung, die sich mit Hilfe von Penicillin eindämmen läßt; Pohl hatte das noch rare «Wundermittel» im Lungensanatorium Hohenwiese ausfindig gemacht. In den ersten Junitagen wirft eine schwere Bronchitis den Dichter erneut aufs Krankenlager, und diesmal wissen alle um ihn herum, daß das Ende nahe ist. Am 3. Juni erwacht er noch einmal aus tiefem Schlaf und richtet an die ihm vertraute Krankenschwester Maxa Mück die später berühmt gewordene Frage, die seine Schicksalsgemeinschaft mit Millionen anderer Deutscher ausdrückt: «Bin – ich – noch – in – meinem – Haus?» Es sind seine letzten Worte. Um ihm zu beweisen, daß er tatsächlich noch zu Hause ist, ruft die umsichtige Betreuerin das Hauspersonal an seinem Bett zusammen... Rasch verschlimmert sich sein Zustand auf besorgniserregende Weise. Dem Bericht des behandelnden Arztes zufolge war das Krankheitsbild drei Tage später

> gegenüber den Vortagen durchaus verändert. Es bestand nicht mehr die schwere Bronchitis, sondern im linken Ober- und Unterlappen waren bronchopneumonische Herde im Entstehen. Die Temperatur stieg auf axilar 41°, die Bewußtlosigkeit wurde schon am nächsten Tage tiefer. Trotz Anwendung aller zur Verfügung stehenden Mittel – auch des Penicillins – konnte die Infektion nicht gebrochen werden. Das Herz hielt tapfer stand ... Gerhart Hauptmann hat in den letzten 3 Tagen seiner schweren Erkrankung kein Bewußtsein für Schmerzen mehr gehabt. Der Tod trat durch sanftes Einschlafen ein.

Hauptmann stirbt am Nachmittag des 6. Juni 1946 im Alter von dreiundachtzig Jahren. Ob wir in dem behandelnden Arzt nun einen besonders gebildeten Vertreter seines Faches vor uns haben oder ob er vom dichterfürstlichen Ambiente des Wiesenstein geblendet oder gar von der Witwe auf diese Übereinstimmung aufmerksam gemacht wurde – der Agnetendorfer Landarzt Dr. Alfons Schmidt schließt seinen am 9. Juni ausgefertigten und von Schwester Maxa gegengezeichneten Krankheitsbericht mit einem höchst ungewöhnlichen literarisch-biographischen Vergleich:

> Goethe erkrankte am 15. 3. 1832 gleichfalls an einer schweren Erkältung, die ebenfalls am 5. Tag in die todbringende Erkrankung überging und gleichfalls am 7. Tag, am 22. 3. 1832, den Tod herbeiführte.[250]

Nachdem ein Bildhauer aus Warmbrunn die Totenmaske abgenommen hat, findet am Pfingstsonntag die Trauerfeier statt. Hauptmann ist in der Franziskanerkutte mit weißer Kordel aufgebahrt (er hatte das Gewand einst dem Kloster von Santa Margherita abgekauft und nicht, wie man munkelte, vom Urbild des Ketzers von Soana geschenkt bekommen). In den gefalteten Händen hält er das zerschlissene Neue Testament, das er seit früher Jugend mit sich geführt hat. Auf sein Herz hat Margarete ein Säckchen mit schlesischer Erde gelegt, der Kopf ist auf die Prachtausgabe des *Großen Traums* gebettet.

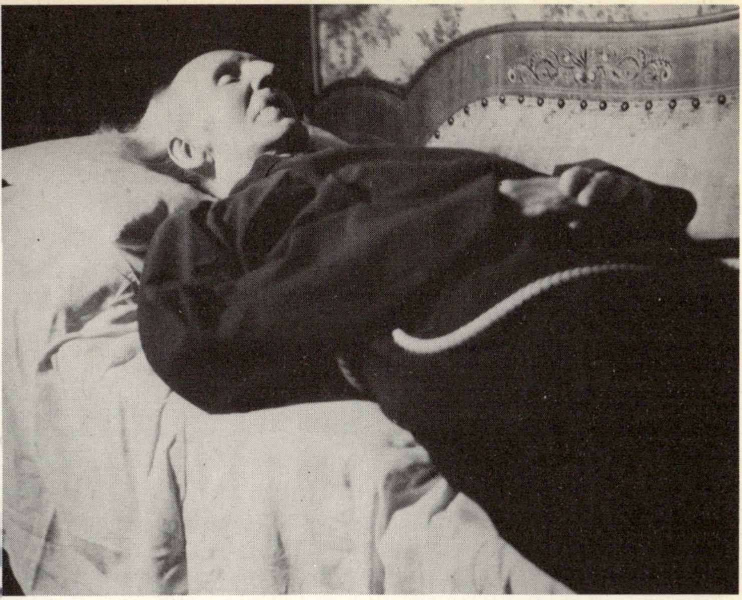

Der Leichnam Gerhart Hauptmanns in seiner Mönchskutte, auf das sog. «Muttersofa» in seinem Haus in Agnetendorf gebettet (1946).

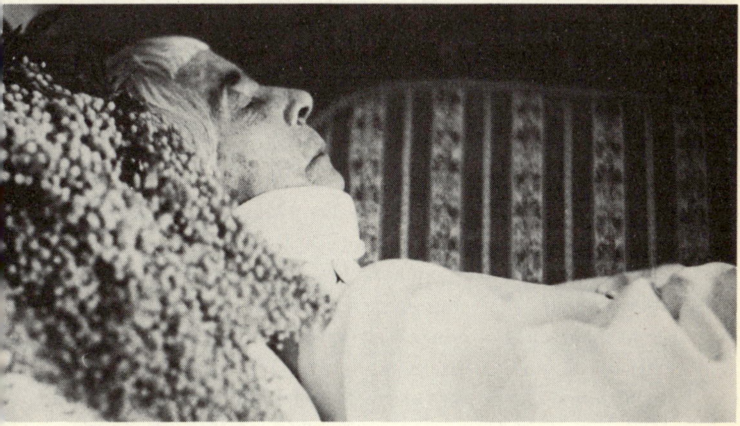

Auf das gleiche, aus dem «Wiesenstein» gerettete Sofa wurde die 1957 in Ebenhausen bei München verstorbene Witwe des Dichters gebettet.

Als Erhart Kästner später die Totenmaske des Dichters sieht, ist es ihm, «als ob um diesen Mund sich Bienen drängen müßten, von der Süße angelockt, die dort saß»[251]. Einige sechzig Gäste gruppieren sich um den Sarg, der vor dem knienden Engel in der Halle steht. Die Polen sind an ihrem korrekten Schwarz zu erkennen, die Deutschen an der schäbigen Kleidung, die sie angelegt haben, um auf der Straße nicht aufzufallen. Nur einer trägt Uniform: der russische Oberst Sokolow. Nach einigen Worten von Gerhart Pohl hält ein polnischer Gymnasialprofessor die Trauerrede für den deutschen Dichter – auf polnisch, obwohl er gut deutsch kann. Dann wird der Zinksarg versiegelt.

Hauptmann wollte im Park des Wiesenstein begraben sein. Verschiedene Umstände, darunter die Möglichkeit einer Grabschändung durch Marodeure auf der Suche nach Wertgegenständen, bestimmen Margarete jedoch, die sterblichen Überreste ihres Mannes statt dessen auf Hiddensee beisetzen zu lassen. Sie hatte die Möglichkeit bereits mit Arnold Gustavs abgesprochen, dem sie am 11. Juni schreibt:

> Verehrter und lieber Herr Pastor!
> Der Abschied vom Wiesenstein naht – der Abschied für immer. Ich verlasse das Haus – ich sage: ich. Denn Gerhart Hauptmanns Ahnung ist am 6. Juni Wahrheit geworden: «Lebend bringt ihr mich nicht vom Wiesenstein fort.» Manchmal sagte Gerhart zu mir: «Wenn ich nicht fürchten müßte, meine guten Schlesier zu kränken, so möchte ich am liebsten auf diesem schlichten Friedhof von Hiddensee meinen ewigen Schlaf schlafen.» Da sein Schlesien mit ihm stirbt, so kann ich nun seinen letzten Wunsch erfüllen. Erwarten Sie uns, lieber Freund.
>
> Ihre Margarete Hauptmann[252]

Erst am 17. Juli, sechs Wochen nach Hauptmanns Tod, wird der Zug zusammengestellt, den die Russen einst dem lebenden Dichter versprochen hatten. Die ganze Zeit hindurch ist die Witwe mit dem Zinksarg auf dem Wiesenstein geblieben. Der Zug besteht aus zwei uralten Personenwagen mit zerbrochenen Fensterscheiben und etlichen Viehwaggons, die erst mit Schaufel und Besen, mit Wasserschlauch und Eimer gereinigt werden müssen, bevor man die Habseligkeiten der sechsunddreißig zum Wiesenstein gehörenden Mitreisenden verladen kann. (Auf diese Anzahl hat sich das Personal des Haushalts vermehrt, mit dem stillschweigenden Einverständnis Margaretes und der sieben Personen, die tatsächlich dazu gehören. Die anderen kommen hinzu, weil auch sie «wegmachen» müssen und im Transport des Leichnams eine gute Gelegenheit sehen, auch ihre Haushaltsgegenstände und die von Freunden mitzuführen. Das Ganze gelingt nur, weil die Russen, aus Großmut oder Gleichgültigkeit oder vielleicht auch nur, um den Polen ein Schnippchen zu schlagen, die gesamten auf dem Zug mitgeführten Güter zu «Museumsgut» erklären.) Als letzter trifft der Tote auf dem Hirschberger Güterbahnhof ein, der verödet daliegt, unter offenem Himmel und bei strömendem Regen. Der Lastwagen, auf dem der Sarg zum Bahnhof gebracht wurde,

> raste durch den naßen Kot, der hoch aufspritzte. Auf dem offenen nassen Wagen stand der riesige Schreibtisch des Dichters. Auch er war triefnaß. Darauf stand der Zinksarg. Er hatte einen Sprung. Auf den Sesseln des Arbeitszimmers, die neben dem Schreibtisch standen, hockten in Decken eingemummt die Verwaltersleute. Sie hatten als letzte den Wiesenstein verlassen. Der Güterwagen, der für den Toten reserviert war, war gerade ausgekehrt worden. Sechs deutsche Männer trugen den Sarg hinein und stellten Schreibtisch und Sessel dazu. Frau Margarete hatte trotz der Nervenprobe dieser chaotischen Aussiedlung den Blumenschmuck nicht vergessen. Wir anderen legten ein paar Kiefernzweige vom Kamm des Riesengebirges dazu, das im Abendlicht aufgeleuchtet war.

So schildert Pohl, der mitfährt, den Abschied des toten Hauptmann von seiner Heimat. Als der Zug endlich angefahren war, standen die Vertriebenen

> an den glaslosen Fenstern und sahen die Massive des Riesengebirges langsam versinken, in deren Geborgenheit wir viele glückliche Jahre verlebt hatten. Als die Schneekoppe in den opalen Dunst des Spätnachmittags versank, weinten die meisten von uns.[253]

Nach zahlreichen Kontrollen durch die argwöhnischen Polen rollt der Zug über die Lausitzer Neiße und wird am Grenzbahnhof Forst von Vertretern der Sowjetischen Militär-Administration und der neugegründeten SED, von Journalisten und Kameramännern der Wochenschau in Empfang genommen. Weitere Begrüßungszeremonien mit Reden und Kranzniederlegungen am Sarg finden in Berlin statt, von wo die Fahrt in einem von zwei Personenwagen begleiteten Lkw nach Stralsund weitergeht. Dort wird der Tote vom damaligen Vorsitzenden der SED und späteren ersten Präsidenten der DDR, Wilhelm Pieck, dem russischen Oberst Sergej Tulpanow und Johannes R. Becher «gewürdigt» und anschließend nach Hiddensee geleitet. Im Morgengrauen des 28. Juli 1946 wird er von Pastor Gustavs eingesegnet und auf dem Friedhof von Kloster beigesetzt.

Es ist alles ganz anders gekommen, als er sich sein Begräbnis in dem Gedicht *Testament* ausgemalt hatte, im Februar 1935 in Rapallo, mit dem eigenhändigen Vermerk «morgens in der Sonne auf dem Balkon sitzend»:

Schauspieler sollen mich zu Grabe tragen,
nachdem der Vorhang endlich ist gefallen.
Dorfkinder mögen «Frösche» lassen knallen,
Dorfmusikanten sollen Pauken schlagen.

Erkläre mich Hanswurst den Leuten allen!
Er mag voran auf einem Eslein reiten
«Er hatte gute, hatte schlechte Zeiten,
er wurde ausgezischt und hat gefallen.»

So mag der Possenreißer sich verbreiten!
Und sorgt dafür, daß mir die Leute lachen,
die feiertäglich meinen Sarg begleiten.

Kein Staatsvertreter möge Witze machen,
denn ihre Kunst war niemals auf der Höhe:
nichts da von Staats- und von gelehrten Sachen!

Die Leichenpredigt handle über Flöhe!

Die Stralsunder Arbeiter
entbieten dem großen Dichter
und Demokraten

Gerhart Hauptmann

ihren letzten Gruß
und nehmen teil am Trauerzuge
vom »Löwenschen Saal«
zur Fähre

Sonnabend, 27. Juli 1946
16.30 Uhr

setzt sich der Trauerzug durch die Straßen
Knieperstraße, Knieperwall und Seestraße
zur letzten Überfahrt nach Hiddensee
in Bewegung

Aufruf der kommunistischen Stadtverwaltung zur Teilnahme der Stralsunder Arbeiterschaft am Trauerzug mit dem Sarg des Dichters, der am nächsten Tag auf der Insel Hiddensee beigesetzt wurde.

DANK

Der Verfasser dankt den Freunden, Kollegen und Körperschaften, ohne deren Hilfe dieses Buch, für das er die alleinige Verantwortung trägt, nicht hätte geschrieben werden können:

Herrn Prof. Dr. Walter Beltz, Berlin; Herrn Dr. Hans von Brescius, Berlin; Herrn Dr. Christian Büttrich, Berlin; Herrn Prof. Dr. Roy Cowen, Ann Arbor, USA; Frau Eva Fisher, Victoria, Kanada; Herrn Dr. Ludwig von Hammerstein, Berlin; Herrn Eberhard Hilscher, Berlin; Herrn Prof. Dr. Klaus Jonas, Pittsburgh, USA; Herrn Prof. Dr. Klaus Kanzog, München; Herrn Prof. Dr. Helmut Kreuzer, Siegen; Frau Theodosia Leppmann, Eugene, USA; Herrn Dr. Martin Machatzke, Berlin; Frau Maxa Mück, München; Herrn Eckart Muthesius, Berlin; Herrn Oswalt von Nostitz, Bernried; Herrn Teodoro Pagano, Capri; Frau Monika Peschken, Berlin; Herrn Prof. h.c. Dr. Marcel Reich-Ranicki, Frankfurt/M.; Herrn Prof. Dr. Walter Reichart, Ann Arbor, USA; Herrn Prof. Heinrich Satter, München; Herrn Prof. Dr. Hermann Schreiber, München; Frau Hella Sieber-Rilke, Gernsbach; Herrn Prof. Dr. Peter Sprengel, Berlin; Herrn Dr. Kurt Wagenführ, Gauting; Frau Christiane Zimmer, New York, USA.

Staatsbibliothek Preußischer Kulturbesitz, Berlin; Germanisches Seminar der Freien Universität Berlin; Bayerische Staatsbibliothek, München; Deutsches Literatur-Archiv, Marbach; Alexander von Humboldt-Stiftung, Bonn; *Frankfurter Allgemeine Zeitung*.

Der besondere Dank des Verfassers gilt Herrn Gert Woerner, München, und Herrn Rudolf Ziesche von der Handschriftenabteilung der Staatsbibliothek Preußischer Kulturbesitz in Berlin.

QUELLEN- UND LITERATURNACHWEIS

Abkürzungen: CA = *Centenar-Ausgabe der Sämtlichen Werke zum hundertsten Geburtstag des Dichters,* herausgegeben von Hans-Egon Hass, fortgesetzt von Martin Machatzke und Wolfgang Bungies, 11 Bände, Propyläen-Verlag, Berlin 1962–74. – Marbach-Katalog = *Gerhart Hauptmann. Leben und Werk. Eine Gedächtnisausstellung des Deutschen Literaturarchivs zum 100. Geburtstag des Dichters im Schiller-Nationalmuseum Marbach a. N.* Im Auftrag der Deutschen Schillergesellschaft herausgegeben von Bernhard Zeller. Stuttgart 1962. – SBPK = Staatsbibliothek, Preußischer Kulturbesitz, Berlin.

1 *Das Abenteuer meiner Jugend,* in CA VII, 977–979.
2 C. F. W. Behl: *Zwiesprache mit Gerhart Hauptmann. Tagebuchblätter.* München 1949.
3 Peter Sprengel: *Gerhart Hauptmann. Epoche, Werk, Wirkung.* München 1984, 99.
4 Gordon Brook-Shepherd: *Uncle of Europe. The Social and Diplomatic Life of Edward VII.* New York–London 1975, 214.
5 CA VII, 476–477.
6 *Abgekürzte Chronik meines Lebens,* in CA XI, 463.
7 CA IV, 454–455.
8 CA XI, 1143.
9 CA XI, 466.
10 Hans Carossa: *Vorspiele. Geschichte einer Kindheit.* Frankfurt/M. 1984, 12.
11 CA V, 407.
12 CA VII, 654.
13 CA VII, 695.
14 CA VII, 711.
15 CA VII, 763.
16 Alfred Ploetz: *Die Tüchtigkeit unserer Rasse und der Schutz der Schwachen.* Berlin 1895, 139–140.
17 CA IV, 140.
18 Erich Ebermayer: *Denn heute gehört uns Deutschland... Politisches und persönliches Tagebuch von der Machtergreifung bis zum 31. Dezember 1935.* Hamburg–Wien 1959, 635.
19 CA I, 299, bzw. Thomas Mann: *Gesammelte Werke.* Frankfurt/M. 1960, Bd. 9, 813.
20 Alfred Kloß: «Ein vergessenes Jahr aus Gerhart Hauptmanns Breslauer Zeit», in *Gerhart Hauptmann. Studien zum Werk und zur Persönlichkeit.* Breslau 1942, 91.
21 CA VII, 798.
22 CA XI, 612.

23 Gerhart Hauptmann: *Tagebuch 1892 bis 1894*, hrsg. v. Martin Machatzke. Berlin 1985, 231.
24 Frederick W. Heuser: *Gerhart Hauptmann. Zu seinem Leben und Schaffen.* Tübingen 1961, 225.
25 CA VII, 844–845.
26 CA VII, 845 bzw. Rainer Maria Rilke: *Briefe und Tagebücher aus der Frühzeit (1899 bis 1902)*. Leipzig 1933, 290, bzw. Ivo Hauptmann: «Erinnerungen an meine Kindheit», in *Rhythmen. Jahrbuch der Freien Akademie der Künste in Hamburg*. Hamburg 1962, 20.
27 Machatzke: *1892–1894*, 96 (vgl. Anm. 23) bzw. CA VII, 876, und IV, 989.
28 Hansgerhard Weiss: *Die Schwestern vom Hohenhaus. Die Frauen der Dichter Carl und Gerhart Hauptmann*. Berlin 1949, 48.
29 Franz Mehring: «Der Tag der Enttäuschung», in *Neue deutsche Blätter. Monatsschrift für Literatur und Kritik*, 1. Jg., 1933/34 (Nachdruck Ost-Berlin 1974, Bd. 4, 202), bzw. Jean Améry: *Gerhart Hauptmann*. Mühlacker 1963, 17.
30 Walter Requardt: «Gerhart Hauptmann und der Breslauer Sozialistenprozeß 1887», in *Schlesien, Eine Vierteljahrsschrift für Kunst, Wissenschaft und Volkskunde*, 23. Jg., 1978, 81–82.
31 CA VII, 898–899.
32 CA IV, 390.
33 Peter Sprengel: *Die Wirklichkeit der Mythen. Untersuchungen zum Werk Gerhart Hauptmanns aufgrund des handschriftlichen Nachlasses*. Berlin 1982, 13.
34 Julius Meier-Graefe: *Hans von Marées. Sein Leben und sein Werk*. München–Leipzig 1910. Bd. 3, Briefe und Dokumente, 10.
35 CA VI, 169.
36 Marbach-Katalog, 34.
37 CA VII, 952.
38 CA VII, 858–859 bzw. 935, 949, 992, 1021.
39 CA VI, 1036.
40 Marbach-Katalog, 37.
41 Lothar-Günter Buchheim: *Otto Mueller. Leben und Werk*. Feldafing 1963, 29.
42 Walter Requardt u. Martin Machatzke: *Gerhart Hauptmann und Erkner. Studien zum Berliner Frühwerk*. Berlin 1980, 11.
43 Alfred Dreifuss: *Deutsches Theater Berlin*. Ost-Berlin 1983, 75.
44 CA II, 775.
45 Eduard von Winterstein: *Mein Leben und meine Zeit*. Berlin 1947, Bd. 1, 184.
46 Ibid., Bd. 2, 46.
47 Árpád Berczik: «Gerhart Hauptmanns Briefwechsel mit einem Jugendfreund», in *Acta Litteraria Academiae Scientiarium Hungaricae* (Chronica VI, 34). Budapest 1964, 399.
48 Hans von Hülsen: *Freundschaft mit einem Genius*. München 1947, 183–184.
49 Berczik, 404–405 (vgl. Anm. 47).
50 CA VII, 1033.
51 Ibid., 1036.

52 CA V, 1111.
53 *Moderne Dichter-Charaktere,* Berlin 1885, VI.
54 *Die Gesellschaft. Realistische Wochenschrift für Literatur, Kunst und öffentliches Leben.* 1. Jg., Nr. 1 (1. Jan. 1885), 1.
55 Bruno Wille: *Aus Traum und Kampf. Mein 60jähriges Leben.* Berlin 1920, 24.
56 Ders.: «Erinnerungen an Gerhart Hauptmann und seine Dichtergeneration», in *Mit Gerhart Hauptmann. Erinnerungen und Bekenntnisse aus seinem Freundeskreis,* hrsg. v. Walter Heynen. Berlin 1922, 90.
57 Requardt u. Machatzke, 39 (vgl. Anm. 42).
58 Helmut Kreuzer: «Georg Büchner und seine Wirkung. Aus einem japanischen Seminar über ‹Dantons Tod›», in *Siegener Hochschulblätter,* 7. Jg., 1984, Nr. 1.
59 CA VI, 39.
60 Fritz Martini: *Das Wagnis der Sprache. Interpretationen deutscher Prosa von Nietzsche bis Benn.* Stuttgart 1964, 60.
61 CA VI, 62.
62 CA X, 125.
63 Requardt, «Sozialistenprozeß», 85 (vgl. Anm. 30).
64 Konrad Haenisch: *Gerhart Hauptmann und das deutsche Volk.* Berlin 1922, 32–33 sowie Requardt u. Machatzke, 46 (vgl. Anm. 42).
65 *Freie Bühne für das moderne Leben,* 1. Jg., 1890, 713.
66 CA VII, 1078.
67 CA VII, 1076–1077.
68 Requardt u. Machatzke, 54–55 (vgl. Anm. 42).
69 CA XI, 491.
70 *Freie Bühne,* 1. Jg., Nr. 1, 2 (vgl. Anm. 65).
71 CA I, 39.
72 CA XI, 495.
73 Otto Julius Bierbaum: *Steckbriefe, erlassen hinter dreißig literarischen Uebelthätern u.s.w. von Martin Möbius.* Berlin– Leipzig 1900, 78 ff.
74 Lutz Mackensen im Eingangskapitel zu *Die deutsche Sprache in unserer Zeit. Zur Sprachgeschichte des 20. Jahrhunderts.* Heidelberg 1956 u. 1971.
75 Ernst von Wildenbruch: *Ausgewählte Werke,* Berlin 1919, Bd. 3, 131.
76 *Gerhart Hauptmann,* hrsg. v. Hans Joachim Schrimpf. Darmstadt 1976, 18.
77 Ibid., 56 bzw. 57.
78 CA I, 48, bzw. G. H.: *Das gesammelte Werk,* Berlin 1942/43, 1. Abt., Bd. 1, 307.
79 Gerhart Hauptmann: *Notiz-Kalender 1889–1891,* hrsg. v. Martin Machatzke, Berlin 1982, 196.
80 CA XI, 503.
81 Frank Wedekind: *Gesammelte Werke.* München 1920, Bd. 2, 76.
82 Peter Sprengel (Hrsg.): *Otto Brahm – Gerhart Hauptmann. Briefwechsel 1889–1912.* Tübingen 1985, 205.
83 Alfred Kerr: *Die Welt im Drama.* Berlin 1917. Bd. 5, 28.
84 CA XI, 512.

85 Hans Daiber: *Gerhart Hauptmann. Der letzte Klassiker*. Wien–München–Zürich 1971, 65.
86 Weiss, 128 (vgl. Anm. 28).
87 CA XI, 510–511.
88 Gotthard Erler: «Fontane und Hauptmann», in *Fontane-Blätter*, 2. Jg., 1922, Nr. 14, 410.
89 Daiber, 67 (vgl. Anm. 85).
90 In *Der Tag*, Berlin 27. 11. 1901 (Unterhaltungsbeilage), zitiert in Martin Machatzke: «Gerhart Hauptmanns Weg nach Schlesien (1891–1894)», in *Schlesien*, 29. Jg., 1984, Nr. 4, 214.
91 Behl, 134 (vgl. Anm. 2).
92 Max Baginski: «Gerhart Hauptmann unter den schlesischen Webern», in Helmut Praschek (Hrsg.): *Gerhart Hauptmanns «Weber». Eine Dokumentation.* Ost-Berlin 1980, 99–100.
93 Bertolt Brecht: «Notizen über realistische Schreibweise», in *Schriften zur Literatur und Kunst*. Berlin–Weimar 1966, Bd. 2, 117.
94 Sprengel: *Gerhart Hauptmann*, 82 (vgl. Anm. 3).
95 Hans Schwab-Felisch: *Gerhart Hauptmann: «Die Weber»*. Frankfurt/M. 1959, 145 bzw. 127.
96 *The Letters of Oscar Wilde*, hrsg. v. Rupert Hart-Davis. New York 1962, 749.
97 Schwab-Felisch, 207–208 (vgl. Anm. 95).
98 Praschek, 375 (vgl. Anm. 92).
99 CA XI, 537.
100 Heidi Müller: *Dienstbare Geister. Leben und Arbeitswelt städtischer Dienstboten.* Berlin 1981, 169.
101 Joseph Chapiro: *Gespräche mit Gerhart Hauptmann*. Berlin 1932, 162.
102 Barlach: Brief vom 26. 2. 1894, in Marbach-Katalog, 93; Feuchtwanger: *Centum Opuscala. Eine Auswahl*. Rudolstadt 1956, 160; Mehring: Cowen, 87 (vgl. Anm. 151); Hohenlohe-Schillingsfürst: Tagebuch-Eintragung vom 14. 12. 1893, in Marbach-Katalog, 91.
103 Schrimpf, 41 (vgl. Anm. 76).
104 CA VII, 130.
105 Brief von Margarete Marschalk an Gerhart Hauptmann vom 14. 12. 1893, in SBPK.
106 Heuser, 98–99 (vgl. Anm. 24).
107 CA VII, 563.
108 CA V, 450.
109 Machatzke: *1892–1894*, 240–241 (vgl. Anm. 23).
110 CA VII, 180.
111 Machatzke: *1892–1894*, 130, bzw. Norbert Honsza u. Karol Koczy: «Gerhart Hauptmann an Wilhelm Bölsche», in *Weimarer Beiträge, Zeitschrift für Literaturwissenschaft*, 11. Jg., 1965, 593.
112 Heuser, 47 (vgl. Anm. 24).
113 Ibid., 52–53.

114 Unveröffentlicht, zitiert in Gerhart Hauptmann: *Buch der Leidenschaft. Neue Leidenschaft*. Mit einem Nachwort von Ulrich Lauterbach. Berlin 1979, 400.
115 CA V, 650.
116 Brief von Margarete Marschalk an Gerhart Hauptmann vom 20. 2. 1894, in SBPK.
117 CA VII, 223.
118 Ibid., 236–237.
119 Anna Stroka: «Carl Hauptmanns Anfänge im Spiegelbild seiner Tagebücher», in *Germanica Wratislaviensia*, 7. Jg., 1962, 47.
120 Hauptmann-Nachlaß, Deutsches Literatur-Archiv, Marbach.
121 Gerhart Hauptmann: *Italienische Reise 1897. Tagebuchaufzeichnungen*, hrsg. v. Martin Machatzke. Berlin 1976, 123 bzw. CA VII, 273.
122 In einem unveröffentlichten Brief an Hugo Ernst Schmidt (im Besitz von Prof. Klaus Jonas, Pittsburgh).
123 Herta Hesse-Frielinghaus (Hrsg.): *Gerhart Hauptmann – Ludwig v. Hofmann. Briefwechsel 1894–1944*. Bonn 1983, 32.
124 *Italienische Reise 1897*, 79 (vgl. Anm. 121).
125 August Strindberg: *Die Kleinen und die Großen. Novellen und Studien*, übers. und hrsg. von Emil Schering. Berlin–Leipzig o. J.
126 *Humor um Gerhart Hauptmann. Anekdoten und Parodien*, zusammengestellt von Werner Milch. Berlin 1932, 7.
127 *Phaidros. Zeitschrift für die Freunde des Buches und der schönen Künste*, 2. Jg. 1948, Nr. 1, 8.
128 Sigfrid Hoefert: *Gerhart Hauptmann*. Stuttgart 1974, 28.
129 Eberhard Hilscher: *Gerhart Hauptmann*. Ost-Berlin 1969, 235, bzw. Sprengel: *Brahm – Hauptmann. Briefwechsel*, 41 (vgl. Anm. 82).
130 Max Schneidewin: *Das Räthsel des Gerhart Hauptmann'schen Märchendramas «Die versunkene Glocke» und seines märchenhaften Erfolges*. Leipzig 1897, 38.
131 Peter de Mendelssohn: S. Fischer und sein Verlag. Frankfurt/M. 1970, 291.
132 CA VII, 382.
133 Alma Mahler: *Gustav Mahler. Erinnerungen und Briefe*. Amsterdam 1949, 334.
134 Hauptmanns Notizbuch, zitiert in Sprengel: *Die Wirklichkeit der Mythen*, 359 bis 362 (vgl. Anm. 34), bzw. Ivo Hauptmann, 16 (vgl. Anm. 26), bzw. Hilscher, 447 (vgl. Anm. 129).
135 Machatzke: *1892–1894*, 235–236 (vgl. Anm. 23).
136 Hans von Hülsen: *Die Wendeltreppe. Geschichten aus meinem Leben*. Danzig 1941, 132.
137 Sprengel: *Brahm – Hauptmann. Briefwechsel*, 83 (vgl. Anm. 82).
138 Chapiro, 42 (vgl. Anm. 101).
139 Daiber, 123 (vgl. Anm. 85).
140 Mendelssohn, 319 (vgl. Anm. 131).
141 CA VII, 383 bzw. 385.
142 Sprengel: *Brahm – Hauptmann. Briefwechsel*, 215 (vgl. Anm. 82).
143 Christa Wolf: *Kindheitsmuster*. Berlin–Weimar 1976, 43–44.

144 Sprengel: *Brahm – Hauptmann. Briefwechsel*, 175 (vgl. Anm. 82).
145 Thomas Mann: *Gesammelte Werke*. Frankfurt/M. 1960, Bd. 9, 809.
146 CA IX, 194.
147 Peter de Mendelssohn, *Zeitungsstadt Berlin*. Berlin 1959, 430.
148 Bertolt Brecht: *Schriften zum Theater*. Berlin–Weimar 1964, Bd. 1, 28 und 37.
149 Hans v. Brescius: *Gerhart Hauptmann. Zeitgeschehen und Bewußtsein in unbekannten Selbstzeugnissen*. Bonn 1977, 308.
150 CA XI, 386–387.
151 Roy C. Cowen: *Hauptmann-Kommentar zum dramatischen Werk*. München 1980, 138.
152 *Gerhart Hauptmann und Ida Orloff. Dokumentation einer dichterischen Leidenschaft*. Berlin 1969, 59.
153 CA XI, 387.
154 Ibid., 1149.
155 *Walther Rathenau – Maximilian Harden. Briefwechsel 1897–1920*. München–Heidelberg 1983, 451.
156 C. F. W. Behl, zitiert in Marbach-Katalog, 156, bzw. Heinrich Satter: *Weder Engel noch Teufel. Ida Orloff*. München–Bern–Wien 1967, 27.
157 *Gerhart Hauptmann und Ida Orloff*, 21 (vgl. Anm. 152).
158 Tilly Wedekind: *Lulu – die Rolle meines Lebens*. München–Bern–Wien 1969.
159 CA XI, 398.
160 *Gerhart Hauptmann und Ida Orloff*, 127 bzw. 129 (vgl. Anm. 152).
161 Ibid., 152.
162 Marbach-Katalog, 157–158.
163 Ivo Hauptmann: «Mit dem Dichter nach Griechenland», in *Umwege, Jahrbuch, Freie Akademie der Künste*, Hamburg 1955, 35–36.
164 CA VII, 18.
165 Paul Schlenther: *Gerhart Hauptmann. Leben und Werke*. Umgearbeitet und erweitert von Arthur Eloesser. Berlin 1922, 226.
166 Joseph Gregor: *Gerhart Hauptmann. Das Werk und unsere Zeit*. Wien 1951, 454.
167 z. B. Carl F. W. Behl: *Wege zu Gerhart Hauptmann*. Goslar 1948, 118.
168 Thomas Mann: *Briefe*. Frankfurt/M. 1961, Bd. 1, 144.
169 Rolf Michaelis: *Der schwarze Zeus. Gerhart Hauptmanns zweiter Weg*. Berlin 1962, 257.
170 Käte Hamburger: «Das Opfer der delphischen Iphigenie», in Schrimpf, 167 (vgl. Anm. 76).
171 Heuser, 245 (vgl. Anm. 24).
172 Christine Brückner: *Jauche und Levkojen*. Frankfurt/M.–Berlin 1975, 162.
173 Marbach-Katalog, 171.
174 Mendelssohn: *S. Fischer und sein Verlag*, 600 (vgl. Anm. 131).
175 CA V, 525.
176 *Internationale Film-Zeitung*, Nr. 7123, 27. 8. 1913.
177 Carl Hermann Unthan: *Das Pediskript*. Stuttgart 1925, 263–264.
178 Elisabeth Bergner: *Bewundert viel und viel gescholten*... München 1978, 65.

179 Thomas Mann: *Ges. W.*, Bd. 9, 278 (vgl. Anm. 145).
180 CA IX, 818, bzw. *Hermann Sudermann – Werk und Wirkung*, hrsg. von Walter T. Rix. Würzburg 1980, 65.
181 Sprengel: *Brahm – Hauptmann. Briefwechsel*, 44 (vgl. Anm. 82).
182 Freundliche Mitteilung von Professor Dr. Klaus Kanzog, München.
183 *Berlinische Notizen 1981. Festgabe für Irmgard Wirth.* Berlin-Museum, Berlin 1982, 156.
184 *Die Fackel*, 14. Jg., Nr. 363–365 (12. 12. 1912), bzw. Arthur Schnitzler: *Tagebuch 1909–1912.* Wien 1981, 305.
185 Mitteilung von A. Kopff an *Die Neue Zeitung* vom 29. 10. 1952.
186 *Vossische Zeitung*, 3. 6. 1913.
187 CA XI, 851.
188 Mendelssohn: *Zeitungsstadt Berlin*, 195–196 (vgl. Anm. 131).
189 Richard Dehmel: *Ausgewählte Briefe 1902–1920.* Berlin 1923, 366.
190 Carl Hauptmann: *Leben mit Freunden. Gesammelte Briefe*, hrsg. von Will Erich Peuckert. Berlin 1928, 221–222.
191 Albert Espey: *Gerhart Hauptmann und wir Deutschen.* Berlin 1916, rezensiert in *März*, 10. Jg., Nr. 34 (26. August 1916), 156.
192 CA XI, 923–924.
193 Harry Graf Kessler: *Tagebücher 1918–1937.* Frankfurt/M. 1961, 347.
194 Max Krell im *Zwiebelfisch*, November 1922, in Marbach-Katalog, 219; bzw. Wilhelm Herzog: *Menschen, denen ich begegnete.* Bern–München 1959, 183–185 bzw. *Die Fackel*, Nr. 583–587 (Dez. 1921), 5.
195 *Der Sturm*, 13. Jg., 1922, 187.
196 Klaus W. Jonas: «Das Urbild des Till Eulenspiegel», in *Jahrbuch der schlesischen Friedrich-Wilhelm-Universität zu Breslau*, 24. Jg., 1983, 318.
197 Mendelssohn: *S. Fischer und sein Verlag*, 1074 (vgl. Anm. 131).
198 *Die neue Rundschau*, Januar 1928.
199 Kessler, 516 (vgl. Anm. 193).
200 Hermann Schreiber: *Gerhart Hauptmann und das Irrationale.* Aichkirchen 1946, 46.
201 CA V, 860.
202 Gerhart Hauptmann: *Diarium 1917–1933*, hrsg. v. Martin Machatzke. Berlin 1980, 256.
203 Thomas Mann: *Ges. W.*, Bd. 9, 812–813 (vgl. Anm. 145).
204 Ibid., Bd. 3, 762–763.
205 Hauptmann-Karikaturen – von prominenten Karikaturisten wie Karl Arnold und Olaf Gulbransson – erschienen im *Simplicissimus* u. a. am 5. 4. 1909, 6. 10. 1913, 21. 6. 1926 und 26. 10. 1930.
206 Hans v. Brescius: «Neues von Mynheer Peeperkorn», in *Neue deutsche Hefte*, 21. Jg., 1973, Nr. 1, 41.
207 *Diarium 1917–1933*, 99 (vgl. Anm. 202).
208 Hilscher, 377–379 (vgl. Anm. 129).
209 *Der Querschnitt*, 3. Jg., 1923, 130–134.

210 George Grosz: *Briefe 1913–1959*. Reinbek 1979, 120.
211 Frederick W. Heuser, in Grosz, 155 (vgl. Anm. 210).
212 Nachlaß Gerhart Hauptmann, in SBPK.
213 Willy Schaeffers bzw. Franz Leppmann in *Der Querschnitt*, 8. Jg., 1928, 195.
214 Nachlaß Gerhart Hauptmann, in SBPK.
215 Kessler, 580 (vgl. Anm. 193).
216 Richard Katz: *Gruß aus der Hängematte*. Zürich 1958, 301.
217 *Fünf Jahre Berliner Rundfunk. Ein Rückblick 1923–1928*. Berlin, Funk-Stunde AG, o. J., 126.
218 Freundliche Mitteilung von Dr. Kurt Wagenführ, Gauting.
219 Mendelssohn: *S. Fischer und sein Verlag*, 1087 (vgl. Anm. 131).
220 Kessler, 697–698 (vgl. Anm. 193).
221 Katz, 293 (vgl. Anm. 216).
222 Peter Sprengel: *Vor Sonnenuntergang – ein Goethe-Drama*, Vortrag, gehalten am 31. Mai 1985 in Weimar (Goethe-Gesellschaft). Manuskript, 3.
223 Hilscher, 401–402 (vgl. Anm. 129).
224 *Diarium 1919–1933*, 307 (vgl. Anm. 202).
225 Katz, 288 (vgl. Anm. 216).
226 Brescius: *Gerhart Hauptmann*, 58 (vgl. Anm. 149).
227 Stefan Zweig: *Die Welt von Gestern*. Hamburg 1981, 265.
228 Honsza und Koczy, 591 (vgl. Anm. 111).
229 Brescius: *Gerhart Hauptmann*, 141 (vgl. Anm. 149).
230 Georg Lukacs: «Gerhart Hauptmann», in *Die Linkskurve*, 4. Jg., 1932, Nr. 10, 5.
231 Inge Jens: *Dichter zwischen rechts und links*. München 1971, 51.
232 Brescius: *Gerhart Hauptmann*, 226 (vgl. Anm. 149).
233 Siehe u. a. Hans v. Hülsen: *Die Wendeltreppe*, Danzig 1941.
234 Brescius: *Gerhart Hauptmann*, 235 (vgl. Anm. 149).
235 Satter, 149 (vgl. Anm. 156).
236 Hans Mayer: «In memoriam Gerhart Hauptmann», in Stephan Hermlin und Mayer, *Ansichten über einige Bücher und Schriftsteller*, Magdeburg o. J., 77.
237 Joseph Wulf: *Literatur und Dichtung im Dritten Reich*. Frankfurt/M. 1983, 155 bis 156.
238 Brescius: *Gerhart Hauptmann*, 49 (vgl. Anm. 149).
239 Ibid., 300.
240 Alfred Kerr: *Die Welt im Licht*. Köln–Berlin 1961, 286–290.
241 Thomas Mann: *Briefe*, 333 (vgl. Anm. 168); bzw. Klaus W. Jonas: «Stefan Zweig und Thomas Mann», in *Philobiblon* 25. Jg., 1981, Nr. 4, 258 und 261; bzw. Marbach-Katalog, 294.
242 Ebermayer, 263 (vgl. Anm. 18).
243 Viktor Mann: *Wir waren fünf*. Konstanz 1964, 559.
244 Elias Canetti: *Aufzeichnungen 1942–1948*. München 1965, 98.
245 Gerhart Pohl: *Bin ich noch in meinem Haus? Die letzten Tage Gerhart Hauptmanns*. Berlin 1953, 10.
246 Erhart Kästner: *Briefe*. Frankfurt/M. 1984, 95.

247 Horst Bienek: *Erde und Feuer*. München 1982, 311–312.
248 CA XI, 1205–1206.
249 Johannes R. Becher: *Gesammelte Werke*. Berlin–Weimar 1966–81, Bd. 15, 82.
250 Freundliche Mitteilung von Frau Maxa Mück, München.
251 Brief an Margarete Hauptmann vom 17. April 1947, mitgeteilt von Frau Maxa Mück, München.
252 Gustav Erdmann: *Die Gerhart-Hauptmann-Gedenkstätte Kloster auf Hiddensee*. Hiddensee 1982, 74.
253 Pohl, 105 bzw. 109 (vgl. Anm. 245).

BILDQUELLENNACHWEIS

Archiv f. Kunst und Geschichte, Berlin: S. 217 unten. – Berlin, Staatsbibliothek Preußischer Kulturbesitz (GH BrNL): S. 103, 177, 193. – Bildarchiv Preußischer Kulturbesitz, Berlin: S. 16 (3), 84, 122, 136, 152, 217 oben, 228, 259 unten, 296, 322. – Karl Arnold Erben: S. 335. – Maxa Mück, München: S. 389 (2), 393.

PERSONEN- UND WERKREGISTER